Kohlhammer

Die Autorinnen

Sabine Kühnert, Dipl. Psych., ist seit 1999 Professorin für Pflegewissenschaft an der Evangelischen Hochschule Rheinland-Westfalen-Lippe (RWL) in Bochum und leitet dort seit 2013 den Studiengang Gesundheits- und Pflegemanagement. Zuvor war sie lange Jahre Geschäftsführerin des Instituts für Gerontologie an der Technischen Universität Dortmund. An der Evangelischen Hochschule (RWL) lehrt sie zu gerontologischen Themen in den Studiengängen, Soziale Arbeit, Heilpädagogik/Inklusive Pädagogik, Pflegewissenschaft und Gesundheits- und Pflegemanagement. Ihre gerontologischen Forschungs- und Lehrschwerpunkte liegen in den Bereichen Angehörigenarbeit, Demenzversorgung und altengerechte Quartiersentwicklung. Sie ist Reviewerin für die Zeitschrift für Gerontologie und Geriatrie und als Gutachterin in verschiedenen Forschungsförderprogrammen tätig.

Helene Ignatzi, Dipl. Sozialgerontologin und Dipl. Sozialarbeiterin (FH), ist seit 2015 Professorin für Handlungslehre und Methoden der Sozialen Arbeit an der Evangelischen Hochschule Nürnberg (EVHN). Seit Oktober 2018 ist sie als Vizepräsidentin der EVHN für den Geschäftsbereich Internationales verantwortlich. Zu ihren Lehr- und Forschungsschwerpunkten gehören Care-Migration, Demenz, Ehrenamt sowie sozialraumorientierte und internationale Soziale Arbeit. Von 2008 bis 2015 lehrte sie als Lehrkraft für besondere Aufgaben und Professorenvertretung im Fachbereich Soziale Arbeit Bildung und Diakonie an der Evangelischen Fachhochschule Rheinland-Westfalen-Lippe (RWL) in Bochum. Zuvor war sie über 20 Jahre in der stadtteilorientierten und ambulanten Altenarbeit sowie Migrationsarbeit beim Deutschen Roten Kreuz, Kreisverband Bochum e. V. tätig.

Sabine Kühnert, Helene Ignatzi

Soziale Gerontologie

Grundlagen und Anwendungsfelder

Verlag W. Kohlhammer

Dieses Werk einschließlich aller seiner Teile ist urheberrechtlich geschützt. Jede Verwendung außerhalb der engen Grenzen des Urheberrechts ist ohne Zustimmung des Verlags unzulässig und strafbar. Das gilt insbesondere für Vervielfältigungen, Übersetzungen, Mikroverfilmungen und für die Einspeicherung und Verarbeitung in elektronischen Systemen.

Die Wiedergabe von Warenbezeichnungen, Handelsnamen und sonstigen Kennzeichen in diesem Buch berechtigt nicht zu der Annahme, dass diese von jedermann frei benutzt werden dürfen. Vielmehr kann es sich auch dann um eingetragene Warenzeichen oder sonstige geschützte Kennzeichen handeln, wenn sie nicht eigens als solche gekennzeichnet sind.

Es konnten nicht alle Rechtsinhaber von Abbildungen ermittelt werden. Sollte dem Verlag gegenüber der Nachweis der Rechtsinhaberschaft geführt werden, wird das branchenübliche Honorar nachträglich gezahlt.

Dieses Werk enthält Hinweise/Links zu externen Websites Dritter, auf deren Inhalt der Verlag keinen Einfluss hat und die der Haftung der jeweiligen Seitenanbieter oder -betreiber unterliegen. Zum Zeitpunkt der Verlinkung wurden die externen Websites auf mögliche Rechtsverstöße überprüft und dabei keine Rechtsverletzung festgestellt. Ohne konkrete Hinweise auf eine solche Rechtsverletzung ist eine permanente inhaltliche Kontrolle der verlinkten Seiten nicht zumutbar. Sollten jedoch Rechtsverletzungen bekannt werden, werden die betroffenen externen Links soweit möglich unverzüglich entfernt.

1. Auflage 2019

Alle Rechte vorbehalten
© W. Kohlhammer GmbH, Stuttgart
Gesamtherstellung: W. Kohlhammer GmbH, Stuttgart

Print:
ISBN 978-3-17-030815-2

E-Book-Formate:
pdf: ISBN 978-3-17-030816-9
epub: ISBN 978-3-17-030817-6
mobi: ISBN 978-3-17-030818-3

Vorwort zur Reihe

Mit dem so genannten »Bologna-Prozess« galt es neu auszutarieren, welches Wissen Studierende der Sozialen Arbeit benötigen, um trotz erheblich verkürzter Ausbildungszeiten auch weiterhin »berufliche Handlungsfähigkeit« zu erlangen. Die Ergebnisse dieses nicht ganz schmerzfreien Abstimmungs- und Anpassungsprozesses lassen sich heute allerorten in volumigen Handbüchern nachlesen, in denen die neu entwickelten Module detailliert nach Lernzielen, Lehrinhalten, Lehrmethoden und Prüfungsformen beschrieben sind. Eine diskursive Selbstvergewisserung dieses Ausmaßes und dieser Präzision hat es vor Bologna allenfalls im Ausnahmefall gegeben.

Für Studierende bedeutet die Beschränkung der akademischen Grundausbildung auf sechs Semester, eine annähernd gleich große Stofffülle in deutlich verringerter Lernzeit bewältigen zu müssen. Die Erwartungen an das selbständige Lernen und Vertiefen des Stoffs in den eigenen vier Wänden sind deshalb deutlich gestiegen. Bologna hat das eigene Arbeitszimmer als Lernort gewissermaßen rekultiviert.

Die Idee zu der Reihe, in der das vorliegende Buch erscheint, ist vor dem Hintergrund dieser bildungspolitisch veränderten Rahmenbedingungen entstanden. Die nach und nach erscheinenden Bände sollen in kompakter Form nicht nur unabdingbares Grundwissen für das Studium der Sozialen Arbeit bereitstellen, sondern sich durch ihre Leserfreundlichkeit auch für das Selbststudium Studierender besonders eignen. Die Autor/innen der Reihe verpflichten sich diesem Ziel auf unterschiedliche Weise: durch die lernzielorientierte Begründung der ausgewählten Inhalte, durch die Begrenzung der Stoffmenge auf ein überschaubares Volumen, durch die Verständlichkeit ihrer Sprache, durch Anschaulichkeit und gezielte Theorie-Praxis-Verknüpfungen, nicht zuletzt aber auch durch lese(r)-freundliche Gestaltungselemente wie Schaubilder, Unterlegungen und andere Elemente.

Prof. Dr. Rudolf Bieker, Köln

Zu diesem Buch

Die Menschen in Deutschland werden älter und sie werden anders alt als noch vor wenigen Jahrzehnten. Zugleich machen ältere Menschen einen immer größeren Anteil der Gesellschaft aus – ein Trend, der um das Jahr 2035, mit dem Eintritt der sog. Babyboomer-Generation ins Rentenalter, voraussichtlich seinen Höhepunkt erreichen wird. Diese Entwicklungen stellen die Sozialpolitik und v. a. die Praxis der Sozialen Arbeit vor neue Herausforderungen. Sozialarbeiter und Sozialpädagogen werden mit neuen Adressatengruppen und vielfältigeren Aufgaben zu tun haben, für die spezifische Konzepte und Kompetenzen gebraucht werden.

Bereits heute reagiert die Soziale Arbeit in ihren Handlungsfeldern auf die soziodemografischen Veränderungen mit neuen sozialpädagogischen Betreuungs- und Versorgungskonzepten. In der Eingliederungs- und Altenhilfe werden neue Ansätze, die den Bedürfnissen älterer Menschen mit Behinderung und/ oder mit Demenz gerecht werden, erprobt, ebenso wird seit einigen Jahren die interkulturelle Öffnung verstärkt umgesetzt. Die sozialraumorientierte Altenarbeit setzt ihren Schwerpunkt mehr und mehr auf Partizipation, Selbstbestimmung und Selbstorganisation der »jungen Alten«. Betätigungsfelder für ein bürgerschaftliches Engagement interessierter Senioren werden erschlossen und vielfältige Bildungsangebote flächendeckend etabliert. Inzwischen klassisch gewordene Arbeitsfelder der Sozialen Arbeit, wie z. B. die Suchthilfe, die Straffälligenhilfe, das Streetworking oder die klinische Soziale Arbeit, stellen sich auf eine immer älter werdende Klientel ein. Dies führt in der Praxis der Sozialen Arbeit zu einer weiteren Spezialisierung und Ausdifferenzierung ihrer Arbeitsfelder. Arbeitsschwerpunkte sind neu zu bestimmen oder zu verlagern. Ebenso müssen Ressourcen neu verteilt und weitere Handlungsfelder erschlossen werden. Neben den sozialpädagogischen und sozialarbeiterischen Kompetenzen wird v. a. ein gerontologisches Fachwissen der Praxisakteure dringend erforderlich und zunehmend an Bedeutung gewinnen.

An wen richtet sich das Lehrbuch?

Das vorliegende Lehrbuch »Soziale Gerontologie« richtet sich insbes. an Studierende der Sozialen Arbeit. Die im Buch behandelten Themenstellungen wie auch die zur Veranschaulichung herangezogenen Praxisbeispiele orientieren sich an den Arbeitsfeldern der Sozialen Arbeit mit älteren Menschen. Dieser Band kann aber auch als Basistext in gerontologischen Grundlagenveranstaltungen der Gesundheits- und Pflege- sowie angrenzender Studiengänge eingesetzt werden, um Studierenden das erforderliche Basiswissen zu vermitteln. Nicht zuletzt wendet sich diese Fachlektüre an Praktiker und gerontologisch Interessierte, die ihr Wissen zu Fragen des Alter(n)s erweitern oder vertiefen möchten.

Was ist das Ziel des Lehrbuchs?

Die Zielsetzung des Lehrbuchs besteht darin, Studierende der genannten Studiengänge für die Zielgruppe der älteren Menschen, für ihre Lebenswelten und ihre Bedürfnisse zu sensibilisieren, sie mit den wissenschaftlichen Grundlagen der Gerontologie vertraut zu machen und die Herausforderungen der Praxis zu skizzieren. Mit seinen theoretischen Erläuterungen und anwendungsbezogenen Praxisbeispielen versteht sich das Buch als ein ›Werkzeug‹, das die Fachexpertise Studierender erweitert, ihr Selbstbewusstsein, sich für Ältere einzusetzen, stärkt und ihre Reflexionsfähigkeit fördert. Praktiker soll die Lektüre zu einem Dialog zwischen der Praxis und der Wissenschaft einladen, ihre Fachexpertise vertiefen und zur Weiterentwicklung der Sozialen Altenarbeit sowie zum interdisziplinären Denken und Handeln anregen.

Was sind die Inhalte des Lehrbuchs?

Das Lehrbuch umfasst 15 Kapitel und ist in einen Grundlagen- und einen anwendungsbezogenen Teil untergliedert. Ihnen vorangestellt ist eine Einführung (Teil I) zu den Trends der älter werdenden Gesellschaft und den daraus resultierenden Konsequenzen für die Praxis der Sozialen Arbeit. Der Grundlagenteil (▶ Teil II: Kap. 3–9) liefert einen verständlich aufbereiteten Überblick über zentrale gerontologische Fragestellungen:

- Gerontologie als Wissenschaft
- Entwicklung im Alter
- Altersbilder
- Kognitive Entwicklung im Alter
- Lebensqualität und Wohlbefinden
- Lebenslagen und Lebenslagenansatz als eine Strukturierungsdimension zur Arbeit mit älteren Menschen

Theorien und Forschungsergebnisse werden anhand von (realen, anonymisiert erzählten) Fallbeispielen anschaulich erläutert und es werden Möglichkeiten für einen Theorie-Praxistransfer aufgezeigt. Angesichts der konkreten Herausforderungen einer alternden Gesellschaft werden in Teil III dieses Lehrbuchs (▶ Teil III, Kap. 10–14) die folgenden anwendungsbezogenen Themen behandelt:

- Wohnen und Wohnumfeldgestaltung im Alter
- Bildung im Alter

- Soziale Beziehungen im Alter
- Gesundheit, Krankheit und Pflegebedürftigkeit
- Migration und Alter

Das abschließende Kapitel 15 stellt anhand aktueller Konzepte und Ansätze den Bezug des gerontologischen Wissens zur Praxis der Sozialen Arbeit her. Dabei werden die Heterogenität der Adressatengruppen und die Komplexität und Vielschichtigkeit der Altenarbeit sichtbar. Ebenso werden Schnittstellen zu anderen Professionen und Bezugshandlungsfeldern aufgezeigt. Hier wie in allen anderen Kapiteln folgt das Buch einem disziplinübergreifenden Ansatz.

Dieses Buch zu schreiben wäre nicht möglich gewesen ohne zahllose inspirierende Gespräche mit Kollegen, Studierenden und Freunden. Allen Menschen, die uns bei diesem Buchprojekt unterstützt und begleitet haben, möchten wir herzlich danken. Ein besonderer Dank gilt Frau Sandra Zapf, Herrn Simon Brakensiek, Frau Anna Verena Franzen und Frau Chantal Jux für die Unterstützung bei der Durchführung der Recherchen und der Erstellung der Abbildungen.

Wir wünschen allen Lesern eine interessante und anregende Lektüre. Und es würde uns freuen, wenn das Buch über die Vermittlung von Fachwissen hinaus auch dazu anregen könnte, über das Alter(n) in unserer Gesellschaft im Allgemeinen, aber auch über das eigene Altern nachzudenken!

Aus Gründen der besseren Lesbarkeit wird auf die gleichzeitige Verwendung männlicher und weiblicher Sprachformen verzichtet. Sämtliche Personenbezeichnungen gelten gleichermaßen für alle Geschlechter.

Prof. Dr. Sabine Kühnert
Prof. Dr. Helene Ignatzi

Inhalt

Vorwort zur Reihe 5

Zu diesem Buch 6

Teil I Soziale Arbeit in Bezug auf Alter

1   Aktuelle und zukünftige soziodemografische Veränderungen 15

2   Konsequenzen der soziodemografischen Veränderungen für die Praxis der Sozialen Arbeit 18

Teil II Gerontologische Grundlagen

3   Gerontologie als Wissenschaft 27
    3.1   Gegenstandsbereich der Gerontologie 27
    3.2   Gerontologie als Wissenschaftsdisziplin 29

4   Entwicklung im Alter 32
    4.1   Begrifflichkeiten und Verständnis von Entwicklungsprozessen im Alter 32
    4.2   Die verschiedenen Dimensionen des Alterns 40

5   Alternstheorien 43
    5.1   Einführung: Kennzeichen guter Theorien 44
    5.2   Ausgewählte Alternstheorien im Überblick 47

6   Altersbilder 63
    6.1   Definition und Erscheinungsformen von Altersbildern 63
    6.2   Entstehung und Wirkungen von Altersbildern 70

7   Kognitive Entwicklung im Alter 77
    7.1   Kognitive Leistungsfähigkeit: Ergebnisse gerontologischer Forschung 78
    7.2   Intelligenzentwicklung im Alternsverlauf 78
    7.3   Zur Veränderbarkeit kognitiver Leistungsfähigkeit im Alter 88

8	Lebensqualität und Wohlbefinden im Alter	91
	8.1 Begriffsklärungen und Begriffsabgrenzungen	92
	8.2 Ergebnisse empirischer Forschung und konzeptionelle Überlegungen	96
	8.3 Instrumente zur Erfassung von Lebenszufriedenheit und Lebensqualität im Alter	101
9	Lebenslagen und Lebenslagenansatz	106
	9.1 Geschichtliche Entwicklung des Lebenslagenkonzepts	106
	9.2 Begriffsbestimmungen von ›Lebenslage‹ und ›(Handlungs-)Spielraum‹	111
	9.3 Anwendungsbereiche des Lebenslagenkonzepts	112

Teil III Anwendungsbereiche

10	Soziale Beziehungen im Alter	119
	10.1 Zugangswege und Bereiche zur Beschreibung sozialer Beziehungen im Alter	120
	10.2 Theoretische Zugänge zur Analyse von sozialen Beziehungen/Familienbeziehungen	124
	10.3 Daten und Fakten zur sozialen Verankerung im Alter	134
11	Wohnen und Umweltgestaltung im Alter	149
	11.1 Zur Bedeutung des Wohnens und von Umweltfaktoren	150
	11.2 Wohnsituation, Wohnbedürfnisse und Wohnwünsche älterer Menschen	158
	11.3 Selbstständig Wohnen trotz Hilfebedarf?	165
12	Bildung im Alter	177
	12.1 Geragogik, Lernen und Bildung und Lebenslanges Lernen	178
	12.2 Formen und Funktionen von Bildung	182
	12.3 Bildungstypen im Alter	183
	12.4 Bildungsorte, Bildungsformen und Lernfelder im Alter	186
	12.5 Bildungsbeteiligung im Alter	187
	12.6 Bürgerschaftliches Engagement und ältere Menschen	188
	12.7 Qualitätsstandards und -kriterien in der Altersbildung	191
13	Gesundheit, Krankheit und Pflegebedürftigkeit	199
	13.1 Definitionen und statistische Daten	201
	13.2 Gesundheitsbeeinträchtigungen und Pflegebedürftigkeit im Erleben der Betroffenen	206
	13.3 Zusammenarbeit zwischen professionellen und informellen Helfern – einige Hinweise zur Verringerung von Konflikten	208
14	Migration und Alter	211
	14.1 Begriffsbestimmung: Personen mit Migrationshintergrund	211

	14.2	Migration in Deutschland in Zahlen	213
	14.3	Begriffsbestimmung: Migration, Transmigration, Integration	214
	14.4	Migrationstypen und Migrationsformen	219
	14.5	Kulturelle und kollektive Identität	224
	14.6	Lebenslagedimensionen älterer Menschen mit Migrationshintergrund	226
	14.7	Verbleib, Rückkehr, Pendeln	238
15		Gerontologie in der Praxis der Sozialen Arbeit	242
	15.1	Altenhilfe, Altenarbeit – Begriffsbestimmung, rechtliche Grundlagen	243
	15.2	Anwendungsbereiche der sozialen Gerontologie – Aufgaben und Schnittstellen	245
	15.3	Entwicklung der sozialen Gerontologie in weiteren Praxisfeldern der Sozialen Arbeit	257
	15.4	Konzepte und Ansätze an der Schnittstelle zwischen sozialer Gerontologie und Migration	258

Literaturverzeichnis 264

Stichwortverzeichnis 281

Teil I   Soziale Arbeit in Bezug auf Alter

Die soziodemografische Entwicklung und der Strukturwandel des Alters haben entscheidende Konsequenzen für die Arbeitsfelder der Sozialen Arbeit. Diese Phänomene lösen Veränderungen in den bisherigen klassischen Handlungsfeldern der Sozialen Arbeit aus, indem sie eine Anpassung an die veränderten gesellschaftlichen und sonstigen Umstände fordern, wie z. B. an durchschnittlich älter werdende Adressaten und die daraus resultierenden Bedarfe und Bedürfnisse. Es zeigt sich das Erfordernis einer Erneuerung und Weiterentwicklung der existierenden sowie die einer Erschließung neuer Arbeitsfelder und Zielgruppen. Dieses Kapitel skizziert die gesellschaftlichen Veränderungen und ihre Konsequenzen für die Arbeitsfelder der Sozialen Arbeit. Hierzu werden folgende Fragen beantwortet:

- Welche gesellschaftlichen Tendenzen bestimmen gegenwärtig und zukünftig den groben Rahmen für sozialpädagogische und sozialarbeiterische Interventionen? (▶ Kap. 1)
- Welche Konsequenzen haben die demografische Entwicklung und der Strukturwandel des Alters in Deutschland und welche Veränderungen resultieren daraus für die bisherigen klassischen Arbeitsfelder der Sozialen Arbeit? (▶ Kap. 2)

1 Aktuelle und zukünftige soziodemografische Veränderungen

Nachfolgend werden demografische Trends wie die Veränderungen im Altersaufbau der deutschen Bevölkerung, die zeitliche Ausdehnung der Altersphase bzw. Verjüngung, Differenzierung und Feminisierung des Alters, Hochaltrigkeit, Demenz und Pflegebedürftigkeit, Migration und kulturelle Differenzierung, Lebensformen und Singularisierung bzw. Veränderungen in der Familienstruktur skizziert, die Einfluss auf die Lebensbedingungen älterer Menschen nehmen.

Veränderungen im Altersaufbau der deutschen Bevölkerung

Bei der Betrachtung des Altersaufbaus der deutschen Bevölkerung zeigen sich deutliche Unterschiede zwischen den Altersgruppen. Das Verhältnis der Anzahl junger und alter Menschen hat sich seit dem 19. Jahrhundert zugunsten der Älteren verschoben. Lag der Anteil der unter 20-Jährigen 1871 bei 43 % und der der über 65-Jährigen oder Älteren bei 5 %, liegen die Anteile heute bei 18 % bzw. 21 %. Somit ist heute jede fünfte Person in Deutschland mindestens 65 Jahre alt. Diese Entwicklung wird sich zukünftig noch weiter verstärken, so dass die älteren Menschen das Bild der deutschen Gesellschaft noch mehr prägen werden. Bis zum Jahr 2060 wird der Anteil der unter 20-Jährigen um 16 % zurückgehen und der Anteil in der Gruppe der über 65-Jährigen und Älteren weiter auf 34 % ansteigen (Bundesinstitut für Bevölkerungsforschung, 2016, S. 12). Diese Entwicklung wird zum einen durch die steigende Lebenserwartung begünstigt und zum anderen durch die geburtenstarken Jahrgänge der 1950er und 1960er Jahre, die sog. »Baby-Boomer-Generation«, die ab 2020 in den Ruhestand hineingleiten wird (Statistisches Bundesamt, 2011, S. 11).

Zeitliche Ausdehnung der Altersphase/Verjüngung des Alters

Die steigende Lebenserwartung und der zum Teil frühere Berufsausstieg, wie er sich durch Vorruhestandregelungen, die Arbeitslosigkeit älterer Arbeitnehmer sowie Berufs- und Arbeitsunfähigkeit ergibt, können zur Ausdehnung der Altersphase führen.

Bereits heute werden 45-Jährige als ältere Arbeitnehmer bezeichnet. Obwohl sie sich nicht alt fühlen, müssen sie sich mit ihrem Alterungsprozess auseinandersetzen. Dies trifft noch stärker auf die über 55-Jährigen zu, die aufgrund ihres kalendarischen Alters auf dem Arbeitsmarkt auf Probleme stoßen, sei es bei der beruflichen Umorientierung oder bei der Suche nach einem neuen Arbeitsplatz oder nach neuen Chancen in ihrer beruflichen Karriere (Karl, 2012, S. 24).

Die Lebensphase ›Alter‹ kann 30 Jahre und länger dauern. Menschen, die heute regulär in den Ruhestand gehen, haben i. d. R. noch ein Viertel ihres Lebens vor sich. Kommen ein vorzeitiges Ausscheiden aus dem Berufsleben und ein hohes Sterbealter hinzu, kann die Altersphase sogar 50 Jahre andauern. Sie ist die zweitlängste zusammenhängende Lebensphase nach dem mittleren Erwachsenalter und umfasst – je nach den individuellen Gegebenheiten – eine Altersspanne vom 55. bzw. 60. Lebensjahr bis zum Alter von 105 Jahren und mehr (Kruse & Lehr, 1999).

Hochaltrigkeit/Pflegebedürftigkeit/Demenz

Die demografische Alterung schlägt sich besonders deutlich in den Zahlen der Hochbetagten bzw. Hochaltrigen nieder. Hervorzuheben ist die Entwicklung der Zahl der Hochaltrigen ab 80 Jahren. Heute leben in Deutschland über 4,5 Millionen Hochaltrige (Bundesinstitut für Bevölkerungsforschung, 2016, S. 18). Ihre Zahl wird in den nächsten Jahren kontinuierlich weiter ansteigen, von 6 % heute auf voraussichtlich 12 % im Jahr 2060. Jeder Achte wird dann mindestens 80 Jahre alt sein (Bundesinstitut für Bevölkerungsforschung, 2016, S. 12f.).

Mit fortschreitendem Alter steigt das Risiko der Pflegebedürftigkeit und Demenzerkrankung. Im Jahr 2015 waren insgesamt 2,9 Millionen Menschen in Deutschland pflegebedürftig i. S. des Pflegeversicherungsgesetzes (SGB XI, Statistisches Bundesamt, 2015, S. 39). 1,6 Millionen Menschen sind zurzeit von einer Demenzerkrankung betroffen. Sollte perspektivisch kein Durchbruch in Prävention und Therapie gelingen, wird sich die Krankenzahl bis zum Jahr 2050 auf rund drei Millionen erhöhen (Deutsche Alzheimer Gesellschaft e. V., 2016a, S. 1f.). Sowohl zur Pflegebedürftigkeit als auch zur Demenz liefert Kapitel 13.1 weitere vertiefende Daten und Fakten.

Migration/Kulturelle Differenzierung des Alters

Die Gruppe von Menschen mit Migrationshintergrund ist mit einem Durchschnittsalter von 35 Jahren wesentlich jünger als die Bevölkerungsgruppe ohne Migrationshintergrund (47 J.). Nur 1,5 Millionen (9 %) Menschen mit Migrationshintergrund sind 65 Jahre und älter. Dieser Anteil wird in den kommenden Jahren allerdings stetig anwachsen (Bundeszentrale für politische Bildung, 2016, S. 65). Kapitel 14 beleuchtet vertiefend das Thema der alternden Menschen mit Migrationshintergrund und skizziert die daraus resultierenden Herausforderungen für die Soziale Arbeit (▶ Kap. 14).

Lebensformen im Alter: Veränderungen in der Familienstruktur/ Singularisierung im Alter

Die Haushalte in Deutschland werden zahlenmäßig immer kleiner. Sinkende Geburtenzahlen und die Zunahme der Lebenserwartung sind Faktoren, die diese Entwicklung begünstigen. V. a. die Zahl der Einpersonenhaushalte nimmt seit den 1950er Jahren stetig zu. Aber auch die Anzahl der Zweipersonenhaushalte weist Zuwächse auf. Dagegen nimmt die Zahl der Haushalte mit drei und mehr Personen kontinuierlich ab. Nicht nur junge, sondern auch ältere Menschen leben häufiger allein. In Zukunft wird eine Fortsetzung des Trends zu kleineren Haushalten, insbes. die Zunahme von Ein- und Zweipersonenhaushalten im Seniorenalter, erwartet, verursacht durch sinkende Alterssterblichkeit, höhere Lebenserwartung der Frauen und die ansteigende Lebenserwartung bei Männern (Statistische Ämter des Bundes und der Länder, 2011, S. 28f.). Weiterführende Daten und Fakten zur sozialen Verankerung im Alter bietet Kapitel 10.3.

Steigende Frauenerwerbsquoten

Die Zahl erwerbstätiger Frauen ist in der letzten Zeit in Deutschland deutlich gestiegen. Im Jahr 2001 gingen etwa 62 % Frauen einer berufsförmigen Beschäftigung nach, 2011 waren es bereits 71 %. Trotz des starken Anstiegs sind Frauen weiterhin deutlich seltener erwerbstätig als Männer. Das betrifft alle Altersgruppen (Statistisches Bundesamt, 2012, S. 6). Ein Anstieg der Frauenerwerbsquote ist ein Indiz für die Absenkung der familiären Pflegepotenziale.

2 Konsequenzen der soziodemografischen Veränderungen für die Praxis der Sozialen Arbeit

In diesem Unterkapitel wird versucht, auf der Grundlage der zuvor aufgezeigten Entwicklungen bzw. Trends eine Standortbestimmung der Sozialen Altenarbeit in einer alternden Gesellschaft vorzunehmen. Dabei werden die Herausforderungen, aber auch die Chancen beschrieben, die einerseits in den Potenzialen des Alters, andererseits – und eng damit verbunden – in der Weiterentwicklung und Professionalisierung der Wissenschaft und Praxis der Sozialen Arbeit gesehen werden. Zugleich werden die Schnittstellen zu anderen Professionen und Handlungsfeldern identifiziert. Zunächst wird auf folgende Fragen eingegangen:

- Welche Konsequenzen haben die demografische Entwicklung und der Strukturwandel des Alters in Deutschland für die bisherigen klassischen Arbeitsfelder der Sozialen Arbeit?
- Welche Veränderungen ergeben sich hinsichtlich der Entwicklung und Erschließung neuer Arbeitsfelder und Zielgruppen?

Zur Beantwortung dieser Fragen wird als Grundlage die Einteilung der Arbeitsfelder der Sozialen Arbeit nach Chassé & Wensierski (2008) sowie nach Bieker & Floerecke (2011) herangezogen (▶ Tab. 1). Die Tabelle macht deutlich, dass es unterschiedliche Ansätze zur Einteilung der Bedarfssituationen für Soziale Arbeit gibt. Mit Sternchen ist markiert, wo Arbeitsfelder der Sozialen Arbeit voraussichtlich verändert werden müssen, um auf die mit dem demografischen Wandel einhergehenden neuen Herausforderungen antworten zu können.

Tab. 1: Überblick über Arbeitsfelder der Sozialen Arbeit

Praxisfelder der Sozialen Arbeit nach Chassé & Wensierski (2008)	Praxisfelder der Sozialen Arbeit nach Bieker & Floerecke (2011)
Kinder- und Jugendhilfe (*)	Kindheit, Jugend, Familie (*)
- Früherziehung, Kindergarten und Kindertagesbetreuung - Jugendarbeit - Kulturarbeit und kulturelle Bildung - Jugendsozialarbeit und Jugendberufshilfe - Schulsozialarbeit - Jugendgerichtshilfe	- Frühkindliche Bildung und Erziehung - Offene Kinder- und Jugendarbeit - Soziale Arbeit auf der Straße/Mobile Jugendarbeit - Schulsozialarbeit - Allgemeiner Sozialer Dienst (ASD) - Ambulante Erziehungshilfen - Stationäre Erziehungshilfen

Tab. 1: Überblick über Arbeitsfelder der Sozialen Arbeit – Fortsetzung

• Jugendhilfeplanung	• Trennungs- und Scheidungsberatung • Familiengerichtshilfe • Soziale Arbeit mit gewaltbereiten Jugendlichen • Anwalt des Kindes – Verfahrensbeistand nach § 158 FamFG
Erziehungs- und Familienhilfen (*)	Arbeitsmarktintegration (*)
• Ambulante Erziehungshilfen und das Konzept Lebensweltorientierung • Erziehungs-, Ehe- und Familienberatung • Ehe- und Familienbildung • Sozialpädagogische Familienhilfe • Heimerziehung • Pflegekinderwesen, Adoption und Vormundschaft • Soziale Arbeit bei Trennung und Scheidung	• Übergang Schule-Beruf: Soziale Arbeit mit benachteiligten Jugendlichen • Teilhabe am Arbeitsleben – Integrationsfachdienste für Menschen mit Behinderung
Altenhilfe *	Wohnen, Wohnungslosigkeit (*)
• Soziale Altenarbeit und ambulante Altenhilfe * • Soziale Arbeit in stationären Einrichtungen der Altenhilfe *	• Betreutes Wohnen von Menschen mit Behinderung (*) • Ambulante Arbeit mit wohnungslosen Menschen (*)
Soziale Arbeit, Frauen und Frauenbewegung	Migration (*)
• Fraueninitiativen, Frauenbüros und Frauenzentren • Frauenprojekte zwischen Sozialer Arbeit und feministischer Politik • Frauenhausarbeit	• Soziale Arbeit mit Migrantenfamilien (*) • Soziale Arbeit mit Flüchtlingen und Asylsuchenden (*)
Soziale Arbeit, Benachteiligung und Armut im Sozialstaat (*)	Gesundheit (*)
• Armut und Randgruppen (*) • Sozialhilfe (*) • Schuldnerberatung • Arbeitslosenarbeit (*)	• Gesundheitsförderung (*) • Soziale Arbeit mit Konsumenten illegaler Drogen • Selbsthilfeunterstützung von Menschen mit gesundheitlichen Beeinträchtigungen (*) • Hospiz und Palliativversorgung – Soziale Arbeit mit sterbenden und trauernden Menschen (*) • Soziale Arbeit mit behinderten Menschen * • Soziale Arbeit in der Psychiatrie (*)
Soziale Arbeit in spezifischen Bereichen (*)	Alter und Pflegebedürftigkeit *
• Soziale Arbeit und Beratung (*)	• Soziale Arbeit mit alten Menschen *

Tab. 1: Überblick über Arbeitsfelder der Sozialen Arbeit – Fortsetzung

• Sexualerziehung • Soziale Arbeit im Gesundheitswesen (*) • Sozialpsychiatrie (*) • Sucht- und Drogenhilfe (*) • Straffälligenhilfe für Jugendliche, Heranwachsende und Erwachsene • Migrationsarbeit (*) • Selbsthilfe (*)	• Soziale Arbeit mit demenziell erkrankten Menschen und deren Angehörigen *
	Abweichendes Verhalten/Resozialisierung – teilweise (*)
	• Jugendgerichtshilfe, Gerichtshilfe • Ambulante Straffälligenhilfe (*) • Strafvollzug (*)
	Weitere Arbeitsfelder und Zielgruppen (*)
	• Sozialraumorientierte Soziale Arbeit • Arbeit mit Ehrenamtlichen (*) • Soziale Arbeit mit Angehörigen am Beispiel krebskranke Menschen (*)

* = In diesem Feld besteht nach unserer Ansicht voraussichtlich erheblicher Änderungsbedarf.
(*) = In diesem Feld besteht nach unserer Ansicht voraussichtlich teilweise Änderungsbedarf.
(Farbliche Hervorhebung) Hinweis auf Spezialisierungs- und Differenzierungsbedarf.
Eigene Darstellung nach Bieker & Floerecke, 2011, Chassé & Wensierski, 2008

Bei der Betrachtung der Übersicht in Tabelle 1 fällt auf, dass die bisher maßgeblichen Autoren zur Beschreibung der Arbeitsfelder von Sozialer Arbeit die Bereiche der Altenarbeit und der Altenhilfe relativ allgemein darstellen. In der Praxis der Sozialen Arbeit findet aber aufgrund des soziodemografischen Wandels seit längerem eine Spezialisierung und Differenzierung dieser Arbeitsfelder statt. Die Soziale Arbeit mit älteren Menschen hat sich inzwischen zu einer Querschnittsaufgabe entwickelt, die viele Bereiche berührt.

Folgen der Schrumpfung bzw. des Zuwachses der Bevölkerung

Der seit Jahrzehnten andauernde zahlenmäßige Rückgang der Bevölkerung bedeutet nicht zwangsläufig den Rückgang sozialer Probleme. Vielmehr wirkt er sich auf alle Arbeitsfelder der Sozialen Arbeit aus und bestimmt nicht nur die Bedarfe an Fachkräften und ehrenamtlichen Mitarbeitenden, sondern v. a. die Zielgruppenorientierung und Schwerpunktsetzung der Arbeit. So kann die Schrumpfung der Einwohnerzahlen zum Personalabbau in den Kindertagesstätten oder zur Zusammenlegung bzw. Schließung von Schulen führen. (Allerdings ist diese Entwicklung stark abhängig von weiteren Faktoren, etwa gesellschaftlichen Entwicklungen wie dem Anstieg der Frauenerwerbsquote, und von familienpolitischen Maßnahmen.) Der Rückgang der Zahl der Menschen im erwerbsfähigen Alter hat eine direkte Auswirkung auf die sozialen Sicherungssysteme und die Zahl der Pflegenden, zumal bei dem gleichzeitigen Anstieg der Lebenserwartung. Der auf die verstärkte Einwanderung 2015 zurückzuführende geringfügige Anstieg der Bevölkerungszahl bringt einen gestiegenen Bedarf an sozialarbeiterischem bzw. sozialpädagogischem Personal in der Sozialen Arbeit mit geflüchteten Menschen. Diese wenigen Beispiele zeigen, dass die Veränderung der Bevölkerungszahl immer vielschichtige und komplexe Folgen für die Soziale Arbeit hat, die differenziert und multiperspektivisch betrachtet werden sollten.

Folgen der Geburtenhäufigkeit und Sterblichkeit

Der durch die voranschreitende Alterung der Bevölkerung hervorgerufene *Anstieg der Zahl der Sterbefälle* wird voraussichtlich zur Ausweitung der Handlungsbedarfe an den Schnittstellen von professioneller Sozialer Arbeit, Pflege und Therapie führen, wobei die zentralen Arbeitsbereiche in den Hospizen und der Palliativversorgung liegen. Vermehrt wird Soziale Arbeit sich sterbenden und trauernden Menschen zuwenden, und zwar in deren Lebenswelt: in der eigenen Häuslichkeit, in Alten- und Pflegeheimen, Seniorenresidenzen, im Betreuten Wohnen und Service-Wohnen für Senioren, in Seniorenwohnanlagen, ambulanten Wohngemeinschaften für Menschen mit Demenz und diversen alternativen Wohnformen sowie geriatrischen Krankenhäusern und Kliniken –, dort wo hochbetagte, pflegebedürftige Menschen ihren Lebensabend verbringen und wo sie sterben.

In allen diesen Bereichen steigt zugleich der Bedarf an ehrenamtlichen Mitarbeitenden, die mit ihren anderen Möglichkeiten der emotionalen Begleitung in der ambulanten und stationären Trauer- und Sterbebegleitung unverzichtbar sind. Der Fokus der Sozialen Altenarbeit liegt hier auf der Koordination und Organisation der Sozialen Dienste, auf sozialpädagogischer Beratung und Begleitung von Angehörigen, Fachkräften und weiteren in diesen Prozess eingebundenen professionellen Akteuren sowie auf der Gewinnung, Qualifizierung, Vermittlung und Begleitung von Ehrenamtlichen.

Folgen der steigenden Lebenserwartung, der Veränderungen im Altersaufbau, der Ausdehnung der Altersphase sowie der Verjüngung des Alters

Die Zunahme der Lebenserwartung und die Veränderungen im Altersaufbau der Bevölkerung führen zu einem steigenden Bedarf an Sozialer Arbeit für ältere und alte Menschen in allen Handlungsfeldern und an den Schnittstellen zu den Professionen Pflege, Pädagogik, Medizin, Therapie, Psychologie, Wirtschaft, Gesundheitswesen, Technik und neue Medien. Diese Entwicklung ist zwingend verbunden mit einer Spezialisierung und Ausdifferenzierung der Hilfeangebote. Damit wächst auch der Bedarf an Menschen mit spezifischer sozialarbeiterischer, sozialpädagogischer und gerontologischer Fachkompetenz, und zwar sowohl im professionellen als auch im ehrenamtlichen Bereich. Aufgrund sinkender Pflegepotenziale in den Familien verlangt v. a. der Pflegebereich sozialpolitische Veränderungen und Lösungen. Soziale Arbeit an der Schnittstelle zur Pflege wird von den Änderungen direkt betroffen sein. Bspw. könnte den hier Tätigen bei vermehrtem Einsatz von Menschen mit unterschiedlichem kulturellen Hintergrund in der Pflege eine besondere Flexibilität und interkulturelle Kompetenz abverlangt werden. An der Schnittstelle zur Behinderten- bzw. Eingliederungshilfe ist die soziale Altenhilfe aufgrund der Zunahme der Lebenserwartung bei Menschen mit einer angeborenen oder im späteren Lebensverlauf erworbenen Behinderung gefragt, neue Ansätze und Konzepte für ihre nachberufliche Tagesgestaltung bzw. Betreuung im stationären sowie im ambulanten Bereich zu entwickeln. Aktuelle Modellvorhaben weisen hier bereits interessante Wege.

Durch die zeitliche Ausdehnung der Altersphase auf 30 bis 40 Jahre oder noch länger wird mit einer steigenden Heterogenität unter den Älteren bzgl. Alter, Geschlecht, Herkunft, Gesundheitszustand, Lebenslage, Lebensstil und Lebenslauf gerechnet. Diese Ausdifferenzierung der Zielgruppe der Älteren verlangt von Sozialer Arbeit bereits heute eine entsprechende Zielgruppenorientierung und vielfältige sozialpädagogische Ansätze. Zum einen geht es um die Nutzung der Potentiale der »jungen Alten« wie Kompetenz, Innovationskraft und Kreativität, indem ihre Autonomie, Selbstinitiative, Selbstorganisation und Partizipation gefördert werden. Dafür sind in der gemeinwesenorientierten und sozialraumorientierten Sozialen Arbeit vermehrt Angebote in den Bereichen Bildung, Ehrenamt, politisches und gesellschaftliches Engagement, Wohnen, Reisen, neue Medien, Wellness etc. zu initiieren. Zum anderen geht es um die Unterstützung Älterer in Krisensituationen und problematischen Lebensumständen, die z. B. durch frühe Entberuflichung und dadurch nicht erfüllte Berufsziele und persönliche Erwartungen sowie andere Verluste ausgelöst wurden. Hierzu gehören Bereiche wie Krisenhilfe, Suchthilfe, Obdachlosenhilfe etc.

Folgen der Hochaltrigkeit, Pflegebedürftigkeit und Demenz

Die Zunahme der Hochaltrigkeit und der oft damit einhergehenden Pflegebedürftigkeit, insbes. aufgrund von Demenz und anderer gerontopsychiatrischer Erkrankungen, erfordert in der Sozialen Altenarbeit zunehmend eine hohe Fachkompetenz in ihren originären Bereichen und an den bereits genannten Schnittstellen zur Pflege und Therapie. Aufgaben der Altenarbeit sind hier die Aufklärung und Sensibilisierung im Gemeinwesen bzgl. der Andersartigkeit von z. B. Menschen mit Demenz, um deren Akzeptanz in der Gesellschaft zu erhöhen, die Entwicklung von Netzwerken, die Gewährleistung von zugehender Beratung und Betreuung und die Förderung von ehrenamtlichem Engagement. Andererseits ist die Soziale Arbeit mit ihrem ganzheitlichen Blick auf das Individuum und sein Umfeld für die Organisation, Koordination, Vermittlung und Vernetzung der Hilfeangebote prädestiniert, sei es bei Pflegebedürftigkeit – vor dem Hintergrund sinkender familiärer Pflegepotenziale – oder bei weiteren Bedarfen.

Da auch zukünftig die meisten älteren Menschen den Wunsch haben werden, auch nach Eintritt von Pflegebedürftigkeit den Alltag selbstständig oder mit Unterstützung von Angehörigen, Freunden, Nachbarn und/oder ambulanten Diensten zu gestalten, werden die bisherigen Aufgabenfelder der ambulanten Altenhilfe entsprechend anzupassen sein:

- Unterstützung bei der Beantragung von Pflegeleistungen (inkl. Einstufung des Pflegegrads) und der Organisation von Pflege
- Beantragung bzw. Übernahme gesetzlicher Betreuung
- Beratung bei Wohnraumanpassung
- Angehörigenberatung und -begleitung
- Aufbau niedrigschwelliger Betreuungsangebote für Menschen mit einem erhöhten Betreuungsbedarf
- Schulung von Angehörigen und Interessierten zu gesundheits- und pflegespezifischen Themen, zum Leistungsanspruch bei Pflegebedürftigkeit etc.
- Suche nach einem geeigneten Heimplatz oder einer alternativen Wohnform

In den stationären und teilstationären Bereichen der Altenhilfe wird die Schwerpunktsetzung bei der Entwicklung von Angeboten für die Bedürfnisse von Hochaltrigen und Schwerstpflegebedürftigen sowie von Heimbewohnern mit gerontopsychiatrischen Erkrankungen wie Demenz liegen.

Die Zunahme der Zahl älterer pflegebedürftiger Menschen berührt auch viele weitere Bereiche der Sozialen Arbeit. So erfährt die Soziale Arbeit mit Randgruppen, etwa die Drogensucht- oder Straffälligenhilfe, ebenfalls, dass die Klientel immer älter wird, womit auch in diesen Bereichen die Altenhilfe entsprechende konzeptionelle Veränderungen berücksichtigen muss. Ein besonderes Augenmerk sollte Soziale Arbeit auf die hochbetagten Frauen und ihre sozioökonomische Lage werfen.

Folgen der Migration und der ethnischen Differenzierung des Alters

Binnenmigration sowie Außenmigration und die daraus resultierende kulturelle Differenzierung beeinflussen ebenso die Praxis der Sozialen Arbeit. Die Ost-West-Wanderungen, die nach der Wende stattfanden, haben die regionalen Handlungsbedarfe verlagert und neue örtliche Zuordnungen geschaffen. Ethnische und kulturelle Differenzierung, die inzwischen auch in der Altersgruppe der über 65-Jährigen – der Arbeitsmigranten der ersten Generation und der (Spät-)Aussiedler – spürbar wird, hat in der Praxis der Altenhilfe und Altenarbeit zur Notwendigkeit einer interkulturellen Öffnung geführt und dies zur Querschnittsaufgabe gemacht. Zukünftig werden alle Bereiche der Altenarbeit und Altenhilfe hier einer Ausweitung bedürfen. Dies gilt sowohl für die gemeinwesenorientierte Altenarbeit mit der Schwerpunktsetzung auf präventive Angebote, Vernetzung, Empowerment und Stärkung des Ehrenamts, als auch für die ambulante, teilstationäre und stationäre pflegerische Versorgung durch die Altenhilfe.

Folgen der veränderten Lebensformen im Alter, der Familienstruktur, Singularisierung, Feminisierung und der steigenden Frauenerwerbsquoten

Derzeit überwiegt die Zahl der Frauen in der Altersgruppe der Hochaltrigen. Ausgehend davon, dass in Zukunft das hohe Alter noch mehr als heute von alleinlebenden Frauen, zunehmend aber auch Männern, geprägt sein wird, sollte die Soziale Arbeit v. a. die Bereiche der sozialen Beziehungen und der gesellschaftlichen Teilhabe in den Blick nehmen, etwa indem sie Angebote bereithält, die es Menschen ermöglichen, neue Kontakte zu knüpfen, Freundschaften zu schließen und Gemeinschaft zu erleben, um Vereinsamung oder Isolation zu vermeiden. In allen Arbeitsfeldern der Sozialen Arbeit mit Älteren müssen zunehmend auch männerspezifische Aspekte berücksichtigt werden. Des Weiteren wird Soziale Arbeit gefragt sein, wo es darum geht, die Pflege von älteren Angehörigen mit Berufstätigkeit und Familie zu verbinden. Angesichts einer steigenden Frauenerwerbsquote gilt es Konzepte zu entwickeln, die die Familien in diesem Zusammenhang unterstützen.

Teil II Gerontologische Grundlagen

Professionelle soziale Arbeit mit älteren Menschen ist ohne Kenntnisse über bestehende und zukünftig sich entwickelnde Bedarfslagen und der Wünsche und Bedürfnisse älterer Menschen mit ihrer gesellschaftlichen, sozialen und individuellen biografischen Bedingtheit nicht denkbar. In den folgenden Kapiteln werden deshalb theoretische Grundlagen für die Planung und Umsetzung von Interventionen in unterschiedlichen Feldern sozialer Altenarbeit vermittelt, die

- einen verstehenden Zugang zu Lebenswelten älterer Menschen erleichtern,
- auf die Individualität und Verschiedenheit älterer Menschen verweisen,
- Hilfestellung zur Identifikation von Unterstützungsbedarfen geben,
- als Orientierungen und Begründungen für die Konzeption und Umsetzung von Maßnahmen der sozialen Altenarbeit herangezogen werden und
- die Bedeutsamkeit theoretischer Grundlagen für praktisches Handeln veranschaulichen.

In sieben Kapiteln werden die folgenden Fragen diskutiert:

1. Was kennzeichnet die Wissenschaftsdisziplin Gerontologie und womit beschäftigt sie sich? (▶ Kap. 3)
2. Was passiert im Prozess des Älterwerdens? Wie verlaufen Altersprozesse und wovon werden sie beeinflusst? (▶ Kap. 4)
3. Welche theoretischen Annahmen zu Verlauf und Bedingungen erfolgreichen Alterns werden in der Gerontologie diskutiert und welche Auswirkungen hat ein bestimmtes theoretisches Verständnis von Alterungsprozessen für die Gestaltung von Unterstützungsangeboten für ältere Menschen? (▶ Kap. 5)
4. Welches Bild vom Alter und von älteren Menschen ist in unserer Gesellschaft erkennbar? Wie entstehen derartige Altersbilder und welche Auswirkungen haben Altersbilder auf ältere Menschen und auf die gesellschaftliche Stellung älterer Menschen? (▶ Kap. 6)

5. Wie verändert sich die kognitive Leistungsfähigkeit mit zunehmendem Alter? Können älteren Menschen schlechter lernen als jüngere und lässt sich dagegen etwas tun? (▶ Kap. 7)
6. Sind Zufriedenheit und Wohlbefinden auch in schwierigen Lebenssituationen z. B. bei Pflegebedürftigkeit möglich? Was beeinflusst Lebensqualität im Alter? (▶ Kap. 8)
7. Inwieweit lassen sich soziale Ungleichheit im Alter anhand des Lebenslagenansatzes erfassen? Eignet sich das Konzept der Lebenslagen als theoretische Grundlage für die Arbeit mit älteren Menschen? (▶ Kap. 9)

3 Gerontologie als Wissenschaft

In diesem Kapitel wird ein Überblick über den Gegenstandsbereich der Wissenschaftsdisziplin Gerontologie gegeben. Nach Bearbeitung dieses Kapitels sollten folgende Fragen beantworten werden können:

1. Womit beschäftigt sich die Gerontologie?
2. Welche verschiedenen Teildisziplinen lassen sich innerhalb der Gerontologie unterscheiden?

3.1 Gegenstandsbereich der Gerontologie

Mit dem Begriff Gerontologie wird ein Wissenschaftsfeld bezeichnet, das sich mit verschiedenen Dimensionen von Alternsprozessen wie dem kalendarischen, körperlichen, psychischen und gesellschaftlich sozialen Alter befasst (vgl. u. a. Karl, 1999, S. 22, Wahl & Heyl, 2015, S. 76).

Der Begriff Gerontologie hat seine Wurzeln in der griechischen Sprache. »Geront« bedeutet »alter Mensch« und »ologie« die damit verbundene Wissenschaft. Die Gerontologie ist eine vergleichsweise junge Wissenschaft, deren Gegenstand z. B. von Baltes & Baltes – zwei bedeutenden Entwicklungspsychologen und Gerontologen wie folgt beschrieben wird.

> **Definition Gerontologie**
>
> »Gerontologie beschäftigt sich mit der Beschreibung, Erklärung und Modifikation von körperlichen, psychischen, sozialen, historischen und kulturellen Aspekten des Alterns und des Alters, einschließlich der Analyse von altersrelevanten und alterskonstituierenden Umwelten und sozialen Institutionen« (Baltes & Baltes, 1994, S. 8).

Die Bedeutung dieser Definition soll anhand des folgenden Fallbeispiels beschrieben werden.

Fallbeispiel

Herr Kämmer ist 64 Jahre, seit 35 Jahren verheiratet und hat zwei erwachsene Töchter, die nicht mehr im Elternhaus leben. Herr Kämmer hat die letzten 25 Jahre in der Buchhaltung eines mittelständischen Unternehmens gearbeitet und seinen Beruf sehr gemocht. Nun ist dieses Unternehmen vor einem Jahr verkauft worden und da Herr Kämmer Schwierigkeiten mit seinem neuen Chef hatte, der auch eine Umstellung der Arbeit in der Buchhaltung vorgenommen hat, war er sehr froh, als ihm vor einem halben Jahr nahegelegt wurde, in den Ruhestand zu gehen. Er hat sich gefreut, dadurch mehr Zeit für seine Frau, die noch halbtags als Schulsekretärin arbeitet, und den gemeinsamen Garten zu haben. Er wollte seine Hobbies, Modellbau und Angeln, intensivieren und das Leben ohne Verpflichtungen genießen. Seit einem Vierteljahr fühlt er sich jedoch müde und antriebslos, sitzt häufig bis mittags in der Wohnung, liest Zeitung und fühlt sich alt und überflüssig, da fast alle seine Freunde wie auch seine Frau noch arbeiten. Er bekommt zunehmend Streit mit seiner Frau, die ihm vorwirft, er könne mehr unternehmen oder zumindest sich mehr im Haushalt engagieren.

Entsprechend der Definition von Gerontologie von Baltes & Baltes bedeutet

Beschreiben die Beantwortung der Frage nach dem ›was‹, ›wann‹ und ›wie‹,
d. h., was sind die Probleme von Herrn Kämmer, wann hat sein Gefühl der Überflüssigkeit begonnen, wie reagiert er auf den eigentlich herbeigesehnten Ruhestand, wie fühlt er sich ...

Erklären die Beantwortung der Frage nach dem ›warum‹,
d. h., warum gelingt es Herrn Kämmer nicht, seinen Ruhestand so wie erhofft zu gestalten, warum hat er Schwierigkeiten, warum entstehen in der Ehe Spannungen ...

Modifizieren die Beantwortung der Frage: ›Was ist zu tun, um eine Veränderung in einer oder mehrerer der in der Definition angesprochenen Dimensionen zu erreichen‹,
d. h., auf welches Problem ist vordringlich einzugehen, welche Ziele sollen verfolgt werden, was wären Hilfen für Herrn Kämmer.

In der Definition wird weiterhin zwischen dem Altern als dynamischem Prozess von Veränderungen und dem Alter als statischem Moment und Ergebnis von Alternsprozessen unterschieden. Altern und Alter manifestieren sich auf verschiedenen Ebenen, die jeweils unterschiedlich verlaufen, auch wenn sie sich gegenseitig bedingen (▶ Kap. 4).

Aus der Definition wird ebenfalls deutlich, dass sich Alter und Altern in verschiedenen Dimensionen vollziehen. Das kalendarische Alter kann deshalb keine eindeutige Auskunft darüber geben, wie ein älterer Mensch sich fühlt und wie die Funktionsfähigkeit seines Organismus ist. Unterschieden werden folgende Dimensionen:

- Körperliches Altern (körperliche Funktionsfähigkeit)
- Psychisches Altern (subjektives Alterns- und Altersempfinden)
- Soziales Altern (individuelle und gesellschaftliche Rollenerwartungen und Rollenzuschreibungen an ein bestimmtes Lebensalter)
- Historisches Altern (Altern im geschichtlichen Kontext und Veränderungen im Umgang mit älteren Menschen in verschiedenen historischen Epochen)
- Kulturelles Altern (Altersbilder und die Stellung älterer Menschen in einer Gesellschaft)

Weiterhin verweist die Definition von Baltes & Baltes darauf, dass Altern nicht allein ein individuelles ›Schicksal‹ darstellt, sondern immer auch Umfeldfaktoren auf Alternsprozesse einwirken und diese positiv oder auch negativ beeinflussen können (*altersrelevant*) bzw. Alternsprozesse auslösen können (*alterskonstituierend*). Übertragen auf das Fallbeispiel bedeutet dies, dass Herr Kämmer sich wahrscheinlich deshalb ›alt‹ und nicht mehr gebraucht fühlt, da er als Folge der veränderten Arbeitsbedingungen seine Berufstätigkeit aufgegeben hat. Durch den plötzlichen Übergang von einer bisher als erfüllend erlebten Berufstätigkeit in ein Rentnerdasein muss er sich mit den durch die Berufsaufgabe verbundenen Statusveränderungen und den gesellschaftlich definierten Rollenerwartungen an Rentner auseinandersetzen. Hinzu kommt womöglich, dass er in seinem Wohn- und Lebensumfeld auch keine Betätigungsangebote findet, die ihn ansprechen.

3.2 Gerontologie als Wissenschaftsdisziplin

Analog zum Verständnis von Altern als multidisziplinärem Prozess wird in der Gerontologie als Wissenschaftsdisziplin eine Bündelung unterschiedlicher Einzelwissenschaften vorgenommen. Karl (1999, S. 24) unterscheidet drei verschiedene Zugänge, denen sich die Einzelwissenschaften wie folgt zuordnen lassen (▶ Abb. 1).

Gegenstand der Altersbiologie ist die Erforschung von physiologischen Gesetzmäßigkeiten und Ursachen von Alternsprozessen auf Zell- und Organebene. Fragen wie »Wodurch entstehen Alterungsprozesse? Lässt sich ihr Verlauf beeinflussen und kann die biologische Lebensspanne durch Interventionen verlängert werden?« sind Beispiele für Forschungsfragen der Altersbiologie. Ihre Erkenntnisse sind bedeutsam für die Altersmedizin, z. B. im Bereich der Demenzforschung, aber auch für die Bestimmung von Möglichkeiten und Grenzen von Interventionen bei altersbedingten Abbauprozessen.

Innerhalb der Altersmedizin lassen sich zwei große Teildisziplinen unterscheiden: die somatisch orientierte Geriatrie und die Gerontopsychiatrie als Spezialgebiet der Psychiatrie. In beiden Bereichen stehen die Erforschung des Auftretens, Verlaufs und die Therapie von im Alter auftretenden körperlichen

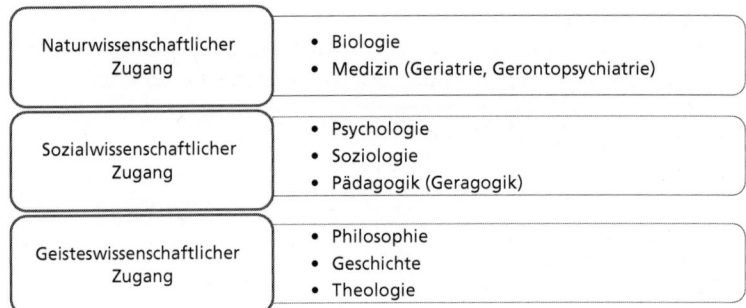

Abb. 1: Gerontologie als Wissenschaftsdisziplin, eigene Darstellung

bzw. psychischen Erkrankungen im Zentrum der Forschung, z. B. die Frage nach der Entstehung und Vermeidung von Stürzen im Alter oder der Behandlung depressiver Erkrankungen älterer Menschen.

Die Alterspsychologie legt ihren Fokus auf die Untersuchung individuellen Erlebens und Verhaltens älterer Menschen und deren Einflussfaktoren. Forschungen zur Entwicklung der kognitiven Leistungsfähigkeit, zur Kompetenz, zum subjektiven Wohlbefinden im Alter, aber auch die Bewältigung von Krisenereignissen wie Verwitwung, Berufsaufgabe oder der Eintritt von Pflegebedürftigkeit sind Themen alterspsychologischer Forschungen. Neuere Forschungsansätze wie die der ökologischen Gerontologie versuchen allerdings eine Verknüpfung zwischen dem Individuum und seiner Umwelt herzustellen und deren wechselseitige Beeinflussung und Folgen für Wohlbefinden und Selbstständigkeit zu untersuchen.

Im Unterschied zur Alterspsychologie, die am alternden Individuum interessiert ist, befasst sich die Alterssoziologie v. a. mit gesellschaftlichen Rahmenbedingungen, unter denen Altern sich vollzieht und die Einfluss auf gesellschaftliches wie individuelles Altern nehmen. Die Frage nach sozialen Ungleichheiten im Alter, der gesellschaftlichen Stellung älterer Menschen, des Strukturwandels des Alters oder nach Altersbildern und ihrer Entstehung sind Beispiele für spezifische alterssoziologische Fragestellungen.

Der bildungswissenschaftliche Zugang zu Altersfragen wird als Geragogik bezeichnet. Ihr Schwerpunkt liegt in der Anwendung pädagogischer und lernpsychologischer Erkenntnisse zur Gestaltung von Bildungsprozessen von älteren und für ältere Menschen einschließlich der Ermittlung lernfördernder und -hindernder Faktoren. Lernen in der nachberuflichen Lebensphase oder die Initiierung selbstgesteuerter Lernprozesse bei älteren Menschen sind Beispiele für Themen geragogischer Forschung.

Die von Karl (1999) dem geisteswissenschaftlichen Zugang zugeordneten Disziplinen der Philosophie und Theologie befassen sich u. a. mit Grundhaltungen und ethischen Fragestellungen, wie z. B. der Begründung von Positionen zum Verhältnis von Fürsorge und Selbstverantwortung in der Sterbebegleitung oder der Betreuung demenzkranker Menschen.

Betrachtungen der Geschichte des Alters (z. B. Borscheid, 1994) vermitteln Einblicke in gesellschaftliche Stellung älterer Menschen im Wandel der Zeit, die zur Erklärung gegenwärtiger Altersbilder und Rollenzuschreibungen an ältere Menschen herangezogen werden können. Zudem verdeutlichen sie den Einfluss gesellschaftlicher Rahmenbedingungen und epochaler Ereignisse, wie der Mauerfall im Jahr 1989 oder das Erleben des Zweiten Weltkriegs, auf individuelle Alternsverläufe.

Mit der Bezeichnung »Sozialen Gerontologie« wird allerdings kein eigenständiger Disziplinbereich der Gerontologie bezeichnet. Soziale Gerontologie versteht sich vielmehr als anwendungsbezogene Wissenschaft mit einer sozial- und verhaltenswissenschaftlichen Ausrichtung (Karl, 2003, S. 7), wobei die Begriffsverwendung auch nicht einheitlich ist. Obwohl Überschneidungen zwischen Einzeldisziplinen bestehen, sind Interdisziplinarität in der gerontologischen Forschung und Theoriediskussion jedoch bislang noch wenig verbreitet. Dies zeigt sich auch in den Curricula gerontologischer Studiengänge. Trotz multidisziplinärer Ausrichtung der Studieninhalte prägen Einzeldisziplinen wie die Psychologie, Soziologie oder Sozialwissenschaften die Schwerpunktsetzungen in den Studieninhalten. Zwar wird von der Deutschen Gesellschaft für Gerontologie und Geriatrie eine Verständigung über die Kernbestandteile eines Gerontologiestudiums angestrebt, allerdings ohne großen Einfluss auf die Gestaltung der einzelnen gerontologischen Studiengänge.

4 Entwicklung im Alter

»Ein Mann, der Herrn K. lange nicht gesehen hatte, begrüßte ihn mit den Worten ›Sie haben sich gar nicht verändert.‹ ›Oh‹ sagte Herr K. und erbleichte« (Brecht, 1971, S. 26).

Warum versteht Herr K. die Äußerung des Mannes nicht als Kompliment, sondern erschreckt sich? Sich nicht verändern bedeutet anscheinend Stillstand, eine Art Tod. Doch woran ist erkennbar, ob ein Mensch sich entwickelt, also verändert hat? Wie verändern sich Menschen im Lebensverlauf und was beeinflusst diese Veränderungen?

Nach Bearbeitung dieses Kapitels sollten folgende Fragen beantwortet werden können:

1. Was ist unter menschlicher Entwicklung zu verstehen?
2. Findet im Alter noch Veränderung, d. h. Entwicklung, statt und wenn ja, welche und was kennzeichnet Entwicklungsprozesse im Alter?

4.1 Begrifflichkeiten und Verständnis von Entwicklungsprozessen im Alter

Die wissenschaftliche Beschäftigung mit menschlichen Entwicklungsprozessen ist v. a. ein Forschungsgebiet der Psychologie und hat sich bis in die 1950er Jahre bis auf wenige Ausnahmen wie z. B. die Arbeiten von Charlotte Bühler auf die Untersuchung kindlicher Entwicklung konzentriert (Baltes, 1990). Allerdings gibt es bereits vorwissenschaftliche Vorstellungen über Verläufe menschlicher Entwicklung, wie sie z. B. in der Gestaltung von Lebenstreppen (▶ Abb. 2) zum Ausdruck kommen.

Aus dieser Abbildung der Lebenstreppe wird ein bis ins 20. Jahrhundert reichendes Grundverständnis von Entwicklung deutlich. Demnach verläuft menschliche Entwicklung grob in drei Phasen: einer Wachstumsphase von Geburt bis zum jungen Erwachsenenalter, einer Phase der Stabilität im Erwachsenenalter, in der das Maximum an körperlicher und geistiger Leistungsfähigkeit und sozialem Status erreicht wird, und einer Phase des körperlichen und geistigen Abbaus mit Beginn des späteren Erwachsenenalters. Diese Vorstellung vom

4 Entwicklung im Alter

Abb. 2: Die Lebensalter des Mannes © bpk/Museum Europäischer Kulturen, SMB/Ute Franz, Bildnr. 00010944

Verlauf menschlicher Entwicklung ist sowohl von einer biologischen Sicht auf Entwicklungsprozesse als auch von gesellschaftlichen Erwartungen geprägt und wird als universell gültig angenommen. Beide Annahmen lassen sich allerdings aus den mittlerweile vorliegenden gerontologischen Erkenntnissen nicht bestätigen und gelten als widerlegt.

Dennoch gibt es unterschiedliche Auffassungen über den Stellenwert von biologisch determinierten Anlagefaktoren, die Bedeutung von Umwelteinflüssen und den individuellen Gestaltungsmöglichkeiten des Einzelnen, die im Extremfall von einer überwiegenden biologisch-genetischen Bedingtheit von Entwicklung oder einer überwiegenden Prägung durch die Umwelt ausgehen. Auch über den Verlauf von Entwicklungsprozessen herrschen durchaus unterschiedliche Vorstellungen vor. Entwicklung kann linear, stufen- oder spiralförmig erfolgen. Sie kann einem anlagebedingten vorgegebenen Plan folgen, durch krisenhafte Ereignisse ausgelöst oder vom Einzelnen aktiv gestaltet werden. Schließlich wird – nicht zuletzt auch im Hinblick auf Interventionsmöglichkeiten – diskutiert, ob Entwicklungsprozesse universell, d. h. für alle Bereiche und für alle Menschen im Grundsatz gleich ablaufen oder ob es bereichsspezifische und individuelle Unterschiede gibt (vgl. zu unterschiedlichen Entwicklungskonzepten z. B. Flammer, 2017, Oerter & Montada, 2008, Saup, 1991)

Auf diese unterschiedlichen theoretischen Konzepte von Entwicklung soll nicht näher eingegangen werden. Allerdings ist es für die Arbeit mit älteren Menschen durchaus bedeutsam, sich bewusst zu werden, welches Menschenbild und welches Verständnis vom Älterwerden für den Einzelnen handlungsleitend sind. Hierzu kann die Beschäftigung mit folgenden Fragen beitragen:

- Wie verlaufen Entwicklungen im Alter? Findet im Alter überhaupt noch Entwicklung statt?

- Welche Bedeutung haben biologische Anlagen und welche haben Umwelteinflüsse auf Entwicklungsprozesse?
- Inwieweit kann der Einzelne aktiv Einfluss auf Entwicklungsprozesse nehmen?
- Gibt es universelle, d. h. auf alle Menschen zutreffende, Entwicklungsverläufe?

Auf diese Fragen versucht z. B. das Konzept der Psychologie der Lebensspanne von Baltes (1990) Antworten zu finden. Dessen Bedeutung für die praktische Altenarbeit soll mithilfe des nachfolgenden Fallbeispiels verdeutlicht werden.

Fallbeispiel

Frau Gärtner ist 68 Jahre und ihr Ehemann 73 Jahre alt. Beide sind seit 40 Jahren verheiratet und haben einen Sohn und eine Tochter. Der Sohn ist vor fünf Jahren an einer Krebserkrankung verstorben, die Tochter lebt mit ihrem Mann und zwei Kindern in Süddeutschland. Das Ehepaar Gärtner lebt seit seiner Heirat in einer Mietwohnung. Frau Gärtner hat einen Volksschulabschluss und war vor ihrer Ehe als ausgebildete Erzieherin tätig. Sie hat ihren Beruf nach Geburt des ersten Kindes aufgegeben, um sich um ihre Familie zu kümmern. Herr Gärtner hat ebenfalls einen Volksschulabschluss und nach seiner Lehre als Schriftsetzer in einem Verlag gearbeitet. Bedingt durch die technischen Umstellungen im Verlag ist Herr Gärtner mit 63 Jahren in den Vorruhestand gegangen. Beide haben die Zeit nach der Pensionierung von Herrn Gärtner bis zur Erkrankung und dem Tod ihres Sohnes sehr genossen, haben viele Ausflüge unternommen und sich mit Freunden getroffen. Nach dem Tod des Sohnes hat sich v. a. Herr Gärtner sehr zurückgezogen und arbeitet am liebsten in seinem Hobbykeller oder dem kleinen Schrebergarten. Er geht ungern aus und trifft sich kaum noch mit Freunden, zumal er seit zwei Jahren an einer zunehmenden Seh- und Hörbeeinträchtigung leidet, weshalb er ungern Auto fährt. Auf Nachfragen seiner Frau antwortet er, dass er zufrieden sei und oft an früher und die schöne gemeinsame Zeit denke.

Seine Frau hat allerdings das Gefühl, dass ihr Mann zunehmend antriebsärmer und vergesslich wird. Sie leidet sehr unter der Zurückgezogenheit ihres Mannes, weshalb es zwischen ihnen in der letzten Zeit häufiger zu Auseinandersetzungen kommt. Nach einer Trauerphase von fast zwei Jahren, in der sie sich sehr zurückgezogen hat, möchte sie nun, wie sie sagt, ihre noch verbleibende Lebenszeit genießen. Sie möchte möglichst oft zu ihrer Tochter und ihren Enkeln nach Süddeutschland fahren, hat kürzlich einen Computerkurs für Senioren besucht, um mit den Enkeln zu skypen, und engagiert sich seit kurzem für Flüchtlinge in der Kirchengemeinde. Allerdings ist sie mitunter auch deprimiert und hat Ängste, da sie nach einer Hüftoperation vor zwei Jahren nicht mehr so mobil ist und seit einem halben Jahr unter Schmerzen leidet. Sie macht sich viele Gedanken über ihre Zukunft, kann darüber aber nicht mit ihrem Mann sprechen, da er derartige Gespräche abblockt. So grübelt sie, ob ihr bisheriges Leben nicht doch hätte anders verlaufen können, ob ihr Mann nicht etwas gegen seine Antriebslosigkeit und seine Vergesslichkeit unternehmen kann. Sie fragt sich, was sie in ihrem Leben noch erwarten kann, ob es nur noch Krankheit und Pflegebedürftigkeit bringt, wie bei einigen ihrer Freunde, oder ob auch noch etwas Neues passieren wird.

Im Fallbeispiel werden ausschnitthaft einige Ereignisse im Lebensverlauf des Ehepaars Gärtner beschrieben, wie sie z. B. in einem Anamnesegespräch einer Beratungsstelle von Frau Gärtner berichtet werden könnten. Anhand dieser Schilderungen und der Reaktionen von Herrn und Frau Gärtner sollen Merkmale von Entwicklungsprozessen im Lebensverlauf veranschaulicht werden.

Aus der Perspektive der Psychologie der Lebensspanne bezeichnet Entwicklung folgendes:

Entwicklung

»Jegliche (positive oder negative) Veränderung in der adaptiven Kapazität eines Organismus« (ebd., S. 8).

Diese sehr offene Definition verweist darauf, dass Entwicklungsprozesse bis zum Tod grundsätzlich – im Rahmen der vorgegebenen Kapazitäten – gestaltbar sind, was von Baltes als Plastizität bezeichnet wird. Entwicklung vollzieht sich in verschiedenen Bereichen der Persönlichkeit, gleichzeitig aber nicht gleichartig, und bringt in jeder Altersstufe Gewinne und Verluste von Erkenntnis- und Erlebnismöglichkeiten mit sich (Weinert, 1994, S. 182), wobei mit zunehmendem Alter mehr Verluste als Gewinne erfahren werden. Folgende an den Ausführungen von Baltes und Weinert angelehnte Übersicht beschreibt einzelne Merkmale von Entwicklungsprozessen und erläutert sie mithilfe des Fallbeispiels (▶ Tab. 2).

Tab. 2: Merkmale von Entwicklungsprozessen im Alter

Entwicklungsmerkmal	Zentrale Leitfrage	Erläuterung	Bezug zum Fallbeispiel
Plastizität	Wie veränderbar sind Entwicklungsprozesse? Kann Abbauprozessen z. B. im Bereich der geistigen Leistungsfähigkeit entgegengewirkt werden?	Plastizität beschreibt das Potenzial eines Menschen zur Veränderung. Entwicklung ist bis ins hohe Alter möglich, allerdings nicht unbegrenzt, da jeder Mensch individuelle Kapazitätsgrenzen hat. Entwicklungsprozesse	Wenn Frau Gärtner ermutigt wird, noch etwas Neues, z. B. einen Computerkurs, zu besuchen oder Herr Gärtner mit einem regelmäßigen Gedächtnistraining etwas gegen sein Gedächtnisproblem tut, dann basiert dies auf der Annahme

Tab. 2: Merkmale von Entwicklungsprozessen im Alter – Fortsetzung

Entwicklungsmerkmal	Zentrale Leitfrage	Erläuterung	Bezug zum Fallbeispiel
		sind im Rahmen der vom Organismus vorgegebenen Kapazitäten beeinflussbar.	von Plastizität. Es kann Leistungseinbußen im Rahmen der vorgegebenen Kapazitätsgrenzen entgegengewirkt werden, und auch Neues ist im Alter erlernbar, wenn auch mehr Zeit und Übung benötigt wird (▶ Kap. 7).
Multidimensionalität	In welchen Bereichen eines Menschen lassen sich Entwicklungen erkennen?	Entwicklung bezieht sich nicht nur auf körperliche und geistige Entwicklung, sondern auf viele Bereiche einer Person wie Lebenszufriedenheit, soziale Einbettung usw.	Herr Gärtner weist mit seiner Seh- und Hörbehinderung körperliche Einbußen auf. Nach der Pensionierung von Herrn Gärtner haben beide Eheleute viel unternommen und ihren Freundeskreis gepflegt. Jetzt scheint Herr Gärtner antriebsärmer und vergesslicher, aber vielleicht auch zufriedener geworden zu sein. Dies verdeutlicht, dass Veränderungen nicht nur im körperlichen Bereich, sondern auch im psychischen Erleben und im Kontakt zur sozialen Umwelt stattfinden.
Multidirektionalität	Wie verlaufen Entwicklungsprozesse? Finden im Alter auch noch Weiterentwicklungen oder nur Abbauprozesse statt?	Entwicklung bedeutet immer Gewinn und Verlust. Der Verlauf von Entwicklungsprozessen variiert sowohl zwischen einzelnen Bereichen, z. B. Abnahme an Sehvermögen, aber Zunahme an Erfahrungswissen, als auch innerhalb eines Bereichs, z. B. der Intelligenz (▶ Kap. 7)	Frau Gärtner erfährt nach ihrer Hüftoperation körperliche Einbußen verbunden mit Mobilitätseinschränkungen. Dennoch stellt sie sich neuen Herausforderungen z. B. in ihrem Engagement für Flüchtlinge oder im Computerkurs, die zum Erwerb neuer Erfahrungen und Fähigkeiten beitragen. Körperlich bedingten Verlusterfahrungen stehen neue Erfahrungen im sozialen Bereich gegenüber. In ihrem Erleben dominieren

4 Entwicklung im Alter

Tab. 2: Merkmale von Entwicklungsprozessen im Alter – Fortsetzung

Entwicklungsmerkmal	Zentrale Leitfrage	Erläuterung	Bezug zum Fallbeispiel
			hingegen Ängste und Unzufriedenheit mit ihrer Ehe. Je nach betrachtetem Bereich erfährt sie entweder Verluste oder auch Gewinne.
Universalität	Sind alle Menschen in gleicher Weise von diesen Entwicklungsverläufen betroffen?	Alle Menschen entwickeln und verändern sich in Bezug auf ihre körperlichen und psychischen Fähigkeiten und in Bezug zu ihrer Umwelt. Diese Entwicklung verläuft lebenslang. Unterschiede gibt es allerdings in der Geschwindigkeit, in der Richtung und im Ausmaß von Veränderungen.	Da im Fallbeispiel exemplarisch nur zwei Personen beschrieben werden und dies auch nur in Ausschnitten, lässt sich das Prinzip der Universalität hier schlecht veranschaulichen. Unbestritten ist jedoch, dass wie alle Menschen auch Herr und Frau Gärtner sich mit körperlichen Veränderungen auseinandersetzen und sich an veränderte Lebensbedingungen (wie z. B. den Tod des Sohnes) anpassen müssen. Wie sie dies jedoch tun, ist unterschiedlich und verweist auf das Prinzip der interindividuellen Variabilität.
Interindividuelle Variabilität	Inwieweit unterscheiden sich Menschen in ihren Entwicklungsverläufen voneinander?	Menschen unterscheiden sich in ihren Entwicklungsprozessen sehr stark voneinander, da sie individuell spezifisch auf die biologisch bedingte persönliche Disposition und die vorgefundenen Umwelteinflüsse reagieren. Diese interindividuellen Unterschiede nehmen mit zunehmendem Lebensalter zu, so dass es zu einer Kumulation von Vergünstigungen oder Benachteiligungen kommt.	Herr und Frau Gärtner gehen mit den Herausforderungen ihres Älterwerdens sehr unterschiedlich um. Während Herr Gärtner sich zurückzieht, Beständigkeit und Ruhe liebt und sich eher mit sich selbst beschäftigt, hat Frau Gärtner ein Bedürfnis nach sozialen Kontakten. Sie möchte noch etwas Neues erleben und sich kognitiv fordern. Auch in Bezug auf ihre kognitive Leistungsfähigkeit scheint Frau Gärtner über mehr Kompetenzen zu verfügen. Allerdings kann die Gedächtnisschwäche von Herrn Gärtner auch das

Tab. 2: Merkmale von Entwicklungsprozessen im Alter – Fortsetzung

Entwicklungsmerkmal	Zentrale Leitfrage	Erläuterung	Bezug zum Fallbeispiel
			Ergebnis seiner Seh- und Hörbeeinträchtigungen sein.
Bedeutung von Anlage- und Umwelteinflüssen	Welche Rolle spielen organismische Dispositionen und welchen Einfluss hat die Lebensumwelt auf Entwicklungsprozesse?	Eine exakte Bestimmung des Anteils von organismisch bedingten Einflüssen und der Bedeutung von Umweltfaktoren ist nicht möglich, da jeder Mensch mit seiner genetisch bedingten Disposition in eine spezifische Umwelt hineingeboren wird, die wiederum Fördermöglichkeiten und Barrieren bereithält, auf die der Einzelne reagiert.	Es ist schwer abzuschätzen, inwieweit die Sehbeeinträchtigung von Herrn Gärtner anlagebedingt oder das Resultat beruflicher Beanspruchung ist. Auch die erkennbare nachlassende kognitive Leistungsfähigkeit kann sowohl organisch, z. B. durch eine beginnende Demenz, hervorgerufen werden. Sie kann aber auch die Folge seiner zurückgezogenen Lebensweise und der damit verbundenen geringen Anregung sein.
Aktive Gestaltungsmöglichkeiten durch den Einzelnen	Welche Möglichkeiten zur aktiven Beeinflussung von Entwicklung hat der Einzelne?	Menschen haben die Möglichkeit im Rahmen ihrer Kapazitäten Entwicklungsprozesse aktiv zu gestalten, z. B. durch Training, Entscheidungen und Prioritätensetzungen.	Herr und Frau Gärtner reagieren auf den Tod ihres Sohnes sehr verschieden und erfahren in der Konsequenz auch unterschiedliche Lebensmöglichkeiten. Während Herr Gärtner sich zurückzieht und an seiner Umwelt weniger Interesse zeigt, ist seine Frau bestrebt, Neues auszuprobieren und neue Herausforderungen zu suchen.
Irreversibilität	Sind Entwicklungsprozesse auch umkehrbar, z. B. im Zusammenhang mit dem Eintreten einer Demenz?	Entwicklungsprozesse sind nicht mehr umkehrbar (irreversibel).	Das Leben von Herrn Gärtner ist v. a. nach dem Tod seines Sohnes von Zurückgezogenheit und kognitiven Einbußen gekennzeichnet. Dennoch bedeutet dies nicht, dass er sich in seinen Fähigkeiten und Empfindungen auf die Entwicklungsstufe eines Kindes ›zurückentwickelt‹. Sein bisheriges Leben, seine Er-

4 Entwicklung im Alter

Tab. 2: Merkmale von Entwicklungsprozessen im Alter – Fortsetzung

Entwicklungsmerkmal	Zentrale Leitfrage	Erläuterung	Bezug zum Fallbeispiel
			fahrungen und Erinnerungen prägen auch bei abnehmender körperlicher bzw. geistiger Leistungsfähigkeit sein Empfinden und sein Verhalten.
Geschichtliche Einbettung	Verlaufen Entwicklungsprozesse in unterschiedlichen Epochen unterschiedlich?	Menschliche Lebens- und damit Entwicklungsverläufe sind immer in einem gesellschaftlich historischen Kontext zu betrachten, der Einfluss auf sich stellende Herausforderungen und Entwicklungschancen nimmt.	Herr und Frau Gärtner sind in den letzten Kriegsjahren bzw. kurz nach Kriegsende geboren. Damit gehören sie einer Geburtskohorte an, die zum Teil noch als Kinder Flucht und Vertreibung erlebt haben, ihre Schulzeit in den 1950er Jahren verbracht und die gesellschaftliche Aufbruchsstimmung Ende der 1960er Jahre als junge Erwachsene erlebt haben. Sie sind geprägt von den derzeit vorherrschenden Rollenerwartungen an Männer und Frauen, was z. B. in ihrer klassischen Rollenverteilung in der Ehe zum Ausdruck kommt.

Eigene Darstellung

Zusammenfassend lassen sich Alternsprozesse als lebenslang verlaufende Entwicklungsprozesse beschreiben, deren Ausgestaltung zum einen vom Individuum mit seinen spezifischen genetisch bestimmten Kapazitäten und zum anderen von Umweltfaktoren bestimmt wird. In Abbildung 3 sind die verschiedenen Einflussfaktoren veranschaulicht. Entwicklung vollzieht sich in der aktiven Auseinandersetzung des Einzelnen mit den vorgefundenen Umweltbedingungen, eingebettet in den jeweiligen gesellschaftlichen und epochalen Kontext. Dieser nimmt Einfluss auf sich stellende Herausforderungen, z. B. Kriegsereignisse, prägt Entwicklungsmöglichkeiten, z. B. durch bereitgestellte Bildungsmöglichkeiten, und beeinflusst individuelle Lebensverläufe durch Normen und Rollenerwartungen, wie sie in Altersbildern oder Geschlechtsstereotypen zum Ausdruck kommen (▶ Abb. 3).

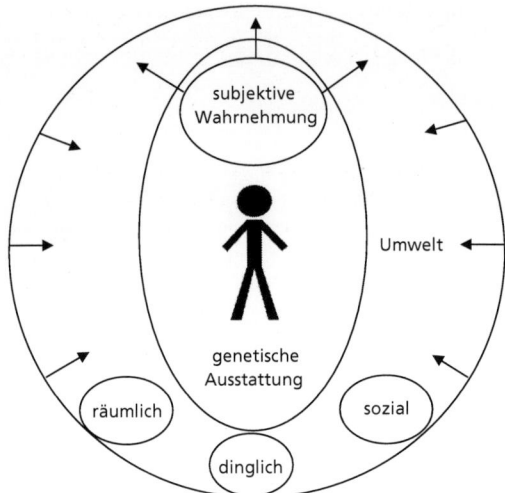

Abb. 3: Determinanten von Entwicklungsprozessen, eigene Darstellung

4.2 Die verschiedenen Dimensionen des Alterns

Grundsätzlich ist festzuhalten, dass es keinen Abschnitt im Leben eines Menschen gibt, der für seine Entwicklung eine besonders bedeutsame Stellung einnimmt (Baltes, 1990, S. 4, Martin & Kliegel, 2005, S. 51), und dass im gesamten Lebensverlauf Entwicklungsverluste und -gewinne zu verzeichnen sind. Allerdings nehmen im höheren Alter die Entwicklungsgewinne ab und Entwicklungsverluste zu.

Über das Verhältnis zwischen individuellen Voraussetzungen und Umweltbedingungen und den Verlauf von Entwicklungsprozessen gibt es jedoch unterschiedliche theoretische Annahmen. Sie sind Gegenstand der in Kapitel 5 vorgestellten Alternstheorien. Die Entscheidung über erforderliche Interventionsmöglichkeiten und -grenzen bei altersbedingt auftretenden Problemen wird von zugrunde gelegten Alternstheorien mitbestimmt.

Konsens besteht ebenfalls darüber, dass Entwicklungs- bzw. Alternsprozesse auf verschiedenen Dimensionen zu betrachten sind. Das kalendarische Alter erscheint dabei nur auf den ersten Blick als die entscheidende Information, anhand derer Menschen hinsichtlich ihrer Funktionsfähigkeit beurteilt werden können. Wenn man jedoch zwei gleichaltrige Menschen miteinander vergleicht, so wird deutlich, wie unterschiedlich sie hinsichtlich ihres Gesundheitszustands, ihrer körperlichen und geistigen Fähigkeiten, ihrer Interessen und noch weiterer

4 Entwicklung im Alter

Aspekte sind. Dies liegt u. a. daran, dass Alternsprozesse eines jeden Menschen auf verschiedenen Dimensionen erkennbar sind, wie die nachfolgende Abbildung verdeutlicht (▶ Abb. 4).

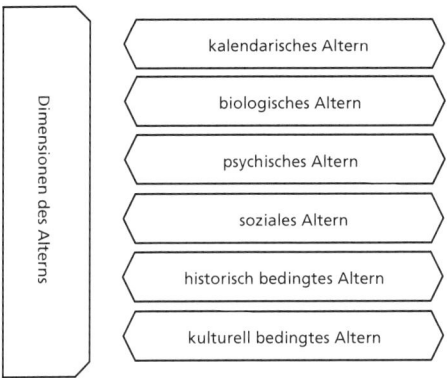

Abb. 4: Dimensionen des Alterns, eigene Darstellung

Das *biologische Alter* bezieht sich auf den Alterungszustand des Organismus eines Menschen, d. h. Zellen und Organsysteme. Allein in dieser Dimension lassen sich unterschiedliche Entwicklungsverläufe für einzelne Zell- und Organbereiche nachweisen, wobei die Funktionsfähigkeit des Körpers und seiner Organe insgesamt im Lebensverlauf abnimmt. Die Lebensdauer und das Ausmaß sowie der Verlauf von organischen Abbauprozessen sind zwar genetisch bestimmt, lassen sich aber dennoch auch durch Umwelteinflüsse und eine gesundheitsbewusste Lebensweise in einem gewissen Umfang beeinflussen. Dies erklärt, dass bei einem identischen kalendarischen Alter das biologische Alter bei zwei gleichaltrigen Menschen voneinander abweichen kann.

Etwas anders verhält es sich mit dem *sozialen Alter*. Das soziale Alter beschreibt die Stellung eines Menschen in einer Gesellschaft, die sich vielfach am kalendarischen Alter orientiert. Dies kommt zum einen in der Festlegung von Altersgrenzen, die Rechte und Pflichten eines Menschen in einer Gesellschaft definieren, zum Ausdruck. Hierzu gehört bspw. die Festlegung der Schulreife, der Volljährigkeit, das Renteneintrittsalter oder das Ende einer Schöffentätigkeit (zur Vertiefung Wahl & Heyl, 2015). Des Weiteren werden anhand des sozialen Alters auch sog. Altersnormen festgelegt, d. h. gesellschaftlich an ein bestimmtes Alter gebundene Rollenerwartungen. Eine 40-jährige Frau, die ihr erstes Kind bekommt, wird als Spätgebärende bezeichnet, wohingegen ein 35-jähriger Mann, der das Amt des Bürgermeisters in einer Kommune übernimmt, als für dieses Amt sehr jung eingeschätzt wird.

Bestehen zwischen dem sozialen und dem kalendarischen Alter somit durchaus Zusammenhänge, da sich gesellschaftliche Normen am kalendarischen Alter orientieren, so ist dies beim psychischen Alter weniger der Fall. Das *psychi-*

sche Alter bezeichnet das subjektive Altersempfinden einer Person. Die 40-jährige Spätgebärende kann sich als junge Mutter fühlen, die mit Spannung auf die gemeinsame Zeit mit ihrem Kind wartet. Gleichzeitig kann sich eine 30-jährige an ihrem Geburtstag alt fühlen, da sie das Gefühl hat, dass nun die Zeit der Jugend, in der ihr alle Wege offenstehen, zu Ende geht. Das psychische Altern unterliegt zudem häufigen Schwankungen, da es stark von äußeren Lebensumständen und von inneren Vergleichsprozessen – mit anderen Gleichaltrigen und mit früheren eigenen Befindlichkeiten – mitbestimmt wird.

Nicht zuletzt vollziehen sich Alternsprozesse in einem gesellschaftlichen und historischen Kontext. Darauf verweisen die beiden Dimensionen des *historisch bedingten und kulturell bedingten Alterns*. Damit werden zwei Dimensionen beschrieben, die sich auf Einflussfaktoren auf Alternsprozesse und das subjektive Erleben von Alter beziehen. Gesellschaften haben ihre ausgehandelten Übereinkünfte zum Verständnis von Alternsprozessen und dem Stellenwert älterer Menschen in der Gesellschaft. Diese drücken sich u. a. in kulturellen Altersbildern (▶ Kap. 6) und in gesetzlichen Regelungen, z. B. zum Berufsaustrittsalter, aus. Gleichzeitig bestimmen auch epochale Ereignisse, wie z. B. Kriegserfahrungen oder der Fall der Mauer, Alterungsprozesse von Menschen, da sie Chancen und Barrieren für individuelle Entwicklungsmöglichkeiten bereitstellen. Für einen 55-jährigen Mann bedeutet der Fall der Mauer im November 1989 u. U. den Verlust des Arbeitsplatzes, Langzeitarbeitslosigkeit und das Zusammenbrechen seines persönlichen Wertesystems, wenn er in der damaligen DDR aufgewachsen ist. Demgegenüber kann sich für einen gleichaltrigen Mann in den alten Bundesländern durch den Zusammenbruch der DDR eine neue berufliche Herausforderung ergeben, wenn er mit Aufbauaufgaben in den neuen Bundesländern betraut ist.

Für die Soziale Arbeit mit älteren Menschen lassen aus diesen Erkenntnissen zusammenfassend folgende Schlussfolgerungen ableiten:

- Aus dem kalendarischen Alter eines Menschen lassen sich fast keine Schlüsse über Befindlichkeiten, Leistungsfähigkeit und Lebensumstände ziehen. Altern ist ein individueller Prozess, der verschiedenen Dimensionen umfasst, die sich wechselseitig beeinflussen und bei der Ermittlung von Problemlagen zu berücksichtigen sind.
- Einstellungen, Befindlichkeiten und Lebensumstände älterer Menschen sind biografisch geprägt, also das Ergebnis ihrer bisherigen Lebenserfahrungen und Bewältigungsstrategien. Das Wissen um diese biografische Prägung erleichtert das Verstehen von Problemlagen älterer Menschen, wenn z. B. Unterstützung trotz eines bestehenden Hilfebedarfs abgelehnt wird.
- Selbst im hohen Alter sind Menschen in der Lage sich zu verändern. Allerdings sind dieser Plastizität des Organismus Grenzen gesetzt, so dass z. B. Trainingsmaßnahmen zur Verbesserung der körperlichen und geistigen Leistungsfähigkeit durchaus wirksam sind, aber nur im begrenzten Ausmaß.

5 Alternstheorien

Wofür werden in der Altenarbeit überhaupt Theorien benötigt, da das Handeln in konkreten Problemsituationen doch im Vordergrund steht? Und woran kann man erkennen, ob eine Theorie auch gut und richtig ist?

Beide Fragen setzen sich kritisch mit dem Nutzen und der Aussagekraft von Theorien auseinander und stellen vielleicht sogar deren Nützlichkeit für die eigene Arbeit mit älteren Menschen in Frage. Dabei wird jedoch übersehen, dass Alltagshandeln immer auch von Theorien – meist erfahrungsbasierten sog. Alltagstheorien – bestimmt wird. Die Erwartung, dass eine intensive Vorbereitung auf eine Klausur auch zu einem guten Ergebnis führt, könnte aufgrund entsprechender Erfahrungen mit früheren Klausuren aufgestellt werden. Diese haben zu einer verallgemeinerten Annahme geführt, dass intensives Lernen mit guten Lernergebnissen einhergeht, d. h. zu einer Alltagstheorie über das Verhältnis von Lernaufwand und Lerngewinn. Auch wissenschaftliche Theorien haben den Anspruch, erfahrbare Sachverhalte zu beschreiben und zu erklären. Im Unterschied zu Alltagstheorien werden jedoch bestimmte Anforderungen an ihre Formulierung gestellt, wie z. B. innere Widerspruchsfreiheit und empirische Überprüfbarkeit.

Das nachfolgende Kapitel beschäftigt sich deshalb mit Alternstheorien und ihrer Bedeutung für die Soziale Arbeit mit älteren Menschen. Im Einzelnen sollen in diesem Kapitel folgende Fragen beantwortet werden:

1. Was sind Merkmale ›guter‹ Theorien und wofür benötigt die Praxis wissenschaftliche Theorien?
2. Welche unterschiedlichen theoretischen Ansätze zur Beschreibung und Erklärung von Entwicklungsprozessen im Alter gibt es und worin unterscheiden sie sich?
3. Macht es für das eigene berufliche Handeln als Sozialarbeiter/Sozialpädagoge einen Unterschied, welches theoretische Konzept über menschliche Entwicklung im Alter zugrunde gelegt wird?
4. Welche Schlussfolgerungen lassen sich aus den einzelnen Theorien zum erfolgreichen Altern ziehen?

5.1 Einführung: Kennzeichen guter Theorien

Martin & Kliegel definieren eine Theorie wie folgt:

> **Definition Theorie**
>
> »Strukturell ist eine Theorie ein System von formalen Aussagen, das eine möglichst umfassende und konsistente Erklärung aller Ereignisse und empirischer Beobachtungen innerhalb eines klar definierten und abgrenzbaren Forschungsfeldes ermöglicht. Ausgangspunkt ist die abstrakte und verallgemeinerbare Darstellung von beobachtbaren und abgeleiteten Sachverhalten und Beziehungen zwischen diesen in Form von Gesetzen. Sie (die Theorie, Anm. der Verfasserinnen) dient als Lenkung für das empirische Suchfeld und als Interpretationsraster für die erhobenen empirischen Befunde. Über das Erklären und Einordnen von Befunden hinaus werden in Rahmen der Theorie Vorhersagen, d. h. konkrete, die Forschung lenkende Hypothesen abgeleitet. Durch die empirische Prüfung dieser theoretisch abgeleiteten Annahmen wird die Theorie weiterentwickelt, modifiziert und gegebenenfalls auch verworfen« (Martin & Kliegel, 2005, S. 39).

Diese dem Wissenschaftsverständnis des kritischen Rationalismus von Karl Popper entsprechende Definition des Wesens von Theorien macht deutlich, dass es sich bei wissenschaftlichen Alternstheorien um Annahmen über Sachverhalte und deren Zusammenhänge handelt, die einer empirischen Überprüfung unterzogen und ggf. verändert werden sollen. Bezogen auf das beschriebene Fallbeispiel könnte eine Theorie über die Bewältigung von Schicksalsschlägen wie den Tod des Sohnes von Ehepaar Gärtner z. B. von geschlechtsspezifischen Unterschieden im Bewältigungsverhalten ausgehen. Die Annahme – Männer reagieren auf Schicksalsschläge mit Rückzug und Frauen suchen sozialen Rückhalt – müsste dann durch den Vergleich der Bewältigung ähnlicher Schicksalsschläge bei älteren Männern und Frauen empirisch geprüft werden. Wenn sich systematische Unterschiede zwischen diesen beiden Gruppen erkennen lassen, würde die Ausgangsannahme bestätigt und die Theorie gefestigt werden, solange bis abweichende Befunde erhoben werden. In der Konsequenz für die Beratungsarbeit würde diese Theorie dazu führen, Frauen andere Hilfen anzubieten als Männern. Die Theorie hätte somit unmittelbare Auswirkungen auf die Gestaltung von Hilfeangeboten für Betroffene.

Theorien helfen diesem Verständnis zufolge Ausschnitte von Wirklichkeit zu beschreiben, Zusammenhänge zwischen einzelnen Merkmalen – im fiktiven Beispiel der Zusammenhang zwischen Geschlecht und Bewältigung – zu erklären und darauf aufbauend Prognosen und Hinweise für Interventionen abzuleiten.

Doch wie lässt sich erkennen, ob eine Theorie ›richtig und gut‹ ist, um Sachverhalte zu beschreiben und für die Praxis Hilfestellung zu geben? Hier finden sich in Publikationen zur empirischen Sozialforschung (z. B. Döring & Bortz,

2016, S. 56) und Methoden wissenschaftlichen Arbeitens (Friedrichs, 1990) unterschiedlich bezeichnete Prüfkriterien. Wahl & Heyl (2015, S. 111ff.) beschreiben z. B. folgende Beurteilungskriterien für die Güte einer Theorie.

- Logische Adäquatheit:
  Eine Theorie soll klar und in sich konsistent (stimmig) und ohne Widersprüche formuliert sein. Sie soll einen hohen Informationsgehalt besitzen und das Gebot der Sparsamkeit befolgen. Dies bedeutet, dass die Anzahl ihrer Annahmen und zentralen Konzepte so gering wie möglich gehalten wird.

Beispiel

Eine Theorie zum erfolgreichen Altern sollte wichtige Einflussfaktoren beinhalten, die zu einem erfolgreichen Altern beitragen. Wenn jedoch zu viele Determinanten auf individueller und gesellschaftlicher Ebene angeführt werden, die alle zu berücksichtigen sind, relativiert sich die Aussagekraft dieser Theorie. Geht die Theorie außerdem davon aus, dass ein erfolgreiches Altern maßgeblich durch persönliche Anstrengungen erreicht wird und nimmt sie weiterhin an, dass Menschen in den Gestaltungsmöglichkeiten ihres Lebens von ihrem sozialen Umfeld bestimmt werden, ist sie in sich widersprüchlich in Bezug auf die Bedeutung von Umfeldfaktoren für ein erfolgreiches Altern.

- Operationale Adäquatheit:
  Die Theorie soll in ihren zentralen Begriffen so formuliert sein, dass diese operationalisierbar – also mess- oder erfassbar – sind. Außerdem sollte die Ableitung von überprüfbaren Hypothesen möglich sein, beides Bedingungen für eine empirische Überprüfbarkeit der Gültigkeit der Theorie.

Beispiel

Unsere Theorie zum erfolgreichen Altern müsste genau definieren, was unter erfolgreichem Altern zu verstehen ist. Auch müsste festgelegt werden, was das soziale Umfeld umfasst. Bezieht sich soziales Umfeld auf die Nachbarn und das soziale Lebensumfeld oder auf Familie und Freunde oder auf beides? Die Definition dieser beiden Kernkonzepte hat zudem so zu erfolgen, dass erfassbare – also empirisch überprüfbare – Kriterien formuliert werden können. Äußert sich erfolgreiches Altern im subjektiven Gefühl mit seinem Leben zufrieden zu sein oder in der Erfüllung von Rollenerwartungen oder der Fähigkeit, Krisen zu bewältigen oder in finanzieller Unabhängigkeit?

- Empirische Adäquatheit:
  Die Theorie sollte empirisch überprüfbar sein und dadurch sich bestätigen oder widerlegen (falsifizieren lassen). Durch eine empirische Überprüfung der Annahmen der Theorie lässt sich diese verändern, konkretisieren oder erweitern.

Aus dem Beispiel wird deutlich, dass die operationale Adäquatheit und die empirische Adäquatheit eng miteinander verbunden sind. Gute operationale Definitionen erleichtern die empirische Überprüfung der Theorie. Gehen wir davon aus, dass unsere Theorie zum erfolgreichen Altern erfolgreiches Altern als Zufriedenheit mit dem eigenen Leben und die Fähigkeit zur Bewältigung von Krisen definiert und zudem postuliert, dass eine erfolgreiche Bewältigung durch ein unterstützendes soziales Umfeld ermöglicht wird: Wie kann dies empirisch überprüft werden? Wie misst man Zufriedenheit und Fähigkeit zur Krisenbewältigung? Ist eher das Suchen nach Unterstützung oder das Bemühen, die Krise allein zu bewältigen, ein Indikator für Bewältigungsfähigkeit? Wie sieht das Ergebnis erfolgreicher Krisenbewältigung aus? Und wie kann der Zusammenhang zwischen diesen Merkmalen, d.h. die aufgestellte Hypothese, überprüft werden?

- Pragmatische Adäquatheit:
Dieser Aspekt bezieht sich auf die Nützlichkeit einer Theorie zur Beschreibung und Prognose von Sachverhalten sowie zur Gestaltung von Interventionen.

Beispiel

Theorien der ökologischen Gerontologie, wie die in Kapitel 5.2.4 beschriebene ökologische Theorie des Alterns von Lawton, verweisen darauf, dass Selbstständigkeit sowohl von den persönlichen Kompetenzen als auch von förderlichen wie hinderlichen Umweltbedingungen abhängig ist. Ein Berater in einer Pflegeberatungsstelle wird bei einem älteren Menschen, der nach einem Sturz nicht mehr in seiner Wohnung allein zurechtkommt, deshalb sowohl die noch verbleibenden Fähigkeiten und Ressourcen wie auch bestehende Barrieren erfragen, wenn er diese Theorie seinem Handeln zugrunde legt. Ebenfalls orientiert an dieser Theorie wird er als Problemlösung vorschlagen, die persönliche Kompetenz z.B. durch Hilfsmittel zu erhöhen oder durch Wohnraumanpassungsmaßnahmen Umweltbarrieren zu reduzieren.

Bislang erfüllt keine der bekannten Alternstheorien alle vier Kriterien im vollen Umfang. Dennoch erleichtern diese Gütewerte die Einschätzung von Theorien und die Identifikation ihrer Schwächen und Stärken. Zudem können sie Ansporn zur Weiter- bzw. Neuentwicklung von Theorien sein, zumal das Ausmaß explizit theoriebezogener Forschung seit einigen Jahren stagniert (vgl. Bengtson et al., 1997, Klott, 2014).

5.2 Ausgewählte Alternstheorien im Überblick

Die Entwicklung von Alternstheorien entspringt dem Wunsch, mit dem Altern auftretende Veränderungen systematisch zu beschreiben, Erklärungen für diese Veränderungsprozesse zu finden und Grundlagen bzw. Begründungen für Interventionen zu finden. Baltes spricht in diesem Zusammenhang von einer beschreibenden, erklärenden und modifizierenden Funktion von Alternstheorien (Baltes & Willis, 1977, S. 135). Das Anliegen vieler Alternstheorien liegt im Aufzeigen der Formen und Bedingungen erfolgreichen Alterns, wobei vielfach als Kriterien für erfolgreiches Altern Wohlbefinden und Lebenszufriedenheit bei gelingender Anpassung an sich verändernde Fähigkeiten und äußere Lebensumstände definiert werden.

Es finden sich sehr unterschiedliche Systematisierungen von Alternstheorien, da die verschiedenen Autoren unterschiedliche Ordnungskriterien zur Klassifizierung herangezogen haben. Alternstheorien können dahingehend unterschieden werden, ob sie

- eher einem positivistischen oder einem interpretativen Wissenschaftsverständnis folgen (Bengtson et al., 1977),
- eher auf der Makroebene den Einfluss sozialer Strukturen und Systeme auf den Einzelnen oder auf der Mikroebene zwischenmenschliche Interaktionen zum Gegenstand haben (ebd.),
- ihre Wurzeln in einer der folgenden Herkunftsdisziplinen haben: Psychologie, Soziologie, Sozialwissenschaften, Sozialpolitik (Bengtson et al., 2009,)
- eher umfassendere Aussagen zum erfolgreichen Altern oder stärker bereichsspezifische Aussagen zu Teilbereichen des Alters wie der Veränderung kognitiver Leistungsfähigkeit treffen (Martin & Kliegel, 2005, Wahl & Heyl, 2015),
- eher auf Veränderungsprozesse oder auf Kontinuitäten in Alternsverläufen abzielen (ebd.).

Diese Klassifizierungen erleichtern es, einen systematischeren Überblick über den Stand der Theorieentwicklung zu erhalten und in der kritischen Würdigung einzelner Theorien diesem besser gerecht zu werden (u. a. Kühnert & Niederfranke, 1993). Eine Theorie mit Wurzeln in der Psychologie, die Verläufe altersbedingter Veränderungen von innerpsychischen Prozessen beschreiben möchte, kann z. B. nicht dahingehend kritisiert werden, dass aus ihr keine Hinweise über den Stellenwert gesellschaftlicher Rahmenbedingungen für ein erfolgreiches Altern abzuleiten sind.

Da es den Rahmen dieses Lehrbuches sprengen würde, alle rezipierten Alternstheorien kurz vorzustellen, beschränkt sich die nachfolgende Beschreibung von Alternstheorien auf eine Auswahl von Theorien, die

- die Theoriediskussion in der Gerontologie maßgeblich beeinflusst haben (Disengagementtheorie, lebenslaufbezogene Entwicklungsansätze),

- aktuell wesentliche gerontologische Wissensbestände abbilden, indem sie z. B. übereinstimmend in verschiedenen Lehrbüchern zur Gerontologie vorgestellt werden (Kompetenzansätze),
- eine hohe praktische Relevanz für die soziale Arbeit mit älteren Menschen haben, da sie einen verstehenden Zugang zu älteren Menschen erleichtern und Hinweise für Interventionen enthalten (Kompetenzansätze, Theorien aus der ökologischen Gerontologie),
- sich in ihrem zugrunde liegenden Verständnis von Entwicklungsprozessen und deren Determinanten voneinander unterscheiden.

Alle nachfolgend beschriebenen Theorien beschäftigen sich mit dem Verlauf und den Bedingungen erfolgreichen Alterns. Sie wollen Antworten auf folgend Frage geben:

> »Wie verlaufen Prozesse erfolgreichen Alterns und welchen Stellenwert haben das einzelne Individuum und äußere gesellschaftliche Rahmenbedingungen für ein erfolgreiches Altern?«

Unterschiede zwischen den einzelnen theoretischen Ansätzen beziehen sich auf ihren jeweiligen Fokus – eher individuumorientiert oder eher auf soziale Prozesse ausgerichtet – und auf die zugeschriebene Bedeutung von Anlage- und Umweltfaktoren für Entwicklungsverläufe. Exemplarisch werden Theorien vorgestellt, die als Beispiel für eine der folgenden vier theoretischen Ausrichtungen stehen:

1. Lebenslauforientierte Theorien – das Konzept der Entwicklungsaufgaben
2. Theorien mit Betonung der sozialen Kontextabhängigkeit von Alternsprozessen – die Disengagementtheorie
3. Theorien mit dem Fokus auf individuelle Bewältigungsprozesse – Kompetenzansätze und kognitive Theorie des Alterns
4. Ökologische Alternstheorien – erfolgreiches Altern als das Ergebnis der Passung zwischen Person und Umwelt nach Lawton

5.2.1 Altern als Prozess lebenslanger Entwicklung

Die ersten theoretischen Ansätze mit dem Anliegen, lebenslange Entwicklung und Prozesse erfolgreichen Alterns zu beschreiben, sind die in den 1950er Jahren entstandenen Konzepte der Entwicklungsaufgaben mit ihren Vertretern Erikson, Havighurst und Peck. Ihnen kommt das Verdienst zu, erstmalig menschliche Entwicklung als lebenslang verlaufenden Prozess zu beschreiben und auf den Einfluss früherer Lebenserfahrungen auf spätere Entwicklungen hinzuweisen. Ein an der Biografie des Einzelnen orientierter Zugang zum Verstehen der Empfindungen und Verhaltensweisen älterer Menschen kann mit diesen Konzepten begründet werden. Allen drei Vertretern ist gemeinsam, dass sie

- Entwicklung als eine Abfolge einzelner Entwicklungsstufen verstehen, die durch einzelne prägnante Herausforderungen, sog. Entwicklungsaufgaben, gekennzeichnet sind,
- Entwicklungsprozessen dementsprechend nicht als kontinuierlich, sondern als Abfolge sich qualitativ voneinander unterscheidender Stadien konzipieren,
- die Unumkehrbarkeit (Irreversibilität) und Universalität dieser Entwicklungsverläufe annehmen, d. h., alle Menschen durchlaufen die postulierten Entwicklungsstufen,
- eine Normierung von Alternsprozessen vornehmen, indem einzelne Entwicklungsaufgaben bestimmten Altersphasen zugeordnet werden,
- davon ausgehen, dass Entwicklungsaufgaben ihren Ursprung in biologischen Reifungsprozessen, gesellschaftlichen Herausforderungen und individuellen Zielsetzungen haben, wobei der Stellenwert dieser drei Einflussfaktoren von den einzelnen Autoren unterschiedlich gewichtet wird.

Konzept der Entwicklungskrisen von Erikson

Erikson geht von der Grundannahme aus, dass Entwicklung sich nach dem sog. epigenetischen Prinzip vollzieht, d. h. in invarianten Stufen verläuft. Entwicklungsmotor sind sog. Entwicklungskrisen. Eine erfolgreiche Bewältigung jeder dieser Krisen führt zu seelischer Gesundheit. Misserfolge in der Bewältigung hingegen verursachen Entwicklungsstörungen und seelische Krankheit. Auslöser der Krisen sind v. a. in den ersten Lebensjahren innere biologische – sog. psychosexuelle – Ereignisse. Verlauf und Art der Ausgestaltung der Krisenbewältigung werden jedoch durch die Umwelt bestimmt.

Erikson unterscheidet insgesamt acht aufeinanderfolgende und bestimmten Lebensabschnitten zugeordnete Entwicklungskrisen (▶ Tab. 3). Die erfolgreiche Bewältigung einer Krise setzt dabei die gelungene Bewältigung der vorausgehenden Krisen voraus. Eine nachträgliche Bewältigung von Krisen ist nicht möglich, da die einzelnen Entwicklungsthemen aufeinander aufbauen. Nachfolgend sind die einzelnen Entwicklungskrisen und ihre Zuordnung im Lebensverlauf beschrieben, wobei die zeitlichen Zuordnungen von Erikson am Stand der psychosexuellen Entwicklung und weniger an konkreten Lebensaltern vorgenommen werden (Erikson, 1990).

Auffallend ist, dass Erikson fünf von acht Entwicklungskrisen in den ersten 20 Lebensjahren verortet und hier konkrete Alterszuschreibungen vornimmt. Für das Erwachsenalter werden insgesamt nur drei Entwicklungsthematiken angenommen: Die Herstellung und Bewahrung emotionaler Bindung an Partner und Freunde im frühen Erwachsenenalter (Intimität), die Erzeugung von Nachkommen und schöpferische auf die Zukunft ausgerichtete Betätigung im mittleren Erwachsenenalter (Generativität) und die Akzeptanz und Bejahung des bisherigen Lebens und der Beziehung zu anderen Menschen so, wie sie sind (Ich-Integrität). Gelingt diese positive Bewertung des eigenen Lebens nicht, entsteht Verzweiflung, da die noch verbleibende Zeit zu kurz ist, um Veränderungen vorzunehmen, die zur Ich-Integrität führen.

Tab. 3: Entwicklungskrisen nach Erikson

Krise	Entwicklungszeitraum
Urvertrauen vs. Urmisstrauen	Säugling, 0–1 Jahr
Autonomie vs. Scham und Zweifel	Kleinkind, 2–3 Jahre
Initiative vs. Schuldgefühl	Spielalter, 4–5 Jahre
Leistung vs. Minderwertigkeit	Schulalter, 6–12 Jahre
Identität vs. Rollendiffusion	Adoleszenz, 11/12–15/16 Jahre
Intimität vs. Isolierung	junges Erwachsenenalter
Generativität vs. Stagnation	mittleres Erwachsenenalter
Ich-Integrität vs. Verzweiflung	hohes Erwachsenenalter

Eigene Darstellung nach Erikson, 1990

Kritische Würdigung

Der Verdienst von Erikson besteht unzweifelhaft darin, dass er auf die Notwendigkeit einer lebenslangen und am Lebensverlauf des Einzelnen orientierten Betrachtung von Alternsprozessen und die Bedeutung von Erfahrungen in der Kindheit auf spätere Entwicklungen hingewiesen hat.

Kritisch ist jedoch zu bewerten, dass Entwicklungsprozesse als Abfolge von Krisen, die entweder gelöst oder nicht gelöst werden können, verstanden werden. Nach diesem Alles-oder-Nichts-Prinzip gibt es nur Erfolg oder Scheitern. Eine nachträgliche Bewältigung ungelöster Krisen ist nach Erikson ebenso wenig möglich wie das Überspringen einzelner Entwicklungsthemen. Auch wird dieses Modell der Vielfalt von Herausforderungen im Lebensverlauf nicht gerecht, da es normativ einzelnen Lebensaltern einzelne Entwicklungsaufgaben zuordnet.

Konzept der Entwicklungsaufgaben von Havighurst

Havighurst orientiert sich in seinem Ansatz der Entwicklungsaufgaben (Developmental Tasks) an Erikson, indem auch er einen stufenförmigen Entwicklungsverlauf annimmt, der durch die Bewältigung einzelner Entwicklungsaufgaben gekennzeichnet ist. Jede Entwicklungsaufgabe wird einzelnen Lebensaltern zugeordnet. Er definiert eine Entwicklungsaufgabe folgendermaßen:

Entwicklungsaufgaben

»(A) task which arise at or about a certain period of life of the individual. Successful achievement of which leads to his happiness and to success with later tasks while failure leads to unhappiness in the individual, disapproval by society and difficulty in later tasks« (Havighurst, 1972, S. 2).

Damit bestimmt – ähnlich wie bei Erikson – die Art der Bewältigung auf einer früheren Entwicklungsstufe die Chance erfolgreicher Bewältigung in den darauffolgenden Entwicklungsstufen. Allerdings haben persönliche Zielsetzungen und Umwelteinflüsse eine größere Bedeutung bei der Entstehung von Entwicklungsaufgaben. Havighurst sieht den Menschen als ein aktives Wesen an, das sich durch Lernen entwickelt. Diese Entwicklung erfolgt in der Interaktion zwischen biologischen Kräften und Umwelteinflüssen, wobei letztere eine größere Bedeutung erhalten als bei Erikson und auch mit zunehmendem Alter Entwicklungsverläufe immer stärker beeinflussen. Entsprechend entspringen Entwicklungsaufgaben

- körperlichen Reifungsprozessen (*physical maturation*),
- Anforderungen der Gesellschaft (*cultural pressure*) und
- individuellen Zielsetzungen und Ansprüchen (*individual aspirations or values*).

Postuliert werden insgesamt sechs Entwicklungsstufen, von denen drei das Erwachsenenalter kennzeichnen und für die einzelnen Entwicklungsaufgaben formuliert werden (▶ Tab. 4).

Tab. 4: Entwicklungsaufgaben über die Lebensspanne nach Havighurst

Frühes Erwachsenenalter (19–30 J.)	Mittleres Erwachsenenalter (31–60 J.)	Hohes Erwachsenenalter (ab 61 J.)
Wahl eines (Lebens-)Partners	Erziehung der Kinder zu verantwortungsbewussten und glücklichen Erwachsenen	Anpassung an die Abnahme der körperlichen Leistungsfähigkeit
Mit dem Partner leben lernen	Übernahme sozialer und staatbürgerlicher Verantwortung	Anpassung an den Ruhestand
Gründung einer Familie	Aufbau einer beruflichen Karriere/Leistung	Anpassung an den Tod des Partners
Betreuung und Versorgung der Familie	Entwicklung von Freizeitaktivitäten	Aufbau einer expliziten Anbindung an die eigene Altersgruppe
Auf- und Ausbau eines Heims	Neudefinition der Partnerbeziehung	Flexible Übernahme von und Anpassung an verschiedene Rollen
Aufnahme einer Erwerbstätigkeit	Anpassung an physiologische Veränderungen	Aufbau altersangemessener Wohnverhältnisse
Betätigung als Staatsbürger	Anpassung an das Älterwerden der Eltern	
Integration in eine soziale Gruppe		

Eigene Darstellung nach Filipp, 1999, S. 115

Kritische Würdigung

Es fällt auf, dass die für das mittlere und höhere Erwachsenenalter postulierten Entwicklungsaufgaben eine normative Orientierung an den Lebensverläufen von Mittelschichten westlicher Gesellschaften aufweisen. Zwar besteht Havighurst zufolge auch im höheren Erwachsenenalter die Herausforderung zur Bewältigung neuer Aufgaben. Diese sind jedoch v. a. dadurch gekennzeichnet, dass hauptsächlich defensive Strategien aktiviert werden. Es geht weniger um Expansion und das Erschließen neuer Lebensmöglichkeiten als um Anpassungen und Auseinandersetzungen mit Verlusten. Kritisch ist auch die Ableitung der postulierten Entwicklungsaufgaben zu bewerten, die weder empirisch abgesichert noch als vollständig anzusehen sind. Außerdem werden weder individuelle Prioritätensetzungen noch kulturelle oder milieuspezifische Unterschiede berücksichtigt. Auffällig ist weiterhin, dass das hohe Alter bereits ab 61 Jahren beginnt und somit der Anstieg der Lebenserwartung und die damit verbundenen veränderten Lebensbedingungen außer Acht gelassen werden.

Da Havighurst seine Theorie jedoch erstmals 1948 formuliert hat, besteht sein Verdienst unzweifelhaft darin, zu diesem Zeitpunkt auf die Notwendigkeit einer lebenslangen Betrachtung von Entwicklungsverläufen und auf den Stellenwert sozialer Anforderungen als Entwicklungsmotor zu verweisen.

5.2.2 Theorien mit Betonung der sozialen Kontextabhängigkeit von Alternsprozessen

Disengagementtheorie von Cumming & Henry

Die Disengagementtheorie von Cumming & Henry von 1961 ist eine der ältesten gerontologischen Theorien und hat ihre Wurzeln in der Soziologie. Ihr Anliegen wie auch das der als Kritik zur Disengagementtheorie formulierten Aktivitätsthese von Tartler (vgl. Lehr, 2000, S. 55ff.) besteht darin, erfolgreiches Altern und Lebenszufriedenheit in Beziehung zu geforderten und gewünschten sozialen Aktivitäten zu setzten.

Die Disengagementtheorie geht davon aus, dass eine der Herausforderungen im Alter darin besteht, sich mit der Endlichkeit der eigenen Existenz und dem nahenden Tod auseinanderzusetzen. Aktivitäten verstanden als Rollenverpflichtungen, z. B. als Arbeitnehmer, Elternteil oder ehrenamtlich Engagierter entsprechen den Lebensvorstellungen im mittleren Erwachsenenalter. Rollenverpflichtungen werden dieser Theorie zufolge auch als Normenkontrolle verstanden, da die Gesellschaft die Angemessenheit einer Rollenausübung bewertet. Es wird angenommen, dass Menschen im Alter nicht mehr über für die Gesellschaft bedeutsame Fähigkeiten verfügen. Mit der Pensionierung und dem Erwachsenwerden der Kinder ergeben sich Rollenverluste, die – wenn sie durch neue Aktivitäten kompensiert werden – verhindern, dass der ältere Mensch sich mit dem nun anstehenden Lebensthema: »Der Auseinandersetzung mit der Endlichkeit und dem nahenden Tod« beschäftigen kann. Ein sozialer Rückzug führt hingegen zu

Freiheit, da die Verpflichtung, sich gesellschaftlich normenkonform zu verhalten, nicht mehr besteht. In der Konsequenz wird Lebenszufriedenheit im Alter durch die Aufgabe von Beziehungen zu anderen Mitgliedern der Gesellschaft und durch qualitative Veränderungen der noch verbleibenden Beziehungen, also durch Disengagement, erreicht. Wichtig ist dabei, dass die Gesellschaft diesen Rückzug z. B. durch entsprechende Pensionierungsgrenzen ermöglicht und der Einzelne zum Disengagement auch bereit ist.

Die empirische Überprüfung der Disengagementtheorie erfolgte anhand der Kansas City Study of Adult Life, eine sechsjährige Langzeitstudie, in der einer Gruppe von 50 bis 70-Jährigen (N = 175) mit einer Gruppe von 70 bis 90-Jährigen (N = 107) interviewt und anhand folgender Parameter verglichen wurde (Cumming et al., 1960, Havighurst et al., 1964):

- Anzahl ausgeübter Rollen (z. B. Nachbar, Arbeitskollege usw.),
- Ausmaß der täglichen Zeit, die mit anderen Personen verbracht wurde (sog. Interaktionsindex),
- geschätzte Anzahl sozialer Kontakte mit verschiedenen Personen im Monat (Index des sozialen Lebensraums; Cumming et al., 1960).

Das so gemessene Ausmaß an sozialer Aktivität wird dem ebenfalls erhobenen Zufriedenheitsausmaß gegenübergestellt, der aus der im Interview angegebenen Zufriedenheit mit dem Alter, dem Wohnort, Kontakten mit anderen Personen und der Tätigkeit am letzten Wochenende gebildet wurde.

Im Vergleich der beiden Gruppen wurde erkennbar, dass mit zunehmendem Alter eine Abnahme der sozialen Aktivität stattfand, wobei Unterschiede in Abhängigkeit von Geschlecht und Art der Rollenaktivität erkennbar waren. Gleichzeitig ermittelten die Autoren einen U-förmigen Zusammenhang zwischen dem Zufriedenheitsausmaß und dem Ausmaß an Engagement bzw. Disengagement. D. h., hohes Engagement und hohes Disengagement gehen mit einer hohen Zufriedenheit einher.

Kritische Würdigung

Die in der Gerontologie sehr kontrovers diskutierte und vielfach kritisierte Disengagementtheorie unterstützt ein Altersbild, das Abbau und gesellschaftliche Wertlosigkeit des Alters betont. Kritisiert wird, dass interindividuelle Unterschiede nicht berücksichtigt werden. Außerdem wird nur die quantitative Abnahme von Aktivitäten, nicht aber qualitative Veränderungen im Engagement Älterer betrachtet. So ist es durchaus denkbar, dass z. B. nach einer Verwitwung ein sozialer Rückzug zur Neuorientierung stattfindet, der jedoch nur vorübergehend ist und mit dazu beiträgt, sich im Leben neu zu orientieren. Weiterhin werden die Bedeutsamkeit der Wahlfreiheit in Bezug auf Zeitpunkt und Art des Rückzugs für Lebenszufriedenheit nicht berücksichtigt. Schließlich verweisen Havighust et al. (1964) in ihrer Diskussion der Disengagementtheorie darauf, dass zwischen einem psychologischen und einem sozialen Engagement bzw. Rückzug zu differenzieren ist, die unabhängig voneinander zu erfassen sind. Ihrer Ansicht nach kann bei der Disengagementtheorie davon ausgegangen werden, dass ein psychologischer Rückzug dem sozialen Rückzug vorausgeht.

In der zusammenfassenden Bewertung der Disengagementtheorie ist deshalb folgendes kritisch anzumerken:

- Die pauschale Forderung nach einer Entpflichtung vernachlässigt die Unterschiedlichkeit persönlicher Präferenzen und Möglichkeiten ihrer Lebensgestaltung im Alter, wie sie durch den bisherigen Lebensverlauf, Persönlichkeitsmerkmale, aber auch gesundheitliche Einschränkungen mitgeprägt werden. Eine derartige biografische Sicht auf ein erfolgreiches Altern nicht statt.
- Es ist weiterhin kritisch zu hinterfragen, ob erfolgreiches Altern wirklich so eng mit dem Ausmaß an sozialer Aktivität verbunden ist oder nicht auch das Ergebnis von Anpassungsleistungen im Erleben und Verhalten auch an weniger günstige Lebensumstände darstellt.
- Nicht zuletzt beeinflussen ökonomische Rahmenbedingungen und der Anregungsgehalt des Lebensumfeldes die Möglichkeiten zum Rückzug wie auch zur Teilhabe an der Gesellschaft. Darauf wird in der Disengagementtheorie kein Bezug genommen.
- Positiv ist allerdings hervorzuheben, dass die Disengagementtheorie auf die Bedeutung sozialer Aktivitäten – hier beschrieben als Rollenaktivitäten – für individuelle Zufriedenheit verweist. Dabei konnte in verschiedenen empirischen Erhebungen verdeutlicht werden (zusammenfassend Lehr, 2000), dass sich im Alter durchaus ein Rückzug von Rollenverpflichtungen als Befreiung und Entlastung – i. S. der Disengagementtheorie – als auch das Erleben von Anderen gebraucht zu werden und noch etwas Sinnvolles für die Gesellschaft tun zu können – i. S. einer Aktivitätsthese – mit Wohlbefinden und Zufriedenheit einhergehen und damit Determinanten erfolgreichen Alterns beschreiben.

5.2.3 Theorien mit dem Fokus auf individuelle Bewältigungsprozesse

Die gegenüber der Disengagementtheorie und der Aktivitätsthese formulierte Kritik einer unzureichenden Betrachtung individueller, biografisch geprägter Bewältigungsformen bilden den Gegenstand der beiden nachfolgend kurz beschriebenen theoretischen Ansätze zum erfolgreichen Altern, die den psychologischen Alternstheorien zuzuordnen sind. Beide Ansätze unternehmen den Versuch der Beschreibung individueller Anpassungsprozesse bei der Bewältigung von mit dem Alter verbundenen Herausforderungen, wie z. B. einer eintretenden Hilfe- und Pflegebedürftigkeit, aber auch den Verlust von Bezugspersonen durch Tod oder die gesundheitsbedingte Notwendigkeit zur Aufgabe wichtiger Aktivitäten.

Kognitive Theorie des Alterns von Thomae

Thomae beschreibt in seiner kognitiven Theorie des Alterns (Thomae, 1971) die Zusammenhänge zwischen dem Erleben einer Situation, deren Bewertung und den gezeigten Bewältigungsstrategien. Er geht davon aus, dass der Einzelne als aktiver Gestalter auf die ihn umgebende Umwelt reagiert. Sein Verhalten wird dabei sowohl von kognitiven wie auch von emotionalen Faktoren bestimmt. In welchem Zusammenhang Kognitionen, Motivation und Verhalten zueinander stehen, wird in drei Postulaten seiner kognitiven Theorie des Alterns beschrieben, die anhand des folgenden Beispiels verdeutlicht werden sollen.

Fallbeispiel

Frau Wischnewski ist 75 Jahre alt, verwitwet, hat aber einen großen Freundeskreis, mit dem sie sich regelmäßig trifft. Außerdem pflegt sie enge Kontakte zu ihrer Tochter, die im Nachbarort wohnt und die sie regelmäßig zweimal in der Woche besucht, um den fünfjährigen Enkel zu betreuen, damit ihre Tochter an diesen beiden Tagen arbeiten gehen kann. Dies macht ihr viel Freude und ist ein wichtiger Lebensinhalt, aus dem sie Anerkennung und Bestätigung erhält. Eines Tages stürzt Frau Wischnewski so unglücklich, dass sie sich eine Hüftfraktur zuzieht. Trotz Operation und anschließender Rehabilitation hat sie Schmerzen, kann schlecht gehen und Auto fahren, so dass sie in ihrer außerhäuslichen Mobilität eingeschränkt ist.

Wie bewältigt Frau Wischnewski dieses Ereignis und wie könnte sie trotz dieser Einschränkungen dennoch ihre Lebenszufriedenheit zurückgewinnen?

Die kognitive Theorie des Alterns formuliert drei Postulate, die mithilfe dieses Beispiels erläutert werden sollen.

Postulat 1

Verhaltensänderungen kovariieren stärker mit erlebten Veränderungen als mit objektiven Veränderungen.

Mit diesem Postulat ist gemeint, dass die Art, wie ein Ereignis erlebt, d. h. wahrgenommen und gedeutet wird, bestimmt, wie auf das Ereignis reagiert wird. Nicht die von einem Außenstehenden wahrgenommenen Situationen, in unserem Fallbeispiel der Sturz, die Behandlung und das nachweisbare Ausmaß an Immobilität sind entscheidend für das Verhalten von Frau Wischnewski, ob sie sich zurückzieht und deprimiert ist oder sich aktiv um eine Verbesserung ihrer Mobilitätseinschränkungen bemüht. Vielmehr kommt es darauf an, wie Frau Wischnewski dieses Ereignis wahrnimmt und bewertet. Hat sie das Gefühl, dass sie ihren Zustand noch durch regelmäßige Krankengymnastik beeinflussen kann, dann wird sie sich wahrscheinlich aktiv bemühen und vielleicht Hilfsmittel nutzen, um weiterhin mobil zu sein. Hat sie hingegen das Gefühl, dass keine Verbesserung ihres Zustands zu erzielen ist und dass im Übrigen alte Menschen mit Mobilitätseinbußen zurechtkommen müssen, dann wird sie wahrscheinlich keine Anstrengungen unternehmen und ihre außerhäuslichen Aktivitäten einschränken.

> **Postulat 2**
>
> Die Art, in der situative Veränderungen erlebt werden, ist von dominanten Bedürfnissen und Erwartungen des Individuums und der Gruppe abhängig.

In diesem Postulat beschreibt Thomae die Einflussfaktoren auf die Art des Erlebens von Herausforderungen im Alternsprozess. Bedürfnisse und Erwartungen prägen das Erleben dieser Herausforderungen und bestimmen dadurch – siehe Postulat 1 – die Reaktion darauf. Übertragen auf das Fallbeispiel bedeutet dies, dass zum einen die Erwartungen von Frau Wischnewski an sich selbst, z. B. Probleme immer aktiv zu lösen oder auf die Hilfe anderer zu vertrauen mitbestimmen, wie sie ihre aktuelle Lebenssituation empfindet und bewertet. Aber auch die vorgestellten Erwartungen der Anderen, z. B. jetzt vorsichtig zu sein und sich nicht mehr stark zu belasten und die Betreuung des Enkels aufzugeben, nehmen Einfluss auf das Erleben und die Bewertung des Sturzes und seiner Folgen. Des Weiteren werden Wahrnehmung und Bewertung des Ereignisses auch davon bestimmt, wie wichtig Frau Wischnewski ihre Mobilität und ihre sozialen Aktivitäten sind und wie stark sie sich nun in ihrer alltäglichen Lebensgestaltung beeinträchtigt fühlt. Sind ihr gemeinsame Unternehmungen mit ihren Freundinnen und die Besuche bei der Tochter sehr wichtig, da sie sich dadurch akzeptiert und gebraucht fühlt, so wird die Mobilitätseinschränkung negativer erlebt, als wenn dies stärker als Verpflichtung erlebt wird, die man nun leichter absagen und dadurch Freiräume für andere Tätigkeiten gewinnen kann.

> **Postulat 3**
>
> Anpassung an das Alter ist eine Funktion des Gleichgewichts zwischen den kognitiven und motivationalen Systemen des Individuums.

In diesem Postulat wird darauf verwiesen, dass ein erfolgreiches Altern dann möglich ist, wenn die eigenen Lebenswünsche mit der wahrgenommenen Lebenswirklichkeit übereinstimmen. Dies wird dadurch erreicht, dass entweder durch Situationsumdeutungen den eigenen Bedürfnissen Rechnung getragen wird oder Bedürfnisse sich an die wahrgenommene Lebenswirklichkeit anpassen. Frau Wischnewski, für die Enkelbetreuung eine Herzensangelegenheit ist und die vor der Herausforderung steht, diese Aufgabe nicht mehr in der gewohnten Weise übernehmen zu können, könnte mit folgenden erfolgreichen Anpassungsstrategien reagieren. Sie könnte sich davon überzeugen, dass der Enkel die regelmäßige Betreuung nicht mehr so nötig braucht, da er ja größer ist. Da die regelmäßigen Fahrten zu ihrer Tochter auch bisher verhindert haben, dass sie an einem Gesprächskreis in ihrer Kirchengemeinde teilnehmen kann, der sie sehr interessiert, würde dieser Verzicht ihr die Erfüllung anderer sozialer Bedürfnisse ermöglichen. Durch Umdeutungen – der Enkel braucht sie kaum noch – und durch Bedürfnisanpassung – Kontakte in der Kirchengemeinde anstatt mit Enkel und Tochter – würde Frau Wischnewski der kognitiven Theorie des Alterns zufolge erfolgreiche Anpassungsleistungen an den Verlust der Mobilität zeigen.

Anpassung beschreibt nach Thomae (1968, S. 380) ein erreichtes Gleichgewicht zwischen den Bedürfnislagen des Individuums und den Anforderungen bzw. Belastungen der jeweiligen Lebenssituation. Da im Alter von einer Zunahme an Störungen auszugehen ist, werden Anpassungsprozesse zunehmend erforderlich. Biologische Faktoren wie der objektive Gesundheitszustand, psychologische Faktoren wie Wahrnehmungs- und Bewertungsprozesse und soziale Rahmenbedingungen wie Bildung, Einkommen oder das Ausmaß sozialer Verankerungen bestimmen dabei Art und Ausmaß der Anpassung.

In seiner Beschreibung von Anpassungsprozessen auf die sich für den Einzelnen ergebenden Herausforderungen im Lebensverlauf unterscheidet er zwischen Daseinstechniken und Daseinsthemen.

Daseinstechniken beschreiben Verhaltensweisen mit einem instrumentellen Charakter, die eingesetzt werden, um etwas zu erreichen. Ähnlich wie im transaktionalen Stressmodell von Lazarus & Launier lassen sich diese Techniken dahingehend unterscheiden, ob sie eher auf eine Veränderung der äußeren Situation oder der eigenen Person ausgerichtet sind und ob sie eher auf Veränderung oder Anpassung abzielen. Folgende Daseinstechniken werden unterschieden (▶ Tab. 5).

Tab. 5: Daseinstechniken nach Thomae

Auf die Umwelt gerichtete Techniken	Auf die eigene Person gerichtete Techniken
Leistungsbezogene Veränderung der Situation	Verhaltensveränderung zur Anpassung an die Situation (Anpassung)
Aggressive Durchsetzung eigener Interessen	Ignorieren und Verdrängen der Situation (Defensive Techniken)
	Erkennen der Problemsituation ohne aktives Handeln (Evasive Technik)

Eigene Darstellung nach Thomae, 1968, S. 334ff.

Neben den Daseinstechniken als persönliche Strategien, die zur Bewältigung von Problemsituationen eingesetzt werden, lassen sich im Lebensverlauf eines Menschen auch sog. Daseinsthemen identifizieren.

Als *Daseinsthema* bezeichnet Thomae zeitlich überdauernde Ziele, Wünsche und Daseinswerte einer Person sowie die Art und Weise, wie eine Person ihr Dasein als Ganzes zu bewältigen und ihre Ziele, Wünsche und Werte zu verwirklichen versucht. Diese Daseinsthemen kennzeichnen die individuelle Persönlichkeit. Sie lassen sich, wie in der Bonner Längsschnittstudie, aus der Exploration der eigenen Biografie als wiederkehrende, das eigene Leben kennzeichnende Thematiken ermitteln, wobei die Bedeutung der einzelnen Themen sich im Lebensverlauf verändern kann. Im Erwachsenenalter und im Alter auftretende Daseinsthemen beziehen sich u. a. auf die Auseinandersetzung mit der Endlichkeit des Daseins, der Endgültigkeit des eigenen Geschicks oder der familiären Situation (ebd.). In Gesprächen mit älteren Menschen in Beratungssituationen lassen sich z. B. Daseinsthemen und Daseinstechniken identifizieren, die verdeutlichen, wie ein älterer Mensch auf Problemsituationen reagiert und was aus seiner Sicht in seinem Leben wichtig und bedeutungstragend ist.

Optimierung durch Selektion und Kompensation von Baltes & Baltes

Eine ähnliche Schwerpunktsetzung kennzeichnet das sog. SOK-Modell von Baltes & Baltes (1989). Auch in diesem Modell zeichnet sich erfolgreiches Altern durch Anpassungsprozesse an alternsbedingte Einschränkungen aus, die von den Autoren als Optimierung durch Selektion und Kompensation bezeichnet werden. Erfolgreiches Altern wird als Ergebnis eines dynamischen Zusammenspiels von Ressourcen und Kompetenzen auf der einen Seite und inneren und äußeren Anforderungen auf der anderen Seite definiert. Zielsetzung dieses Anpassungsprozesses ist die Minimierung von Verlusten und die Maximierung von Gewinnen. Die Anpassungsfähigkeit des älteren Menschen verstanden als Fähigkeit, trotz Verluste und einer erhöhten Verletzlichkeit ein gutes Leben zu führen, gilt als Merkmal erfolgreichen Alterns. Die Art der Anpassungsprozesse, Optimierung (O) durch Selektion (S) und Kompensation (K) lassen sich wie folgt beschreiben (▶ Abb. 5).

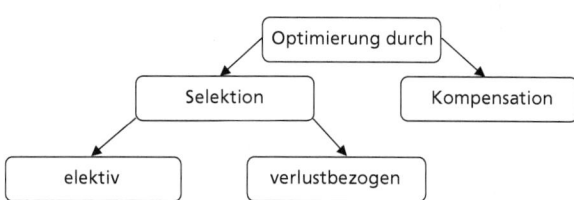

Abb. 5: SOK-Modell von Baltes & Baltes, eigene Darstellung nach Baltes & Baltes, 1989

Unter Optimierung wird das Bestreben zur Erhaltung oder Verbesserung vorhandener Fähigkeiten und Kapazitäten zur Erreichung der gesetzten Ziele verstanden. Bezogen auf das Fallbeispiel würde Frau Wischnewski versuchen, unter Beachtung ihrer Mobilitätseinschränkungen weiterhin möglichst viele ihrer sozialen Kontakte aufrechtzuerhalten, und außerdem bemüht sein, ihre Schmerzen zu verringern und ihre Gehfähigkeit zu erhöhen. Dabei würde sie auswählen, welche Bereiche ihr besonders wichtig sind und welche sie vernachlässigen könnte, um ihre Kräfte zu schonen.

Dies bezeichnet den Prozess der Selektion, d. h. der Auswahl und Beschränkung auf die Funktions- und Verhaltensbereiche, die in Einklang mit der persönlichen Motivation und den noch vorhandenen Fähigkeits- und Fertigkeitsbereichen stehen, und die Aufgabe von Zielen und Funktionsbereichen, die als unwichtig erscheinen oder nicht mehr erreicht werden können. Frau Wischnewski würde also neue Präferenzen setzen, indem sie auf die nun mühsame Fahrt zur Tochter verzichtet und dafür zum leichter erreichbaren Gesprächskreis der Kirchengemeinde geht. Diese Form von Selektion wird dem SOK-Modell zufolge als verlustbetonte Selektion bezeichnet, da sie eine erzwungene Beschränkung aufgrund von Fähigkeitseinbußen bedeutet. Im Unterschied dazu bezeichnet die elektive Selektion eine bewusste und freigewählte Auswahl und Beschränkung, wenn z. B. als Reaktion auf altersbedingte Veränderungen von Interessen auf Fernreisen verzichtet und stattdessen die nähere Umgebung erkundet wird.

Als Kompensation werden Mechanismen zum Ausgleich oder Ersetzen verlorengegangener Potenziale und Ressourcen verstanden, indem neue oder bereits erprobte Strategien zum Einsatz kommen, um trotz Einbußen die eigenen Ziele weiterverfolgen zu können. Frau Wischnewski könnte ihre Mobilität durch Hilfsmittel wie Stock, Rollator oder Umbaumaßnahmen in ihrer Wohnung verbessern oder sie könnte Freunde bitten, sie mit dem Auto zu ihr wichtigen Treffpunkten zu fahren, wenn sie selber nicht mehr Auto fahren oder öffentliche Verkehrsmittel nicht benutzen kann.

Kritische Würdigung

Aus beiden theoretischen Ansätzen wird erkennbar, dass sie ihren Betrachtungsschwerpunkt auf das Individuum legen. Erfolgreiches Altern ist das Ergebnis innerpsychischer Anpassungsprozesse auf Veränderungen in den Lebensumständen. Dabei beschreiben Baltes & Baltes v. a. die Art der Anpassungsprozesse: »Wie verlaufen erfolgreiche Anpassungen?« Die kognitive Theorie des Alterns von Thomae hingegen geht verstärkt auf Determinanten der Anpassung ein: »Was beeinflusst die gewählte Form der Anpassung?«. Beiden Ansätzen gemeinsam ist der Verweis auf die hohe Individualität erfolgreicher Anpassungsprozesse. Weder lassen sich idealtypische Verläufe erfolgreichen Alterns beschreiben, wie in den Konzepten der Entwicklungsaufgaben, noch können bestimmte Lebensweisen wie ein Eingebundensein oder ein Rückzug aus der Gesellschaft generell als Bestandteil erfolgreichen Alterns angesehen werden. Äußere Rahmenbedingungen spielen in der kognitiven Theorie nur in der subjektiven Wahrnehmung des Einzelnen und im SOK-Modell nur indirekt durch die Festlegung von Anforderungen eine Rolle.

5.2.4 Ökologische Alternstheorien

Ökologische Theorien zum erfolgreichen Altern beschäftigen sich mit dem Verhältnis zwischen einer Person und der sie umgebenden Umwelt. Umwelt wird dabei sowohl als die subjektiv wahrgenommene Umwelt als auch als faktisch bestehende Umwelt, die auf die Lebensmöglichkeiten eines Menschen Einfluss nimmt, definiert. In Anlehnung an die Feldtheorie von Lewin wird Verhalten als eine Funktion von Person und Umwelt verstanden. Das mit Fähigkeiten, Ressourcen und Präferenzen ausgestattete Individuum lebt in einer dinglichen, sozialen und auch wertebezogenen Umwelt, auf die es reagieren muss. Gleichzeitig verändert es mit seinem Verhalten seine Umwelt. Um nochmals auf unser Fallbeispiel zurückzukommen: Frau Wischnewski verfügt über bestimmte Fähigkeiten, Überzeugungen Erwartungen, Lebenserfahrungen etc. Nun wird sie mit dem Ereignis ›Sturz und nachfolgende Mobilitätseinschränkung‹ konfrontiert. Wie und wie schnell sie behandelt wird, welche Mobilitätsbarrieren sie in der Wohnung und der unmittelbaren Umgebung vorfindet, ob sie Freunde und Nachbarn hat, die sie ermutigen und unterstützen, und mit welchen Altersstereotypen sie sich auseinandersetzen muss, dies alles sind verschiedene Umweltmerkmale, die die Bewältigung ihrer Mobilitätseinschränkungen mitbeeinflussen. Durch ihr Verhalten, z. B. die Gründung einer Nachbarschaftsinitiative zur Unterstützung älterer alleinlebender Menschen, könnte sie wiederum Umwelten mitgestalten.

Von den verschiedenen theoretischen Ansätzen zur Beschreibung des Verhältnisses zwischen Person und Umwelt (zur Vertiefung Saup, 1993, Wahl et al., 1999) wird nachfolgend die Theorie von Lawton zur Passung von Person und Umwelt vorgestellt (Lawton, 1982, Saup, 1993). Erfolgreiches Altern wird dieser Theorie zufolge als eine gelungene Passung zwischen Umweltanforderungen und persönlichen Bewältigungsmöglichkeiten verstanden, die weder Über- noch Unterforderung beinhaltet. Wie aus Abbildung 6 ersichtlich wird, unterscheidet Lawton dabei zwei Dimensionen:

- zwischen der Dimension der persönlichen Kompetenz, definiert als oberste Kapazitätsgrenze bezogen auf körperliche Gesundheit, sensorische Wahrnehmung, motorisches Verhalten und Denkvermögen und
- der Dimension der Umwelt, wobei er zwischen der räumlich-materiellen Umwelt, der sozialen Umwelt (Normen und Werte der sozialen Bezugsgruppe einer Person), personalen Umwelt (die wichtigsten Bezugspersonen) und der suprapersonalen Umwelt (Charakteristika der in der unmittelbar in der Umgebung lebenden Personen) unterscheidet (Lawton, 1982, S. 35ff.; ▶ Abb. 6).

Erfolgreiche Anpassung findet statt, wenn das Kompetenzausmaß des Einzelnen im richtigen Verhältnis zu den Umweltanforderungen steht. Übersteigen die Anforderungen die Kompetenzen im geringen Ausmaß, z. B. durch einen Umzug in eine neue Wohnung, in der man erst einmal zurechtkommen muss, bewirkt dies eine Aktivierung. Wird eine Person nicht in ihren gesamten Kompetenzen gefordert, wenn z. B. eine Haushaltshilfe Aufgaben in der Haushaltsführung über-

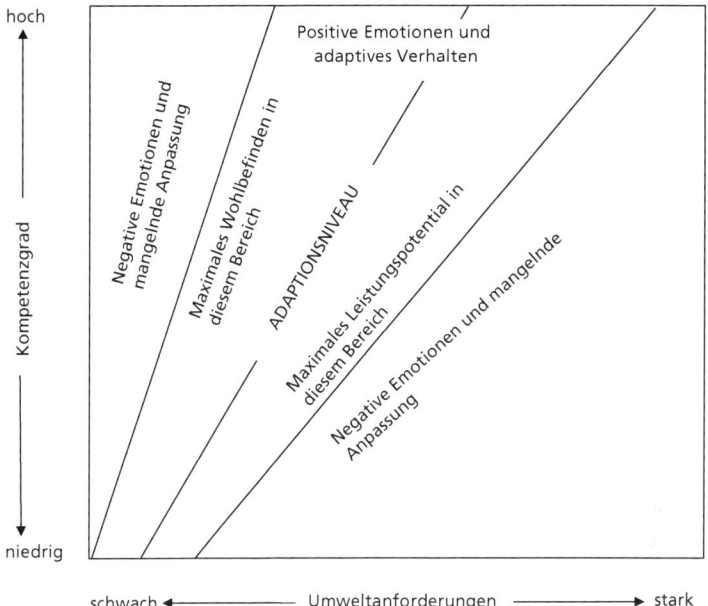

Abb. 6: Anforderungs-Kompetenzmodell von Lawton, Quelle: Saup, 1993, S. 34

nimmt, obwohl sie selbst noch erledigt werden könnten, führt dies zu Wohlbefinden. Starke Abweichungen hingegen sind mit negativen Emotionen verknüpft und werden entweder als Überforderung oder als Unterforderung erlebt. Um eine erfolgreiche Anpassung zu unterstützen, können diesem Modell zufolge entweder Umweltbedingungen verändert oder die persönlichen Kompetenzen erhöht werden. In seinen beiden Hypothesen – der Environmental Docility Hypothese und der Environmental Proactivity Hypothese – verdeutlicht Lawton zudem, die Bedeutsamkeit des eigenen Kompetenzausmaßes für die Auseinandersetzung mit umweltbedingen Herausforderungen.

Environmental Docility Hypothese

Je geringer die eigenen Kompetenzen sind, desto verletzbarer ist der ältere Mensch und desto bedeutsamer sind Umweltgegebenheiten für eine erfolgreiche Anpassung und Wohlbefinden (Saup, 1993, S. 35).

Environmental Proactivity Hypothese

Je größer das Kompetenzausmaß einer Person ist, desto mehr Umweltressourcen zur Erfüllung der eigenen Vorstellungen können erschlossen werden (ebd., S. 37).

Kritische Würdigung

Der unbestreitbare Vorteil des Anforderungs-Kompetenzmodells von Lawton besteht darin, darauf hinzuweisen, dass eine selbstständige Lebensführung im Alter nicht allein vom Ausmaß der persönlichen Beeinträchtigung bestimmt wird, sondern immer auch von Umfeldgegebenheiten abhängig ist. Es reicht somit nicht, einem gehbehinderten Menschen einen Rollator zu verschaffen, wenn die Haustür so eng und schwer ist, dass er damit nicht aus dem Haus kommt, und die Bordsteinschwellen so hoch sind, dass sie mit einem Rollator kaum zu überwinden sind. Interventionen zur Verbesserung der Lebenssituation eines älteren Menschen können bzw. müssen deshalb immer an zwei Bereichen ansetzen, einer Kompetenzsteigerung durch individuelle Förderung und einer Milieu- und Umfeldgestaltung zur Verringerung von Barrieren. Das Modell von Lawton liefert somit theoretische Begründungen für eine Ausweitung der sozialen Arbeit mit älteren Menschen über die individuelle Beratungstätigkeit hinaus. Kritisch ist allerdings anzumerken, dass über die Art der Zusammenhänge zwischen persönlichen Fähigkeiten und Umweltbedingungen nur zwei Hypothesen formuliert werden und keine genaueren Zusammenhänge postuliert werden können. Auch steht die empirische Überprüfung dieser Annahmen noch aus.

Aus diesen Kurzdarstellungen ausgewählter Alternstheorien lassen sich für die praktische Arbeit mit älteren Menschen folgende Schlussfolgerungen ziehen:

- Es herrschen in der Gerontologie sehr unterschiedliche Vorstellungen darüber, was unter einem erfolgreichen Altern zu verstehen ist und unter welchen Bedingungen ein erfolgreiches Altern gelingen kann. In Abhängigkeit von der zugrunde gelegten Theorie haben dabei Persönlichkeitsmerkmale und Umweltfaktoren eine unterschiedlich große Bedeutung für ein gelingendes erfolgreiches Altern.
- Die Vorstellungen, die Fachkräfte in der Sozialen Altenarbeit über die Bedingungen erfolgreichen Alterns haben, beeinflussen ihre Problemwahrnehmung und führen in der Konsequenz zu unterschiedlichen Handlungsempfehlungen. So werden die Probleme einer älteren Frau, die in eine Beratungsstelle kommt, weil sie sich deprimiert fühlt, unterschiedlich wahrgenommen und bewertet, je nachdem ob die Mitarbeiter Altern als Abfolge einzelner individueller Entwicklungsaufgaben oder als Resultat gesellschaftlicher Rahmenbedingungen verstehen.
- Wie die kritischen Würdigungen zu den einzelnen Alternstheorien gezeigt haben, kann keine der Theorien als universell gültig oder widerlegt bewertet werden. Allerdings hilft die Auseinandersetzung mit den verschiedenen Annahmen der einzelnen Theorien, sich mit dem eigenen Menschenbild gegenüber älteren Menschen auseinanderzusetzen und sich dessen Bedeutung für das eigene professionelle Handeln bewusst zu werden.

6 Altersbilder

Menschen haben verschiedene Vorstellungen darüber, was sie im Alter erwartet und wie alte Menschen im Allgemeinen leben. Diese Vorstellungen können auch als Altersbilder bezeichnet werden.

1. Was versteht man unter Altersbildern und wie werden diese erfasst?
2. Welche Altersbilder herrschen in unserer Gesellschaft vor?
3. Wie entstehen sie und was bewirken sie?
4. Inwieweit beeinflusst die eigene Vorstellung vom Altern das professionelle Handeln?
5. Welche Folgen haben negative Altersbilder für ältere Menschen?

Dies sind die zentralen Fragestellungen, die im nachfolgenden Kapitel bearbeitet werden.

6.1 Definition und Erscheinungsformen von Altersbildern

Der auf den ersten Blick eindeutig erscheinende Begriff ›Altersbild‹ erweist sich bei genauerer Betrachtung als ein komplexes Konstrukt. Welche Altersbilder sind gemeint? Die Vorstellung von älteren Menschen über das eigene Älterwerden? Oder das Bild, das Jüngere von älteren Menschen haben? Bezeichnen Altersbilder persönliche Vorstellungen oder auch kollektive, gesellschaftliche Erwartungen an alte Menschen? Beziehen sich Altersbilder auf die Prozesse des Älterwerdens oder auf typische Eigenschaften, die ältere Menschen charakterisieren?

6.1.1 Definitionen

Im Sechsten Altenbericht der Bundesregierung findet sich folgende Definition von Altersbildern.

> **Definition Altersbilder**
>
> Altersbilder bezeichnen »individuelle und gesellschaftliche Vorstellungen vom Alter (Zustand des Altseins), vom Altern (Prozess des Älterwerdens) oder von älteren Menschen (die soziale Gruppe älterer Menschen)« (Deutscher Bundestag, 2010, S. 36).

Altersbilder lassen sich auf folgenden vier Ebenen unterscheiden (ebd., S. 36ff.):

- *Altersbilder als gesellschaftliche kollektive Deutungsmuster*, die die in einer Gesellschaft bestehenden und von vielen geteilten Vorstellungen vom Alter positiver oder negativer Art beschreiben. Sie werden auch als generalisierte Altersbilder bezeichnet. Kollektive Altersbilder entstehen und wandeln sich in öffentlichen Diskursen. So kann z. B. die derzeitige gesellschaftliche Diskussion und die Betonung der Potenziale älterer Menschen als Ausdruck eines sich gewandelten positiven Altersbilds verstanden werden. Altersbilder als kollektive Deutungsmuster lassen sich in gesellschaftlichen Erwartungen an Eigenschaften und Verhaltensweisen oder an der Übernahme sozialer Rollen älterer Menschen erkennen. Sie beschreiben z. B., wie ein Mensch in seinem jeweiligen Alter zu sein hat und über welche Fähigkeiten er noch verfügt. Kollektive Altersbilder besitzen einen normativen Charakter, geben Orientierungen zur Beurteilung individuellen Verhaltens und beeinflussen darüber individuelle Altersbilder.
- *Organisationale und institutionelle Altersbilder*, die in Organisationen und institutionalisierten Regeln zum Ausdruck kommen. Gesetzliche Regelungen, z. B. im Bereich der Gesundheitsversorgung durch altersspezifisch unterschiedliche Verordnung von Leistungen wie die Gewährung von Rehabilitationsmaßnahmen oder in der Arbeitswelt in der Festlegung von Berufsausstiegsgrenzen, sind hierfür Beispiele. Die sich darin widerspiegelnden Altersbilder einer geringen Veränderbarkeit oder einer besonderen Schutzbedürftigkeit älterer Menschen beeinflussen wiederum auf gesellschaftlicher Ebene persönliche Entwicklungsmöglichkeiten älterer Menschen.
- *Altersbilder in der persönlichen Interaktion*, die die Kommunikation mit älteren Menschen und das eigene Verhalten Älteren gegenüber beeinflussen, wenn z. B. langsamer und mit einfacheren Sätzen gesprochen wird, nur weil der Gegenüber seinem äußeren Erscheinungsbild nach alt ist (▶ Kap. 6.2.3). Es handelt sich hierbei um eine Ausdrucksform sog. Altersfremdbilder, d. h. der Vorstellungen und Erwartungen, die der Einzelne an alte Menschen hat und die sein Verhalten ihm gegenüber steuern.
- *Altersbilder als individuelle Vorstellungen und Überzeugungen*, die ein Mensch von älteren Menschen hat (▶ Abb. 7). Diese auch als Altersstereotype bezeichneten Altersbilder beziehen sich zum einen auf die eigene Person als die Vorstellung vom eigenen Älterwerden bzw. Altsein (Altersselbstbild), aber auch auf Einstellungen, Erwartungen und Befürchtungen älteren Menschen und dem Alter allgemein gegenüber (Altersfremdbild).

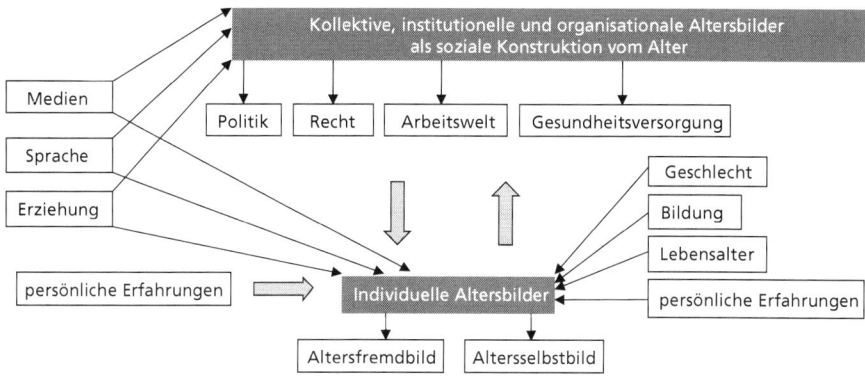

Abb. 7: Altersbilder, eigene Darstellung

Wie Abbildung 7 verdeutlicht ist von wechselseitigen Beeinflussungen zwischen kollektiven und organisationalen Altersbildern auf der einen und individuellen Altersbildern auf der anderen Seite auszugehen. Zudem sind Altersbilder nicht statisch, sondern unterliegen einem ständigen Wandel. Auf den einzelnen Ebenen lassen sich auch durchaus unterschiedliche Altersbilder erkennen. Positive und negative Altersbilder können gleichzeitig auftreten. Neben dem Bild des aktiven und selbstständig lebenden, finanziell gut abgesicherten älteren Menschen kann gleichzeitig auch das Bild vom vereinsamten und hilfsbedürftigen Älteren stehen.

Die Erforschung von Altersbildern umfasst viele Themenbereiche, angefangen von der Darstellung älterer Menschen in Büchern, im Fernsehen oder der Werbung bis zur Untersuchung allgemeiner und persönlicher Altersbilder unterschiedlicher Alters- und Berufsgruppen. Einen differenzierten Überblick über die einzelnen Forschungsbereiche, -methoden und -ergebnisse zu diesem Thema lassen sich aus dem Sechsten Altenbericht der Bundesregierung und den beiden zum Altenbericht erstellten Expertisen entnehmen (Deutscher Bundestag, 2010, Berner et al., 2012a, 2012b), aus denen auch die nachfolgende Übersicht entnommen ist (▶ Tab. 6).

Tab. 6: Beispiele für wissenschaftliche Methoden zur Untersuchung von Altersbildern

Verständnis und Konzept von ›Altersbild‹	Methoden zur Erfassung und Analyse von Altersbildern	Welche Personen werden befragt bzw. welche Gegenstände werden untersucht (mit Beispielen)
Altersbilder als kollektive Deutungsmuster	Analyse von öffentlichen, gerontologischen und sozialpolitischen Diskursen	*Textmaterial:* Zeitungsartikel (Rudman, 2006), Zeitschriftenartikel (Nolden-Temke, 2006), historische Dokumente (Göckenjan, 2000, 2007) allgemein von Kondratowitz, 2002, van Dyk & Lessenich, 2009 *Verschiedene Medienformate:* Zeitschriften und Zeitschriftenartikel

Tab. 6: Beispiele für wissenschaftliche Methoden zur Untersuchung von Altersbildern – Fortsetzung

Verständnis und Konzept von ›Altersbild‹	Methoden zur Erfassung und Analyse von Altersbildern	Welche Personen werden befragt bzw. welche Gegenstände werden untersucht (mit Beispielen)
	Inhaltsanalyse: a) Qualitative Inhaltsanalyse b) Quantitative Inhaltsanalyse c) Verknüpfung von qualitativer und quantitativer Inhaltsanalyse	(Featherstone & Hepworth, 1995), Werbeanzeigen in Printmedien (Femers, 2007), Fernsehwerbung (Lee et al., 2007), Filme (Hodgetts et al., 2003), Kinder- und Jugendbücher (Nauland-Bundus, 2004), Schulbücher (Friedrich, 2004)
Altersbilder in Institutionen und Organisationen	Analyse von Rechtsvorschriften, institutionelle Analyse	*Analyse von Gesetzestexten und Vorschriften* Igl, 2009a
	Organisationsanalyse	Altersbilder in Wirtschaftsunternehmen (Sporket, 2008); Altersbilder in Parteien (Schroeder et al., 2009)
Altersbilder in der persönlichen Interaktion	Gesprächsanalyse Inhalts- und formanalytisch konversationsanalytisch	*Sprachlich gebundene Kommunikation:* Intergenerationelle Gespräche, Kommunikationsverhalten jüngerer und älterer Menschen (Coupland & Giles, 1991, Mayer, 2002, Thimm, 2000)
	Teilnehmende Beobachtung ethnografische Methoden	*Interaktionssituationen:* Vermittlungsgespräche im Arbeitsamt (Maier, 2008), Pflege (Baltes & Wahl, 1992)
Altersbilder als individuelle Vorstellungen und Überzeugungen	Interviews: a) offene Interviews b) standardisierte Interviews c) Gruppendiskussionen	*Personengruppen:* Repräsentative Bevölkerungsstichproben (Robert-Bosch-Stiftung, 2008), Migranten (Paß, 2006), Professionelle im Gesundheitswesen (Walter et al., 2006), Kinder (Mitchell et al., 1985)
	Experimentelle Methoden: a) explizite Verfahren (Merkmalssortierverfahren, Semantisches Differenzial) b) implizite Verfahren (z. B. Semantisches Priming, affektives Priming)	*Experimente mit Versuchspersonen:* Hummert et al.,1994, Polizzi, 2003, Greve et al., 2005, Brauer et al., 2000

Quelle: Deutscher Bundestag (2010). Sechster Bericht zur Lage der älteren Generation in der Bundesrepublik Deutschland – Altersbilder in der Gesellschaft und Stellungnahme der Bundesregierung. Berlin: Bundesministerium für Familie, Senioren, Frauen und Jugend (BMFSFJ), S. 29f. (Drs. 17/3815, 17.11.2010; https://www.bmfsfj.de/blob/77898/a96affa352d60790033ff9bbeb5b0e24/bt-drucksache-sechster-altenbericht-data.pdf, Zugriff am 04.05.2018).

6.1.2 Erscheinungsformen von Altersbildern

Die seit einigen Jahrzenten sich abzeichnende Verlängerung der Lebenserwartung und ein verbesserter Gesundheitszustand älterer Menschen führen dazu, dass nicht nur der Anteil der Älteren an der Gesamtbevölkerung kontinuierlich steigt, sondern auch, dass immer mehr Menschen bei guter Gesundheit und finanziell unabhängig, frei von beruflichen Verpflichtungen altern können. Gleichzeitig legen moderne, sich schnell wandelnde Wissensgesellschaften ihren Fokus auf Veränderung anstatt auf Bewahrung. Erfahrungswissen von Älteren sichert deshalb keinen hohen sozialen Status innerhalb einer Gesellschaft. Beide Tendenzen drücken sich in den derzeitigen Altersbildern aus. Sowohl auf kollektiver Ebene als auch bei den individuellen Altersbildern wird erkennbar, dass Altersbilder positiver werden und Potenziale und Möglichkeiten zur gesellschaftlichen Teilhaben des Alters, v. a. im jüngeren Alter, betonen. Die negativen Aspekte des Alterns werden durch die Trennung in ein ›drittes‹ – aktives – und ein ›viertes‹ – von Hilfebedürftigkeit, Demenz und Abhängigkeit gekennzeichnetes Alter – auf die letzte Lebensphase projiziert. Da individuelle Altersbilder maßgeblich auch durch Erfahrungen im direkten Kontakt mit älteren Menschen erworben werden (sog. *Kontakthypothese*), steigt somit auch die Wahrscheinlichkeit des Erwerbs positiver Altersbilder bei Jüngeren bzw. negativer Altersbilder bei Angehörigen medizinischer und pflegerischer Berufe.

Kollektive, institutionelle und organisationale Altersbilder

Ein Indikator vorherrschender Altersbilder sind Themen von altenpolitischen Diskussionen und im öffentlichen Diskurs. Bei ihrer Auswertung zeigen sich sowohl positive wie auch negative Altersbilder, wie die nachfolgende Übersicht (▶ Tab. 7) verdeutlicht (Deutscher Bundestag, 2010, S. 447ff.):

Tab. 7: Positive und negative kollektive Altersbilder

Negative kollektive Altersbilder	Positive kollektive Altersbilder
Ältere als Profiteure auf Kosten der jüngeren Generation. Ältere profitieren vom Leistungstransfer bei den Renten auf Kosten der Jüngeren und nehmen den Jüngeren durch Ausbeutung von Umweltressourcen ihre Lebenschancen.	Betonung der Potenziale älterer Menschen, die über vielfältige Ressourcen und Kompetenzen verfügen und diese auch z. B. als bürgerschaftliches Engagement der Gesellschaft zur Verfügung stellen.
Ältere als ›Innovations-, Wachstums- und Fortschrittsbremse‹. Die Alterung der Gesellschaft reduziert deren Innovationspotenzial und wirkt sich negativ auf Produktivität und Nachfrage aus.	Kaufkraft der Älteren als Wachstumsmotor, allgemein und insbes. in den Bereichen, Gesundheit, Pflege, Kultur, Bildung und haushaltsnahe Dienstleistungen.
Befürchtungen einer Dominanz der älteren Generation und Entstehung von Kon-	Ältere als Beschäftigungsmotor durch steigende Nachfrage in der Gesundheitswirtschaft.

Tab. 7: Positive und negative kollektive Altersbilder – Fortsetzung

flikten um Ressourcen und politische Einflussnahme.	
Besondere Schutzbedürftigkeit älterer Menschen aufgrund nachlassender Fähigkeiten und erbrachter Lebensleistungen, wie sie in Vergünstigungen (Seniorenpass) oder Schutzregelungen (Kündigungsschutz, Altersteilzeitregelungen) zum Ausdruck kommen.	Verweis auf Potenziale älterer Arbeitnehmer und ihres Erfahrungswissens angesichts des kommenden Fachkräftemangels.

Eigene Darstellung nach Deutscher Bundestag, 2010, S. 447ff.)

Aus dieser Gegenüberstellung wird deutlich, dass Altersbilder weder ausschließlich positiv noch eindeutig negativ sind. Vielmehr lassen sich zwei Tendenzen erkennen: Dem negativen Altersstereotyp, das Alter mit Hilfebedürftigkeit, nachlassender kognitiver Fähigkeit, mangelnder Umstellungsfähigkeit auf Neues verbindet, finden sich zunehmend neue Altersbilder, wie sie in Darstellungen der ›neuen‹, ›jungen‹ und ›fitten‹ Alten zu Ausdruck kommen, die sich weiterbilden, Sport machen, ehrenamtlich engagiert und offen für Neues sind.

Altersbilder in den Medien

Studien belegen, dass ältere Menschen häufig nicht realitätsnah, sondern stereotyp und schematisch dargestellt werden. Interessant ist dabei, dass es zwischen der Darstellung älterer Männer und Frauen quantitative und qualitative Unterschiede gibt. Ältere Frauen gelten früher als alt und ihr Alter wird häufiger mit negativen Attributen belegt, der sog. »*double standard of aging*«.

Ältere Menschen sind im Fernsehen quantitativ unterrepräsentiert – dies gilt v. a. für ältere Frauen. Außerdem werden sie zumeist auf wenige Rollen beschränkt wie die des ›erfolgreichen Unternehmers‹ oder der ›Großmutter‹. Positive Attribute überwiegen dabei. Ältere Menschen im Fernsehen sind seltener krank, haben seltener ein hohes Alter und sind häufiger noch berufstätig (ebd., S. 267f.). In der Werbung tauchen Ältere v. a. in Werbespots für Medizinprodukte auf, dort als deutlich sichtbare alte Frau. Wenn für Produkte für ältere Menschen geworben wird, erscheinen sie als freundliche ältere Frau oder als aktiver älterer Mann (ebd., S. 269). Darüber hinaus werden Ältere in kontrastierender Werbung gezeigt, um für Produkte für Jüngere zu werben. Hier werden sie als Typus des ›verrückten‹ Älteren dargestellt, der sich deutlich von den Jüngeren unterscheidet. Dabei werden fast immer Frauen abgebildet. Wenn es hingegen darum geht, das Alter als eine genussvolle und aktive Lebensphase darzustellen, wird dies überwiegend durch ältere Männer symbolisiert. Insgesamt lässt sich jedoch ein Wandel beobachten, in dem Alter als positiver Imagefaktor genutzt wird, bei dem Aktivität und Kompetenz betont werden.

In den Printmedien wird deutlich, dass das Alter als Begriff vielfach vermieden wird und eine positive Darstellung des Alters angestrebt wird. Erkennbar sind Umschreibungen wie ›Senior‹, ›ältere Generation‹, ›junge Alte‹ und die Vermeidung des Begriffs ›alt‹. Erkennbar ist eine tendenziell positive Darstellung des Alters (ebd., S. 271)

Individuelle Altersbilder – Einige ausgewählte Ergebnisse aus dem deutschen Alterssurvey und weiteren Untersuchungen

Zur Beschreibung vorherrschender individueller Altersbilder werden exemplarisch die Ergebnisse des Deutschen Alterssurveys vorgestellt, in dem u. a. Ausprägung und Veränderung individueller Altersbilder untersucht werden (Motel-Klingebiel et al., 2010b, Mahne et al., 2017). Gefragt wurden Ältere zum einen nach ihren Vorstellungen vom Älterwerden allgemein (Altersfremdbild) und bezogen auf die eigene Person (Altersselbstbild). Aus den Befragungsergebnissen zeigen sich im Zeitraum von 1996 bis 2014 eine Abnahme des negativen Altersbilds und eine Zunahme des positiven Altersbilds. Negative Altersbilder beziehen sich dabei v. a. auf körperliche Einbußen, wohingegen bei einem positiven Altersbild das persönliche Wachstum im Alter betont wird.

Insbes. bei den jüngeren Befragten im Alter von 40 bis 45 Jahren verringert sich das negative Altersbild. Interessant ist, dass sich keine Geschlechtsunterschiede in der Häufigkeit positiver und negativer Altersbilder erkennen lassen. Allerdings scheint es Zusammenhänge zwischen der Ausprägung des Altersbilds und dem Bildungsstand zu geben. Bei Personen mit einem geringeren Bildungsabschluss sind negative, Verluste betonende Altersbilder häufiger ausgeprägt, während ein hoher Bildungsstand mit einem positiven Altersbild einhergeht. Es ist anzunehmen, das mit einem höheren Bildungsstand und bei den jüngeren Altersgruppen mehr Selbstgestaltungsmöglichkeiten gegeben sind und wahrgenommen werden, die wiederum zu positiven Erwartungen an das eigene Alter führen.

Neben dem Alter und den Bildungsstand lassen sich aus den Untersuchungsergebnissen folgende weitere Einflussfaktoren erkennen.

- Gesundheit: Ein guter funktionaler Gesundheitszustand und ein als subjektiv positiv eingeschätzter Gesundheitszustand gehen mit positiven Altersbildern einher. Umgekehrt werden bei vorliegender Multimorbidität häufiger negative, verlustorientierte Altersbilder genannt.
- Soziale und gesellschaftliche Partizipation: Bei häufigeren kulturellen Aktivitäten und der Teilnahme an Bildungsmaßnahmen sowie einer wahrgenommenen stärkeren sozialen Integration sind die Erwartungen an das Alter positiver (ebd., S. 494).

6.2 Entstehung und Wirkungen von Altersbildern

6.2.1 Zum Wandel von Altersbildern

Altersbilder sind soziale Konstrukte, die allerdings nicht unabhängig von gesellschaftlichen Entwicklungen zu verstehen sind. Sie sind Ausdruck gesellschaftlich konsentierter Normen, die im Verlauf gesellschaftlicher Wandlungsprozesse Veränderungen erfahren. Sie bewerten die Stellung älterer Menschen in der Gesellschaft und geben den damit verbundenen vorherrschenden Erwartungen an alte Menschen Ausdruck. Dies beeinflusst wiederum Hoffnungen und Befürchtungen in Bezug auf das eigene Älterwerden. Positive Altersbilder können deshalb nicht einfach ›verordnet‹ werden, indem in Veröffentlichungen wiederholt auf Kompetenzen und Potenziale der Älteren verwiesen oder statt von Älteren von ›best-agern‹ oder der ›goldenen Generation‹ gesprochen wird. Vielmehr entwickeln und verändern sich Altersstereotype im Kontext gesellschaftlicher, wirtschaftlicher und wertebezogener Wandlungsprozesse, wie die Analysen zur historischen Entwicklung von Altersbildern (z. B. Göckenjan, 2010, Deutscher Bundestag, 2010) verdeutlichen.

Positiv konnotierte Altersbilder, die das Alter als wertzuschätzende Autorität und Quelle von für den Fortbestand einer Gesellschaft unentbehrlichem Wissen konzipieren, finden sich in Gesellschaften, in denen dieses Wissen auch für die nachfolgenden Generationen von essenzieller Bedeutung ist. Von der Antike bis zum Beginn der Industrialisierung in Westeuropa galten Ältere als Garanten gesellschaftlicher und sozialer Stabilität. Sie verfügten über materielle und soziale, d. h. normgebende Macht. So wird bei Platon der »Greis mit Gesetz und Vernunft« assoziiert (Göckenjan, 2010, S. 405). Dennoch lassen sich auch in diesem Zeitraum bipolare Altersbilder identifizieren, d. h. eine Kontrastierung, die zwischen dem würdigen, weisen und mit Autorität ausgestatteten Alten und dem lächerlichen und gebrechlichen Greis unterscheidet (ebd.). Von der frühen Neuzeit bis ins beginnende 18. Jahrhundert wurde Alter hingegen mit Abbau, Rückentwicklung und Invalidität in Verbindung gebracht (Borscheid, 1994, S. 39). Erst danach wird mit beginnender Aufklärung ein erneuter Wandel von kollektiven Altersbildern erkennbar. Ältere wurden v. a. im Biedermeier als geschätzte und geachtete Autoritäten verehrt, deren Rat gefragt ist, eine Haltung, die sich mit dem aufkommenden Jugendkult zu Beginn des 20. Jahrhunderts erneut veränderte. Mit der Gleichsetzung der Jugend mit Fortschritt, Kraft und Schnelligkeit wird das Alter erneut negativ bewertet, da es Konstanz und Bewahrung des Alten symbolisiert (Göckenjan, 2010, S. 411), ein Altersbild, das in der Arbeitswelt bis heute zu finden ist.

Entstehung und Veränderungen von kollektiven Altersbildern werden somit durch folgende Faktoren bestimmt:

- der soziodemografischen Entwicklung und der damit einhergehenden Stellung älterer Menschen innerhalb einer Gesellschaft,

- dem gesellschaftlichen Wertewandel und
- dem körperlichen Erscheinungsbild älterer Menschen.

> **Entstehung und Funktion von Altersbildern**
>
> »Altersbilder sind wandelbare (kognitive) Schemata, im kollektiven Gedächtnis gespeicherte, sprachliche und bildliche Integrations- und Orientierungsleistungen. Sie bündeln Aufmerksamkeiten und lenken diese in bestimmte Richtungen. Sie ermöglichen identische Wahrnehmungen, kontinuierliche Erinnerungen, gleichbleibende Bedeutungen und Interpretationen. Und sie geben Varianten des Handelns vor. Durch Altersbilder wird eine Verständigung über das Alter möglich, werden Standards des Handelns festgelegt. Und zugleich werden die jeweiligen Schemata selbst immer wieder bestätigt und verstetigt« (Deutscher Bundestag, 2010, S. 90).

Dieses Zitat aus dem Sechsten Altenbericht fasst die Entstehung und Funktion von Altersbildern sehr gut zusammen. Altersbilder sind Annahmen über das Alter und das Altern und somit keine zutreffenden Abbildungen der vielfältigen Lebensformen älterer Menschen. Vielmehr handelt es sich um soziale Konstruktionen des Alters mit einer eigenständigen Wirklichkeit (ebd., S. 49), die zur Komplexitätsreduktion und Orientierung durch Vereinfachungen und Typisierungen herangezogen werden. Da sie Bewertungen und emotionale Interpretationen enthalten, können Altersbilder im empirischen Sinn nicht als richtig oder falsch beurteilt werden. Allerdings kann überprüft werden, inwieweit die jeweiligen Altersstereotype mit den empirisch erfassbaren Fähigkeiten von älteren Menschen übereinstimmen. Indem ein einzelner Mensch als Mitglied einer Gruppe – hier die Gruppe der Älteren – wahrgenommen und bewertet wird, wird er anhand der dieser Gruppe zugeschriebenen Merkmale beurteilt unter Vernachlässigung individueller Merkmale. Besteht z. B. das Altersfremdbild, dass über 65-jährige Patienten im Krankenhaus verlangsamt sind und einen erhöhten Hilfebedarf haben, wird diese Vorannahme im Erstkontakt mit einem neuen 65-jährigen Patienten Wahrnehmung und Verhalten in einer Beratungssituation des Krankenhaussozialdiensts steuern. Derartige Stereotype helfen zwar bei der Orientierung in neuen, unbekannten und komplexen Situationen. Sie haben eine Entlastungs- und Kompensationsfunktion, da sie zur Komplexitätsreduktion und Beschleunigung der eigenen Urteilsbildung beitragen (ebd., S. 90). Allerdings erfolgt dies auf Kosten einer differenzierten Erfassung der Realität, im vorliegenden Beispiel die Wahrnehmung der tatsächlichen Fähigkeiten des Patienten. Wichtiger als der Nachweis, ob Altersbilder in der Realität empirisch überprüfte Gültigkeit haben, ist deshalb die Untersuchung ihrer sozialen Funktion und ihrer Wirkung auf den Einzelnen, auf Gruppen und Institutionen und auf gesellschaftliche Vereinbarungen.

6.2.2 Wirkungen kollektiver Altersbilder

Weder negative noch positive Altersstereotype bilden die Vielfalt des Alters realistisch ab. Als normative Vorstellungen vom Alter haben sie jedoch nachweisbare Auswirkungen auf den konkreten Umgang mit älteren Menschen. Derartige Wirkungen lassen sich für verschiedene Bereiche kollektiver Altersbilder nachweisen, von denen ausgewählte kurz beschrieben werden (ebd.).

So kommt in der Betonung der Potenziale älterer Menschen und ihrer Bedeutung für ein zivilgesellschaftliches Engagement ein positives kollektives Altersbild zum Ausdruck, allerdings auch verbunden mit der Gefahr der Negierung einer auch bestehenden erhöhten Vulnerabilität im Alter. Hier werden Erwartungen und Normen ausgebildet, die auf individuelle Altersvorstellungen Einfluss nehmen.

Kollektive Altersbilder lassen sich auch im Bereich der Gewährung von Gesundheitsdienstleistungen erkennen. Zwar finden sich keine Hinweise auf eine altersbedingte Rationierung gesundheitlicher Versorgungsleistungen, erkennbar ist jedoch verschiedenen Studien zufolge (ebd.), dass ältere Menschen seltener Präventionsmaßnahmen und psychotherapeutische Maßnahmen, dafür aber häufiger Medikamente erhalten. Als Ursachen hierfür sind entsprechende Altersbilder bei Medizinern anzunehmen, die Gesundheitsbeschwerden häufiger als altersbedingt und weniger als krankheitsbedingt und damit behandelbar einschätzen. Zudem wird die Veränderbarkeit im Alter eher als gering eingeschätzt, was die geringere Verordnung psychotherapeutischer Maßnahmen erklärt.

Auch tarifvertragliche Regelungen, die einen besonderen Kündigungsschutz älterer Arbeitnehmer oder die Entlastung Älterer von schwerer Arbeit und die Möglichkeiten zur Altersteilzeit vorsehen, basieren auf Altersbildern, die eine besondere Schutzwürdigkeit Älterer annehmen.

6.2.3 Die Rolle von Medien und Sprache in der Vermittlung von Altersbildern

Es gilt als empirisch belegt, dass Medien Meinungen, Haltungen und Handlungen von Individuen und Gruppen beeinflussen. Zwei theoretische Ansätze sind hierbei von Bedeutung: Die Agenda-Setting-Hypothese und der Frame-Ansatz

Die *Agenda-Setting-Hypothese* geht davon aus, dass Massenmedien durch ihre Selektionsmacht, welche Themen wie dargestellt werden, die Aufmerksamkeit auf bestimmte Themen lenken und somit die öffentliche Meinung beeinflussen. Durch die Auswahl der veröffentlichten altersbezogenen Themenbilder, z. B. Betonung der Rentenproblematik oder Probleme in Versorgung von Demenzkranken, werden Einstellungen dem Alter gegenüber erzeugt.

Demgegenüber fokussiert der *Frame-Ansatz* auf durch die Medien vorgegebene Interpretationsmuster (Frames), die dem Einzelnen helfen, Ereignisse und Informationen sinnvoll einzuordnen und somit Einfluss auf die Meinungsbildung nehmen. Die Betonung der Kompetenzen und Potenziale älterer Menschen, z. B. sich bürgerschaftlich zu engagieren, oder die Darstellung von Älteren, die Probleme haben, ihr Smartphone zu bedienen, sind Beispiele für Altersframes. Altersframes bestimmen, was in Bezug auf das Alter als bedeutsam angesehen wird, und tragen zur Aktivierung bereits vorhandener Stereotype bei.

Medien können somit positive wie auch negative Altersbilder vermitteln und individuelle Altersbilder beeinflussen. Da kollektive Altersbilder zum Ausdruck bringen, was in einer Gesellschaft für ältere Menschen für gut und wünschenswert und was für schlecht und unerwünscht gehalten wird, wird individuelles Verhalten auch an dieser Norm gemessen. Ein frisch verliebtes Paar, das eng umschlungen und sich wiederholt küssend durch eine Fußgängerzone läuft, wird von seinen Beobachtern anders beurteilt werden, je nachdem ob es sich um ein 20-jähriges oder ein 80-jähriges Paar handelt.

Ein bedeutsames Medium zur Vermittlung von Altersbildern ist neben der Darstellung älterer Menschen in den Medien die Sprache. Dies gilt v. a. für Kommunikationsprozesse zwischen älteren und jüngeren Menschen. Dabei müssen Altersbilder nicht immer direkt vermittelt werden (»Er ist für sein Alter aber noch erstaunlich rüstig«), sondern lassen sich auch aus der Art, wie mit Älteren gesprochen wird, ableiten. Mimik, Gestik, Körperhaltung aber auch Lautstärke, Sprechtempo, Wortwahl und Syntax drücken aus, ob der Gegenüber als verlangsamt, mit sensorischen Defiziten im Hör- und Sehvermögen oder kognitiv eingeschränkt und hilfebedürftig eingeschätzt wird. Nicht immer spielt das Alter in der Kommunikation eine Rolle. Für zwei unterschiedlich alte Fußballfans, die sich über das Fußballspiel ihrer Lieblingsmannschaft austauschen, wird das Alter der Gesprächspartner keine Bedeutung haben. Kommt aber ein älterer Mensch z. B. zu einer Pflegeberaterin, um sich über Unterstützungsmöglichkeiten für sich und seinen Partner zu informieren, dann ist es durchaus denkbar, dass ausgelöst durch wahrgenommene Altersmerkmale (Stock, Hörgerät) die eigenen stereotypen Erwartungen aktiviert werden Diese steuern wiederum die Kommunikation und verstärken dadurch altersstereotype Verhaltensweisen, die wiederum Fähigkeitseinbußen nach sich ziehen. Dieser Teufelskreis sich selbst erfüllender Prophezeiungen wird im Modell der *Kommunikationspräjudiz des Alters* von Ryan u. a. (vgl. Deutscher Bundestag, 2010, S. 289) dargestellt (▶ Abb. 8).

Denkbar ist, dass der Jüngere in patronisierender Kommunikationsform lauter spricht, einfachere Sätze benutzt und dem Gegenüber eine geringere Problemlösefähigkeit und einen erhöhten Hilfebedarf zuschreibt. Derartige geringe Fähigkeitszuschreibungen durch den Berater können wiederum dazu beitragen, dass der ältere Mensch verunsichert wird und sich diesem Fremdurteil anschließt mit dem Ergebnis, dass vorhandene Fähigkeiten nicht genutzt werden und die vom Berater zugeschriebene Hilfebedürftigkeit tatsächlich eintritt, so dass dessen Altersstereotyp bestätigt wird.

Teil II Gerontologische Grundlagen

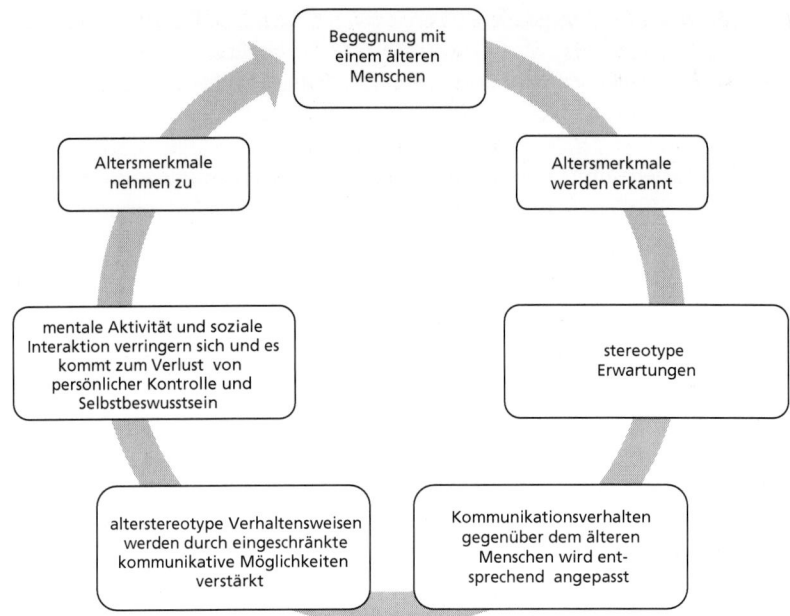

Abb. 8: Kommunikationspräjudiz des Alters, eigene Darstellung

6.2.4 Wirkungen auf individueller Ebene: Zum Verhältnis von Altersfremd- und Altersselbstbild

Wie zu Anfang dieses Kapitels bereits erwähnt handelt es sich bei den individuellen Altersbildern um Vorstellungen vom Alter. Diese können sich zum einen auf das eigene Alter (Selbstbild) und zum anderen auf fremde alte Menschen (Fremdbild) beziehen. Neben Medien werden individuelle Altersbilder v. a. durch Erziehung und durch direkte oder beobachtete Erfahrungen mit älteren Menschen gebildet. Über das Verhältnis zwischen Altersselbst- und Altersfremdbild lassen sich folgende unterschiedliche Annahmen aufstellen, die bislang allerdings empirisch weder bestätigt noch widerlegt werden konnten (ebd., S. 472f.).

- Kontaminationshypothese: Das Altersselbstbild wird durch das Fremdbild beeinflusst.
- Externalisierungshypothese: Erfahrungen mit dem eigenen Älterwerden nehmen Einfluss auf das allgemeine Bild vom Alter.
- Vergleichshypothese: Selbst- und Fremdbild bestehen unabhängig voneinander. Allerdings vergleichen ältere Menschen ihr Altersselbstbild mit dem Altersfremdbild. Je negativer das Altersfremdbild ist, desto vorteilhafter wird demnach ein Vergleich mit dem Altersselbstbild ausfallen, was wiederum das eigene Wohlbefinden erhöht.

Wenn auch noch nicht eindeutig geklärt ist, wie die Ausprägungen von Altersselbst- und Altersfremdbild zusammenhängen, so ist unstrittig, dass es wechselseitige Beeinflussungen gibt, die Einfluss auf das subjektive Wohlbefinden und das Verhalten nehmen. Diskrepanzen zwischen dem Altersselbst- und dem Altersfremdbild erzeugen dabei Spannungen, die abgebaut werden müssen. Dies kann sozialpsychologisch durch folgende Bewältigungsformen erreicht werden, die das Beispiel veranschaulicht.

Fallbeispiel

Herr Schneider ist 85 Jahre und lebt noch selbstständig zusammen mit seiner Ehefrau im eigenen Haus. Er ist ein begeisterter Autofahrer, der noch regelmäßig mit dem eigenen Auto in den Urlaub fährt. Allerding drängt ihn sein Sohn, den Führerschein abzugeben, da er davon überzeugt ist, dass Menschen über 80 Jahre den Anforderungen im Straßenverkehr nicht mehr gewachsen sind und Gefahren nicht mehr rechtzeitig einschätzen können. Da die Einschätzung des Sohnes mit seinem Selbstbild nicht übereinstimmt, ergeben sich Spannungen, die wie folgt aufgelöst werden könnten:

- *Selektive Wahrnehmung und Informationsaufnahme*, indem einstellungskonforme Informationen eher aufgenommen und einstellungsdiskrepante Informationen übersehen werden: Herr Schneider kann z. B. auf sein unfallfreies Fahren verweisen und die Unfallstatistiken ignorieren, in denen erkennbar wird, dass hochaltrige Menschen häufiger in schwere Unfälle verwickelt sind.
- *Einstellungsänderungen* zur Auflösung der Diskrepanzen zwischen Selbst- und Fremdeinschätzung: Herr Schneider könnte auch die Argumente aufgreifen und die Einschätzung seiner Fahrtauglichkeit nochmals überdenken und seine Haltung ändern. Hat er jedoch eine stark positive Einschätzung seiner Fahrtauglichkeit, kann er die Diskrepanz auch dahingehend auflösen, indem er grundsätzlich eine eingeschränkte Fahrtauglichkeit bei älteren Menschen bejaht, dies jedoch nicht auf sich, sondern auf andere Personen bezieht.
- *Verhaltensänderungen* i. S. einer sich selbst erfüllenden Prophezeiung: Herr Schneider kann durch die wiederholte Mahnung des Sohnes auch nachdenklich und verunsichert werden, so dass er u. U. einen Unfall verursacht und damit die Einschätzung des Sohnes bestätigt.

Welchen Einfluss positive und negative Altersbilder auf das Erleben und Verhalten älterer Menschen haben, zeigen auch die Ergebnisse des Deutschen Alterssurveys von 2014 (Beyer et al., 2017). Ältere mit einem negativen Altersbild fühlen sich häufiger aufgrund ihres Alters diskriminiert als Ältere mit einem positiven Altersbild. Zudem konnte nachgewiesen werden, dass ältere Menschen mit einem positiven Altersbild sich bei gleichem Gesundheitszustand mehr bewegen als Menschen mit einem negativen Altersbild (Deutscher Bundestag, 2010, S. 298). Eine positive Selbsteinschätzung in Bezug auf die eigenen Fähigkeiten geht mit verstärkter Bewegung einher. Gleichzeit nutzen Ältere, die gesundheitliche Beeinträchtigungen als unvermeidlich und altersbedingt bewerten und sich somit an einem eher defizitorientierten Altersbild orientieren, auch im geringeren Umfang medizinische Behandlungsmaßnahmen, die ihre Beschwerden lindern könnten (ebd., S. 477).

Zusammenfassend lässt sich für die soziale Arbeit mit älteren Menschen folgendes festhalten:

- Altersbilder sind nicht wahr oder unwahr, sondern soziale Konstrukte, die Auskunft über die gesellschaftliche Stellung älterer Menschen geben. Sie sind somit auch veränderbar.
- Nicht nur individuelle, sondern auch kollektive, institutionelle und organisationale Altersbilder beeinflussen das subjektive Erleben und das eigene Verhalten älteren Menschen gegenüber. Um Ausgrenzungen älterer Menschen entgegenzuwirken, ist deshalb eine kritische Reflexion der verschiedenen Altersbilder auf den verschiedenen Ebenen und ihrer Vermittlungsformen notwendig.
- Positive wie auch negative individuelle Altersbilder bei älteren Menschen werden von verschiedenen Faktoren mitbeeinflusst, wobei ein guter Gesundheitszustand und Möglichkeiten zur sozialen und gesellschaftlichen Teilhabe empirischen Studien zufolge mit einem positiven Altersbild einhergehen.

7 Kognitive Entwicklung im Alter

Untersuchungen zu kognitiven Veränderungen im Alternsprozess sind ein seit langem etabliertes Forschungsgebiet in der Gerontologie und werden in fast allen gerontologischen Lehrbüchern thematisiert. Als eine der Wurzeln zur Erforschung altersbedingter Veränderung kognitiver Leistungsfähigkeit wird die während des ersten Weltkriegs in den USA durchgeführte Bewerberauswahl von Offiziersanwärtern mithilfe des Army Alpha Tests angesehen (vgl. hierzu Lehr, 2000, S. 47, Zimperich, 2004, S. 290). Getestet wurden fast zwei Millionen Männer im Alter zwischen 20 und 60 Jahren mit dem Ergebnis, dass im Vergleich der einzelnen Altersgruppen miteinander ältere Bewerber schlechtere Testergebnisse aufwiesen als jüngere. Diese Untersuchungsergebnisse bildeten die Grundlage zur Formulierung des sog. »*Defizitmodells des Alterns*«, das eine Abnahme der kognitiven Leistungsfähigkeit mit zunehmendem Alter postuliert und mittlerweile durch vielfältige nachfolgende Forschungsergebnisse als widerlegt gilt.

Auch wenn die Beschäftigung mit der Frage nach Veränderungsprozessen kognitiver Leistungsfähigkeit eher in den Bereich psychogerontologischer Grundlagenforschung fällt, so ist der Anwendungsbezug ihrer Ergebnisse vielfältig. Fragen zur kognitiven Leistungsfähigkeit älterer Arbeitnehmer z. B. bei der Einarbeitung in neue Technologien, die Gestaltung von Weiterbildungsangeboten für ältere Menschen oder die Einschätzungen der Fahrtauglichkeit im höheren Alter und Diskussionen um die Einführung einer Fahrprüfung für ältere Autofahrer lassen sich auf Grundlage aktueller Forschungsbefunde zur kognitiven Leistungsfähigkeit im Alter leichter beantworten. Schließlich wird im Forschungskontext auch diskutiert, inwieweit der Status kognitiver Leistungsfähigkeit als ein Indikator zur Vorhersage von Langlebigkeit angesehen werden kann (Rudinger & Rietz, 1998). Das nachfolgende Kapitel beschäftigt sich deshalb mit folgenden Fragen:

1. Was ist unter kognitiver Leistungsfähigkeit zu verstehen und welche Fähigkeitsbereiche sind als Bestandteile kognitiver Leistungsfähigkeit anzusehen?
2. Inwieweit lässt sich im Alternsverlauf eine Abnahme kognitiver Leistungsfähigkeit erkennen und welche Einflussfaktoren lassen sich identifizieren?
3. Lässt sich ein Abbau kognitiver Leistungsfähigkeit durch gezielte Interventionen verhindern und wenn ja, was ist dabei zu beachten?

7.1 Kognitive Leistungsfähigkeit: Ergebnisse gerontologischer Forschung

Unter dem Sammelbegriff kognitiver Leistungsfähigkeit werden v. a. Befunde zur Intelligenzentwicklung, zu Gedächtnisleitungen und Lernfähigkeit und zur Psychomotorik diskutiert.

7.2 Intelligenzentwicklung im Alternsverlauf

Zum Intelligenzbegriff lassen sich eine große Anzahl unterschiedlicher Definitionen finden. Ihnen ist gemeinsam, dass Intelligenz sich auf ein Bündel von Fähigkeiten bezieht, die zur Bearbeitung sich stellender Anforderungen benötigt werden. So definieren z. B. Rudinger & Rietz (1998) Intelligenz wie folgt.

> **Definition Intelligenz**
>
> Intelligenz ist »als Gesamtheit der einem Individuum verfügbaren Dispositionen für kognitive Prozesse (zu) verstehen, die es ermöglichen, die für das Leben des Individuums in einer Gesellschaft bedeutsamen Anforderungen geistig, aber auch praktisch zu beherrschen« (ebd., S. 149).

Eine grundsätzliche altersbedingte Abnahme der Intelligenz kann schon allein deshalb nicht nachgewiesen werden, da sich Intelligenz auf unterschiedliche Fähigkeitsbereiche mit unterschiedlichen Entwicklungsverläufen bezieht. Grob lassen sich entsprechend dem *Zwei-Faktorenmodell der Intelligenz* von Horn & Cattell (1966) die sog. »flüssigen« Intelligenz und die kristalline Intelligenz (vgl. z. B. Lehr, 2000) bzw. in der Terminologie von Baltes die »fluide Mechanik und die kristallisierte Pragmatik der Intelligenz« unterscheiden (Baltes, 1990, S. 6).

Mit *fluider Intelligenz oder der Mechanik der Intelligenz* werden Fähigkeiten bezeichnet, die zum Erkennen und Lösen von Problemen erforderlich sind. Darunter fallen Fähigkeiten zum Erkennen von Zusammenhängen und der Erfassung von Strukturen und Regeln (Zimperich, 2004, S. 294) sowie Umstellungsfähigkeit, Wendigkeit, Kombinationsfähigkeit und Orientierung in neuen Situationen (Lehr, 2000, S. 78). Diese Fähigkeiten werden z. B. in Tests durch die Vorgabe von Symbol- oder Zahlenreihen, deren Systematik unter Zeitdruck erkannt werden muss, getestet.

Als *kristalline Intelligenz oder kristallisierte Pragmatik der Intelligenz* werden hingegen Fähigkeiten bezeichnet, die sich auf – durchaus kulturgebundenes

– Wissen und Erfahrungen beziehen und neben Wissenskomponenten auch Wortschatz und Sprachverständnis erfordern (ebd., S.79). Kristalline Intelligenz wird durch Rückgriff auf generiertes Wissen zur Problemlösung erfasst.

Wie Abbildung 9 verdeutlicht, unterliegen Mechanik und Pragmatik der Intelligenz unterschiedlichen Entwicklungsverläufen. Es ist anzunehmen, dass sich beide Fähigkeitsbereiche relativ unabhängig voneinander entwickeln und von unterschiedlichen Einflussfaktoren bestimmt werden. So sind Leistungen im Bereich der flüssigen Intelligenz stärker von biologisch bedingten Veränderungsprozessen abhängig. Altersbedingte sensorische Einbußen und eine Verlangsamung zentralnervöser Prozesse erklären den in der Abbildung erkennbaren Leistungsabfall im Bereich der Mechanik bereits im Erwachsenenalter, da die Geschwindigkeit der Informationsaufnahme und -verarbeitung sich verringert. Demgegenüber nimmt die von Erfahrungen und Wissen geprägte Pragmatik, die von soziobiografischen Lebensbedingungen geprägt ist, weiter zu und bleibt auch im höheren Alter konstant. Hier werden interindividuelle Leistungsunterschiede im Alter durch Bildungsmöglichkeiten und Umfeldbedingungen geprägt (▶ Abb. 9).

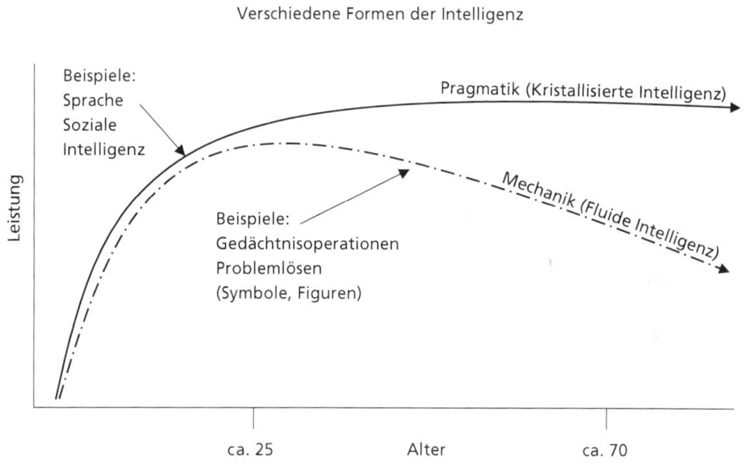

Abb. 9: Theoretisch erwartete Entwicklungsverläufe der fluiden und kristallinen Intelligenz nach Baltes 1990, S. 5, Quelle: Wahl & Heyl, 2015, S. 163

Somit kann nicht von einer generellen altersbedingten Abnahme der Intelligenz ausgegangen werden, wie es das Defizitmodell der kognitiven Leistungsfähigkeit postuliert. Vielmehr lassen sich – so die übereinstimmenden Ergebnisse gerontologischer Forschung – unterschiedliche Leistungsbereiche mit unterschiedlichen Verläufen erkennen. In der Seattle Longitudinal Study (SLS) zur Erfassung der Entwicklung der kognitiven Leistungsfähigkeit unterscheidet Schaie (1996) folgende fünf Primärfähigkeiten der Intelligenz (▶ Tab. 8), die – wie die Ergebnisse im Längsschnitt über einen Erhebungszeitraum von 28 Jahren ergaben – unterschiedliche Entwicklungsverläufe aufweisen (▶ Abb. 10).

Tab. 8: Erfassung der fünf Primärfaktoren der Intelligenz

Primärfähigkeit	Bezeichnung	Erfassungsmethode
Verbale Fähigkeiten	Fähigkeit Wortbedeutungen zu erfassen	Synonyme erfassen
Räumliche Orientierung	Räumliches Vorstellungsvermögen	Gedankliche Vorstellung der Drehung zweidimensionaler Objekte
Induktives Denken	Fähigkeit zu induktiven Schlussfolgerungen	Fortsetzung von Wort-, Buchstaben- oder Zahlenreihen
Umgang mit Zahlen	Fähigkeit zum rechnerischen Denken	Additions-, Subtraktions- und Multiplikationsaufgaben
Wortflüssigkeit	Leichtigkeit der Wortfindung	Nennung möglichst vieler Wörter, die einer lexikalischen Regel entsprechen

Eigene Darstellung nach Zimperich, 2004, S. 297

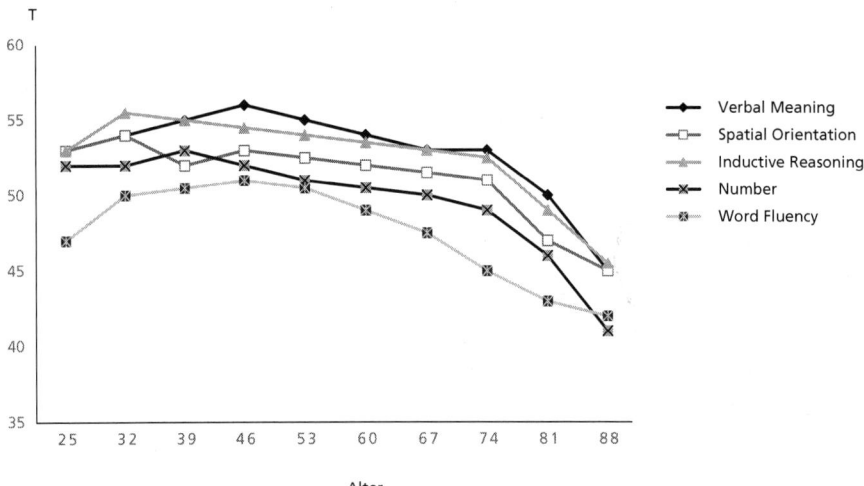

Abb. 10: Längsschnittlicher Verlauf von fünf Primärfaktoren der Intelligenz, Quelle: Martin & Kliegel, 2005, S. 148

Wie aus Abbildung 10 erkennbar ist, finden zwar in allen Bereichen mit zunehmendem Alter Abbauprozesse statt. Diese fallen jedoch unterschiedlich stark aus und beginnen zu verschieden Zeitpunkten. Die der kristallinen Intelligenz zuzuordnenden verbalen Fähigkeiten verzeichnen sogar bis Mitte 50 einen Zuwachs, wohingegen die Abnahme der der fluiden Intelligenz zugehörigen Fähigkeiten des induktiven Denkens, der Wortflüssigkeit und des Umgangs mit Zahlen zeitlich früher beginnt und stärkere Einbußen aufweist.

Übereinstimmend lässt sich den vorliegenden Studien zufolge ein genereller Abbau intellektueller Leistungen erst nach dem achten Lebensjahrzehnt nachweisen (Lehr, 2000, S. 79). Ein beschleunigter Abbau der kognitiven Leistungsfähigkeit besitzt zudem einen gewissen Vorhersagewert im Hinblick auf einen nahenden Tod (Rudinger & Rietz, 1998). Dieses Phänomen wird als »terminal decline« bezeichnet. Dennoch können angesichts der hohen interindividuellen Variabilität im Entwicklungsverlauf der einzelnen Leistungsbereiche keine für alle Älteren gleichermaßen gültigen Aussagen zur Intelligenzentwicklung im Alter getroffen werden. Neben der Differenzierung nach Fähigkeitsbereichen nehmen Gesundheitsstatus- und Bildungsstand, Erfahrungen und Übung sowie Umfeldbedingungen einen bedeutsamen Einfluss auf Fähigkeitsausmaß, Zeitpunkt und Verlauf von Abbauprozessen.

7.2.1 Gedächtnis und Lernen

Altersbedingte Veränderungen von Gedächtnisleistungen und der Lernfähigkeit stellen den zweiten Schwerpunkt gerontologischer Forschungsaktivitäten zur Erforschung der kognitiven Leistungsfähigkeit dar. Auch für diesen Fähigkeitsbereich kann mit zunehmendem Alter pauschal kein genereller Abbau von Gedächtnisleistungen sowie eine abnehmende Lernfähigkeit bestätigt werden. Vielmehr bestimmen die Art der geforderten Gedächtnisleistungen, der Gesundheitszustand, die Aufgabenstellung und Rahmenbedingungen, unter den Informationen aufgenommen und erinnert werden sollen, ob und in welchem Ausmaß Einbußen in der Gedächtnisleistung und der Lernfähigkeit mit zunehmenden Alter auftreten.

> **Gedächtnis**
>
> Gedächtnisleistungen beziehen sich auf Fähigkeiten eines Menschen »Informationen aufzunehmen (Einprägung, Lernen), eine gewisse Zeit zu speichern (Behalten, Retention) und auf spezifische Schlüsselreize hin (Assoziationen) wiederzugeben (Reproduktion)« (Oswald, 2008, S. 43).

Diese leicht verständliche Arbeitsdefinition zum Gedächtnis von Oswald macht deutlich, dass Behalten und Erinnern komplexe Fähigkeiten der Informationsaufnahme und -verarbeitung beschreiben. Dementsprechend lassen sich unterschiedliche altersbedingte Abbauprozesse bezogen auf einzelne Gedächtnisfunktionen erkennen.

Wie nachfolgende Abbildung verdeutlicht (▶ Abb. 11), besteht das Gedächtnis aus drei Hauptgedächtnisinstanzen, die wiederum in unterschiedliche Gedächtnisbereiche unterteilt sind:

- das Sensorische oder Ultrakurzzeitgedächtnis,
- das Kurzzeit- oder Arbeitsgedächtnis und
- das Langzeitgedächtnis (ebd., S. 45).

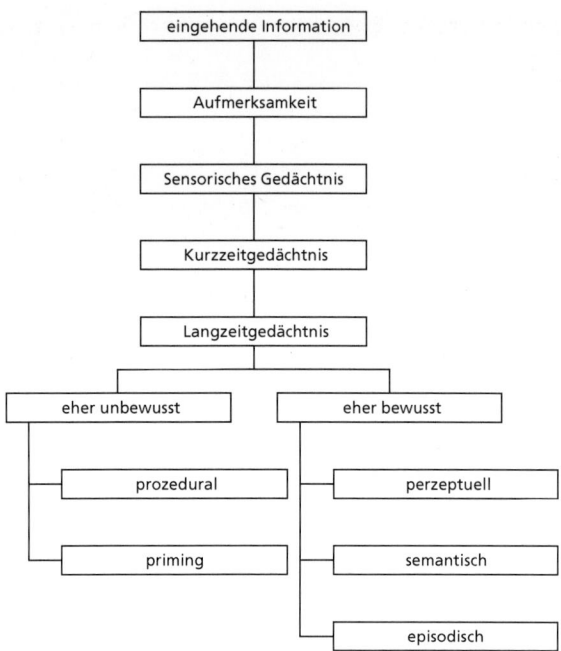

Abb. 11: Mehr-Speicher-Gedächtnismodell, eigene Darstellung nach Oswald, 2008, S. 45

Menschen sind einer Vielzahl von Informationen ausgesetzt. Welche kognitiven Leistungen ein Mensch erbringen muss, um eine Information zu behalten, und welche Schwierigkeiten damit verbunden sein können, soll nachfolgendes Beispiel verdeutlichen.

Fallbeispiel

Der 65-jähriger Herr Sturm betritt eine gut besetzte U-Bahn. Er fährt durch eine ihm unbekannte Gegend und sucht nach der Haltestelle, an der er aussteigen muss, da er sich dort mit einem Freund treffen möchte. Er könne die richtige Haltestelle – so meint er, sich aus der Beschreibung seines Freundes zu erinnern – an einem großen gelben Haus, das dort steht, leicht erkennen. Während er aus dem Fenster nach dem Haus Ausschau hält, klingelt plötzlich sein Smartphone. Seine Frau ist am Apparat und gibt ihm eine wichtige Telefonnummer von einem Handwerker durch, den er dringend zurückrufen soll. Auch bittet sie ihn, Klebeband und Abdeckfolie aus dem Baumarkt, Würstchen und Grillsaucen für das abendliche Grillen zu besorgen und aus der Reinigung ihren Mantel abzuholen. An der nächsten Haltestelle steigt ein Straßenmusikant ein und beginnt Gitarre zu spielen sowie eine Frau, die auf ihn zukommt und ihn mit den Worten begrüßt »Hallo Herr Sturm, was machen Sie denn hier?« Sie kommt ihm bekannt vor, doch im Moment weiß er nicht, um wen es sich handelt. Ihm gegenüber sitzt eine Mutter mit Kind.

Beide unterhalten sich. Der Lautsprecher kündigt die nächste Haltestelle und die Umstiegsmöglichkeiten an.

In diesem Beispiel ist Herr Sturm vielen gleichzeitig auf ihn eintreffenden Informationen ausgesetzt, die eine unterschiedlich große Bedeutung für ihn haben und von denen er einige – wie die Telefonnummer und die Einkaufsliste seiner Frau – auch behalten muss. Außerdem ist sein Gedächtnis gefordert, sich an die Wegbeschreibung und die ihm bekannt vorkommende Frau zu erinnern. Die Musik, die Lautsprecherdurchsage und die Unterhaltung zwischen Mutter und Kind sind weitere akustische Reize, die er nicht überhören kann.

Jede dieser und noch weitere Informationen treffen auf das *sensorische Gedächtnis* von Herrn Sturm ein, wo sie Bruchteile von Sekunden verbleiben und zerfallen bzw. durch nachfolgende Informationen verdrängt werden, es sei denn, sie werden weiterverarbeitet, weil sie von Interesse sind oder seine Aufmerksamkeit hervorrufen. Die Kapazität des sensorischen Gedächtnisses ist dabei groß, dennoch wird nur ein Bruchteil der Informationen von dort ins Kurzzeitgedächtnis überführt.

Im Kurzzeitgedächtnis können Informationen einige Sekunden bis Minuten behalten werden und gehen danach verloren, es sei denn, sie werden weiterbearbeitet z. B. durch lautes oder leises Wiederholen. Allerdings ist die Speicherkapazität im *Kurzzeitgedächtnis* begrenzt auf ca. zehn Sekunden bzw. sieben Informationseinheiten (sog. Chunks; ebd., S. 46). Ablenkungen und andere Störungen der weiteren Informationsverarbeitung (Interferenzen) oder ein Verdrängen von Informationen durch neue Informationen (proaktive Hemmung) bzw. Blockaden durch bereits aufgenommene Information im Gedächtnisspeicher (retroaktive Hemmung) bewirken das Vergessen in diesem Gedächtnisspeicher. Bezogen auf Herrn Sturm könnte durch die weiteren auf ihn einwirkenden Informationen, die seine Aufmerksamkeit fordern, der Versuch, sich die Telefonnummer zu merken, erfolglos bleiben.

Auch wenn die Speicherkapazität im Kurzzeitgedächtnis begrenzt ist, so lässt sich durch den Einsatz folgender Informationsverarbeitungsstrategien, sog. Encodierungsstrategien (ebd., S. 47), der Umfang erinnerter Gedächtnisinhalte im Kurzzeitgedächtnis vergrößern und damit ein Behalten verbessern:

- Chunking, d. h. Zusammenfassung von Einzelinformationen zu Blöcken. Herr Sturm könnte sich die Telefonnummer 84379354 als Blöcke erinnern 84 37 93 54 und somit die Zahl der zu behaltenen Chunks verringern.
- Clustering, d. h. Systematisierung und Ordnung der Einzelinformationen nach Oberbegriffen. Statt sich die einzelnen Einkaufsaufträge zu merken, könnte er die Kategorien ›Baumarkt‹: Klebeband und Abdeckfolie, ›Supermarkt‹: Wurst und Grillsaucen und ›Reinigung‹ bilden. Auch diese Strategie führt zu einer besseren Ausnutzung der begrenzten Speicherkapazität.

Eine dauerhafte Verankerung von Informationen ins *Langzeitgedächtnis*, der dritten Gedächtnisinstanz, ist nur durch eine Weiterverarbeitung der Gedächtnisinhalte möglich, z. B. durch elaboriertes Codieren oder multiples Enkodieren (ebd., S. 47).

Elaboriertes Codieren bezeichnet Gedächtnisstrategien, bei denen die neue Information mit bereits bekannten Gedächtnisinhalten verknüpft wird. Sog. Eselsbrücken wie z. B. »853: Rom schlüpft aus dem Ei« zum Behalten des Datums der Gründung Roms sind ein Beispiel für elaboriertes Codieren. Die zu merkenden Begriffe können außerdem mit bildhaft vorstellbaren Orten, z. B. dem Gang durch die vertraute Wohnung (Loci Methode) oder Geschichten verbunden werden.

Beim *multiplen Encodieren* werden verschiedene Aspekte einer Information genutzt, um sie mit bekannten Gedächtnisinhalten zu verbinden. So kann das in diesem Kapitel vermittelte Wissen um die Entwicklung kognitiver Leistungsfähigkeit durch anschauliche Beispiele im Text oder aus der Berufspraxis nachhaltiger erinnert werden.

Das Langzeitgedächtnis speichert Informationen theoretisch unbegrenzt, allerdings nach bestimmten Strukturen. Unterschieden werden implizite, d. h. eher unbewusste Gedächtnisinhalte wie die Erinnerung an bestimmte Bewegungsabläufe beim Laufen, und explizite Gedächtnisinhalte als die Inhalte, auf die bewusst zurückgegriffen wird, wie z. B. das Erinnern von Geschichtszahlen. Das episodische, semantische Gedächtnis und das perzeptuelle Gedächtnis sind dem expliziten Gedächtnisbereich zuzuordnen. Prozedurales Gedächtnis und Priming-Gedächtnis fallen in den Bereich des impliziten Gedächtnisses (vgl. Oswald, 2008, Knopf, 1998, Wahl & Heyl, 2015).

Das episodische Gedächtnis ist der Speicherort für Erlebnisse, Erfahrungen und Wissensinhalte, die zu einem bestimmten Zeitpunkt erworben wurden. Wann und unter welchen Umständen Herr Sturm die Frau in der U-Bahn, die ihn angesprochen hat, kennengelernt hat, ist im episodischen Gedächtnis gespeichert.

Im semantischen Gedächtnis wird Faktenwissen gespeichert. Dies können das Wissen um kulturgebundene Regeln und Wissensinhalte sein, aber auch Wortschatz und Grammatikregeln o. Ä. Die Speicherung erfolgt im Unterschied zum episodischen Gedächtnis unabhängig von den Umständen des Wissenserwerbs. Das Wissen um die verschiedenen Gedächtnisinstanzen im Langzeitgedächtnis könnte nach Bearbeitung dieses Kapitels im semantischen Gedächtnis gespeichert werden.

Das perzeptuelle Gedächtnis beschreibt das Gedächtnis für kategoriale Einteilungen und ermöglicht das Wiedererkennen und Zuordnen von Gegenständen als Vertreter einer bestimmten Kategorie durch Vergleiche und Ähnlichkeitsurteile (Oswald, 2008, S. 48). So werden z. B. auf einem exotischen Markt unbekannte Lebensmittel durchaus als Früchte erkannt.

Im prozeduralen Gedächtnis sind Programme für Bewegungsabläufe gespeichert (z. B. Schwimmbewegungen), während im Priming-Gedächtnis Assoziationen auf bestimmte Hinweisreize ausgelöst werden, ohne dass ein bewusstes Erinnern stattfindet. Als Beispiel kann hier das Vorgehen zur Erinnerung eines vergessenen Namens angeführt werden, der einem wieder einfällt, wenn man verschiedene Alliterationen ausprobiert.

Welche altersabhängigen Veränderungen von Gedächtnisleistungen lassen sich nun nachweisen?

Wie die Ergebnisse der umfangreichen Untersuchungen zu Gedächtnisleistungen im Alter belegen (vgl. z. B. Zusammenfassungen in Oswald, 2008, Knopf, 1998, Lehr, 2000, Martin & Kliegel, 2005) ergeben sich mit zunehmenden Alter nachlassende Leistungen im Bereich des Kurzzeitgedächtnisses, da als Folge der Verlangsamung zentralnervöser Prozesse und sensorischer Beeinträchtigungen im Bereich von Hören und Sehen die Informationsaufnahme und -verarbeitung mehr Zeit benötigt. Die vorhandene Speicherkapazität kann dadurch weniger effektiv genutzt werden. Zudem erschweren bereits bestehende Gedächtnisinhalte die Aufnahme neuer Informationen. Gedächtniskapazität, also die Kapazität des Kurzzeitgedächtnisses, gedächtnisbezogene Überzeugungen als eigene Vorstellungen zur Leistungsfähigkeit des eigenen Gedächtnisses und Lern- und Erinnerungsstrategien sind drei Funktionsbereiche des Gedächtnisses, die – Untersuchungen zufolge – altersbedingte Veränderungen aufweisen, wie es im Modell von Sugar & McDowd dargestellt wird (▶ Abb. 12).

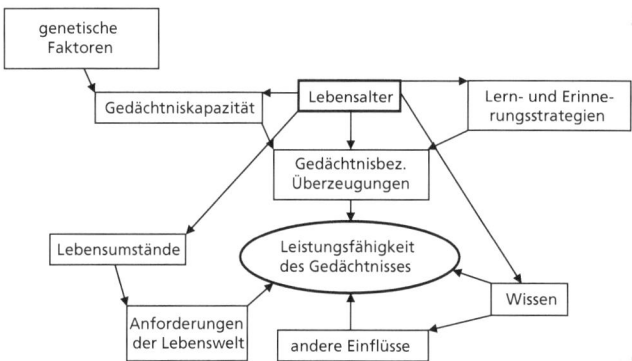

Abb. 12: Einflussfaktoren auf die Leistungsfähigkeit des Gedächtnisses von Sugar und McDowd, Quelle: Knopf, M. (1998). Gedächtnisleistungen und Gedächtnisförderung. In A. Kruse (Hrsg.), Psychosoziale Gerontologie, Bd. 1: Grundlagen (S. 131–146). Göttingen: Hogrefe, S. 132

Allerdings nehmen weitere Faktoren Einfluss auf das Ausmaß von Leistungsveränderungen (▶ Tab. 9).

Tab. 9: Einflussfaktoren auf die Gedächtnisleistungen im Alter

Einflussfaktor	Ergebnis empirischer Untersuchung
Lebensumstände	Aktiver Lebensstil fördert geistige Aktivität und korreliert mit besseren Leistungen beim freien Lernen und Erinnern.
Gedächtniskapazität	Mit zunehmendem Alter nimmt die Kapazität des Kurzzeitgedächtnisses ab, insbes. wenn nicht auf bewährte Informations-

Tab. 9: Einflussfaktoren auf die Gedächtnisleistungen im Alter – Fortsetzung

Einflussfaktor	Ergebnis empirischer Untersuchung
	verarbeitungsstrategien zurückgegriffen werden kann. Eine Trainierbarkeit der Gedächtniskapazität im Alter ist grundsätzlich möglich.
Gedächtnisbezogene Überzeugungen	Es lassen sich wenig altersbedingte Unterschiede bei vertrauten alltagsnahen Aufgaben nachweisen, allerdings sind altersbedingte Leistungseinbußen bei alltagsfernen (sinnfreien Aufgaben) erkennbar. Ältere schätzen ihre globalen eigenen Gedächtnisleistungen schlechter ein als Jüngere.
Nutzung von Lern- und Erinnerungsstrategien	Altersbedingte Defizite ergeben sich bei der Nutzung interner Erinnerungsstrategien (d. h. kognitive Strategien zur Aufnahme und Verarbeitung von Informationen im Gedächtnis). Keine Einbußen finden sich hingegen in der Nutzung externer Erinnerungsstrategien (z. B. Listen schreiben). Die Nutzung von Erinnerungsstrategien ist durch Training verbesserbar.
Rückgriffmöglichkeiten auf bestehende Wissensbestände	Bestehendes Vorwissen hat einen gedächtnisfördernden Effekt beim Erwerb neuen Wissens.

Eigene Darstellung nach Knopf, 1998

7.2.2 Psychomotorik

Woran liegt es, dass hochaltrige Menschen vergleichsweis häufiger als ›Geisterfahren‹ die falsche Autobahnauffahrt nehmen? Weshalb brauchen ältere Arbeitnehmer mitunter mehr Zeit, komplexe Displays von Maschinen zu bedienen? Und was ist zur Verminderung des Sturzrisikos älterer Menschen zu beachten? All diese Fragen beziehen sich auch auf das Ausmaß psychomotorischer Leistungsfähigkeit im Alter und möglicher altersbedingter Veränderungen.

Psychomotorik

Lehr (2000, S. 106) definiert Psychomotorik in Anlehnung an Welford als »erworbene Verhaltensmuster von völlig aufeinander abgestimmten koordinierten willentlichen Bewegungen, die auf eine bestimmte Situation bzw. auf einen bestimmten Stimulus hin erfolgen«.

Somit setzen sich psychomotorische Fähigkeiten aus zwei Komponenten zusammen:

- sensorischen und kognitiven Fähigkeiten zum Erkennen des Reizes und
- motorischen Prozessen zur Ausführung der erforderlichen Bewegungen.

Die Zeit vom Erscheinen eines Reizes bis zum Beginn der dadurch ausgelösten Bewegung wird als *prämotorische Phase* bezeichnet, wohingegen die Phase der Bewegung die *motorische Phase* umfasst. Bezogen auf einen älteren Autofahrer, der auf eine Kreuzung zufährt, stellt das Erkennen des roten Lichts einer Ampel die prämotorische Phase dar, während das Treten auf die Bremse die motorische Phase beschreibt. Zur Ermittlung altersbedingter Veränderungen psychomotorischer Leistungsfähigkeit werden Reaktionszeiten zwischen dem Auftreten des Signals bis zum Beginn der Reaktion sowie die willkürliche Kontrolle von Bewegungen gemessen. Dabei zeigt sich eine mit dem Alter sich verlängernde Reaktionszeit in der prämotorischen Phase insbes. bei komplexen Aufgaben. Als Ursache ist die bereits beschriebene Verlangsamung zentralnervöser Prozesse anzusehen. Durch Gabe eines Vorsignals, das die Aufmerksamkeit auf die nachfolgende Reizsituation lenkt, kann dieser Altersabfall jedoch etwas gemildert werden.

Altersbedingte Veränderungen in der motorischen Phase werden durch Messung der Zeit zur Ausführung der geforderten Bewegung und durch Erfassung der Bewegungssicherheit z. B. durch Gleichgewichtsübungen ermittelt (Martin & Kliegel, 2005). Untersuchungen hierzu belegen eine Verlängerung der Bewegungszeit und eine altersbedingte Zunahme von Instabilität bei Herstellung des Gleichgewichts, die auch durch eine altersbedingt abnehmende Muskelkraft erklärbar sind. Die psychomotorische Leistungsfähigkeit wird deshalb durch gesundheitliche Einbußen stark beeinflusst. Diese Einbußen können zum einen durch individuelle Trainingsmaßnahmen abgemildert werden. Weiterhin können Veränderungen in der psychomotorischen Leistungsfähigkeit auch durch angepasste Umfeldbedingungen wie z. B. die Verlängerung von Ampelphasen und eine übersichtliche Verkehrsführung stärker berücksichtigt werden.

Zusammenfassendes Fazit

In der Zusammenfassung der vorliegenden Befunde lässt sich somit folgendes festhalten:

- Ein genereller Abbau intellektueller Leistungsfähigkeit ist bis ins hohe Alter nicht nachweisbar. Erst bei den über 80-Jährigen zeigen sich Leistungseinbußen. Altersbedingt nachweisbare Veränderungen beziehen sich v. a. auf den Bereich der flüssigen Intelligenz.
- In den Bereichen der Gedächtniskapazität und der Nutzung von Lern- und Erinnerungsstrategien sind altersbedingte Einbußen erkennbar. Allerdings nehmen Lebensumstände, wie ein aktiver Lebensstil, die eigene gesundheitliche Situation, das Selbstbild und Motivationsfaktoren sowie die Art der Behaltensaufgabe und die Lernumstände einen maßgeblichen Einfluss auf das Ausmaß dieser Einbußen.
- Gedächtnis- und Lernleistungen sind trainierbar. Dabei sind neben eingeübten Informationsverarbeitungsstrategien auch Motivationsfaktoren und innere Überzeugungen zu berücksichtigen. So schlagen Weinert & Knopf

(1990) in ihrem Zweistufenmodell der Gedächtnisleistung vor, als erstes eine Verbesserung von Motivation und Selbsteinschätzung zu erzielen, bevor in einem zweiten Schritt Lern- und Erinnerungsstrategien vermittelt werden. Sinnhaftes an der Lebenswirklichkeit des Älteren anknüpfendes Lernen, eine gute Strukturierung der Lernaufgabe, ausreichend Zeit und das Ausschalten von Störeinflüssen wirken sich positiv auf Lern- und Erinnerungsleistungen aus.

- Wissensbestände nehmen auch im Alter weiterhin zu. Da der verfügbare Wissensbestand auch Auswirkungen auf Lern- und Gedächtnisleistungen hat, zeigen sich im Alter die Einflüsse von im Lebenslauf erworbenen Bildungsunterschieden besonders deutlich.

7.3 Zur Veränderbarkeit kognitiver Leistungsfähigkeit im Alter

Die unter Kapitel 7.1 beschriebenen Ergebnisse empirischer Studien belegen, dass auch im hohen Alter noch von einer Veränderbarkeit einzelner kognitiver Funktionen auszugehen ist. Baltes spricht in diesem Zusammenhang von der Plastizität der Entwicklung. Darunter ist die Fähigkeit einer Person zu verstehen,

Plastizität

»(D)urch kognitive, behaviorale und/oder neuronale Neuorganisation auf verschiedene Anforderungen oder Möglichkeiten aus der Umwelt zu reagieren« (Kliegel et al., 2012, S. 7).

Alle Individuen besitzen demnach Potenziale, auf gegebene Umweltbedingungen und Diskrepanzen zwischen äußeren Anforderungen und persönlichen Voraussetzungen flexibel zu reagieren und sich anzupassen. Diese Plastizität bleibt bis ins hohe Alter erhalten, allerdings nimmt die Effizienz der Anpassungsprozesse mit zunehmendem Alter ab. Plastizität bezieht sich auf viele Leistungsbereiche eines Menschen. Sie ist jedoch v. a. im Hinblick auf die Veränderbarkeit der kognitiven Leistungsfähigkeit und die Verbesserung kognitiver Leistungen durch Training untersucht worden, so z. B. im Rahmen der Berliner Altersstudie (vgl. Lindenberger et al., 2010). Im Rahmen des »testing the limits« Ansatzes (vgl. Baltes, 1990) wurden die Leistungsgrenzen kognitiver Leistungsfähigkeit untersucht. Unterschieden werden folgende drei Bereiche von Plastizität (ebd., S. 12).

- Der aktuelle kognitive Leistungsstand einer Person vor einem Training (Ausgangsleistung),
- Die obere Grenze des Leistungspotenzials einer Person (Kapazitätsreserve) und
- die Differenz zwischen Ausgangsleistung und Leistungsgewinn aufgrund eines Trainings (Entwicklungs-Kapazitätsreserve).

Untersuchungen, in denen Menschen unterschiedlicher Altersgruppen zunehmend schwieriger werdende Gedächtnisaufgaben lösen mussten, kamen dabei zu dem Ergebnis, dass ältere Menschen über eine erhebliche Plastizität verfügen, d.h. sich ihre Gedächtnisleistungen nach einem Training verbesserten. Dies verweist auf bestehende Entwicklungs-Kapazitätsreserven. Gleichzeitig wurden aber auch Unterschiede im Vergleich zu den Leistungen Jüngerer erkennbar. Je anspruchsvoller die zu bearbeitenden Aufgaben waren, desto größer wurden die erkennbaren Leistungsunterschiede zwischen Jüngeren und Älteren auch bei vergleichbaren IQ-Werten. Dieses Ergebnis wird von Baltes dahingehend interpretiert, dass die Kapazitätsreserven mit zunehmendem Alter abnehmen. Allerdings kann eine nachlassende kognitive Leistungsfähigkeit mit zunehmendem Alter auch das Ergebnis fehlender Übung sein, da Ältere weniger kognitiv herausgefordert werden. Somit lassen sich durch Trainingsmaßnahmen Abbauprozesse abmildern und Leistungsverbesserungen erzielen, allerdings im Rahmen der bestehenden Kapazitätsreserven.

Als Beispiel für ein derartiges Trainingsprogramm und dessen nachgewiesenen Effekte über einen längeren Zeitraum soll das Projekt SIMA (Selbstständigkeit im höheren Lebensalter) von Oswald et al. (2012) vorgestellt werden, zu dem umfangreiche Publikationen vorliegen (vgl. https://www.demenzforschung-oswald.de/sima-50/). Diese im Zeitraum von 1991 bis 1996 durchgeführte Interventions- und Längsschnittstudie zu Bedingungen der Erhaltung und Förderung von Selbstständigkeit im höheren Lebensalter umfasste die Entwicklung und Erprobung eines Trainingsprogramms zur Förderung von Kompetenz, Gedächtnis und Psychomotorik mit dem Ziel des Erhalts von Selbstständigkeit im höheren Alter. Die Effekte unterschiedlicher Trainingsbedingungen wurden in einer Interventions-Kontrollgruppenstudie überprüft.

Das Trainingsprogramm SIMA

Das Trainingsprogramm umfasste drei Bereiche (Oswald et al., 2003, S. 264):

- Gedächtnistraining zur Verbesserung der kognitiven Leistungsfähigkeit bestehend aus Informationen über das Gedächtnis, Training der Aufmerksamkeit, Konzentration, Training von Bearbeitungstempo und Intensität im Kurzzeitgedächtnis, Tiefe der Informationsverarbeitung, Memostrategien und Lesetechniken.

- Kompetenztraining zur Verbesserung der Alltagskompetenz in Form eines psychoedukativen Trainings durch Vermittlung von Informationen über Altersveränderungen, technische Hilfsmittel im Haushalt, Ernährungserfordernisse, Gesundheit und Krankheit im Alter, Wohnen sowie die Vermittlung von Lösungsstrategien bei Alltagsproblemen. Ziel dieses Trainings war durch Wissensvermittlung und Erfahrungsaustausch Einstellungsänderungen und den Erwerb von neuen Bewältigungsmöglichkeiten bei Alltagsproblemen anzustoßen.
- Psychomotoriktraining zur Verbesserung der psychomotorischen Leistungsfähigkeit durch Übungen zur Wahrnehmungs- und Bewegungskoordination, Übung des Gleichgewichtssinns sowie eine allgemeine Aktivierung und Förderung der Beweglichkeit durch gymnastische Angebote und Bewegungsspiele.

Das Trainingsprogramm wurde über ein Jahr in 30 Trainingseinheiten im Umfang von wöchentlich zwei bis drei Stunden in Kleingruppen durchgeführt. Die Gruppengröße betrug zwischen 15 und 20 Teilnehmende im Alter zwischen 75 und 93 Jahren. Insgesamt nahmen zu Studienbeginn 375 ältere Menschen an diesem Training teil, davon 64,8 % Frauen. Alle Teilnehmer lebten noch selbstständig und waren weitgehend gesund. Zum Ende der Studie 1996 lebten von diesen noch 179 Teilnehmer (Oswald et al., 2012).

Zur Erfassung der Wirksamkeit der einzelnen Trainings wurden fünf Trainingsgruppen mit unterschiedlichen Trainingsbedingungen gebildet. Drei Gruppen erhielten jeweils nur ein Trainingsprogramm, d.h. entweder ein Gedächtnis-, Kompetenz- oder Motoriktraining. Eine Gruppe erhielt eine Kombination aus Gedächtnis- und Psychomotoriktraining und die letzte Gruppe eine Kombination aus Kompetenz- und Psychomotoriktraining.

Wie die Auswertung der Ergebnisse eindrucksvoll belegen, lassen sich bei einer Kombination von Gedächtnis- und Psychomotoriktraining kognitive Leistungsverbesserungen bis fünf Jahre nach Trainingsabschluss im Vergleich zu einer Kontrollgruppe nachweisen. Diese Gruppe wies zudem einen besseren Gesundheitsstatus auf, bewertete ihre Gesundheit positiver und zeigte weniger depressive und demenzielle Symptomatik. Auch wenn in diesem Zeitraum eine Abnahme der Selbstständigkeit erkennbar war, so fiel dieser Abfall geringer aus als in den Vergleichsgruppen. D. h., in der Kombination von Gedächtnis- und Psychomotoriktraining konnten die größten und längerfristig nachweisbaren Effekte erzielt werden. Dieses Kombinationstraining ist den Ergebnissen zufolge Einzeltrainings überlegen und belegt sehr deutlich, dass die kognitive Leistungsfähigkeit durch Training positiv verändert werden kann und präventive Interventionsmaßnahmen somit wirksam sind.

8 Lebensqualität und Wohlbefinden im Alter

Die Beschäftigung mit dem Thema Lebensqualität und Wohlbefinden im Alter bildet einen zentralen Gegenstand gerontologischer Theorienbildung (vgl. Thomae, 1987) und empirischer Forschung mit hoher Praxisrelevanz. Besteht doch der Handlungsauftrag vieler Angebote der Altenarbeit darin, ein ›gutes Leben‹ im Alter auch bei vorliegender Erkrankung oder Hilfebedürftigkeit zu ermöglichen. Indem Merkmale von Lebensqualität als Leitlinie zur Angebotsgestaltung wie auch als messbarer Indikator zur Erfassung von Versorgungsqualität formuliert werden können, trägt die Beschäftigung mit dem Konstrukt Lebensqualität außerdem zur Legitimation des eigenen Handelns bei.

In der Auseinandersetzung mit der Thematik Lebensqualität lassen sich folgende unterschiedliche Diskurse unterscheiden.

- *Sozialwissenschaftliche Wohlfahrtsforschung*: Lebensqualität und Lebenszufriedenheit gelten als Indikatoren für die Qualität gesellschaftlicher Zustände. Dementsprechend werden Indikatorenlisten erstellt, anhand derer das Ausmaß von Lebensqualität eines Gemeinwesens erfasst und verschiedene Gesellschaften miteinander verglichen werden können. Dabei liegt der Fokus auf objektiven bzw. objektivierbaren Merkmalen einer Lebenssituation, die gemessen werden können und normativ festgelegt werden.
- *Gerontologische Theorienbildung und Forschung*: Gegenstand von Alternstheorien ist die Beschreibung von Voraussetzungen und Prozessen zur Erreichung eines erfolgreichen Alterns (▶ Kap. 5) Lebenszufriedenheit und Wohlbefinden sind Indikatoren für ein erfolgreiches Altern. Empirische Forschungsvorhaben wie die Generali Altersstudie, der Deutsche Alterssurvey, die Heidelberger Hundertjährigenstudie oder die Bonner Längsschnittstudie des Alterns (Generali Deutschland, 2017, Mahne et al., 2017, Rott & Jopp, 2012, Thomae, 1983) untersuchen Einflussfaktoren auf Lebenszufriedenheit und Wohlbefinden und den Zusammenhang zwischen objektiven Lebensbedingungen und deren subjektiver Wahrnehmung. Des Weiteren erfassen sie Veränderungen im Verlauf des Alternsprozesses. Statt normativer Setzungen steht die Beschreibung des Ist-Zustandes und dessen Bedingungsfaktoren im Mittelpunkt der Auseinandersetzung.
- *Versorgungsforschung*: Wohlbefinden und Lebenszufriedenheit werden als Indikatoren für die Qualität der erbrachten Dienstleistung angesehen. Sie beziehen sich auf die Dimension der Ergebnisqualität und werden entweder direkt durch Nutzerbefragungen oder indirekt durch Beobachtungen und Befragung von Betreuungspersonen wie z. B. in der Anwendung des Erhebungs-

instrumentes H.I.L.DE – Heidelberger Instrument zur Erfassung von Lebensqualität bei Demenz (Becker et al., 2011) – erhoben. Die einzelnen Qualitätsdimensionen beziehen sich sowohl auf objektivierbare Merkmale der zu beurteilenden Dienstleistung (z. B. Anzahl und Niederschwelligkeit der Hilfeangebote) als auch auf deren subjektive Einschätzung durch den Nutzer (gefühlte Entlastung durch Inanspruchnahme eines Beratungsangebots).

Allerdings wird bereits bei dieser Kurzdarstellung deutlich, dass sich die Diskussionen um das Konzept der Lebensqualität nicht immer auf die gleichen Begrifflichkeiten beziehen. Das nachfolgende Kapitel beschäftigt sich deshalb mit folgenden Fragen:

1. Was ist unter Lebensqualität, Lebenszufriedenheit und subjektiven Wohlbefinden zu verstehen und wie lassen sich diese Begriffe voneinander unterscheiden?
2. Welche Bedeutung haben äußere Lebensumstände und welchen Stellenwert Merkmale der Person für das Erreichen von Wohlbefinden und Lebensqualität im Alter?
3. Wie zufrieden sind ältere Menschen mit ihrem Leben und was trägt zur Zufriedenheit bei?

8.1 Begriffsklärungen und Begriffsabgrenzungen

Neise & Zank (2016) verweisen in ihrer guten und knappen Zusammenfassung auf die zwei maßgeblichen Diskussionsstränge in der Auseinandersetzung mit dem Konzept der Lebensqualität: Der Level-of-Living-Approach und die Quality-of-Life-Forschung (ebd., S. 5ff.).

Der *Level-of-Living-Approach* hat seine Wurzeln in der schwedischen Wohlfahrtsforschung. Diese verfolgt das Ziel, die Wohlfahrt eines Gemeinwesens nicht nur anhand dessen wirtschaftlicher Entwicklung zu erfassen, sondern ein Set von Indikatoren, sog. Sozialindikatoren, zu bestimmen, mit deren Hilfe abgebildet werden kann, inwieweit Lebensbedingungen für Menschen vorherrschen, die ihren individuellen Grundanliegen und Bedürfnissen entsprechen (vgl. ebd., S. 6). Mithilfe derartiger operationalisierter und damit messbarer Indikatoren sind Vergleiche zwischen unterschiedlichen Staaten im Hinblick auf das Ausmaß von Lebensqualität ihrer Bürger möglich. Ein Beispiel für eine derartige Indikatorenzusammenstellung findet sich z. B. in der aus Schäfers (2008, S. 29) zusammengestellten Übersicht (▶ Tab. 10).

Indikatorenlisten spiegeln das Ergebnis von politischen, fachwissenschaftlichen und ethischen Diskursen wieder (ebd.). Sie können als normative Festschreibungen verstanden werden, anhand derer Kriterien das Ausmaß von Le-

Tab. 10: Indikatoren für Lebensqualität

Zielbereiche des »Swedish Level of Living Surveys«	Zielbereiche des »OECD Social Indicator Programme«
Gesundheit und Gesundheitsversorgung	Gesundheit
Beschäftigung und Arbeitsbedingungen	Arbeit und Qualität des Arbeitslebens
Ökonomische Ressourcen	Verfügung über Güter und Dienstleistungen
Bildung und Fähigkeiten	Persönlichkeitsentwicklung durch Lernen
Familie und soziale Integration	Soziale Möglichkeiten und Partizipation
Wohnbedingungen	Physische Umwelt
Sicherheit und Schutz des Eigentums	Persönliche Sicherheit und Rechtswesen
Erholung und Kultur	Zeitbudget und Freizeit
Politische Ressourcen	

Eigene Darstellung nach Schäfers, 2008, S. 29

bensbedingungen erfasst und bewertet werden soll, die den Rahmen zur Erfüllung individueller Bedürfnisse bilden. Dabei besteht keine einheitliche Auffassung, welche Indikatoren zu berücksichtigen sind. Vielfach werden die Bereiche materielle Sicherheit, Gesundheit, soziale Einbindung, Bildung und eigene Gestaltungsmöglichkeiten und Arbeitsleben als relevante Bereiche angeführt. Anhand derartiger Indikatoren lassen sich äußere Lebensbedingungen beschreiben. Auch wenn zwischen objektiven äußeren Lebensbedingungen und deren individueller Bewertung differenziert wird, so fokussiert dieser Ansatz dennoch auf der Erfassung äußerer Rahmenbedingungen.

In Abgrenzung hierzu liegt in der *Quality-of-Life-Forschung* der Schwerpunkt auf der Betrachtung der subjektiven Wahrnehmung äußerer Lebensbedingungen. Ähnlich wie bei der kognitiven Theorie des Alterns (▶ Kap. 5.2.3) wird davon ausgegangen, dass weniger die objektiven Lebensumstände als deren subjektive Wahrnehmung und Bewertung bedeutsam für Erleben und Verhalten sind. Indem subjektive Wahrnehmungs- und Bewertungsprozesse und deren individuelle Ausprägungen im Zentrum des Interesses stehen, wird keine gesellschaftsbezogene, sondern eine individuumbezogene Perspektive eingenommen (ebd., S. 30). Somit wird dem Umstand Rechnung getragen, dass die gleichen äußeren Lebensumstände individuell durchaus unterschiedlich bewertet werden können. In der Konsequenz wird auf die Formulierung von einzelnen Dimensionen von Lebensqualität verzichtet. Stattdessen werden Indikatoren wie subjektives Wohlbefinden, Lebenszufriedenheit oder Glück als Merkmale von subjektiv erlebter Lebensqualität formuliert. In Bezug auf das subjektive Wohlbefinden lassen sich wiederum folgende zwei Dimensionen unterscheiden:

- die kognitive Bewertung der eigenen Lebenssituation, die *Lebenszufriedenheit*. Darunter wird die Bewertung der aktuellen Lebenssituation vor dem Hintergrund der eigenen Ziele und Bedürfnisse und des bisherigen Lebens sowie der zukünftigen Perspektiven verstanden.
- Das Gefühl von *Wohlbefinden* als affektive, auf das Erleben von Gefühlen abzielende Dimension wie Angst, Glück, Freude oder Traurigkeit, d. h. positive wie negative Emotionen, die mit der aktuellen Lebenssituation verbunden sind (Staudinger, 2000, S. 187).

Zusammenfassend lässt sich somit folgendes festhalten:

- Lebensqualität beschreibt ein mehrdimensionales Konstrukt, das sowohl auf der Makroebene gesellschaftlicher Zustände und Wertvorstellungen als auch auf der Meso- und Mikroebene der individuellen Lebensvorstellungen und Lebensziele erfassbar ist (▶ Abb. 13).
- Dabei bezieht sich der Begriff der Lebensqualität auf die Beschreibung objektivierbarer Lebensbedingungen, unter denen der Einzelne sein Leben gestaltet. Lebensqualität lässt sich durch Indikatoren beschreiben und in ihrem Ausmaß erfassen (messen).
- Subjektives Wohlbefinden, als Ergebnis der Bewertung dieser objektiven Lebensumstände, setzt sich wiederum aus einer emotionalen und einer kognitiven Komponente zusammen. Lebenszufriedenheit bezeichnet dabei die kognitive Komponente des subjektiven Wohlbefindens und wird eher als relativ stabile Persönlichkeitseigenschaft angesehen. Demgegenüber ist das Gefühl des Wohlbefindens als affektive Komponente oft situationsabhängig und unterliegt deshalb stärkeren Veränderungen.
- Allerdings bestehen kaum Zusammenhänge zwischen diesen objektiven Lebensbedingungen und deren subjektiven Bewertungen durch den Einzelnen. Vielmehr fühlen sich ältere Menschen trotz ungünstiger Lebensumstände wohl bzw. sind trotz günstiger Lebensbedingungen unzufrieden. Dieses auch als Zufriedenheitsparadoxon bzw. Unzufriedenheitsdilemma (ebd.; ▶ Kap. 8.2) bezeichnete Phänomen verweist darauf, dass die Wahrnehmung und Bewertung äußerer Lebensumstände von einer Vielzahl individueller Faktoren beeinflusst werden. Es ist deshalb notwendig, zwischen objektiven Lebensbedingungen und deren subjektiver Bewertung zu differenzieren.

Ein Beispiel soll diese verschiedenen Ebenen veranschaulichen.

Fallbeispiel

Frau Pieper leitet eine Gesprächsgruppe für pflegende Angehörige. In den ersten Gesprächsrunden berichten die Angehörigen über ihre Lebenssituation und ihre Belastungen. Dabei ist Frau Pieper von den Aussagen einiger Angehöriger überrascht und überlegt, ob und welche Hilfen sie anbieten könnte.

Da ist z. B. Frau Müller. Sie ist alleinstehend und lebt mit ihrer pflegebedürftigen Mutter in einer kleinen Zweizimmerwohnung zusammen. Um ihre karge Rente aufzubessern, trägt sie zweimal in der Woche Zeitungen aus. Frau Müller hat mehrere gesundheitliche Probleme, die sie jedoch als nicht so schlimm einschätzt, da sie sich daran gewöhnt habe. Sie sagt, dass sie eigentlich mit ihrer Lebenssituation zufrieden sei, v. a. seit sie ihre Rente durch den Nebenjob aufbessern könne. Auch die Pflege der Mutter übernehme sie gern und sie habe große Angst, dieser Aufgabe zukünftig vielleicht nicht mehr gewachsen zu sein.

Auch Frau Huber pflegt ihre Mutter, allerdings im getrennten Haushalt. Frau Huber ist pensionierte Lehrerin und lebt mit ihrem Mann in einer Eigentumswohnung nicht weit von der Mutter entfernt. Frau Huber schildert die Pflegeübernahme als eine große Belastung, da sie sich in ihrem Leben sehr eingeschränkt fühle und befürchte, dass die Mutter bald nicht mehr selbstständig leben könne. Frau Huber ist zurzeit wegen Herzbeschwerden, die sie auf die pflegebedingten Belastungen zurückführt, in ärztlicher Behandlung. Früher sei sie immer gesund gewesen und habe viel Sport getrieben. Das ginge nun kaum noch.

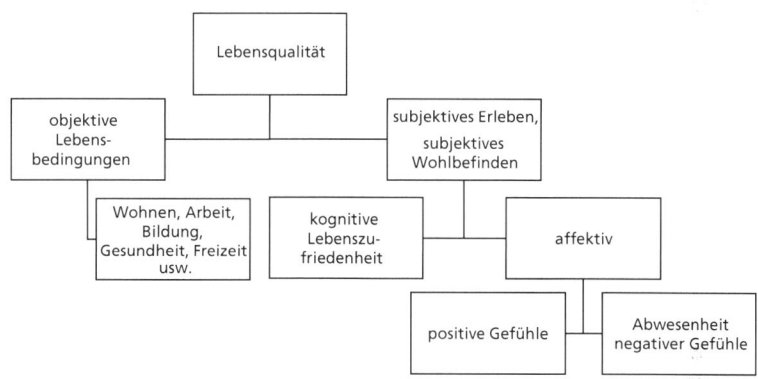

Abb. 13: Lebensqualität als mehrdimensionales Konstrukt, eigene Darstellung nach Schäfers, 2008 S. 39

Bezieht man dieses Fallbeispiel auf die in Abbildung 13 dargestellten Dimensionen von Lebensqualität wird deutlich, dass die beiden Frauen sich bezogen auf die Wohnsituation, das Einkommen und den Bildungsstand – also den objektiven Lebensbedingungen – voneinander unterscheiden. Günstige objektive Lebensbedingungen gehen jedoch nicht mit einem erhöhten subjektiven Wohlbefinden einher, da sich Frau Huber trotz günstigerer Lebensumstände belasteter erlebt als Frau Müller. Anscheinend spielen hier Erwartungen und bisherige Bewältigungsstrategien eine wichtige Rolle, wie diese objektiven Lebensumstände erlebt und bewertet werden (▶ Abb. 13).

8.2 Ergebnisse empirischer Forschung und konzeptionelle Überlegungen

Im Kontext gerontologischer Forschung interessieren v. a. Entstehung, Ausmaß und Veränderungen von Wohlbefinden und Lebenszufriedenheit im Verlauf des Älterwerdens und deren Bedingungsfaktoren. Folgende Fragestellungen stehen dabei im Zentrum der Konzeptentwicklung und empirischer Untersuchungen zum Thema Wohlbefinden und Lebenszufriedenheit im Alter.

- Wie hoch ist die Lebenszufriedenheit älterer Menschen einzuschätzen?
- Beschreibt Lebenszufriedenheit eine allgemeine Grundstimmung oder lassen sich bereichsspezifische Unterschiede erkennen, z. B. in Bezug auf Arbeit, Familie, Gesundheit etc.?
- Handelt es sich beim subjektiven Wohlbefinden und bei der Lebenszufriedenheit eher um ein stabiles, zeitlich überdauerndes Persönlichkeitsmerkmal oder um kurzzeitig auftretende, situationsabhängige Befindlichkeiten?
- Wodurch wird das Ausmaß des subjektiven Wohlbefindens im Alter beeinflusst und welche Zusammenhänge lassen sich zwischen objektiven Lebensbedingungen und der subjektiven Einschätzung der eigenen Lebenssituation erkennen?

8.2.1 Ergebnisse empirischer Forschung

Aktuelle empirische Untersuchungen wie die Generali Altersstudien oder der Deutsche Alterssurvey (Generali Deutschland, 2017, Generali Zukunftsfonds, 2012, Motel-Klingebiel et al., 2010b, Mahne et al., 2017) belegen eine hohe Zufriedenheit bei älteren Menschen. Dies trifft auch auf hochaltrige Menschen und Menschen mit körperlichen Beeinträchtigungen zu (Rott & Jopp, 2012). So ordnen sich in der Generali Altersstudie die befragten 65- bis 85-Jährigen auf einer zehnstufigen Skala (1 = überhaupt nicht zufrieden, 10 = völlig zufrieden) im Durchschnitt beim Wert 7,2 ein (Generali Altersstudie, 2017, S. 10). Vergleichbare Ergebnisse konnten auch im Rahmen des Deutschen Alterssurveys gewonnen werden. Über drei Viertel der befragten 40- bis 85-Jährigen gaben an, mit ihrem Leben zufrieden zu sein (Wolff & Tesch-Römer, 2016, S. 175). Dabei lassen sich kaum altersabhängige Unterschiede erkennen. Selbst im hohen Alter, das vielfach mit körperlichen Einschränkungen und sozialen Verlusten verbunden ist, wird eine hohe allgemeine Lebenszufriedenheit berichtet. Den jüngsten Ergebnissen des Deutschen Alterssurveys zufolge ist die Zufriedenheit in den höheren Altersjahrgängen sogar mit am höchsten, während sie in der Generali Altersstudie leicht abnehmen. Veränderungen im Zufriedenheitsausmaß seit den Jahren 2012 bzw. 2014 – beide Studien sind als zeitliche Verlaufsstudien angelegt – sind kaum erkennbar. Dabei haben, wie die nachfolgende Übersicht verdeutlicht (▶ Tab. 11), diesen Studien zufolge verschiedene

Faktoren einen unterschiedlich starken Einfluss auf die allgemeine Lebenszufriedenheit.

Tab. 11: Einflussfaktoren auf die allgemeine Lebenszufriedenheit: Ergebnisse der Generali Altersstudien und des Deutschen Alterssurveys

Einflussfaktor	hoch	Quelle
Soziale Schicht und Bildung	Höhere Zufriedenheit bei höherem sozioökonomischen Status	Generali Altersstudie 2017 Deutscher Alterssurvey 2017
Gesundheitszustand	Geringere Zufriedenheit bei schlechterem Gesundheitszustand	Generali Altersstudie 2017
Finanzielle Lage	Geringere Zufriedenheit bei niedrigem Haushaltseinkommen	Generali Altersstudie 2017
Erwerbstätigkeit/ehrenamtliches Engagement	Höhere Zufriedenheit bei Berufstätigen oder ehrenamtlich Engagierten.	Generali Altersstudie 2017
Familienstand	Höhere Zufriedenheit bei in einer Partnerschaft Lebenden	Generali Altersstudie 2017
Einflussfaktor	geringer	Quelle
Geschlecht	Kaum Einfluss, Männer leicht höhere Zufriedenheitswerte	Generali Altersstudie 2017 Deutscher Alterssurvey 2017
Soziale Verankerung	Kaum Einfluss, beim Vorhandensein von Kindern/Enkeln leicht höhere Zufriedenheit	Generali Altersstudie 2017
Alter	Kaum Einfluss, keine einheitlichen Ergebnisse	Generali Altersstudie 2017 Deutscher Alterssurvey 2017
Wohnort	kaum Einfluss, leicht höhere Zufriedenheit in den alten Bundesländern	Generali Altersstudie 2017 Deutscher Alterssurvey 2017

Eigene Darstellung

Dass die subjektive Bewertung des eigenen Lebens vom Gesundheitszustand, den materiellen Lebensbedingungen, aber auch vom sozioökonomischen Status beeinflusst wird, wird auch durch die Ergebnisse zum Zufriedenheitsausmaß mit einzelnen Lebensbereichen bestätigt. Gefragt nach der Zufriedenheit mit dem eigenen Gesundheitszustand, der finanziellen Situation, der Wohnsituation und den sozialen Kontakten lassen sich von der allgemeinen und weitgehend altersunabhängigen hohen Lebenszufriedenheit durchaus Abweichungen erkennen. Besonders zufrieden sind ältere Menschen mit ihrer Wohnsituation und ihren sozialen Kontakten, wohingegen in Bezug auf den eigenen Gesundheitszustand und die finanzielle Situation eine im Vergleich zur allgemeinen Lebenszufriedenheit deutlich negativere Einschätzung gegeben wird (Generali Altersstudie, 2017, S. 13). Erwartungsgemäß sind dabei die Einschätzungen umso positiver, je höher der sozioökonomische Status der Befragten ist.

Die bisherigen Ergebnisse spiegeln die kognitive Einschätzung der eigenen Lebenssituation, die sog. Lebenszufriedenheit wieder. Aus dem Deutschen Alterssurvey lassen sich weiterhin Hinweise auf die emotionale Befindlichkeit älterer Menschen – dem Gefühl von Wohlbefinden –, entnehmen, da dort auch nach dem Erleben positiver und negativer Gefühle gefragt wurde (Tesch-Römer et al., 2010, Wolff & Tesch-Römer, 2017). Es zeigte sich, dass ältere Menschen überwiegend positiv gestimmt sind und nur sehr selten angeben, häufiger negative Gefühle wie Bedrückung, Ärger oder Ängstlichkeit zu erleben. Im Zeitraum von 2002 bis 2008 nimmt der Anteil der überwiegend positiv gestimmten Älteren zu, wobei bei höherem Bildungsstand das Erleben der derzeitigen Lebenssituation besonders positiv ist. Weiterhin wird auch deutlich, dass in den höheren Altersgruppen insgesamt seltener positive wie auch negative Affekte erlebt werden, d. h. eine allgemein abnehmende Emotionalität erkennbar wird.

Diese Ergebnisse verdeutlichen, dass es zur Ermittlung der Befindlichkeiten älterer Menschen nicht ausreicht, eine globale Einschätzung ihrer Lebenssituation vorzunehmen. Vielmehr sind bereichsspezifische Differenzierungen erforderlich, aus denen genauere Hinweise über erlebte Problembereiche und daraus resultierende Belastungen im eigenen Leben gewonnen werden können. Weiterhin ist zu berücksichtigen, dass trotz berichteter Lebenszufriedenheit auch negative Gefühle auftreten können und umgekehrt. Die insgesamt hohen und überwiegend stabilen Zufriedenheitswerte und die positive Tönung im Erleben älterer und hochaltriger Menschen verweisen schließlich auch darauf, dass die Angaben zum subjektiven Wohlbefinden und zur Lebenszufriedenheit das Ergebnis individueller und biografisch erklärbarer Anpassungs- und Bewältigungsprozesse wiederspiegeln und keine Rückschlüsse auf objektive Lebensbedingungen zulassen. Dies wird auch aus dem Fallbeispiel bei Frau Müller und Frau Huber deutlich.

8.2.2 Konzepte subjektiven Wohlbefindens und Lebenszufriedenheit: Das Zufriedenheitsparadoxon

Wie lassen sich die in der Literatur übereinstimmend gefundenen Differenzen zwischen den objektiven Lebensbedingungen und dem subjektiven Erleben erklären? Wie kommt es, dass ältere Menschen trotz Einbußen und Verlusten eine hohe Lebenszufriedenheit und hohes subjektives Wohlbefinden berichten und welche Zusammenhänge sind zwischen diesen beiden Dimensionen anzunehmen?

Zur Beantwortung dieser Frage lassen sich unterschiedliche konzeptionelle Überlegungen finden. Einen guten Überblick über die Beziehungen zwischen objektiven Lebensbedingungen und subjektivem Wohlbefinden ermöglicht das Modell von Mayring (1987; ▶ Abb. 14).

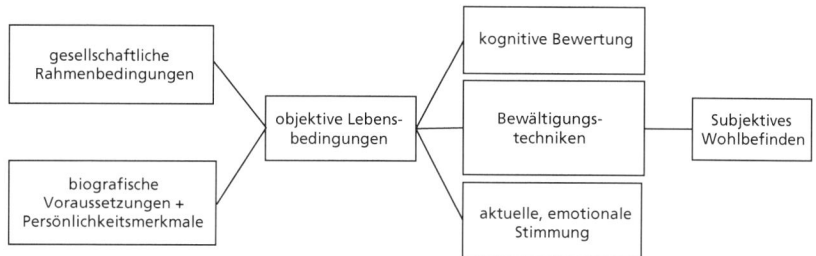

Abb. 14: Modell zu Erfassung des subjektiven Wohlbefindens, eigene Darstellung nach Mayring 1987, S. 372

Objektive Lebensbedingungen haben demzufolge keinen direkten Einfluss auf das Erleben von Wohlbefinden. Stattdessen wirken kognitive Bewertungsprozesse, Bewältigungsstile und die aktuelle emotionale Befindlichkeit auf das Ausmaß von Lebenszufriedenheit und Wohlbefinden ein. Die äußeren Lebensbedingungen des Einzelnen werden wiederum von gesellschaftlichen Rahmenbedingungen (z. B. Rentenregelungen, Gesundheitssystem oder Altersbilder), aber auch von biografisch geprägten individuellen Lebensbedingungen wie soziale Verankerung oder Problemlösestrategien, von Mayring als biografische Voraussetzungen bezeichnet, mitbeeinflusst.

Die aus den empirischen Ergebnissen erkennbare Tendenz von Menschen, trotz ungünstiger Lebensumstände zu einer positiven Einschätzung ihres Wohlbefindens zu kommen, wird als *Zufriedenheitsparadoxon* bezeichnet (Staudinger, 2000). Als Erklärung für diese Diskrepanz können folgende innerpsychische Anpassungs- bzw. Bewältigungsprozesse angenommen werden, die auch im Modell von Mayring berücksichtigt werden.

- Selbstwertschützende, innerpsychische Copingstrategien zur Selbstversicherung und Selbstwerterhaltung und zur Vermeidung aktiver Veränderung der bisherigen Lebenssituation. Eine ungünstige Wohnsituation wird z. B. positiv bewertet, um einem Umzug und damit den Verlust der vertrauten Umgebung zu vermeiden (▶ Kap. 11).
- Selbstwertdienliche Umbewertungen durch soziale und temporale Vergleichsprozesse (ebd.). Verglichen mit früher, z. B. der Kriegszeit, oder mit anderen Menschen, der Nachbarin, die vor kurzem ihren Mann verloren hat, geht es einem trotz gesundheitlicher oder finanzieller Einschränkungen gut.
- Anpassungsprozesse durch Veränderungen im Anspruchsniveau und der persönlichen Prioritätensetzung, wie sie z. B. im SOK-Modell beschrieben wurden (▶ Kap. 5.2.3). Durch den Verzicht auf unerreichbar Gewordenes und

die Neuformulierung realisierbarer Ziele lässt sich subjektives Wohlbefinden trotz veränderter äußerer Lebensumstände aufrechterhalten. Zu berücksichtigen ist in diesem Zusammenhang, dass viele Veränderungen z. B. des Gesundheitszustands nicht abrupt, sondern allmählich und schleichend erfolgen, so dass eine Anpassung durch Gewöhnung erfolgt.

Auch die Berichte der beiden Angehörigen aus dem Fallbeispiel können mithilfe des Zufriedenheitsparadoxons gedeutet werden. Frau Huber lebt in objektiv besseren Lebensbedingungen, berichtet aber gegenüber der Sozialarbeiterin Pieper über eine geringere Lebenszufriedenheit als Frau Müller. Diese ist eigentlich mit ihrer Lebenssituation zufrieden, obwohl sie über ein geringes Einkommen verfügt, in einer beengten Wohnung lebt und seit Jahren Gesundheitsprobleme hat.

Die in den empirischen Ergebnissen zum Ausdruck kommende hohe Lebenszufriedenheit im Alter auch bei ungünstigen Lebensumständen kann deshalb als Selbstregulationsprozess zur Selbstwerterhaltung angesehen werden, wobei von einer hohen interindividuellen Variabilität in der Wahrnehmung und Bewertung äußerer Lebensumstände auszugehen ist. Weiterhin weist Mayring darauf hin, dass bei eingeschätzter Unveränderbarkeit der Situation eher kognitive Umdeutungen erfolgen, während auf als veränderbar wahrgenommene Situationen eher mit problemlösungsorientierten Bewältigungsversuchen reagiert wird (Mayring, 1987).

Obwohl sich empirisch bestätigen lässt, dass ältere Menschen zum überwiegenden Teil mit ihrem Leben zufrieden sind und sich wohl fühlen, besteht dennoch Handlungsbedarf für die Soziale Arbeit, um soziale Ungleichheiten im Alter zu verringern. Allerdings reicht es nicht aus, sich auf die Ermittlung von äußeren Lebensumständen zu beschränken, wie es das Fallbeispiel veranschaulicht. Frau Müller würde demnach mehr Unterstützung benötigen, als sie es selber einschätzt. Entsprechend den Mechanismen des Zufriedenheitsparadoxons ist damit zu rechnen, dass von außen angestoßene Veränderungen durch Frau Pieper erst einmal von ihr zurückgewiesen werden. Auch die Problemlagen von Frau Huber und ihr Belastungserleben würden nicht hinreichend beachtet, da sie über ausreichend Ressourcen verfügt.

Orientiert man sich allerdings ausschließlich an den Wünschen und Bedürfnissen der Älteren, so werden diese überwiegend auf Bewahrung des Status quo ausgerichtet sein. Faktisch bestehende Problemlagen, wie z. B. die beengte Wohnsituation von Frau Müller, und Veränderungsbedarfe zur Verringerung von Benachteiligungen würden nicht erfasst. Lediglich die Berücksichtigung beider Dimensionen – der Analyse der äußeren Lebensumstände und deren subjektive Bewertung durch einzelne Betroffenengruppen trägt zur Identifikation von Benachteiligungen und der Akzeptanz von Unterstützungsangeboten bei.

8.3 Instrumente zur Erfassung von Lebenszufriedenheit und Lebensqualität im Alter

Konzeptionell bezieht sich die Erfassung von Lebensqualität auf die Messung einzelner Indikatoren, wohingegen die Ermittlung des subjektiven Wohlbefindens und der Lebenszufriedenheit durch die Erhebung persönlicher Einschätzungen des eigenen Lebens und einzelner Lebensbereiche erfolgt. Insbes. für den zweiten Bereich kann auf eine Vielzahl unterschiedlicher Skalen und Erhebungsinstrumente zurückgegriffen werden (vgl. z. B. Conrad & Riedel-Heller, 2016, Schumacher et al., 2003). Diese beziehen sich auf unterschiedliche Zielgruppen wie ältere Menschen, Menschen mit Demenz oder Heimbewohner und auf unterschiedliche Erhebungsbereiche wie allgemeine Lebensqualität, gesundheitsbezogene Lebensqualität, Qualität der medizinischen Versorgung usw.

Ein Schwerpunkt der Instrumentenentwicklung liegt in der Erfassung gesundheitsbezogener Lebensqualität und in der Erfassung der Lebens- bzw. Versorgungsqualität in der Demenzversorgung in stationären Einrichtungen. Für Beschäftige in der Altenarbeit ist das Wissen um derartige Instrumente in folgender Hinsicht von Bedeutung:

- zur Ermittlung von Bedarfslagen älterer Menschen und als Grundlage für die Entwicklung von Angeboten,
- als Methode zur Erfassung der Wirksamkeit einzelner Interventionen und damit zur Legitimation der eigenen Arbeit,
- als strukturierte Möglichkeit der Qualitätsüberprüfung von Versorgungsangeboten für Menschen mit kognitiven Einschränkungen.

Aus der Vielzahl vorliegender Instrumente sollen nachfolgend exemplarisch in Deutschland häufig eingesetzte Verfahren vorgestellt werden. Dabei ist zu berücksichtigen, dass das dem jeweiligen Instrument zugrundeliegende Verständnis von Lebensqualität und Wohlbefinden wie auch dessen Anwendungsbereiche durchaus unterschiedlich sind. Die Quellenverweise ermöglichen eine vertiefte Auseinandersetzung mit Inhalten und Anwendungsbereichen der einzelnen Instrumente.

8.3.1 Instrumente zur allgemeinen Erfassung von Lebensqualität und Befindlichkeiten älterer Menschen

Der Nürnberger Lebensqualitätsfragebogen (NLQ) als Bestandteil des Nürnberger Altersinventars (NAI)

Der NLQ ist ein Bestandteil des umfassenderen Nürnberger Altersinventars, das zur Diagnostik der Befindlichkeiten älterer Menschen, aber auch zu Forschungszwecken genutzt werden kann. Das Nürnberger Altersinventar umfasst insgesamt 19 Einzeltestverfahren, die sich auf verschiedene Dimensionen kognitiver Leistungsfähigkeit und Selbst- und Fremdeinschätzungen zu Alltagsaktivitäten beziehen. Der NLQ ist in zwei Versionen verfügbar, einer Normalfassung mit 39 Items und einer Kurzfassung mit 22 Items. Alle Testverfahren des Altersinventars sind testtheoretisch geprüft. Die einzelnen Gütewerte sind im Manual angeführt und es liegen altersspezifische Leistungsnormen vor, die bei einer Gruppe von 2866 älteren Personen gewonnen wurden. Diese Normwerte sind nach Altersgruppen und Lebensort – eigener Haushalt oder Leben in Heim – differenziert. Des Weiteren finden sich Normen für Menschen mit Hirnleistungsstörungen. Die im Fragebogen erfassten Bereiche von Lebensqualität beziehen sich v. a. auf die Erhebung der Stimmung und der Einschätzung der körperlichen Verfassung. Einschätzungen der eigenen Lebensumstände werden mit diesem Instrument nicht erfragt. Detaillierte Informationen zum Instrument finden sich bei Oswald & Fleischmann (1995) und unter www.wdoswald.de. Unter https://www.demenzforschung-oswald.de/testverfahren/ kann der NLQ heruntergeladen werden.

WHO Quality of Life – OLD (WHOQOL-OLD)

Einen Fokus auf die Erfassung gesundheitsbezogener Lebensqualität legt das Instrument WHOQOL-OLD. Dieser Fragebogen basiert auf internationalen Forschungsarbeiten unter der Schirmherrschaft der WHO mit dem Ziel, ein kulturübergreifend nutzbares Instrument zur Erfassung von Lebensqualität bei Erwachsenen zu entwickeln. Dieser 1991 erarbeitete Fragebogen WHOQOL 100 (Conrad & Riedel-Heller, 2016) konnte jedoch die spezifischen Aspekte der Lebensqualität im Alter nicht hinreichend gut erfassen, so dass ein eigenes Instrument für die Zielgruppe älterer Menschen, auch bei einer beginnenden Demenz, entwickelt wurde (Conrad et al., 2016). Das Instrument beabsichtigt, Lebensqualität in den folgenden sechs Dimensionen zu erfassen, wobei pro Dimension vier Items erfragt werden (▶ Tab. 12).

Tab. 12: Die sechs Dimensionen zur Erfassung von Lebensqualität im Alter des WHOQOL-OLD

Dimensionen	Items
Sinnesfunktionen	Status Veränderung Zufriedenheit Vereinsamungsgefühl aufgrund veränderter Sinnesstrukturen
Autonomie	Unabhängigkeit Kontrolle Entscheidungsfreiheit Erleben von Fähigkeitseinbußen

Tab. 12: Die sechs Dimensionen zur Erfassung von Lebensqualität im Alter des WHOQOL-OLD – Fortsetzung

Dimensionen	Items
Aktivität in Vergangenheit, Gegenwart und Zukunft	Zufriedenheit Möglichkeiten zum gemeinsamen Erinnern Gedanken und Gefühle in die Zukunft
Soziale Partizipation	Einschätzung der persönlichen Zeit Möglichkeiten, sich für Dinge einzusetzen, die einem wichtig sind Möglichkeiten zur aktiven Teilhabe am Leben Gefühl, Teil einer Gemeinschaft zu sein
Ängste und Befürchtungen vor Tod und Sterben	Einstellungen zum eigenen Tod Einstellungen zum Tod anderer Menschen
Intimität	• Erfahrungen von körperlicher Nähe und Zärtlichkeit mit anderen Menschen • Zufriedenheit mit dem Ausmaß an Intimität

Eigene Darstellung nach Conrad et al., 2016, S. 44f.

Neben der Einschätzung der sinnesbezogenen Funktionsfähigkeit wird in diesem Instrument vorrangig das subjektive Erleben zu bedeutsamen Lebensbereichen sowie Zukunftsvorstellungen erfragt. Detaillierte Informationen zum Instrument finden sich bei Conrad et al. (2016).

8.3.2 Instrumente zur Erfassung von Lebensqualität von Heimbewohnern

Instrument zur praxisnahen Erfassung von Lebensqualität im stationären Kontext (INSEL)

Der Anspruch dieses Instruments liegt in der Bereitstellung eines gut handhabbaren Erhebungsverfahrens zur Erfassung der subjektiven und individuellen Bedürfnisse von Heimbewohnern (Oswald et al., 2014). Diese werden anhand der in Abbildung 16 beschriebenen zwölf Dimensionen erfasst, die relevant für die Beschreibung von Lebensqualität von Heimbewohnern sind (▶ Abb. 15). Die Autoren beziehen sich dabei auf das Lebensqualitätskonzept von Lawton (Lawton et al., 1996), in dem die folgenden vier Bereiche unterschieden werden:

- Verhaltenskompetenz (Selbstständigkeit im Alltag, geistige Leistungsfähigkeit, soziale Fertigkeiten),
- erlebte Lebensqualität (subjektive Bewertung körperlicher, psychischer und sozialer Lebensbereiche),
- objektive Umwelt als Einflussgröße auf die Verhaltenskompetenz und die erlebte Lebensqualität,
- subjektives Wohlbefinden als Ergebnis dieser Dimensionen.

Bewohner_ID |_|_|_|_|_|_|		Teil 1: Wichtigkeit der Lebensqualität-Dimensionen			
Dauer der Übertragung Des Bw-Interviews: |_| Std. |_|_| Min		*Erklärung:* Einschätzungen bitte mit unterschiedlichen Farben in der Mitte der zutreffenden Felder ankreuzten und danach jeweils zu einem Profil verbinden! rot= Bewohner-/Angehörigensicht; schwarz/blau= Personalsicht			
Gruppenbefragung am |_|_|_|_|_|_|_|_|					
Dauer der Gruppen-Befragung: |_| Std. |_|_| Min		Demension	sehr wichtig	weder noch	nicht so wichtig
Teilnehmer/innen der Gruppenbefragung aus den Bereichen: Pflege |_|, Hausw. |_|, soziale Dienste |_| Ehrenamtliche |_|, Anzahl Teilenehmer |_|	1	Körperliches und Psychisches Wohlbefinden			
	2	Sicherheit			
	3	Unterstützung bei Einschränkungen			
Dauer der Übertragung der Gruppenbefragung: |_| Std. |_|_| Min	4	Essen und Trinken			
	5	Anregung und Sinnvolle Beschäftigung			
Aufwand für den/die ModeratorInin insgeamt: |_| Std. |_|_|	6	Soziale Kontakte und Beziehungen			
Interviewer _ID: |_|_|_|_|_|_|	7	Würde			
	8	Privatheit			
	9	Religiosität und Sinngebung			
	10	Selbstbestimmung			
	11	Wohnkomfort			
	12	Servicequalität			

Zufriedenheitseinschätzung durch Personal/Bewohner-In	völlig unzufrieden	eher unzufrieden	teils/teils	eher zufrieden	völlig zufrieden
Erklärung: Einschätzungen bitte mit unterschiedlichen Farbe in den zutreffenden Feldern ankreuzen! rot= Bewohner -/Angehörigensicht; schwarz/blau= Personalsicht	--	-	-/+	+	++

Abb. 15: INSEL Auswertungsprotokoll für Bewohner, © Abteilung: Psychologische Altersforschung, Psychologisches Institut, Universität Heidelberg (Prof. Dr. H.-W. Wahl), interdisziplinäre Alterswissenschaft, Goethe-Universität Frankfurt am Main (Prof. Dr. F. Oswald) und Paul Wilhelm von Keppler Stiftung, Sindelfingen (Projekt INSEL, Stand: Juli 2010)

Die in der Abbildung angeführten Dimensionen werden sowohl aus Bewohnerperspektive, ersatzweise Angehörigenperspektive, als auch aus der Perspektive des Betreuungspersonals eingeschätzt, so dass beide Perspektiven einander vergleichend gegenübergestellt werden können. Die Bewohnersicht wird durch ein offenes Interview von ca. einer dreiviertel bis einer Stunde erfasst. Die Bewohner werden aufgefordert, sich zu den einzelnen Bereichen offen zu äußern, ergänzt um die abschließende Nachfrage, wie wichtig dieser Bereich für sie ist und wie zufrieden sie damit sind. Mitarbeiter geben ebenfalls für den Bewohner eine Einschätzung der Bedeutsamkeit und der Zufriedenheit ab. Zwar ist das Instrument in der Anwendung recht zeitaufwendig und stellt Anforderungen an die Interviewdurchführung und Protokollierung durch den Anwender. Dafür können jedoch durch die offenen Äußerungsmöglichkeiten individuelle und differenzierte persönliche Bewertungen der eigenen Lebenssituation erfasst werden. Eine genaue Beschreibung des Instruments findet sich bei Oswald et al. (2014).

8.3.3 Instrumente zur Erfassung von Lebensqualität bei Menschen mit Demenz

Heidelberger Instrument zur Erfassung von Lebensqualität bei Demenz (H.I.L.DE)

Die Zielsetzung dieses Instrumentes besteht im Unterschied zu INSEL in der Erfassung von Lebensqualität demenzkranker Bewohner in allen Stadien der Demenz (Becker et al., 2011). Wie auch bei der Instrumentenentwicklung von INSEL wird auf Lawtons Konzeption von Lebensqualität Bezug genommen. Allerdings werden acht Dimensionen von Lebensqualität operationalisiert (▶ Tab. 13), die mithilfe verschiedener Erhebungsverfahren von den Betreuungspersonen eingeschätzt werden.

Tab. 13: Dimensionen der Lebensqualität Demenzkranker in H.I.L.DE

Räumliche Umwelt	Betreuungs- qualität	Verhaltens- kompetenz	Medizinisch-funk- tionaler Status	Subjektives Erle- ben und emotio- nale Befindlichkeit
Besonder- heiten der räumlichen Umwelt	Merkmale der infrastruktu- rellen Umwelt	ADL/IADL Verbale Fähig- keiten	Medizinischer Status Allgemeinzustand Ernährungszu- stand	Emotionale Befindlichkeit Subjektives Er- leben der räum- lichen Umwelt
Soziale Umwelt Art und Struktur sozialer Kontakte	Versorgung durch Ärzte und Pflege, Qualifikation, Alltagsgestal- tung	Nonverbale Fähigkeiten	Kognitiver Status	Subjektives Erle- ben der sozialen Umwelt Psychopathologie Verhaltensauffäl- ligkeiten

Eigene Darstellung nach Becker et al., 2011, S. 109

H.I.L.DE beschreibt ein Erhebungsinventar, das sich aus verschiedenen Einschätzskalen wie Schmerzskalen und dem Barthel-Index, Testverfahren wie dem Uhrentest und dem Mini-Mental-Status-Test, strukturierten Beobachtungen und Interviews zusammensetzt. Unter Zuhilfenahme der Werte von Vergleichsgruppen ermöglichen die Ergebnisse Kompetenzeinschätzungen eines demenzkranken Bewohners. Das Instrument, so die Autoren, soll Pflegekräfte für die interindividuellen Unterschiede bei Demenzerkrankten im Erleben von Situationen sensibilisieren und insbes. durch die eingesetzten Beobachtungsverfahren auch auf die Gestaltungsmöglichkeiten und Veränderbarkeit von Pflegesituationen hinweisen. Allerdings erfordert eine sachgerechte Anwendung eine sorgfältige Schulung und hinreichend Zeit zur Anwendung. Eine ausführliche Beschreibung zu den einzelnen Erhebungsverfahren und der Aussagekraft der Ergebnisse findet sich bei Becker et al. (2011).

9 Lebenslagen und Lebenslagenansatz

Für die Identifizierung und Bearbeitung sozialer Probleme von Individuen, Familien und Gruppen in der Sozialen Arbeit ist die Kenntnis von Lebenssituation und Lebensbedingungen ihrer Adressaten entscheidend. Diese lassen sich mithilfe des Lebenslagenansatzes erfassen, strukturieren, analysieren und ggf. auch prognostizieren.

In der Arbeit mit älteren Menschen wird dem Lebenslagenansatz eine besondere Bedeutung zugemessen. Wie in den vorangegangenen Kapiteln dargestellt, treten im Alter zahlreiche individuelle und strukturelle Veränderungen auf, die die Lebenssituation älterer Menschen gefährden. Der Lebenslagenansatz kann sehr hilfreich sein, um drohende individuelle Problemlagen wie z. B. die soziale Isolation, Pflegebedürftigkeit oder Verwahrlosung eines alten Menschen frühzeitig zu erkennen und ihnen vorzubeugen bzw. bereits eingetretene Probleme zu mildern oder sogar zu beseitigen.

In diesem Kapitel wird der Lebenslagenansatz als theoretisches Instrumentarium vorgestellt und dessen Bedeutung für die Soziale Arbeit beleuchtet, um anschließend Anwendungsmöglichkeiten in den Handlungsfeldern Altenarbeit und -hilfe zu erörtern. Folgende Fragestellungen sollen das wissenschaftliche Verständnis und die praktische Anwendung des Lebenslagenkonzeptes unterstützen:

- Wie hat sich das Lebenslagenkonzept geschichtlich entwickelt? (▶ Kap. 9.1)
- Was wird unter ›Lebenslage‹ und ›(Handlungs-)Spielraum‹ verstanden? (▶ Kap. 9.2)
- In welchen Bereichen findet das Lebenslagenkonzept Anwendung und wie kann das Lebenslagenkonzept für die Soziale Arbeit mit älteren Menschen fruchtbar gemacht werden? (▶ Kap. 9.3)

9.1 Geschichtliche Entwicklung des Lebenslagenkonzepts

Das soziologische Konzept der Lebenslage zielt darauf ab, die Lebensumstände von Menschen möglichst umfassend zu beschreiben und zu analysieren. Seit seiner Begründung durch Otto Neurath (1920) ist das Konzept immer weiterbearbeitet und differenziert worden. Für Neurath ist die »*Lebenslage*« »der Inbegriff all der Umstände, die verhältnismäßig unmittelbar die Verhaltensweise eines Menschen, seinen Schmerz, seine Freude bedingen« (Neurath, 1931, S. 125, zit. n. Glatzer & Hübinger, 1990, S. 35). Hierzu gehören Elemente wie z. B. Wohnung, Nahrung, Kleidung, Gesundheitspflege, Bücher, Theater, Arbeitszeit, »freundliche menschliche Umgebung«, »Vergnügungen«, »Mußezeit« und »Entfaltung der Persönlichkeit«.

Kurt Grelling (1921) entwickelt den Begriff der ›Lebenslage‹ weiter und fügt den Begriff der »Lebenshaltung« – die tatsächlich beobachtbaren Lebensbedingungen eines Individuums – hinzu. Nach Gerling wird die Lebenslage eines Menschen nicht nur durch die Umstände geprägt, in denen er lebt, sondern ebenso durch die eigene Realisierung von Möglichkeiten. Folgende Definition soll dies verdeutlichen:

> »Die Gesamtheit der von einem Menschen in einer bestimmten Periode seines Lebens faktisch befriedigten Interessen, wobei jedes einzelne mit dem Grade zu versehen ist, bis zu welchem es befriedigt wird, will ich die Lebenshaltung dieses Menschen während dieser Periode seines Lebens nennen. Die Gesamtheit der möglichen Lebenshaltungen, zwischen denen er am Anfang der Periode (etwa bei Aufstellung eines Haushaltsplanes) wählen kann, nenne ich seine Lebenslage.« (ebd., S. 1f., zit. n. Leßmann, 2006, S. 32)

In der Nachkriegszeit prägt der Kölner Sozialwissenschaftler Gerhard Weisser das Konzept der Lebenslage nachhaltig. Er knüpft an die Definition von Grelling an, unterstreicht aber mit dem Begriff des »Spielraums«, wie sehr die äußeren Umstände bestimmen, in welchem Maße eine Person die eigenen Anliegen verwirklichen kann. Weisser schreibt 1978:

> »Als Lebenslage gilt der Spielraum, den die äußeren Umstände dem Menschen für die Erfüllung der Grundanliegen bieten, die ihn bei der Gestaltung seines Lebens leiten oder bei möglichst freier und tiefer Selbstbesinnung und zu konsequentem Verhalten hinreichender Willensstärke leiten würden.« (Weisser, 1978, zit. n. Andretta, 1991, S. 49)

Ingeborg Nahnsen operationalisiert (1992) das Lebenslagenkonzept, indem sie die Lebenslage in fünf grundlegende Spielräume einteilt.

- Einkommens- und Versorgungsspielraum als die Möglichkeiten der Versorgung mit Gütern und Diensten,
- Kontakt- und Kooperationsspielraum als die Möglichkeiten zum Knüpfen und Aufrechterhalten sozialer Beziehungen,
- Lern- und Erfahrungsspielraum als Sozialisationsbedingungen, Chance zur Verinnerlichung sozialer Normen, Möglichkeiten für Bildung und Ausbildung, Erfahrungen im Arbeitsleben oder das Ausmaß möglicher beruflicher und räumlicher Mobilität,
- Regenerations- und Mußespielraum als Chancen zur Kompensation von psychischen und physischen Belastungen, die z. B. durch ungünstige Arbeits- und Wohnbedingungen und ein geringes Maß an Existenzsicherheit ausgelöst werden,
- Dispositionsspielraum als die Möglichkeiten des Individuums zur Mitbestimmung und Einflussnahme auf gesellschaftliche Prozesse (Backes, 1997, S. 708).

In der Sozialarbeit und der Sozialen Gerontologie sind Otto Blume (1968), Anton Amann (1983), Margret Dieck (1978), Gerhard Naegele (1978, 1998, 2004), Wolfgang Clemens (1994) und Gertrud Backes (1997) die Vertreter, die wichtige Beiträge zur Weiterentwicklung des Begriffs der Lebenslage geleistet haben (Amann, 1983, S. 127–157, Clemens & Naegele, 2004, S. 387–402).

Die Lebenslagen einer Person entstehen und entwickeln sich in ihrem Lebensverlauf und werden durch den gesellschaftlichen Wandel maßgeblich bestimmt. Die subjektiven Wahrnehmungen, Deutungen und Handlungen von Individuen entwickeln sich immer in wechselseitiger Abhängigkeit zu den objektiven Bedingungen, die sie in der Gesellschaft vorfinden. Die unterschiedlichen Lebenslagen verschiedener Menschen bilden gesellschaftlich entstandene Ungleichheit ab und legen folglich nach Alterskohorte und sozialer Herkunft unterschiedliche Start- und Entwicklungschancen insbes. für Bildungs- und Ausbildungsprozesse der Individuen fest, die dann wiederum in deren Lebensverlauf für ihre soziale Positionierung und Handlungsmöglichkeiten wirksam werden. Im Alter zeigt sich in besonderem Maße, dass unterschiedliche Lebenslagen das Ergebnis von ungleich verteilten Lebensbedingungen im gesamten Lebensverlauf sind (Backes & Clemens 2003, S. 190f., Clemens & Naegele, 2004, S. 387–402).

Clemens und Naegele (2004) unterteilen den Spielraum des Handelns eines Individuums in verschiedene Einzelspielräume bzw. Dimensionen, die je nach Forschungsbereich und -fragestellung unterschiedlich stark gewichtet werden. Ihrem Konzept wird im Kontext von Alter(n) eine besondere Bedeutung zugeschrieben, da die Autoren auch die Dimension der Versorgungsressourcen mit bedenken.

Die verschiedenen Dimensionen werden wie folgt zusammengefasst (ebd., S. 387–401):

- *Vermögens- und Einkommensspielraum*
  Bezeichnet die ökonomische Situation der Individuen, v. a. ihr Einkommen aus Beschäftigungsverhältnissen, Renten oder Einkommen aus Vermögen (z. B. Einnahmen aus Vermietung und Verpachtung) sowie Transferzahlungen öffentlicher Haushalte und anderer Sozialversicherungsträger.
- *Materieller Versorgungsspielraum*
  Umfasst v. a. die Wohnbedingungen (Wohnort, Wohnungsart und -größe, Ausstattung der Wohnung etc.) sowie die medizinische Versorgung.
- Kontakt-, Kooperations- und Aktivitätsspielraum
  Bezeichnet die Möglichkeiten, die ein Individuum zur Aufnahme und Aufrechterhaltung sozialer Kontakte (beruflicher und privater) hat. Kennzeichnend für den Kontaktspielraum im Alter ist eine Einschränkung bzw. Abnahme sozialer Beziehungen.
- *Lern- und Erfahrungsspielraum*
  Umfasst die Möglichkeiten zur persönlichen Weiterentwicklung, Entfaltung und Interessengestaltung. Mitbestimmend und prägend dafür sind der Sozialisationsprozess (Erfahrungen aus dem familiären, schulischen und beruflichen Bereich), das Ausmaß räumlicher und sozialer Mobilität sowie die

Wohn- und Umweltbedingungen. Im Alter engt sich der Lernspielraum eher ein.
- *Dispositions- und Partizipationsspielraum*
Beschreibt die Chancen und Möglichkeiten der politischen und gesellschaftlichen Mitwirkung als Voraussetzung zur Mitgestaltung und Übernahme von Verantwortung für die Gesellschaft. Dieser Spielraum ist i. d. R. stark geprägt durch Sozialisations- und Bildungsprozesse in der frühen Lebensphase.
- *Muße- und Regenerationsspielraum sowie Gesundheitszustand*
Bezeichnet den Bereich, den das Individuum für die eigene Erholung, körperliche und geistige Regeneration sowie für den Erhalt der eigenen Gesundheit hat.
- *Unterstützungsspielraum*
Beschreibt die privaten und öffentlichen Unterstützungsressourcen (pflegende Angehörige, ambulante Pflegedienste, teilstationäre, stationäre und offene Angebote der Altenhilfe etc.), die Menschen im Falle von (Pflege-)Bedürftigkeit zur Verfügung stehen.

Die aufgeführten Lebenslagendimensionen stehen nicht für sich alleine, sondern überlappen und beeinflussen sich gegenseitig. Jede Art von Veränderung in einem Lebensbereich verursacht zwangsläufig eine Veränderung bei mindestens einer weiteren Lebenslagendimension.

Im Alter weisen die Lebenslagendimensionen Besonderheiten auf, die zur Einschränkung der Spielräume führen können. Im *Vermögens- und Einkommensspielraum* wird mit dem Eintritt in den Ruhestand das Einkommen aus Beschäftigungsverhältnissen durch Einkommen aus Renten ersetzt, was i. d. R. weniger ist. Bei Pflegebedürftigkeit kann der Einzug in ein Pflegeheim anstehen, wenn die Pflege zu Hause nicht mehr sichergestellt werden kann. Auch ist ein Umzug in eine seniorengerechte Wohnung, Betreutes Wohnen oder eine ambulante Wohngemeinschaft eine Besonderheit des *materiellen Versorgungsspielraums*. Der *Kontakt-, Kooperations- und Aktivitätsspielraum* zeigt im Alter Veränderungen der sozialen Beziehungen, sowohl was die Anzahl der Netzwerkpartner, als auch was die Häufigkeit und Intensität der Kontakte betrifft. Im hohen Alter kann das Schwinden von Netzwerkpartnern, sei es durch Tod oder Wegzug, zu Isolation und Einsamkeit führen. Altersbedingte körperliche oder geistige Einschränkungen wie z. B. in der Mobilität oder Einbußen in der Kognition durch Demenz können zur Verengung sowohl des *Lern- und Erfahrungsspielraums* als auch des *Dispositions- und Partizipationsspielraums* führen. Die Möglichkeiten der politischen und gesellschaftlichen Mitwirkung können ggf. nicht wie bisher gelebt werden. Der *Muße- und Regenerationsspielraum sowie Gesundheitszustand* und die *Existenz von Unterstützungsspielraum* sind im Alter sehr stark miteinander verknüpft. Mit zunehmendem Alter steigt das Risiko der Multimorbidität und Pflegebedürftigkeit. Damit steigt auch der Bedarf an privaten und formellen Unterstützungsleistungen. Die aufgezählten Einschränkungen hängen stark mit den Bedingungen zusammen, die direkt mit dem Altern einhergehen. Die konkrete Lebenslage im Alter ergibt sich jedoch in hohem Maße auch aus den Handlungsspielräumen, die in den vorangegangenen Lebensabschnitten bestanden und genutzt wurden.

An der folgenden Lebensgeschichte sollen die Analysemöglichkeiten des Lebenslagenansatzes erläutert werden:

Fallbeispiel

Herr Celik ist 1965 als junger Gastarbeiter ohne berufliche Ausbildung aus der Türkei nach Deutschland gekommen. Er begann seine Tätigkeit im Schichtdienst bei den Kruppwerken in Essen. Ihm wurde ein kleines Zimmer in einer Wohnung zugewiesen, die er sich über fünf Jahre mit zwei weiteren Gastarbeitern aus Griechenland und Italien teilte. Er lernte genug Deutsch, um sich im Arbeitsalltag einigermaßen verständigen zu können. Seine einzigen Kontakte waren die zu seinen Arbeitskollegen, ebenso Gastarbeiter. Um die Familie – die Eltern und seine jüngeren Geschwister – im Heimatland finanziell unterstützen zu können und für die eigene Zukunft dort Rücklagen zu bilden, arbeitete er nicht selten zehn Stunden täglich und machte regelmäßig, besonders an den Wochenenden, viele Überstunden. Später bezog er eine Zweieinhalbzimmerwohnung in der Nähe seiner Arbeitsstelle, in einem Viertel, in dem überwiegend Gastarbeiter wohnen. Er heiratete in der Türkei seine Jugendliebe. Dort kamen seine drei Töchter zur Welt. Seine Frau und die Kinder kamen nicht nach. Wird er heute nach den Gründen gefragt, weshalb die Familie nicht nachgekommen ist, antwortet er: »Es hat sich nicht ergeben. Nie war der passende Moment.« Heute ist Herr Celik 78 Jahre alt. Er lebt in einem Alten- und Pflegeheim in Essen-Steele. Er ist auf einen Rollstuhl angewiesen, da er in der Mobilität stark eingeschränkt ist. Darüber hinaus leidet er an Diabetes Mellitus und Demenz.

Fragt man danach, wie die Lebenslage von Herrn Celik 1965 war, als er im Rahmen des Anwerbeverfahrens in Deutschland ankam, stellt man fest, dass seine Handlungsspielräume in allen Feldern sehr begrenzt waren. Die Rahmenbedingungen, die seine Situation in Deutschland prägten (Ausgangsbedingungen für seine Lebenslage), wie z. B. fehlende ökonomische Ressourcen (kein Vermögen, kein Eigentum, geringer Verdienst), keine bzw. wenige soziale Kontakte, haben seine Handlungsmöglichkeiten maßgeblich eingeschränkt. Aufgrund fehlender persönlicher Kompetenzen, v. a. bzgl. der Deutschkenntnisse und der beruflichen Qualifikation, war er nicht in der Lage, seine Handlungsspielräume zu erweitern.

Seine Wahlmöglichkeiten waren durch die ungünstigen Ausgangsbedingungen und die fehlenden persönlichen Kompetenzen bzw. besseren Alternativen sehr begrenzt. Er konnte nur bedingt auf die äußeren Umstände und seine Lebenslage einwirken. Anhand dreier Beispiele von Handlungsfeldern werden die begrenzten Wahlmöglichkeiten verdeutlicht:

Der Spielraum von Herrn Celik, bezogen auf die Dimension ›*Einkommen/ Vermögen*‹, war für Herrn Celik äußerst begrenzt: Er bekam entsprechend der fehlenden beruflichen Qualifikation einen gering bezahlten Arbeitsplatz im

Schichtdienst in der Stahlindustrie. Damit er seine Familie im Heimatland unterstützen konnte, waren aufgrund der geringen Entlohnung Überstunden notwendig. Die Arbeit rückte damit in den Mittelpunkt. Für Erholung und Freizeitaktivitäten blieb wenig Zeit zur Verfügung, ebenso wenig für eine berufliche Weiterentwicklung.

Die Dimension ›Einkommen/Vermögen‹ überlappte sich also mit den Dimensionen ›Regeneration‹, und ›Bildung‹ und führte hier ebenfalls zu großen Einschränkungen. Ähnliche Phänomene lassen sich bei den Dimensionen ›Wohnen‹ und ›Soziale Beziehungen‹ beobachten. Auch diese beeinflussen sich gegenseitig und schränken den Handlungsspielraum von Herrn Celik erheblich ein.

Fragt man danach wie sich die Ausgangsbedingungen von Herrn Celik auf seine Lebenslage im Alter auswirken, stellt man fest, dass es über den Zeitverlauf Herrn Celik gelungen ist, seine Lebenslage aus eigener Kraft zu verbessern (bessere Wohnbedingungen, erarbeiteter Rentenanspruch, Aufbau freundschaftlicher und nachbarschaftlicher Beziehungen). Im Alter werden aber bei Herrn Celik die Ergebnisse der Ausgangsbedingungen und der im Lebenslauf ständig eingeschränkten und einander gegenseitig reduzierenden Handlungsspielräume sichtbar. Die schlechten Arbeitsbedingungen (Schichtarbeit, Überstunden) wirken sich negativ auf seine Gesundheit aus. Er wird multimorbide und pflegebedürftig. Der Traum vom Ruhestand in seinem Heimatland oder der Übersiedlung seiner Familie nach Deutschland scheitert, möglicherweise auch aufgrund der geringen Handlungsspielräume in den Feldern ›Einkommen‹ und ›Wohnen‹. Auch die übrigen sozialen Beziehungen haben keine hohe Belastbarkeit erreicht. Dadurch fehlen ihm verbundene Menschen, die ihn auch pflegen und unterstützen könnten. Er muss seinen Lebensabend einsam verbringen.

9.2 Begriffsbestimmungen von ›Lebenslage‹ und ›(Handlungs-)Spielraum‹

In Anlehnung an die vorgestellten Definitionen wird im Folgenden der Versuch einer Begriffsbestimmung des Konzepts der ›Lebenslage‹ als Summe der ›(Handlungs-)Spielräume‹ unternommen.

> **Definition ›Lebenslage‹ und ›(Handlungs-)Spielraum‹**
>
> Lebenslage ist die Gesamtheit aller äußeren sowie der selbst geschaffenen Bedingungen, die das Leben der Menschen beeinflussen. Gemeinsam bilden diese Bedingungen die Lebenslage der Individuen, die sich in die verschiedenen Handlungsfelder mit ihren jeweiligen (Handlungs-)Spielräumen unterteilen lässt, wie z. B. Gesundheit, Wohnen, Bildung, Freizeit, Einkommen und Vermögen sowie Beziehungen und Engagement. Wie viele Möglichkeiten ein

Mensch in diesen Feldern hat, bestimmt seine Lebenssituation und beeinflusst sein Verhalten. Ebenso können die Individuen durch ihre Handlungen die äußeren Bedingungen beeinflussen. In der sozialen Realität kommt es zu Überlappungen der Handlungsspielräume, wobei Möglichkeiten oder Unmöglichkeiten des Handelns sachliche, zeitliche und normative Gründe haben können, aber auch an die Handlungskompetenz geknüpft sind. Hier kommt die Mehrdimensionalität des Konzepts der Lebenslage zum Ausdruck. Nur wenn entsprechende Handlungskompetenz vorhanden ist, werden Handlungsspielräume genutzt. Hierzu gehören z. B. die im Sozialisationsprozess erlernten und erworbenen Muster erfolgreichen Handelns und Gewohnheiten des Wahrnehmens und Handelns. Daneben wirken sich auch geschlechtsspezifische Ausprägungen und Erfahrungen auf die Nutzung der Handlungsspielräume aus. Im Lebensverlauf verändern sich die verschiedenen Handlungsspielräume. Gerade im Alter zeigt sich, dass die dann gegebene Lebenslage Ergebnis der zuvor bestehenden Handlungsräume ist (▶ Abb. 16).

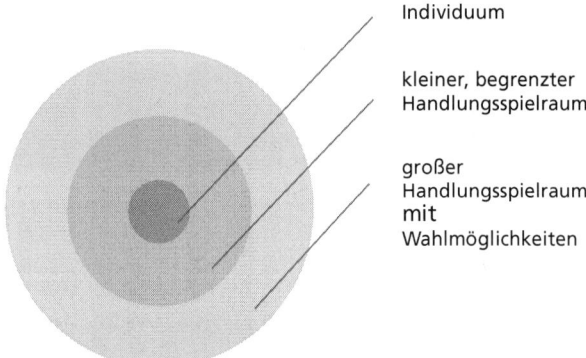

Abb. 16: Spielräume des Handelns, eigene Darstellung

9.3 Anwendungsbereiche des Lebenslagenkonzepts

Das Lebenslagenkonzept wird mit unterschiedlicher Schwerpunktsetzung genutzt und findet insbes. Anwendung in der Sozialstrukturanalyse. Dort dient es u. a. zur Analyse sozialer Ungleichheiten. In den Sozialwissenschaften dient das Konzept v. a. der Beschreibung, Erklärung, Beurteilung und Prognose materieller und immaterieller Lebensverhältnisse von Menschen. Die Sozialpolitikwissenschaften fokussieren sich auf die Identifizierung und Untersuchung sozialer

Probleme und Gefährdungen von Bevölkerungsgruppen sowie auf die Suche nach Präventions- und Kompensationsmöglichkeiten, um drohenden Benachteiligungen entgegenzuwirken, Lösungen für die Praxis vorzuschlagen und die dafür notwendigen Rahmenbedingungen zu schaffen (Bäcker et al., 2000, zit. n. Clemens & Naegele, 2004, S. 388). Sie liefern damit Grundlagen für die sozialpolitische Praxis. Für die politische Praxis ist das Konzept insbes. deshalb von großem Nutzen, weil es einen Vergleich der Lebenslagen – sowohl innerhalb der Kohorte der ›Älteren‹ als auch kohortenübergreifend – erlaubt. Auf diese Weise können kohortenspezifische soziale Unterschiede, Gefährdungen, Benachteiligungen oder Ausgrenzungen identifiziert werden, um darauf abgestimmt adäquate Unterstützungs- und Versorgungskonzepte entwickeln zu können.

Aus soziologischer Sicht sind Lebenslagen Abbild sozialer Ungleichheit. Sie bestimmen abhängig von Kohorten- und Schichtzugehörigkeit die verschiedenen Start- und Entwicklungschancen für Bildungs- und Ausbildungsprozesse der Einzelnen, die auch im weiteren Lebensverlauf für deren soziale Positionierung und Handlungsmöglichkeiten wirksam werden. V. a. im Alter ist die Lebenslage das Ergebnis von ungleich verteilten Lebensbedingungen im gesamten Lebensverlauf (Backes & Clemens, 2003, S. 190f., Naegele & Reichert, 1998, S. 106–128, Clemens & Naegele, 2004, S. 387–402).

Im Zuge dessen wird in der Sozialen Arbeit mit älteren Menschen dem Lebenslagenansatz eine besondere Bedeutung zugemessen, da das Konzept die Strukturierung, Erklärung und Analyse der oft sehr komplexen Lebenslagen ermöglicht. So können altersbedingte Veränderungen betrachtet und die noch bzw. neu vorhandenen Spielräume bewertet und gewichtet werden. Dies kann bei anfallenden Entscheidungen eine äußerst hilfreiche Orientierung bieten.

Am folgenden Beispiel soll die Mehrdimensionalität und Kausalität der Lebenslage von Frau Simon verdeutlicht werden.

Fallbeispiel

Frau Simon (82 J.), seit fünf Jahren verwitwet, lebt in ihrem eigenen Haus in einem kleinen Dorf in der Nähe von München. Sie ist trotz des fortgeschrittenen Alters noch sehr aktiv. Seit über zwanzig Jahren leitet sie eine Frauengruppe in der katholischen Kirchengemeinde St. Franziskus und organisiert zwei Mal monatlich einen geselligen Nachmittag für hochbetagte, meist verwitwete Frauen. Außerdem besucht sie regelmäßig die literarischen Nachmittage und das Internetcafé für Senioren in der benachbarten Seniorenbegegnungsstätte des Caritasverbandes. Ihr Sohn (58 J.), ein Ingenieur, lebt mit seiner Frau und den beiden Kindern in Kassel und leitet ein Bauunternehmen. Seine berufliche Situation und die geografische Entfernung erlauben ihm nur selten, seine Mutter zu besuchen. Frau Simon leidet seit Jahren an Herzinsuffizienz und Diabetes mellitus. Vor ca. drei Jahren kam noch ein Grüner Star (Glaukom) dazu, der vor einem halben Jahr operiert wurde. Von der Augenoperation erhoffte sich Frau Simon eine Verbesserung ihrer Sehkraft, was leider aufgrund mehrerer Komplikationen bei der Operation nicht eingetreten ist. Nun ist ihre Sehkraft nach wie vor stark eingeschränkt und erschwert Frau Simon die Verrichtung der notwendigen Alltagsaufgaben. Die Seheinschränkung führte dazu, dass sie kürzlich im Bad gestolpert und gefallen ist. Dabei zog sie sich einen Oberschenkelhalsbruch zu. Der behandelnde Arzt und die Sozialarbeiterin des Krankenhauses sind der Überzeugung, dass Frau Simon auch nach erfolgreicher medizinischer und therapeutischer Behandlung im Krankenhaus und der anschließenden Rehabilitation nicht mehr alleine in ihrem Haus bleiben kann.

Ihr Sohn zieht deshalb einen Umzug in ein Pflegeheim nach Kassel in Erwägung, damit er seine Mutter in der Nähe hat. Für Frau Simon bricht nach dem Gespräch mit der Sozialarbeiterin die Welt zusammen. Sie kann sich nicht vorstellen, ihre Wohnung und die Stadt zu verlassen. Was wird aus der Frauengruppe? Was passiert mit den Freundschaften, die sie bei den literarischen Nachmittagen und im Internetcafé geschlossen hat? Wie soll sie sich von all den Erinnerungen, die ihr das Zuhause bietet, trennen? Im Rahmen eines Beratungsgesprächs in der Pflegeberatungsstelle wird schnell deutlich, dass die Rente von Frau Simon und die ihr zustehenden Pflegesachleistungen gemäß dem ihr vom Medizinischen Dienst der Krankenkassen (MDK) zugesprochenen Pflegegrad III nicht ausreichen werden, um den Pflegeplatz in dem von ihrem Sohn ausgesuchten Pflegeheim zu finanzieren. Er plädiert deshalb für den Verkauf des elterlichen Hauses, in dem seine Mutter alleine lebt.

Am Beispiel der Lebenslage von Frau Simon wird deutlich, wie komplex Lebenslagen im Alter sein und wie sich die einzelnen Dimensionen gegenseitig beeinflussen können. Das Fallbeispiel zeigt, wie sich die im Laufe des Alterungsprozesses eingetretenen Veränderungen auf der Dimension ›*Muße- und Regenerationsspielraum sowie Gesundheitszustand*‹ wahrnehmbar auf die weiteren Lebenslagendimensionen wie z. B. ›*Materieller Versorgungsspielraum*‹, ›*Vermögens- und Einkommensspielraum*‹, ›*Kontakt-, Kooperations- und Aktivitätsspielraum*‹, ›*Lern- und Erfahrungsspielraum*‹, ›*Dispositions- und Partizipationsspielraum*‹ sowie ›*Unterstützungsspielraum*‹ auswirken, wie sich diese gegenseitig beeinflussen und die jeweiligen Handlungsmöglichkeiten von Frau Simon einschränken.

Auswirkungen auf den einzelnen Dimensionen:

- ›*Materieller Versorgungsspielraum*‹ – die gesundheitlichen Einbußen und die daraus resultierende Pflegebedürftigkeit bei Frau Simon erfordern eine medizinisch-pflegerische Versorgung und können einen Umzug in eine Einrichtung der stationären Altenhilfe notwendig machen und somit zum Verlust der eigenen Häuslichkeit und vertrauten Umgebung führen.
- ›*Vermögens- und Einkommensspielraum*‹ – der Umzug in eine stationäre Pflegeeinrichtung ist mit finanziellem Aufwand verbunden. Die Kosten übersteigen die finanziellen Möglichkeiten von Frau Simon und machen den Verkauf des Eigenheims unumgänglich.

- ›*Kontakt-, Kooperations- und Aktivitätsspielraum*‹ – der Verkauf des Eigenheims und Umzug in ein Pflegeheim, in eine andere Stadt, führen zum Verlust sozialer Kontakte, wie Freunde, Nachbarn und Bekannten.
- ›*Lern- und Erfahrungsspielraum*‹ – durch den Wegfall der ehrenamtlichen Tätigkeit in der Kirchengemeinde verliert Frau Simon einen erheblichen Teil ihrer bisherigen Aufgaben und somit auch ihren bisherigen Status als Gruppenleitung. Der Wegfall der Möglichkeit, im Internetcafé ihren Interessen nachzugehen, verringert die Möglichkeiten persönlicher Weiterentwicklung und Entfaltung.
- ›*Dispositions- und Partizipationsspielraum*‹ – mit dem Rückzug aus der ehrenamtlichen Tätigkeit gibt Frau Simon ihre bisherige Verantwortung für die Frauengruppe sowie die Möglichkeit der Mitgestaltung und Chancen der gesellschaftlichen Mitwirkung zum größten Teil auf.
- ›*Unterstützungsspielraum*‹ – Frau Simon benötigt Unterstützung durch Dritte. Da sie keine pflegerisch-betreuerische Unterstützung durch die eigene Familie (Sohn etc.) bekommen kann, wurde die Aufnahme in eine stationäre Pflegeeinrichtung empfohlen. Frau Simon wird mit dem Einzug in ein Seniorenheim durch den Wegfall alltagsbezogener hauswirtschaftlicher Verrichtungen wie Einkaufengehen, Kochen, Wäschewaschen, Putzen etc. und der individuellen Tagesstruktur einen Teil ihrer Selbstständigkeit verlieren.

Das Fallbeispiel macht deutlich, wie viele Fragen bei der Entscheidung über den Umgang mit der Situation abzuwägen sind. Das Lebenslagenkonzept kann helfen, innerhalb der Komplexität einer Gesamtsituation zu identifizieren, welche Aspekte besonders berücksichtigt werden sollten, um die individuelle Lebensgestaltung möglichst weitgehend zu erhalten. Hierfür werden die einzelnen Spielräume gemäß den Interessen, Bedürfnissen und Wünschen der Adressaten gewichtet. Auf diese Weise lassen sich Lösungsvorschläge biografie- und ressourcenorientiert sowie auf der Basis der zur Verfügung stehenden Mittel und rechtlichen Vorgaben entwickeln. Selbstverständlich geschieht dies gemeinsam mit den jeweiligen Adressaten, wie schließlich auch die Entscheidungen im Einvernehmen mit ihnen zu treffen sind.

Teil III Anwendungsbereiche

Im Grundlagenbereich dieses Buches wurde in Kapitel 9 der Lebenslagenansatz als Strukturierungsdimension für die Soziale Arbeit mit älteren Menschen vorgestellt. Anhand dieses Ansatzes lassen sich Hinweise auf soziale Ungleichheiten ermitteln und Handlungsbedarfe sowohl auf der Mikroebene des einzelnen älteren Menschen als auch auf der Meso- und Makroebene im Hinblick auf die Bereitstellung von Unterstützungsangeboten und die Schaffung erforderlicher gesellschaftlicher bzw. sozialpolitischer Rahmenbedingungen ableiten. Der Lebenslagenansatz kann zudem als Orientierung genutzt werden, um die vielfältigen Einsatzfelder in der Sozialen Altenarbeit zu beschreiben. Die für diesen Teil des Lehrbuchs ausgewählten Themen orientieren sich deshalb an diesem Ansatz. In den nachfolgenden Kapiteln wird ein Überblick über die aktuelle Lebenssituation älterer Menschen bezogen auf einzelne Lebenslagebereiche durch Vorstellung aktueller empirischer Ergebnisse gegeben, anhand derer sich Problemlagen und Handlungserfordernisse für die Soziale Arbeit erkennen lassen. Hier werden

- theoretische Konzepte und Modelle beschrieben, die zur Interpretation der vorliegenden Daten herangezogen und als Begründung für das eigene professionelle Handeln genutzt werden können;
- Anregungen für die zukünftige Arbeit als Sozialarbeiter gegeben, indem einzelne Konzepte und Maßnahmen zur Unterstützung älterer Menschen exemplarisch vorgestellt werden.

Dabei wird auf folgende Lebenslagebereiche Bezug genommen:

- Soziale Beziehungen im Alter (▶ Kap. 10)
- Wohnen und Umweltgestaltung (▶ Kap. 11)
- Bildung und Berufstätigkeit im Alter (▶ Kap. 12)
- Gesundheit, Krankheit und Pflegebedürftigkeit (▶ Kap. 13)
- Migration und Alter (▶ Kap. 14)

In den einzelnen Kapiteln werden für jeden der nachfolgend dargestellten Lebenslagebereiche folgende Fragen diskutiert:

1. Wie stellt sich die Lebenssituation älterer Menschen in Bezug auf diesen Lebenslagebereich in Deutschland dar und anhand welcher statistischen Daten lässt sich dieser Lebenslagebereich beschreiben?
2. Lassen sich einzelne Gruppen von älteren Menschen identifizieren, die einen besonderen Unterstützungsbedarf aufweisen?
3. Welche theoretischen Ansätze und Modelle zur Beschreibung und Erklärung der Entstehung sozialer Ungleichheiten gibt es?
4. Welche Schlussfolgerungen lassen sich aus den vorgestellten theoretischen Ansätzen und empirischen Ergebnissen für die soziale Arbeit mit älteren Menschen ziehen?

Im abschließenden Kapitel 15 werden dann abschließend Anwendungsbereiche der Gerontologie in der Praxis der Sozialen Arbeit vorgestellt und diskutiert.

10 Soziale Beziehungen im Alter

Menschen sind soziale Wesen. Sie benötigen – wenn auch im unterschiedlichen Ausmaß – soziale Kontakte und dies aus folgenden Gründen:

1. Die primäre Sozialisation eines Menschen findet i. d. R. in der eigenen Familie statt. Hier erwirbt ein Kind eine erste Vorstellung von der Welt, bekommt Werte und Verhaltensweisen vermittelt. Auch zur persönlichen Identitätsentwicklung werden Beziehungen mit signifikant Anderen benötigt. Dass frühkindliche Bindungserfahrungen die Beziehungsfähigkeit im weiteren Lebensverlauf mitbeeinflussen, hat z. B. Bowlby in seinen Untersuchungen gezeigt und in seiner Bindungstheorie beschrieben (vgl. hierzu Tesch-Römer, 2010, S. 74ff.). Diese im Lebensverlauf erworbenen Erfahrungen bestimmen im Alter mit darüber, ob ältere Menschen für sie zufriedenstellende Bindungen eingehen können oder nicht.
2. Soziale Beziehungen dienen als Quelle für Spaß, Freude, Anerkennung, Bestätigung und weitere positiv getönte Emotionen. Wohlbefinden und Lebenszufriedenheit (▶ Kap. 8) werden auch im Alter durch zufriedenstellende soziale Beziehungen maßgeblich mitbestimmt (vgl. Schäfers, 2008, S. 35). Enge und vertrauensvolle soziale Beziehungen ermöglichen nicht zuletzt das Erleben von Halt, Vertrautheit, Intimität, Geborgenheit und Nähe. Der Austausch von Zärtlichkeiten und die Erfüllung sexueller Bedürfnisse sind nur in sozialen Beziehungen möglich.
3. Soziale Beziehungen sind eine wichtige Ressource zur Bewältigung schwieriger Lebensumstände wie dem Eintritt von Pflegebedürftigkeit. Die Unterstützung durch Angehörige und andere informelle Helfer entspricht dabei nicht nur vielfach den Wünschen der Pflegebedürftigen, sondern entlastet auch professionelle Hilfesysteme. Nicht zuletzt aus diesem Grund werden angesichts des aktuellen Pflegenotstands Beratungs- und Hilfeangebote für pflegende Angehörige im Reformprozess der Pflegeversicherung immer weiter ausgebaut.

Die Beschäftigung mit Art und Ausmaß sozialer Verankerung im Alter und deren Veränderungen im Altersverlauf stellt deshalb ein zentrales Thema gerontologischer Forschung und Theoriebildung mit einer hohen Praxisrelevanz dar. Nicht nur in der Einzelfallberatung z. B. im Zusammenhang mit einer Heimübersiedlung, sondern auch bei der konzeptionellen Entwicklung von Unterstützungsangeboten z. B. für pflegende Angehörige benötigen Sozialarbeiter deshalb differenzierte Kenntnisse über die soziale Einbettung älterer Menschen und die Risikofaktoren für soziale Isolation und Ausgrenzung. Im nachfolgenden Kapitel werden deshalb folgende Fragestellungen bearbeitet:

1. Welche Bedeutung haben soziale Beziehungen für einen älteren Menschen und wie kann man diese erfassen?
2. Wie lassen sich Familienbeziehungen im Alter beschreiben? Gibt es Hinweise darauf, dass angesichts des Anstiegs der Einpersonenhaushalte und sich verändernder Familienstrukturen ältere Menschen von Isolation bedroht sind oder unter Einsamkeit leiden?
3. Inwieweit können fehlende Familienbeziehungen durch außerfamiliäre Kontakte wie Freunde oder Nachbarn ersetzt werden?
4. Was sind die Bedingungen zufriedenstellender Familienbeziehungen im Alter und welche Problemfelder sind mit Blick auf die Zukunft erkennbar?

10.1 Zugangswege und Bereiche zur Beschreibung sozialer Beziehungen im Alter

Bei der Analyse der Sozialbeziehungen älterer Menschen ist es wichtig, zwischen Familienbeziehungen und Generationenbeziehungen zu unterscheiden, da der Generationenbegriff weiter gefasst ist als der Familienbegriff (Bengtson & Schütze, 1994, S. 492). Generationenbeziehungen können sich sowohl auf Generationen innerhalb einer Familie als auch innerhalb einer Gesellschaft beziehen. Letztere beschreibt eine Altersgruppe, die gemeinsame historische Erfahrungen und Werte teilt wie z. B. die ›68er-Generation‹ oder die Generation der ›Kriegskinder‹.

10.1.1 Dimensionen sozialer Beziehungen

Ein entscheidendes Kriterium zur Beschreibung sozialer Beziehungen ist die Differenzierung nach *Quantität*, d. h. der Anzahl und der Häufigkeit sozialer Kontakte, und der *Qualität* von Beziehungen, wie nachfolgende Abbildung (▶ Abb. 17) verdeutlicht.

Die Quantität von Beziehungen lässt sich vergleichsweise leicht erfassen, z. B. durch eine Netzwerkanalyse (▶ Kap. 10.2.2) oder durch Beobachtungen, wie oft ein Heimbewohner von wem besucht wird. Anders ist dies für die Ermittlung der Qualität von Beziehungen. Hier ist es vergleichsweise schwieriger, da sich die Qualität zum einen auf das Erleben sozialer Beziehungen bezieht. Eine verheiratete ältere Frau mit vier Kindern und vielen Bekannten aus dem Sportverein und aus der Nachbarschaft kann über viele, von ihr allerdings als oberflächlich empfundene Sozialbeziehungen verfügen. Sie ist unzufrieden und fühlt sich einsam, da sie nicht das Gefühl hat, einen Gesprächspartner für ihre

10 Soziale Beziehungen im Alter

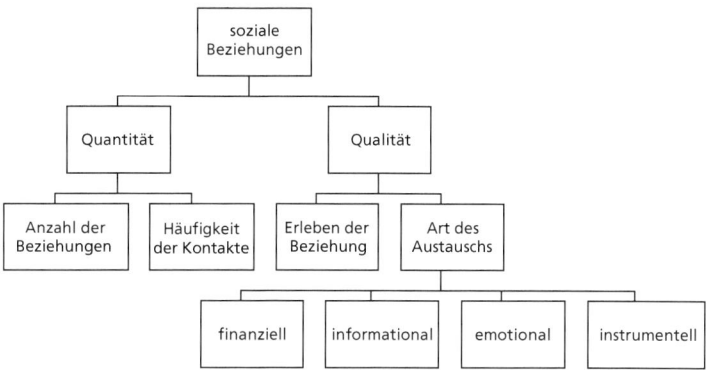

Abb. 17: Dimensionen sozialer Beziehungen, eigene Darstellung

Ängste und Sorgen zu haben. Umgekehrt kann eine ältere kinderlose Frau, die mit zwei ihr sehr vertrauten Schulfreundinnen über alles sprechen kann, trotz der quantitativ geringen Anzahl von Beziehungen mit deren Qualität sehr zufrieden sein.

Als weiteres Merkmal der Beziehungsqualität kann die Art des in dieser Beziehung erfolgten Austauschs angesehen werden. So unterscheidet der Deutsche Alterssurvey (Mahne & Motel-Klingebiel, 2010) folgende vier Arten des Austauschs zwischen den Generationen:

- die Bereitstellung praktischer Hilfen (instrumentell),
- finanzielle Unterstützung,
- Ratschläge (informational) und das
- Spenden von Trost (emotional; ▶ Kap. 10.3).

Schlussfolgerungen von der Beziehungsquantität auf die Qualität von Beziehungen zu ziehen und umgekehrt ist also nicht möglich. In der Gerontologie werden deshalb die folgenden vier Begriffe (▶ Tab. 14) als voneinander unabhängige Dimensionen zur Beschreibung von Art und Ausmaß sozialer Verankerung unterschieden (vgl. Tesch-Römer, 2010, S. 205ff.).

Tab. 14: Dimensionen zur Beschreibung von Art und Ausmaß sozialer Verankerung

Begriff	Erläuterung	Beispiel
Alleinleben	Alleinleben bezeichnet die Haushaltsform und die Wohnsituation eines Menschen und nicht den Familienstand. Daten sind hierzu aus Statistiken zu entnehmen. Menschen können verheiratet sein und dennoch allein in getrennten Haushalten leben, wenn dies z. B. beruflich erforderlich ist. Aus dem Alleinleben können keine Aussagen	Einpersonenhaushalte, Mehrpersonenhaushalte,

121

Tab. 14: Dimensionen zur Beschreibung von Art und Ausmaß sozialer Verankerung – Fortsetzung

Begriff	Erläuterung	Beispiel
	zur Qualität erlebter Beziehungen und dem Ausmaß von Unterstützung gewonnen werden.	
Alleinsein	Alleinsein bezieht sich auf die Zeit, die ein Mensch nur mit sich verbringt. Alleinsein kann gewünscht aber auch nicht gewünscht sein. Es beschreibt den Zustand und nicht das Erleben. Menschen unterscheiden sich in ihrem Bedürfnis nach Alleinsein voneinander. Zeiten des Alleinseins können beobachtet werden.	Ein älterer Mann in einer betreuten Wohneinrichtung sieht die Sportschau in seinem Zimmer und nicht im Gemeinschaftsraum. Wie er das erlebt, als wohltuende Ruhe oder Einsamkeit, ist u. a. von seinen Erwartungen und Wünschen abhängig.
Einsamkeit	Einsamkeit bezeichnet das subjektive Gefühl des Erlebens der vorhandenen sozialen Kontakte und ist unabhängig von der bestehenden Kontakthäufigkeit. Einfluss auf das Erleben von Einsamkeit haben die eigenen Wünsche und Erwartungen an Kontakte, aber auch eine allgemeine Lebenszufriedenheit oder eine geringe Strukturierung und fehlende Abwechslung im Tagesablauf sowie gesundheitliche Beeinträchtigungen. Einsamkeit ist die einzige Dimension, die nur durch eine Befragung der Betroffenen ermittelt werden kann.	Eine 75-jährige verheiratete Frau kann sich einsam fühlen, da sie enttäuscht ist, dass ihre Kinder nicht jeden Sonntag zum Mittagessen kommen, auch wenn diese regelmäßig anrufen. Umgekehrt kann sich ein alleinlebender unverheirateter älterer Mann, der wenig soziale Kontakte pflegt, nicht einsam fühlen. Er hat sich an seine Lebenssituation gewöhnt. Die täglichen Spaziergänge mit seinem Hund, bei denen er auch schon einmal mit anderen Hundebesitzern spricht, reichen ihm aus.
Isolation	Isolation bezeichnet den durch Externe feststellbaren Mangel an sozialen Kontakten bzgl. Anzahl und Dauer. Es sind objektiv kaum Menschen verfügbar, die zu Besuch kommen können oder Rat, Trost oder Hilfen in schwierigen Lebenssituationen zur Verfügung stellen können. Besondere Lebensumstände wie Immobilität oder eine geringe familiäre Verankerung können bei zunehmender Hilfebedürftigkeit die Gefahr einer Isolation erhöhen.	Ein älterer Mensch ohne Partner, Kinder und Freunde ist von Isolation bedroht, wenn er im Lebensverlauf keine weiteren tragfähigen sozialen Beziehungen eingegangen ist.

Eigene Darstellung

10.1.2 Klassifikationsmöglichkeiten sozialer Beziehungen

Soziale Beziehungen sind also wichtig für ein zufriedenstellendes Leben im Alter. Doch um welche Beziehungen handelt es sich?

Vielfach wird beim Thema Sozialbeziehungen als erstes an Familienbeziehungen gedacht. Seltener werden außerfamiliäre Beziehungen zu Freunden oder Nachbarn betrachtet, die ebenfalls eine wichtige Rolle für das Erleben von Zufriedenheit und Rückhalt spielen, sei es als Familienersatz oder als Ergänzung oder Ausgleich bestehender Familienbeziehungen. Die Klassifikation von sozialen Beziehungen kann sich dabei auf folgende unterschiedliche Aspekte beziehen (vgl. Wagner et al., 2010, S. 328):

- die Interaktionshäufigkeit (Quantität),
- die Art der Rollenbeziehung, die untereinander besteht (▶ Abb. 18),
- die Funktion oder Leistung, die die Art des Austauschs zwischen den Interaktionspartnern beschreibt (Qualität),
- die Zeitdimension (Vergangenheit, Gegenwart und Zukunft).

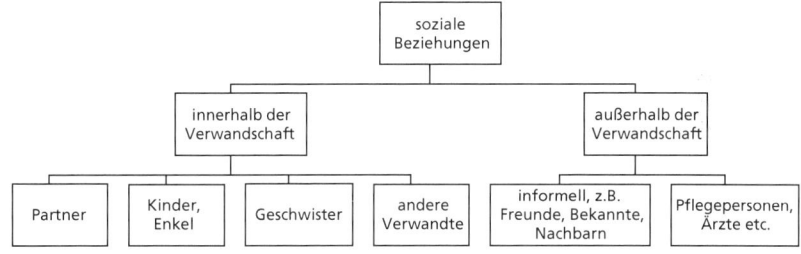

Abb. 18: Klassifikationen sozialer Beziehungen, eigene Darstellung nach Wagner et al. 2010, S. 328

10.1.3 Einflussfaktoren auf Quantität (Kontakthäufigkeit) und Qualität (das Erleben) von Kontakten

Familienstand

Ein wichtiger Einflussfaktor auf die Anzahl soziale Bezugspersonen und damit die Möglichkeit zu sozialen Kontakten ist der Familienstand. Unverheiratete ältere Menschen ohne Partner und Ältere ohne Kinder verfügen quantitativ über weniger ihnen nahestehende Personen, auch wenn dies nicht zwangsläufig zum Erleben von Einsamkeit führen muss. Allerdings sind ihre sozialen Netzwerke instabiler und weniger belastbar. Die Gefahr möglicher Isolation ist erhöht.

Wohnentfernung

Auch die Wohnsituation kann die Kontakthäufigkeit zwischen Familienmitgliedern begünstigen oder erschweren. Wenn die Barrieren für einen Besuch zu groß werden, weil Angehörige weit entfernt wohnen und schwer erreichbar sind, wird die Kontakthäufigkeit eher gering sein oder sich auf Telefonate oder das Internet beschränken müssen. Instrumentelle Hilfen sind dann ebenfalls schwerer zu leisten. Somit steigt auch hier die Gefahr einer möglichen Isolation, v. a. wenn der ältere Mensch selbst auch nicht in der Lage ist, seine Kontakte aktiv zu pflegen. Die Verfügbarkeit erreichbarer sozialer Bezugsperson ist zwar kein Garant für einen intensiven und befriedigenden Austausch, erleichtert ihn jedoch. Als Ermöglichungsfaktor beeinflusst somit die Quantität von Kontakten auch deren Qualität.

Biografische Prägung

Die erlebte Qualität sozialer Beziehungen wird – wie bereits im Zusammenhang mit der Entstehung von Einsamkeitsgefühlen beschrieben – von mehreren Faktoren mitbeeinflusst. Ob ein Mensch mit seinen sozialen Beziehungen zufrieden ist und die von ihm gewünschte Unterstützung erhält, ist vielfach biografisch geprägt. Hinzu kommt, dass Verlusterlebnisse z. B. durch den Tod naher Bezugspersonen, die nicht (mehr) ersetzt werden können, mit zunehmendem Alter häufiger auftreten. Auch die Ausgliederung aus dem Erwerbsleben führt dazu, dass zusätzlich zum Verlust von Kontakten zu Arbeitskollegen auch die strukturierende und sinnstiftende Funktion der Beschäftigung fehlt. Beides kann Einsamkeitsgefühle verstärken. Auch hier gilt: Je größer das soziale Netz ist und je stärker es von einem wechselseitigen Geben und Nehmen geprägt ist, desto größer ist auch die Chance des Erlebens von sozialer Einbindung.

Gesellschaftliche Wertvorstellungen

Schließlich ist zu berücksichtigen, dass die Einschätzung, ob Menschen in zufriedenstellenden Familienverhältnissen leben oder nicht, auch vom jeweiligen Verständnis von ›guten‹ Familienbeziehungen abhängig sind, das wiederum – nicht zuletzt auch beeinflusst vom Wandel familiärer Strukturen – gesellschaftlichen Wandlungsprozessen unterliegt, die im nachfolgenden Kapitel 10.2.1 ausschnitthaft beschrieben werden.

10.2 Theoretische Zugänge zur Analyse von sozialen Beziehungen/Familienbeziehungen

10.2.1 Zum Familienbegriff und dem Verständnis von Familie: Was macht eine Familie aus und wer gehört dazu?

Diese Fragen wurden in den vergangenen Jahrhunderten sehr unterschiedlich beantwortet. Das Bild der Mehrgenerationenfamilie, die unter einem Dach wohnt und einen regen Austausch untereinander pflegt, wobei ältere Menschen in den Familien ein hohes Ansehen und Respekt genießen, beschreibt eine in der Biedermeierzeit aufkommende Wunschvorstellung. Es stellt eine Idealisierung familiärer Beziehungen dar, verbunden mit einem durch gesellschaftliche Unruhen in dieser Zeit aufkommenden Rückzug ins Private, und beschreibt nicht die Realität familiärer Beziehungen (Mitterauer, 1977). Auch der Familienbegriff, der Familie als miteinander blutsverwandte Menschen definiert, ist erst in der Neuzeit in Verbindung mit der beginnenden Industrialisierung und der Trennung von Wohnen und Arbeit entstanden.

In vorindustrieller Zeit bezeichnete der Begriff Familie eine Mehrgenerationenfamilie als Wohn- und Produktionsgemeinschaft, zu der auch Knechte und Mägde sowie entfernte Verwandte gehören konnten (Tesch-Römer, 2010, S. 25). Dreigenerationenfamilien waren die Ausnahme. Daten aus England gehen vom Ende des 16. Jahrhunderts bis in 19. Jahrhundert bedingt durch die geringere Lebenserwartung und die höhere Kindersterblichkeit von einem Anteil von ca. 6% aus (ebd., S. 27). Das Zusammenleben der Generationen entsprang der ökonomischen Notwendigkeit, da Ältere, wenn sie ihren Besitz an ihre Söhne übertragen hatten, über keine eigenständige Altersabsicherung verfügten. Gleichzeitig waren die erwachsenen Kinder bis zur Besitzübertragung von ihren Eltern ökonomisch abhängig. Die daraus resultierenden Konflikte zwischen der älteren und der jüngeren Generation lassen sich z. B. für die vorindustrielle Zeit anhand der Analyse von Hofübergabeverträgen erkennen, in denen genau die Rechte und Pflichten beider Generationen festgelegt waren (Borscheid, 1994, Mitterauer, 1977).

Somit dominierten auch in der Vergangenheit die Zweigenerationenhaushalte, wobei die Älteren, sofern sie länger lebten, räumlich getrennt aber nah bei ihren Kindern wohnten (Rosenmayr, 1994, S. 474). Auch Fooken (1999) verweist auf den Mythos sog. ›heiler‹ Familienbeziehungen der intakten Großfamilie in der Vergangenheit, in denen Ältere integriert und versorgt wurden. Diesem Bild wird ein neuer Mythos vom heutigen ›Zerfall‹ von Familien mit einer Vereinsamung älterer Menschen und ein Abschieben der Älteren in Pflegeheime gegenübergestellt. Beide Vorstellungen beschreiben Stereotype, die keine Entsprechung in der Realität haben. Sie ignorieren sowohl die in den patriarchalischen Familienkonstellationen der Vergangenheit vorherrschenden Machtstrukturen und Konfliktpotenziale als auch die in der modernen Familie stattfindenden vielfältigen Formen des Austauschs und der Hilfeleistungen zwischen ihren Mitgliedern. Bedingt durch die soziodemografischen Veränderungen insbes. des Anstiegs der Lebenserwartung, abnehmende Kinderzahlen und das höhere Alter der Frauen bei der Geburt des ersten Kindes steigt der Anteil von Drei- und Mehrgenerationenfamilien, die allerdings in getrennten und kleineren Haushalten leben. Dennoch pflegen sie haushaltsübergreifend vielfältige und enge Kontakte und fühlen sich eng miteinander verbunden. Dieser Typus moderner Familienbeziehungen wird auch als »*multilokale Mehrgenerationenfamilie*« bezeichnet (Bertram, 1995) oder in der Begrifflichkeit von Rosenmayr & Köckeis als »*Intimität auf Abstand*« (1965).

Getrennte Haushalte sind demnach kein Hinweis auf einen Zerfall von Familien, sondern das Ergebnis einer größeren ökonomischen Eigenständigkeit und

Unabhängigkeit von einer familiären Versorgung. Damit einhergehend sinkt die Notwendigkeit zur Anpassung und Unterordnung unter familienbezogene Regeln und Normen zugunsten größerer Selbstbestimmung und Selbstständigkeit der einzelnen Familienmitglieder. Mit dem Wegfall der Verpflichtung, die persönlichen Interessen dem Familieninteresse unterzuordnen, kann das Ausmaß von Nähe und Zuwendung zu einzelnen Familienmitgliedern auf freiwilliger Basis selbstbestimmter gestaltet werden.

Doch was hält Familien in der Neuzeit noch zusammen? Und wie lassen sich die empirisch belegten (▶ Kap. 10.3.) überwiegend engen Familienbeziehungen und die positive Bewertung familiärer Beziehungen bei den Älteren erklären? Woran liegt es, dass Familien in Belastungssituationen wie dem Eintritt einer Pflegebedürftigkeit eines älteren Familienmitglieds sehr unterschiedlich reagieren? Worin unterscheiden sich belastbare von weniger belastbaren Familienbeziehungen? Um diese Fragen wird es im nächsten Kapitel gehen.

10.2.2 Theoretische Ansätze und Modelle zur Beschreibung intergenerationaler Familienbeziehungen

Mithilfe des nachfolgenden Fallbeispiels sollen einzelne Theorien und Modelle, die zum Verstehen intergenerationaler Familiendynamiken herangezogen werden können, erläutert werden.

Fallbeispiel

Frau Paas arbeitet als Sozialarbeiterin mit gerontologischer Zusatzqualifikation in einer Beratungsstelle für Demenzerkrankte und ihre Angehörigen. Soeben hat sie einen Telefonanruf von der Tochter der demenzkranken Frau Dau erhalten. Frau Franke, die Tochter, war am Telefon sehr verzweifelt und berichtete teils unter Tränen, dass sie sich seit fünf Jahren um ihre Mutter kümmern würde. Diese würde bis jetzt noch ansatzweise selbstständig in ihrer eigenen Wohnung in der Nähe von Frau Franke wohnen und von ihr versorgt werden. Frau Franke schaue täglich bei der Mutter vorbei und kümmere sich um Einkäufe, die Wäsche und unterstütze sie beim Kochen. Nachdem ihre Mutter sie allerdings in den letzten Monaten mehrmals am Tag und auch in der Nacht angerufen habe mit der Bitte, sie müsse sofort vorbeikommen, und die Mutter in letzter Zeit wiederholt von der Polizei in ihre Wohnung zurückgebracht wurde, da sie bei ihren Spaziergängen die Orientierung verloren habe, wisse sie nicht mehr weiter. Am liebsten würde sie ihre Mutter in ein Heim geben, habe aber auch ein schlechtes Gewissen dabei. Ihre beiden Geschwister und auch ihre Tochter, die sehr an der Oma hängt, würden ihr Vorwürfe machen, wie sie die Mutter ins Heim geben könne, da diese sich in der Vergangenheit als alleinerziehende Mutter sehr um ihre Kinder, also Frau Franke und ihre beiden Geschwister, gekümmert habe. Die Geschwister lebten allerdings weiter entfernt, so dass sie außer einer Unterstützung in Urlaubszeiten oder bei akuten Notfällen selber keine längerfristigen und verlässlichen Hilfen anbieten könnten.

Daraufhin vereinbart Frau Paas für die kommende Woche einen Termin für ein Beratungsgespräch. Im Vorfeld überlegt sie, welche Informationen sie von Frau Franke noch benötigt und wen sie zum Beratungsgespräch mit hinzu bitten sollte, um die Problematik besser zu verstehen und entsprechende Hilfen anbieten zu können. Wo könnte Frau Paas Antworten auf diese Fragen finden?

Zur Beantwortung dieser Frage könnte Sozialarbeiterin Paas auf unterschiedliche Modelle und theoretische Ansätze zu Beschreibung intergenerationaler Familienbeziehungen zurückgreifen. Um zu ermitteln, welche Hilfeleistungen in der Familie von Frau Franke von wem und wem gegenüber ausgetauscht werden, könnte sie auf das *Modell der intergenerationalen Solidarität* von Bengtson und Roberts zurückgreifen. Um speziell die Belastungen von Frau Franke und Frau Dau und ihr Verhältnis zu ihrer Mutter besser zu verstehen, könnte sie sich bei der Problemanalyse am *Konzept der filialen Reife* von Blenkner orientieren. Schließlich könnte die Beschäftigung mit dem *Konzept der unsichtbaren Bindungen* von Boszormeny-Nagi & Spark Frau Paas zu einer erweiterten Problemsicht anregen, indem sie in der Vergangenheit der Familie Franke nach den Ursachen der gegenwärtigen familiären Spannungen sucht und weitere Familienangehörige in den Beratungsprozess einbezieht.

Das Modell der intergenerationalen Solidarität von Bengtson & Roberts

Das Modell der intergenerationalen Solidarität von Bengtson & Roberts (1991) kann gut zur Analyse bestehende intergenerationaler Familienbeziehungen herangezogen werden. Die Autoren gehen davon aus, dass sich intergenerationale Familienbeziehungen nicht nur nach ihrer Häufigkeit, sondern auch nach weiteren die Quantität und Qualität der familiären Beziehungen bestimmenden Merkmalen beschreiben lassen, anhand derer sich das Ausmaß bestehender intergenerationaler Solidarität bestimmen lässt und die von ihnen als Dimensionen bezeichnet werden (▶ Tab. 15).

Tab. 15: Dimensionen intergenerationaler Solidarität nach Bengtson & Roberts (1991)

Dimension	Erläuterung	Bezug zum Fallbeispiel
Opportunitäts-struktur	Familiäre Rahmenbedingungen, die Einfluss auf die Kontaktmöglichkeiten innerhalb des Familienverbunds nehmen wie Anzahl der Familienmitglieder, Wohnortnähe	Frau Paas weiß bisher, dass Frau Franke und ihre Mutter nah beieinander wohnen. Außerdem gibt es zwei Geschwister und eine Tochter. Weiter Familienmitglieder, die ggf. Frau Franke unterstützen könnten, sind noch nicht bekannt.
Assoziation	Häufigkeit und Formen der Beziehungsaufnahme z. B. persönlich, per Mail, telefonisch	Frau Franke hilft ihrer Mutter täglich und scheint eine Hauptansprechpartnerin zu sein. Über Art und Umfang der Kontakte der weiteren Familien-

Tab. 15: Dimensionen intergenerationaler Solidarität nach Bengtson & Roberts (1991) – Fortsetzung

Dimension	Erläuterung	Bezug zum Fallbeispiel
		angehörigen zu Frau Dau weiß die Sozialarbeiterin noch nichts.
Affekt	Art, Ausmaß und Gegenseitigkeit positiver Gefühle zwischen einzelnen Familienmitgliedern	Die Enkelin von Frau Franke scheint sehr an ihrer Oma zu hängen. Auch scheint sich Frau Dau in der Vergangenheit sehr um ihre Kinder gekümmert zu haben. Inwieweit die Belastung von Frau Franke durch ihre Zuneigung zu ihrer Mutter entstehen und ob Frau Dau dies ihrer Tochter gegenüber genauso empfindet, ist bislang genauso wenig bekannt, wie über das Verhältnis von Frau Franke zu ihren Geschwistern.
Konsens	Ausmaß der Übereinstimmung in Einstellungen und Werten	Die Sozialarbeiterin kann aus dem Erstgespräch mit Frau Fertig lediglich entnehmen, dass es in der Familie unterschiedliche Auffassungen über den besten Wohnort der demenzkranken Frau Dau gibt.
Normative Überzeugungen	Stärke der Verbindlichkeiten, bestimmte Rollen und Aufgaben innerhalb der Familie zu übernehmen	Die Sozialarbeiterin hat hierzu bislang noch keine Informationen aus dem Erstgespräch entnehmen können und müsste dies in weiteren Gesprächen erfragen.
Funktionaler Austausch	Häufigkeit und Ausmaß der Gegenseitigkeit von Unterstützung	Die Sozialarbeiterin hat hierzu bislang noch keine Informationen aus dem Erstgespräch entnehmen können und müsste dies in weiteren Gesprächen erfragen.
Konflikt	Häufigkeit von Konflikten zwischen einzelnen Familienmitgliedern	Frau Paas weiß aus dem Telefonat nur, dass es anscheinend in der Familie Konflikte über die zukünftige Versorgung von Frau Dau gibt. Weitere Konflikte in Vergangenheit und Gegenwart sind nicht bekannt.

Quelle: Tesch-Römer, 2010, S. 104f.

Bengtson und Roberts gehen in ihrem theoretischen Modell davon aus, dass die Opportunitätsstrukturen die Häufigkeit und Formen der Beziehungsaufnahme beeinflussen. Diese entscheiden wiederum über die Ausbildung positiver Gefühle und gemeinsamer Überzeugungen als Basis für eine gelebte intergenerationale Solidarität, d.h. den Austausch von Unterstützungsleistungen und das Gefühl normativer Überzeugung, sich innerhalb der Familien gegenseitig zu unterstützen. Somit kann das Modell zwar nicht erklären, unter welchen Bedingungen innerfamiliäre Solidarität entsteht und gesteigert werden kann. Es kann jedoch Außenstehenden wie der Beraterin Paas im Fallbeispiel als Hilfestellung dienen, welche Informationen sie benötigt, um ein umfassenderes Bild der Familienkonstellationen zu erhalten und bestehende Problembereiche zu identifizieren.

Das Konzept der unsichtbaren Bindungen von Boszormeny-Nagy & Spark

Ob und in welcher Form intergenerationale Solidarität in einer Familie gelebt wird, ist Boszormeny-Nagy & Spark (1981) zufolge mitunter weit in der Vergangenheit der Familie angelegt. Aus diesem Grund sind Familienbeziehungen immer im Kontext der jeweiligen generationenübergreifenden Familiengeschichte zu betrachten. Ihrem Konzept zufolge verfügt jede Familie über bestimmte Normen und Wertvorstellungen sowie unausgesprochene »Familien-Mythen« und Familiengeschichten, die die Familienmitglieder miteinander verbinden, ohne dass ihnen diese Bindungen bewusst sein müssen (Fooken, 1999, S. 219). Diese Bindungen werden über Generationen unreflektiert weitergegeben und kommen in zumeist unbewusst aufgestellten Rollenzuschreibungen und Familienregeln wie »in unserer Familie hilft man sich gegenseitig« oder »der Familie meines Bruders haben wir es zu verdanken, dass wir den Krieg überlebt haben« zum Ausdruck. Boszormeny-Nagy & Spark verwenden für diese Zuschreibungen das Bild eines »Schulden- und Verdienstbuches« (1981, S. 77f.), in dem unausgesprochen das »Soll« und »Haben« eines jeden Familienmitglieds auflistet ist.

Unausgeglichene Bilanzen, die entstehen, wenn einzelne Familienmitglieder von der Familie mehr Unterstützung erhalten als sie selbst der Familie zur Verfügung gestellt haben, führen zu Belastungen und Konflikten. Die Entscheidung für oder gegen die Übernahme der häuslichen Pflege eines Familienangehörigen muss demnach nicht das Ergebnis eines bewussten Entscheidungsprozesses sein. Vielmehr können darin Verpflichtungen zum Ausdruck kommen, um den unausgesprochenen Rollenerwartungen und Verdienstanforderungen zu entsprechen. Auch wenn sich dieses Konzept nicht empirisch überprüfen lässt, so liegt sein unbestrittener Verdienst in der generationenübergreifenden Perspektive intergenerationaler Solidarität. Ein für den außenstehenden Berater nicht nachvollziehbare Aufgabenverteilung in Familien kann ihre Ursachen in der Vergangenheit haben. Bezogen auf das Fallbeispiel müsste die Sozialarbeiterin Paas im Beratungsgespräch mit Frau Franke deren Familienregeln zur Übernahme von Pflegeverantwortung und die Rollenerwartungen an Frau Franke ermitteln. Möglicherweise steht Frau Franke in der Vorstellung der Familie in der ›Schuld‹ ihrer Mutter, da diese als alleinerziehende Mutter viele Opfer für ihre Kinder erbracht hat, die es jetzt zurückzuzahlen gilt.

Das Konzept der filialen Reife von Blenkner

Im Unterschied zu den beiden vorherigen Ansätzen beschränkt sich das Konzept der filialen Reife auf die Beziehung zwischen erwachsenen Kindern und ihren alten Eltern. Blenkner, die diesen Begriff 1965 prägte, beschreibt die Bedingungen gelungener Anpassung der erwachsenen Kinder an die steigende Hilfebedürftigkeit ihrer Eltern. Filiale Reife bedeutet der Autorin zufolge, dass es

> »erneut zu einer Hinwendung zu den Eltern kommt und zwar nicht mehr als Kind, sondern als reifer Erwachsener, also in einer neuen Rolle und mit einer anderen Liebe. Die Mutter oder der Vater werden zum ersten Mal als Individuen gesehen mit eigenen Rechten, Bedürfnissen und Grenzen und einer Lebensgeschichte, die diesen Vater oder diese Mutter zu dem Menschen machte, der er schon lange vor der Geburt des Kindes war. Die Identifikation mit der Elternperson ist ein Weg für die Kinder, sich auf das eigene Alter vorzubereiten, ebenso wie sie sich in der Kindheit auf das Erwachsensein vorbereiten.« (Blenkner, 1965 übersetzt und zit. n. Bruder, 1988, S. 96)

Der Entwicklung filialer Reife geht häufig eine filiale Krise voraus, bei der die erwachsenen Kinder eine Rollenumkehr erfahren. Sie können sich nicht mehr wie in der Vergangenheit in schwierigen Lebenssituationen an ihre Eltern mit der Bitte um Hilfe wenden, sondern müssen vielmehr ihre schwächer werdenden Eltern mit Rat, Trost oder praktischen Hilfen unterstützen. Dies gelingt, wenn die Kinder ihren Eltern gegenüber eine emotionale Unabhängigkeit erreicht haben und sie sich der positiven wie auch ambivalenten oder aggressiven Gefühle ihnen gegenüber bewusst sind. Filiale Reife bedeutet weiterhin, sich der positiven wie problematischen Prägungen durch die eigenen Eltern bewusst zu werden und diese anzuerkennen wie auch ein Schwächer-Werden und mögliche Veränderungen in der Persönlichkeit der Eltern zu erkennen und zu akzeptieren.

In seiner Darstellung des Konzeptes der filialen Reife beschreibt Bruder folgende drei Dimensionen (▶ Tab. 16), mit deren Hilfe sich die Haltung »filial reifer« Kinder ihren Eltern gegenüber beschreiben lässt (Bruder 1988, S. 97), wobei alle Dimensionen nicht unabhängig voneinander sind, sondern sich wechselseitig bedingen.

Tab. 16: Dimensionen filialer Reife

Dimension	Erläuterung
Emotionale Autonomie	Damit wird die Fähigkeit bezeichnet, sich aus der alten kindlichen Gebundenheit zu lösen und seine Erwartungen an die Eltern dahingehend aufzugeben, dass die seit der Kindheit bestehenden Konflikte und enttäuschten Erwartungen von den alten Eltern noch (ein-)gelöst werden können. Emotionale Autonomie den alten Eltern gegenüber bewirkt, dass das eigene Handeln nicht mehr durch vergangene Enttäuschungen oder Erwartungen nach Anerkennung gesteuert wird. Vielmehr erleben sich auch die Kinder als eigenständige und nicht mehr in der Kinderrolle an die Eltern gebundene Personen, die um ihre emotionale Verletzlichkeit wissen und diese kontrollieren können. Dies versetzt sie in die Lage, Bedürfnisse der Eltern unabhängig von den eigenen wahrzunehmen und ohne Schuldgefühle zu entscheiden, ob sie z. B. die elterliche Pflege übernehmen wollen oder nicht. Nach Bruder ist das Erlangen emotionaler Autonomie eine Voraussetzung, um auch die positiven Aspekte in der Eltern-Kind-Beziehung und die Grenzen

Tab. 16: Dimensionen filialer Reife – Fortsetzung

Dimension	Erläuterung
	des eigenen Einflusses auf das Erreichen elterlicher Zufriedenheit wahrzunehmen.
Fähigkeit zu einem fürsorglich-autoritären Umgang mit dem hilfebedürftigen Älteren	Diese Dimension beschreibt die Fähigkeit der Kinder, ihren Eltern auch Grenzen zu setzen, wenn dies für deren Wohl erforderlich ist, z. B. das Drängen um Abgabe des Führerscheins beim Auftreten einer Demenz oder das Treffen von Entscheidungen für die eigenen Eltern für einen Heimeinzug, wenn diese nicht mehr in der Lage sind, ihre Eigengefährdungen zu erkennen. Eine derartige ›Bevormundung‹ der Eltern ist in der gemeinsamen Beziehungsgeschichte meist neu und verunsichert v. a. bei fehlender emotionaler Autonomie, da sie als Machtgebrauch den Eltern gegenüber erlebt wird, der wiederum Ängste und Schuldgefühle auslöst. Nur wer sich emotional nicht abhängig fühlt und die Beziehung zu den eigenen alten Eltern positiv erlebt, wird in der Lage sein, das eigene Handeln an deren Bedürfnissen zu orientieren und, wenn es erforderlich ist, auch Grenzen zu setzen.
Fähigkeit zur Kontrolle unangemessener Schuldgefühle	Schuldgefühle treten v. a. dann auf, wenn das erwachsene Kind das Gefühl von Normenübertretungen erlebt. Diese treten insbes. bei der Pflege von demenzkranken Menschen auf, da auch bei liebevoller Pflege keine Zustandsverbesserung erreicht wird. Die wahrgenommene ›Vergeblichkeit‹ des Bemühens führt nicht selten zu Gefühlen von Wut und Aggressionen, die wiederum Schuldgefühle auslösen, da dem pflegenden Kind auch die Verletzlichkeit des Elternteils bewusst ist. Je größer die emotionale Autonomie ist, desto leichter fällt die Kontrolle dieser Schuldgefühle.

Eigene Darstellung nach Bruder, 1988

Bezogen auf das Fallbeispiel ermöglich der Rückgriff auf das Konzept der filialen Reife der Sozialarbeiterin Paas das Aufstellen von Arbeitshypothesen über die Ursachen der erlebten Belastungen der ratsuchenden Frau Franke. Sie würde dann im anschließenden Beratungsgespräch v. a. die Beziehung zwischen Frau Franke und ihrer Mutter thematisieren.

Das Modell des sozialen Konvois von Antonucci

Im Unterschied zu den bisher vorgestellten Konzepten, die sich mit familiären Beziehungen beschäftigen, befasst sich das Modell des sozialen Konvois der amerikanischen Psychologin Toni Antonucci (vgl. hierzu Tesch-Römer, 2010, S. 88ff.) mit der sozialen Einbindung von Menschen insgesamt und deren Veränderungen im Lebensverlauf. Sie geht davon aus, dass ein Mensch im Laufe seines Lebens von verschiedenen Mitmenschen »begleitet« wird und wählt zur Verdeutlichung hierfür das Bild des *sozialen Konvois*. Dieser Begriff wird erstmals 1980 bei Plath zur Beschreibung einer Gruppe von Personen erwähnt, die einem im Lebenslauf begleiten und denen man sich positiv aber auch konflikthaft verbunden fühlt (Antonucci et al., 2009). Dieser Konvoi beschreibt enge soziale Beziehungen, die einen Menschen schützen. Einige Menschen wie die eigenen Eltern und Geschwister begleiten über einen langen Zeitraum und sind dem Einzelnen sehr eng verbunden. Andere Personen wie der Schulfreund oder ein Arbeitskollege sind nur in einzelnen Lebensabschnitten bedeutsame Bezugspersonen. Sie ›betreten‹ den Konvoi für eine Zeitspanne und verlassen ihn dann wieder. D. h., soziale Netzwerke sind nicht statisch, sondern unterliegen dynamischen Veränderungen, die sowohl durch die Bezugsperson als auch den Einzelnen beeinflusst werden.

Die in einem sozialen Netzwerk stattfindenden Beziehungen sind – so eine weitere Annahme des Modells – durch wechselseitige Interaktionen, im Modell als interpersonale Transaktionen bezeichnet. Ausgetauscht werden Gefühle, Anerkennung, aber auch praktische Hilfen, Bereiche also, die in Abbildung 18 in den Dimensionen der Kontaktqualität auch beschrieben wurden. Die Beziehungsqualität und die Funktionen einzelner Begleitpersonen im Konvoi sind somit unterschiedlich, wie es die verschiedenen Kreissegmente in der Netzwerkanalyse verdeutlichen.

Die in Abbildung 19 dargestellt Netzwerkanalyse ist ein Verfahren, um das Netzwerk einer Person zu beschreiben. Zu beachten ist hierbei, dass diese Art der Netzwerkanalyse aus der Perspektive der einzelnen Person, dem Ich, erfolgt. Nur das Ich und nicht ein Außenstehender, z. B. ein Betreuer, kann entscheiden, welche Personen in seinem sozialen Netzwerk den einzelnen Kreisen zuzuordnen sind (▶ Abb. 19).

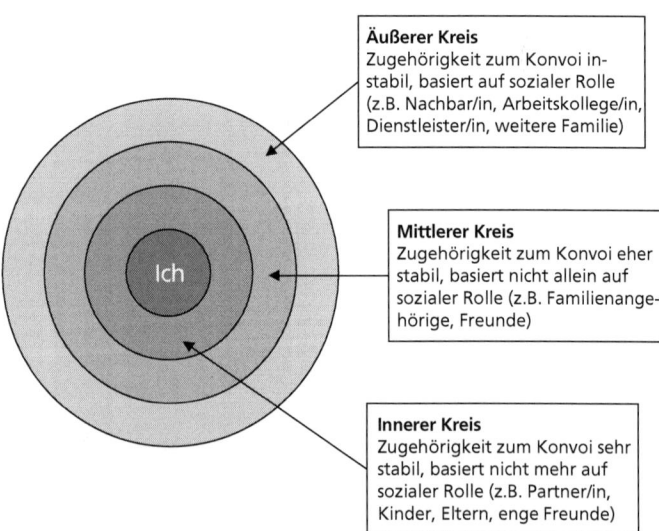

Abb. 19: Personenzentriertes Netzwerk des Konvoi-Modells, Quelle: Tesch-Römer, 2010, S. 91

Aus der Abbildung wird deutlich, dass die Zuordnung zu den verschiedenen Kreissegmenten zum einen nach sozialen Rollen, also den Erwartungen, die mit der Übernahme eines bestimmten sozialen Status als Nachbar, Arbeitskollege, Laufpartner etc. verbunden sind, und zum anderen nach Zuneigung und emotionaler Bedeutsamkeit vorgenommen werden. Personen, mit denen man sich so eng verbunden fühlt, dass sie einen ganz wichtigen Bestandteil des eigenen Lebens ausmachen, finden sich im inneren Kreis. Hier hat die Übernahme sozialer Rollen für den Betreffenden keine Bedeutung für die Zuordnung. Menschen, denen man sich überwiegend über soziale Rollen verbunden fühlt, werden dem äußersten Kreissegment zugeordnet. Diese Beziehungen sind emotional weniger bedeutsam und auch weniger zeitlich überdauernd. Allerdings können z. B. aus Kollegen auch Freunde werden, so dass eine Verschiebung in der Zuordnung vom äußeren in den mittleren Kreis erfolgt. Ergänzend zur sozialen Rolle kommen Verbundenheitsgefühle hinzu, die die Stabilität der Beziehung erhöhen.

Der Vorteil der Durchführung einer Netzwerkanalyse liegt zum einen darin, dass durch die Bitte der Beschreibung des eigenen Netzwerks zu verschiedenen Zeitpunkten Veränderungen dokumentiert und Gefahren sozialer Isolation identifiziert werden können. Ein weiterer Vorteil dieser Netzwerkanalyse besteht darin, dass es zum Ausgang weiterer Analysen zur Tragfähigkeit bestehender sozialer Verankerungen genutzt werden kann. Nicht nur die Größe (wieviel Personen werden genannt), sondern auch die Homogenität der Netzwerkmitglieder (wie ähnlich sind sich die Personen in bestimmten Merkmalen, wie Geschlecht, Alter ...), die Verbundenheit (wie häufig sind Kontakte und wie verbunden fühlt man sich) sowie das Ausmaß an Symmetrie im Geben und Nehmen lassen sich anhand einer derartigen Netzwerkanalyse beschreiben (Tesch-Römer, 2010, S. 92). Im Lebensverlauf lassen sich auch Veränderungen in der Besetzung der einzelnen Kreise ermitteln, aus denen wiederum Hinweise auf eine drohende soziale Isolation, nicht jedoch auf die erlebte Zufriedenheit oder eine gute soziale Verankerung auch im hohen Alter gewonnen werden können. Allerdings erhöht sich bei großen Netzwerken die Möglichkeit Hilfe zu erhalten, ohne dass erfasst werden kann, ob diese Hilfe auch tatsächlich geleistet wird.

Übertragen auf das Fallbeispiel könnte die Erstellung einer Netzwerkanalyse im gemeinsamen Gespräch von Frau Paas mit Frau Dau und Frau Franke dazu beitragen zu ermitteln, welche Personen in die Betreuung von Frau Dau noch einbezogen werden könnten, um Frau Franke zu entlasten und eine Heimübersiedlung hinauszuzögern.

10.3 Daten und Fakten zur sozialen Verankerung im Alter

10.3.1 Familiäre Verankerung älterer Menschen

Die Familie ist auch heute weiterhin für ältere Menschen das wichtigste soziale Bezugssystem. Trotz anderslautender Befürchtungen und Verweise auf einen Zerfall familiärer Strukturen (vgl. hierzu die Ausführungen ▶ Kap. 10.2.1) lässt sich dies aus den vorliegenden Statistiken und empirischen Untersuchungen nicht bestätigen. Allerdings verändern sich Familien als Folge des Anstiegs der Lebenserwartung bei gleichzeitigem Rückgang der Geburtenraten sowohl in Bezug auf familiäre Strukturen als auch auf ihre Funktionen. Erkennbar sind eine wachsende Heterogenität und eine größere Vielfalt von Familienmustern, die mit folgenden Schlagworten beschrieben werden können (vgl. u. a. Bengtson & Schütze, 1994, Fooken, 1999).

- *Multilokale Mehrgenerationenfamilie* (Bertram, 2000) als der am weitesten verbreiteten Familientyps der modernen Familie in Deutschland: Eltern und erwachsene Kinder wohnen bei zunehmender Wohnentfernung zwischen einzelnen Familienmitgliedern in getrennten Haushalten, fühlen sich dennoch miteinander verbunden, wie die Ergebnisse empirischer Studien zeigen (Generali AG, 2017, Mahne et al., 2017).
- *Bohnenstangenfamilie und Alterslückenstruktur* (Bengtson & Schütze, 1994): Beide Begriffe verweisen auf Veränderungen in den Familienstrukturen als Folge der steigenden Lebenserwartungen und sinkender Geburtenraten. Dadurch, dass pro Frau weniger Kinder geboren werden, ›verschlanken‹ sich Familienstrukturen wie eine Bohnenstange. Geringere Geschwisterzahlen führen weiterhin dazu, dass zukünftige Generationen älterer Menschen seltener und weniger Verwandtschaftsbeziehungen außerhalb der Kernfamilie erleben. Frauen bekommen jedoch nicht nur weniger Kinder, sondern sind bei der Geburt des ersten Kindes auch älter. Für das Jahr 2015 betrug das Durchschnittalter einer Frau bei der Geburt des ersten Kindes 31 Jahre (Statistisches Bundesamt, 2017). Der Abstand zwischen den einzelnen Generationen, die sog. Alterslücke, vergrößert sich somit, so dass in der mittleren Lebensphase gleichzeitig sowohl die Verantwortung für die heranwachsenden Kinder als auch für die alten Eltern zu übernehmen ist.
- *Singularisierung* im Alter als verbreitete Lebensform älterer Menschen: Gemessen an Familienstand und Haushaltsform lebt eine nicht geringe Anzahl älterer Menschen allein und ist im Alter verwitwet, ledig oder geschieden. Ihr Anteil nimmt mit steigendem Lebensalter zu. Dabei lassen sich beim Familienstand geschlechtsspezifische Unterschiede erkennen. Ältere Frauen sind häufiger verwitwet und im hohen Alter seltener verheiratet als Männer. Auch von Singularisierung sind v. a. Frauen betroffen. So verweisen die Mikrozensusdaten von 2014 darauf, dass bei den über 65-Jährigen nur 19 % der Männer aber 45 % der Frauen alleinlebend sind (Statistisches Bundes-

amt, 2015c, S. 2). Zwar erlauben die Art der Haushaltsform und des Familienstands keine verlässlichen Schlussfolgerungen über den Umfang und die Qualität familiärer Strukturen. Sie sind jedoch ein Indikator für eine geringere Verfügbarkeit familiärer Hilfe in schwierigen Lebensumständen wie dem Eintritt einer Erkrankung oder Pflegebedürftigkeit.

- *Zunahme von Patchworkfamilien*: Steigende Scheidungszahlen auch längerdauernder Ehen und der Anstieg alternativer Lebensformen führen dazu, dass Familienkonstellationen zeitlich begrenzter sind und eine geringere Kontinuität aufweisen. So können ältere Menschen bei Scheidung ihrer Kinder den Kontakt zu ihren Enkeln verlieren, aber auch durch das Eingehen neuer Partnerschaften neue Verwandtschaftsbeziehungen hinzugewinnen. Wer für wen in der Familie Unterstützungsleistungen erbringt, ist in Patchworkfamilien neu zu bestimmen und kann auch zu Überforderung der unterstützenden Familienmitglieder führen.

Doch wer gehört zur Familie? Und nach welchen Kriterien lässt sich bestimmen, ob ältere Menschen gut familiär eingebunden sind?

Zur Beantwortung dieser Fragen kann auf Kapitel 10.1.1 und die dort vorgenommene Unterscheidung zwischen Quantität und Qualität von Familienbeziehungen sowie auf die Differenzierung zwischen inner- und außerfamiliären Bezugspersonen zurückgegriffen werden. Statistische Angaben zum Familienstand, zur Haushaltsform, der Kinderzahl und des Anteils zeitlebens kinderloser Menschen sowie zur Wohnentfernung können Hinweise auf familiäre Beziehungs- und Kontaktmöglichkeiten älterer Menschen geben. Diese können wiederum Einfluss auf die erlebte Beziehungsqualität in der Familie nehmen. Informationen zur Beziehungsqualität lassen sich hingegen aus der berichteten Zufriedenheit mit den bestehenden Familienbeziehungen, aus der Kontakthäufigkeit sowie aus Art und Umfang des Austauschs von Hilfeleistungen gewinnen.

Werden in der Gerontologie Familienbeziehungen von älteren Menschen thematisiert, so wird v. a. das Verhältnis zwischen alten Eltern und ihren erwachsenen Kindern und das Verhältnis zum Partner untersucht. Seit kurzen nimmt auch die Beschäftigung mit den Enkel-Großeltern-Beziehungen zu (Tesch-Römer, 2010, S.159), wohingegen das Verhältnis zu Geschwistern und anderen Verwandten seltener untersucht wird. Nachfolgend werden ausgewählte Ergebnisse zur familiären Einbindung älterer Menschen vorgestellt, die zum Großteil den beiden aktuellen Altersstudien – dem Deutschen Alterssurvey und der Generali Altersstudie – entnommen sind (Generali Deutschland AG, 2017, Mahne et al., 2017)

Das Verhältnis zwischen älteren Menschen und ihren erwachsenen Kindern

Nicht jeder ältere Mensch ist familiär eingebunden und kann auf die Unterstützung seiner Kinder zurückgreifen.

Die erwachsenen Kinder stellen für den überwiegenden Teil älterer Menschen neben dem Partner die zentralen Bezugspersonen in der Familie dar, unabhängig davon, ob aufgrund der Wohnentfernung die Kontaktmöglichkeiten begrenzt sind. Allerdings steigt der Anteil Älterer, der keine Kinder hat, weiter an. Den Mikrozensusdaten zufolge hat sich die Zahl kinderlos gebliebener Frauen in den letzten Jahren verdoppelt. Waren im Jahr 2012 von den 40- bis 44-Jährigen Frauen 22 % kinderlos, so waren es von den zum gleichen Zeitpunkt 70- bis 74-Jährigen Frauen nur 11 % (Bundeszentrale für politische Bildung 2016, S. 20). V. a. berufstätige Frauen in Westdeutschland mit einem akademischen Abschluss haben häufig keine Kinder. Ihr Anteil beträgt 29 % im Unterschied zu nicht akademisch qualifizierten Frauen in Ostdeutschland, von denen nur 9 % kinderlos sind. Kinderlose verfügen, Studien zufolge, über weniger informelle Unterstützung, leben sozial isolierter und haben weniger Freunde und Nachbarn. Auch haben verwitwete oder ledige Kinderlose ein geringeres subjektives Wohlbefinden und fühlen sich einsamer als verwitwete und ledige Älter mit Kindern (Wagner et al., 1996, S. 303). Es ist deshalb anzunehmen, dass v. a. durch das Fehlen von Kindern zukünftig mehr Ältere bei eintretendem Hilfebedarf auf professionelle Hilfe und die Unterstützung von Freunden und Nachbarn angewiesen sein werden. Das Vorhandensein bzw. das Fehlen von Kindern stellt deshalb ein wichtiges Differenzierungsmerkmal in den Lebenslagen älterer Menschen dar, entscheidet es doch mit über das Ausmaß sozialer Einbindung, das subjektive Wohlbefinden und die Rückgriffmöglichkeiten auf vielfältige Formen von Hilfe in schwierigen Lebenssituationen.

Trotz zunehmender Wohnentfernung zwischen Eltern und den erwachsenen Kindern bestehen vielfältige Kontaktmöglichkeiten. Die Kontakthäufigkeit und die erlebte Enge der Beziehung zwischen Eltern und Kindern sind groß und über den Zeitverlauf stabil.

Die empirischen Daten aus dem Deutschen Alterssurvey (Mahne et al., 2017) belegen den Trend zur Multilokalen Mehrgenerationenfamilie. Demnach hat sich im Zeitraum von 1996 bis 2014 der Anteil derjenigen, die in der unmittelbaren Nachbarschaft oder im gleichen Ort wie die erwachsenen Kinder leben, von 38,5 % auf 25,8 % verringert, und der Anteil derjenigen, die weiter als zwei Stunden voneinander entfernt wohnen, von 17 % auf 23,1 % erhöht. Eine Zunahme der Wohnentfernung und damit geringere Möglichkeiten, im Notfall schnell Hilfe zu leisten oder sich häufig persönlich zu sehen, ist v. a. bei den jüngeren Altersgruppen und bei Älteren mit einem hohen Bildungsgrad anzutreffen.

Dennoch zeichnet sich eine weiterhin unverändert hohe Kontakthäufigkeit zwischen Eltern und Kindern ab und die Beziehungen zu den Kindern werden positiv erlebt. Ca. 78 % der Eltern gibt an, mindestens wöchentlich Kontakt zu den Kindern zu haben, und fast 90 % beschreiben ihr Verhältnis zu den Kindern als eng. Insbes. Mütter und Hochaltrige geben eine positive Bewertung ihres Verhältnisses zu den Kindern an (Mahne & Huxhold, 2017). Das von Rosenmayr und Köckeis als »Intimität auf Abstand« oder »innere Nähe durch äußere Distanz« beschriebene gute Verhältnis zwischen älteren Menschen und ihren Kindern auch bei räumlich getrennten Wohnformen lässt sich durch diese vorliegenden empirischen Daten bestätigen (Rosenmayr & Köckeis, 1965).

Das Verhältnis zwischen den Generationen ist durch einen vielfältigen, wechselseitigen Austausch an Hilfeleistungen gekennzeichnet. Es besteht ein hohes Ausmaß an generationsübergreifender Solidarität. Dies wird auch von gesellschaftlichen Rahmenbedingungen mitbestimmt.

Empirische Studien bestätigen eine weiterhin ungebrochene hohe Solidarität zwischen den Generationen, die in einem vielfältigen und wechselseitigen Austausch von Hilfeleistungen zum Ausdruck kommt. Unterscheidbar sind (▶ Kap. 10.1.1) der Austausch materieller Hilfen in Form von Geld- und Sachleistungen, praktische, sog. instrumentelle Hilfen sowie der Austausch von Rat oder Trost.

Im Deutschen Alterssurvey wurden u. a. der Austausch materieller und instrumenteller Hilfen zwischen Großeltern, Eltern, Kindern und Enkeln untersucht (Mahne & Motel-Klingebiel, 2010, Klaus & Mahne, 2017). Diesen Ergebnissen zufolge findet ein Austausch dieser Hilfen zwischen allen Generationen statt, wobei die Art und die Richtung des Austauschs je nach beteiligten Generationen variieren. I. S. eines »*reziproken Kaskadenmodells*« (ebd., S. 252) finden finanzielle Transfers v. a. von der älteren an die jüngere Generation statt, also von Eltern an ihre Kinder oder Enkel. Instrumentelle Hilfen werden hingegen häufiger von der jüngeren an die ältere Generation geleistet als umgekehrt. Die im Deutschen Alterssurvey über den Zeitraum von 1996 bis 2014 erkennbaren Unterschiede im Austausch von Transferleistungen verdeutlichen dabei auch den Stellenwert von gesellschaftlichen Rahmenbedingungen auf das Transferverhalten. So lässt sich der erkennbare Rückgang in der Bereitstellung von instrumentellen Hilfen von der jüngeren an die ältere Generation zum einen durch die zunehmende Wohnentfernung der Kinder und abnehmende Kinderzahlen, aber auch durch den verbesserten Gesundheitszustand der Älteren erklären. Die ebenfalls stattfindende Zunahme des Transfers von materiellen Hilfen an die Enkelgeneration durch die Großeltern kann hingegen auch als eine Folge der verbesserten ökonomischen Situation der Großeltern erklärt werden.

Die Beziehung zu den Kindern hat für das Wohlbefinden und die Lebenszufriedenheit der älteren Menschen einen hohen Stellenwert. Kinder sind besonders für ältere Frauen die bzw. eine der wichtigsten Bezugspersonen.

Ältere Menschen mit Kindern kommen zu einer positiveren Einschätzung ihrer sozialen Kontakte und fühlen sich seltener einsam als kinderlose Ältere (Generali AG, 2017, S. 129). Insbes. ältere Frauen erleben eine große Verbundenheit mit ihren Kindern. Im Deutschen Alterssurvey gaben 92,3 % der befragten Frauen an, sich eng oder sehr eng mit ihren Kindern verbunden zu fühlen. Bei den Männern waren 84,7 % ihren Kindern eng oder sehr eng verbunden (Mahne & Huxhold, 2017, S. 227f.). Zwar berichten auch die Kinder von engen Beziehungen zu ihren Eltern, allerdings im geringeren Maß. Diese als *Intergenerational Stake Hypothese* (Giarusso et al., 1995) bezeichnete Asymmetrie im Erleben der Beziehungen von Eltern und Kindern verweist darauf, dass die Kinder für die Eltern noch bedeutsamere Bezugspersonen sind als umgekehrt. Eltern fühlen sich im erlebten familienbiografischen Kontext den Kindern verbunden und betonen die Gemeinsamkeiten. Kinder sind oftmals die ersten Ansprechpartner bei Problemen. Demgegenüber orientieren sich die erwachsenen Kinder im Prozess der Lösung von ihrer Familie zunehmend außerhalb der eigenen Familie und finden dort neue für sie wichtige Bezugspersonen, an die sie sich – trotz erlebter Verbundenheit zu den Eltern – bei Problemen wenden. Allerdings bewerten Eltern nicht nur die Enge der Beziehungen zu den Kindern höher, sondern erleben auch Spannungen und Konflikte als belastender als ihre Kinder (Tesch-Römer, 2010, S. 149).

Partnerschaften im Alter

Ein Großteil der älteren Menschen lebt im Alter mit dem Partner zusammen. Eine Pluralisierung partnerschaftlicher Lebensformen ist erst in Ansätzen erkennbar.

Wie die nachfolgenden Abbildungen zeigen (▶ Abb. 20 u. 21), ist der größte Anteil der älteren Menschen verheiratet. Dies trifft v. a. auf Männer und auf die jüngeren Älteren zu. Während hochaltrige Männer im Alter von 85 Jahren und älter noch zu 61 % verheiratet sind, sind es bei den gleichaltrigen Frauen nur 14 %. 76 % sind demgegenüber verwitwet. Allerdings sagen diese Zahlen nur etwas über den Familienstand aus und nichts darüber, ob diese Frauen nicht auch in einer Partnerschaft u. U. in getrennten Haushalten leben.

Weiterhin wird aus den Daten ein leichter Anstieg des Anteils Lediger und Geschiedener in den jüngeren Altersgruppen erkennbar. Auch der Deutsche Alterssurvey bestätigt in seinen Auswertungen zum Familienstand und den Partnerschaftsformen über die Jahre 1996 bis 2014 einen leichten Wandel der Partnerschaftsformen. Demnach sinkt die Zahl derjenigen, die im jüngeren Alter, d. h. 55–69 Jahre, in erster Ehe zusammenleben von 77,7 % auf 57,7 %, wäh-

10 Soziale Beziehungen im Alter

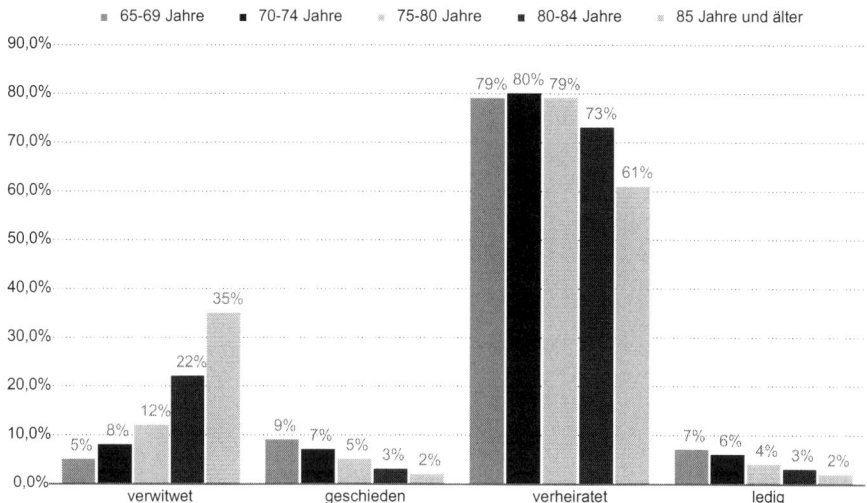

Abb. 20: Familienstand der Männer ab 65 Jahre in Deutschland im Jahr 2014 (Statista, 2017)

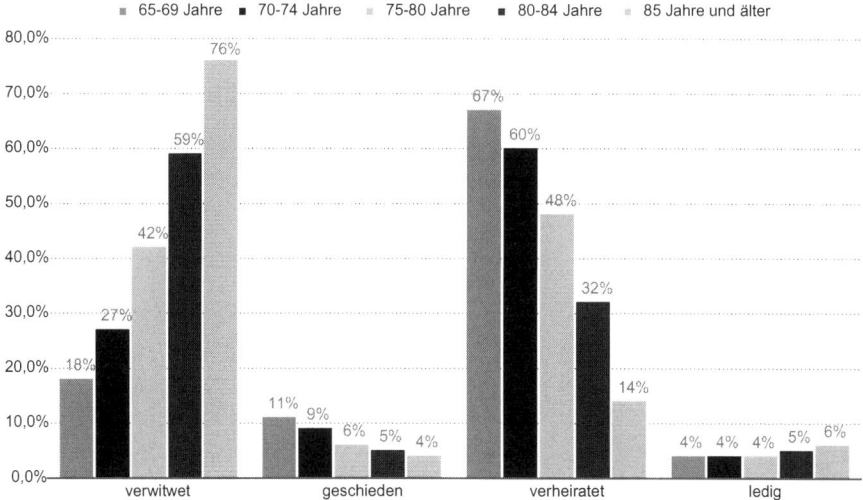

Abb. 21: Familienstand der Frauen ab 65 Jahre in Deutschland im Jahr 2014 (Statista, 2017)

rend der Anteil derjenigen, die in Folgeehen, nichtehelichen Lebensgemeinschaften oder ohne Partner leben, angestiegen ist. Für die Gruppe der über 70-Jährigen ergibt sich demgegenüber ein gegenläufiger Trend. Hier steigt der Anteil derjenigen, die in erster Ehe oder Folgeehe leben, leicht an und es verringert sich der Anteil der Partnerlosen von 46,4 % auf 30,7 % (Engstler & Klaus, 2017, S. 206).

Auch in qualitativer Hinsicht werden Veränderungen erkennbar, da der Anteil derjenigen, die in ihrer Ehe eine klassische Rollenaufteilung des männlichen Ernährermodells vereinbart haben, kontinuierlich abnimmt, während das Doppelverdienermodell weiter zunimmt. Dabei ist die Erwerbsbeteiligung der Frauen in den neuen Bundesländern höher und es arbeiten auch mehr Frauen in Vollzeit als in den alten Bundesländern. Dementsprechend verändern sich auch die Anpassungsleistungen, die ältere Paare nach dem Ausscheiden aus dem Berufsleben zu erbringen haben. Allerdings hat die Zunahme der Frauenerwerbstätigkeit den Ergebnissen des Deutschen Alterssurveys zufolge nicht zu einer veränderten Aufgabenverteilung in der Haushaltsführung geführt. Es sind weiterhin die Frauen, die für die Hausarbeit zuständig sind. Sie sind mit dieser Aufgabenverteilung aber weniger zufrieden, als wenn die Hausarbeit gleichberechtigt zwischen den Partnern aufgeteilt wird.

Neben den Kindern ist der Partner die zentrale Bezugsperson für einen älteren Menschen.

Verheiratete Paare weisen eine durchschnittliche Ehedauer von 43 Jahren auf (Generali AG, 2017, S.134), d. h. ein großer, mitunter auch der größte Teil des Lebens wird mit dem Partner verbracht. Paare sind durch viele gemeinsam bewältigte positive wie krisenhafte Lebensereignisse miteinander verbunden und können sehr vertraut miteinander sein. Der Partner ist eine der Hauptquellen für soziale Unterstützung. Viele langjährig verheiratete Paare erleben eine hohe allgemeine Zufriedenheit in der Partnerschaft. So sind den Ergebnissen der Generali Altersstudie zufolge verheiratete Ältere mit ihrer Partnerschaft insgesamt zufriedener als Verwitwete und Geschiedene (ebd., S.135). Sie haben ein höheres subjektives Wohlbefinden, eine bessere psychische Gesundheit und eine höhere Lebenszufriedenheit (Schmitt & Re, 2004, Tesch-Römer, 2010). Auch Baas und Schmitt verweisen auf Studien, nach denen 80–90 % der älteren Paare eine hohe Zufriedenheit mit ihrer Partnerschaft berichten. Verheiratete Ältere haben auch geringere Mortalitätsraten, wobei Kausalzusammenhänge nicht eindeutig nachweisbar sind. Es kann durchaus sein, dass es sich hierbei um Selektionseffekte handelt, da gesündere Personen eher heiraten und ältere Paare über bessere Ressourcen und Bewältigungsstrategien bei Belastungen verfügen als nicht in einer Partnerschaft Lebende (Baas & Schmitt, 2010).

Die Zufriedenheit mit der Partnerschaft ist von mehreren Faktoren abhängig.

Wovon ist es nun abhängig, ob ältere Paare mit ihrer Beziehung zufrieden sind? Eine zufriedenstellende Partnerschaft erfordert von den Partnern eine Anpassung ihrer bisherigen Partnerschaftsbeziehungen an neue Lebensumstände, wohingegen Partnerlose sich mit einem Partnerverlust oder ein Älterwerden ohne enge, vertraute Bezugspersonen auseinandersetzen müssen. Allerdings unterliegt die Zufriedenheit in einer Paarbeziehung Schwankungen. Es können trotz erlebter Zufriedenheit auch Phasen von Konflikten und Spannungen auftreten. Wenn auch im Längsschnitt nicht eindeutig nachweisbar, so scheint es Anzeichen eines U-förmigen Verlaufs in der ehelichen Zufriedenheit zu geben (ebd., Tesch-Römer, 2010). Zu Beginn der Partnerschaft und nach dem Auszug von Kindern sind höhere Zufriedenheitswerte zu verzeichnen als in der Phase der Familiengründung.

Auch zu den Bedingungen einer als zufriedenstellend erlebten Partnerschaft im Alter liegen uneinheitliche Ergebnisse vor. So verweist Fooken (1999) in ihrer Auswertung vorliegender Studien auf geschlechtsspezifische Unterschiede. Männer äußern sich zufriedener mit ihrer Partnerschaft als Frauen. Das Wohlbefinden von Frauen hängt zudem auch stärker vom Verhalten des Partners ab, als dies bei Männern der Fall ist. Frauen haben höhere Ansprüche an die Partnerschaft als Männer. Eine zufriedenstellende Sexualität, zu der weniger das Ausmaß sexueller Aktivität als v. a. die Fähigkeiten zur Kommunikation über die eigenen sexuellen Bedürfnisse gehört, trägt ebenfalls zur ehelichen Zufriedenheit bei. Weiterhin kann die Entwicklung eines ausgewogenen Verhältnisses zwischen Nähe und Distanz zwischen den Partnern im Verlauf der Anpassung an die nachberufliche Lebensphase als Determinante zufriedenstellender Partnerschaften angesehen werden (Schmitt & Re, 2004). Nicht zuletzt zeigt sich eine gelungene Partnerschaft auch in Fähigkeiten zur Konfliktbewältigung bzw. -vermeidung, die wiederum von Persönlichkeitseigenschaften mitbestimmt werden. Dazu zählen v. a. Kommunikationsfähigkeit und die Anwendung kooperativer Problemlösestrategien sowie Übereinstimmungen in Einstellungen und Interessen (Baas & Schmitt, 2010).

Mit der Berufsaufgabe und dem Auszug der Kinder aus dem Elternhaus sind für alte Paare vielfach die Anforderungen an neue Aufgaben- und Rollenverteilungen innerhalb der Beziehung verbunden. Dies kann – wie die ansteigende Zufriedenheitskurve zeigt – zu einem Wiederentdecken bestehender Gemeinsamkeiten und Intimität führen, aber auch mit einer Zunahme bestehender Konflikte und dem Erkennen, dass man sich auseinandergelebt hat, verbunden sein und u. U. zu einer Scheidung führen, was den Anstieg der Scheidungszahlen langjähriger Ehen erklärt.

Der Verlust des Partners durch Scheidung oder Verwitwung oder der Eintritt einer Hilfe- und Pflegebedürftigkeit des Partners stellen sog. kritische Lebensereignisse (Filipp, 2010) dar. Ihre Bewältigung erfordert eine Neuorientierung der Betroffenen, die gelingen und neue Lebensmöglichkeiten eröffnen, aber auch misslingen kann. Mehrere Faktoren nehmen Einfluss auf die Art der Bewältigung, wie die Vorhersehbarkeit des Ereignisses, das Maß an sozialem Rückhalt, die Beziehungsqualität und Persönlichkeitsmerkmale wie Kommunikations- und Konfliktfähigkeit sowie die Bereitschaft und Fähigkeit, Nähe zuzulassen. In Bezug auf die Bewältigung einer Verwitwung verweist z. B. Fooken (1999) darauf, dass bei einem plötzlichen Tod wie auch bei problematischen Beziehungen die Bewältigung des Partnerverlustes schwieriger ist.

Großelternschaft

Die bereits mehrfach erwähnten soziodemografischen Veränderungen mit einem Anstieg der Lebenserwartung auch für die ältere Generation und Veränderungen in den Familienstrukturen haben auch Konsequenzen für das Erleben einer Großelternschaft. Großeltern sind bei der Geburt des ersten Enkels älter als früher. Der Deutsche Alterssurvey geht für das Jahr 2008 von einem Durchschnittsalter von 52,5 Jahren aus (Mahne & Klaus, 2017, S. 235). Sie haben mit durchschnittlich drei Enkeln weniger Enkel als frühere Generationen und sie können das Aufwachsen ihrer Enkel über einen längeren Zeitraum begleiten, es sei denn, der Kontakt zu den Enkeln bricht durch Trennung und Scheidung der Kinder ab.

Welche Bedeutung hat die Übernahme der Großelternschaft für einen älteren Menschen bzw. welche Einbußen erfahren kinder- und enkellose Ältere?

Die Übernahme der Großelternrolle bedeutet für ältere Menschen die Übernahme einer neuen wichtigen sozialen Rolle, deren Ausübung positiv erlebt wird und für das subjektive Wohlbefinden eine hohe Bedeutung hat. Gefragt nach der Bedeutsamkeit der Großelternrolle geben über 90 % der Befragten im Deutschen Alterssurvey an, dass es ihnen wichtig bzw. sehr wichtig ist, Großeltern zu sein (ebd., S. 237). Frauen bewerten im Vergleich zu Männern eine Großelternschaft als wichtiger. Die Beziehung zu den Enkeln wird diesen Ergebnissen zufolge, unabhängig von der Kontakthäufigkeit, als eng und über die Zeit stabil erlebt. Anlässe für Konflikte, Wut oder Ärger gibt es den Aussagen der befragten Älteren zufolge sehr selten. Auch wenn die Enkel erwachsen sind, bleibt das hohe Verbundenheitsgefühl zu ihnen bestehen. Fast 90 % geben an, ein enges Verhältnis zu den erwachsenen Enkelkindern zu haben, Frauen wiederum häufiger als Männer (ebd., S. 239).

Mit der Übernahme der Großelternrolle sind vielfältige und unterschiedliche Bedeutungen verbunden, wobei die Qualität der Beziehung zu den eigenen Kindern die Gestaltung der Großelternschaft beeinflusst.

- Großeltern können für ihre Enkel eine Brücke zwischen den Generationen schlagen, indem sie familienspezifische Erfahrungen und Geschichten weitergeben. Damit sind sie für die Enkel ein wichtiger Bestandteil familiärer Stabilität. Großeltern können wertebezogene Orientierungen außerhalb der Kernfamilie vermitteln. Sie haben u. U. aus der größeren Distanz und geringeren Verpflichtungen heraus auch mehr Verständnis für die Lebenssituation ihrer Enkel und können deshalb bei Konflikten zwischen Eltern und ihren Kindern vermitteln. Großeltern ermöglichen für ihre Enkel vielfältige Interaktionserfahrungen und können gerade für jüngere Kinder wichtige Bezugspersonen sein, die Zeit haben, an die man sich bei Problemen wenden kann oder mit denen man schöne Freizeiterlebnisse teilt.
- Ein Kennzeichen der Großelternrolle ist, dass sie in ihrer Ausgestaltung variabler und weniger mit fester Verantwortlichkeit verbunden ist als die Elternrolle. Großeltern können zum einen als distanzierte Autoritätspersonen in der Familie fungieren, die nur zu bestimmten Anlässen wie Geburtstage

oder Weihnachten anwesend sind. Sie können finanzielle Unterstützung leisten und ansonsten ein distanziertes Verhältnis zu ihren Enkeln haben. Sie können aber auch fest in Betreuungsaufgaben eingebunden sein, um z. B. die Berufstätigkeit der Eltern zu ermöglichen. Oder sie verstehen ihre Aufgabe als die eines Weggefährten für ihre Enkel, denen sie sich eng verbunden fühlen und mit denen sie gemeinsame Aktivitäten ausüben.
- Großeltern spielen nicht nur eine wichtige Rolle für ihre Enkel. Auch die Enkel haben eine wichtige Bedeutung für die Großeltern. Großeltern können im Kontakt mit ihren Enkeln eine neue Nähe und Vertrautheit ohne dauerhafte Verpflichtungen und Verantwortlichkeiten erleben, was bei den eigenen Kindern u. U. nicht möglich war. Durch den Kontakt zu den Enkeln erhalten sie im Gegenzug Anregungen und werden aufgefordert, sich mit neueren Entwicklungen wie Internet oder Smartphone auseinanderzusetzen und so an gesellschaftlichen Entwicklungen teilzuhaben. Der Kontakt zu den Enkeln ermöglicht ihnen weiterhin Transzendenzerfahrungen, indem sie durch die Weitergabe von Werten und gemeinsamen Erlebnissen auch nach ihrem Tod in der Erinnerung der Enkel ›lebendig‹ bleiben. Die Betreuung und Unterstützung der Enkel kann zu einer neuen sinnstiftenden Aufgabe für einen älteren Menschen z. B. nach einer Verwitwung werden und das Gefühl vermitteln, noch gebraucht zu werden. Die Begleitung ihrer Enkel kann bei den Großeltern positive wie auch schmerzliche Erinnerungen an die eigene Elternschaft, aber auch die eigene Kindheit hervorrufen und zu deren Verarbeitung anregen.

Wovon ist es nun abhängig, wie das Verhältnis zwischen Großeltern und Enkeln ausgestaltet wird?

Neben dem Alter des Kindes haben das Verwandtschaftsverhältnis sowie Geschlecht und Alter der Großeltern Einfluss auf die Art und Häufigkeit der Kontakte zu den Enkeln. Der Kontakt zu den Enkeln von Töchtern ist häufiger und wird als enger erlebt als der zu den Enkeln von Söhnen. Je jünger die Enkel sind, desto häufiger finden sich regelmäßige Kontakt zu den Enkeln, wobei die Großmütter auch vielfältige materielle und praktische Hilfen leisten. Ca. ein Drittel der Großeltern, v. a. die Großmütter, sind den Ergebnissen des Deutschen Alterssurveys zufolge regelmäßig mit der Betreuung ihrer Enkel beschäftigt, mit steigender Tendenz (ebd.). Eine regelmäßige Betreuung wird dabei umso häufiger übernommen, je geringer die Wohnentfernung zwischen Großeltern und Enkel ist, wenn die Mütter berufstätig sind und bei kleinen Kindern bis sechs Jahren. Weiterhin wird deutlich, dass eine enge Beziehung zu den Enkeln auch bei geringerer Kontakthäufigkeit, wenn z. B. die Enkel größer werden und die Übernahme von Betreuungsaufgaben abnehmen, bestehen bleibt. Es ist v. a. die Qualität der Beziehungen zu den erwachsenen Kindern, die Einfluss auf die Enge der Beziehung zu den Enkeln nimmt (Adam & Mühling, 2016). Positive und enge Beziehungen zu den Kindern unterstützen die Aufrechterhaltung einer engen Bindung zu den Enkeln.

Zusammenfassend lässt sich somit festhalten, dass neben den Kindern die Enkel als wichtige soziale Bezugspersonen im sozialen Netzwerk älterer Menschen fungieren. Von einem guten Verhältnis zueinander profitieren sowohl die Großeltern als auch die Enkel. Der Großelternschaft kommt eine hohe emotionale Bedeutung zu. Sie trägt bei einem guten Verhältnis zum subjektiven Wohlbefinden der älteren Menschen bei. Auch bei geringerer Kontakthäufigkeit bleibt das Ausmaß empfundener Nähe hoch. Ein Zerfall familiärer Strukturen lässt sich somit für den überwiegenden Teil der älteren Menschen empirisch nicht bestätigen. Vielmehr wird aus empirischen Untersuchungen (z. B. Höpflinger et al., 2006, Philipp-Metzten, 2011) ein hohes Ausmaß innerfamiliärer Solidarität erkennbar, das sogar zur Übernahme von Pflegeverantwortung für pflegebedürftige Großeltern durch ihre Enkel führt.

10.3.2 Außerfamiliäre Beziehungen (Nachbarn und Freunde)

Das soziale Beziehungsnetz eines älteren Menschen umfasst mehr als Familienbeziehungen. Auch wenn gute Beziehungen zu Kindern, zum Partner und zu Enkeln wesentlich zum subjektiven Wohlbefinden beitragen, so kann dies auch durch zufriedenstellend erlebte außerfamiliäre Beziehungen zu Freunden und Nachbarn erreicht werden. Angesichts der Veränderungen in den Familienstrukturen steigt die Bedeutung von Freunden als Ergänzung oder Ersatz zum familiären Beziehungsgefüge. Die besondere Qualität von Freundschaftsbeziehungen entsteht dadurch, dass

- Freunde frei gewählt werden, wobei gemeinsame Interessen und das Gefühl von Nähe und Zuneigung für das Eingehen einer Freundschaft entscheidend sind.
- Freundschaftsbeziehung weniger durch feste Normen und Verpflichtungen gekennzeichnet sind. Die sog. Reziprozitätsnorm, d. h. die Verpflichtung zur Hilfeleistung, wenn man selber Hilfe erhalten hat, gilt in Freundschaftsbeziehungen weniger als innerhalb einer Familie.
- Freundschaften über einen langen Zeitraum bestehen können und Freunde somit im ›sozialen Konvoi‹ zu langjährigen Weggefährten werden, mit denen wichtige Lebensereignisse wie die Partnerwahl oder die Familiengründung gemeinsam erlebt wurden.
- Freundschaften im Unterschied zu Familienbeziehungen auch aufgekündigt werden können.

Welche Bedeutung haben Freunde für die erlebte soziale Verankerung? Welche Einflussfaktoren auf das Ausmaß und das Erleben der Beziehung zu Freunden lassen sich aus empirischen Studien erkennen?

Bei Beantwortung dieser Frage wird erneut v. a. auf die Ergebnisse des Deutschen Alterssurveys Bezug genommen (Böger et al., 2017). Neben geschlechtsspezifischen Unterschieden lassen sich auch Unterschiede in der Bedeutsamkeit von Freunden in Abhängigkeit von der Art des Austauschs erkennen.

Auffallend ist, dass im Zeitraum von 1996 bis 2014 die Anzahl und die Bedeutung von Freunden zugenommen haben. Dies gilt v. a. für die Gruppe der jüngeren Älteren. Freunde werden häufiger dem engeren Netzwerk zugeordnet und sie werden um Rat oder emotionalen Zuspruch gebeten. Auch nehmen die gemeinsamen Freizeitaktivitäten zu. Je nach Geschlecht und Bildungsstand haben Freunde eine unterschiedliche Bedeutung. Für Frauen hat die emotionale Unterstützung durch Freunde einen höheren Stellenwert als für Männer, die emotionale Unterstützung v. a. bei ihrer Partnerin suchen (ebd., S. 259). Ältere Menschen mit einem formal geringeren Bildungsstand sind familienzentrierter und unternehmen in ihrer Freizeit seltener etwas mit Freunden als Ältere mit einem höheren Bildungsstand. Ältere mit einem großen Bekanntenkreis fühlen sich zudem seltener einsam (Generali Deutschland AG, 2017, S.125).

Allerdings ergeben sich im hohen Alter auch Einschränkungen in der Pflege von Freundschaften, sei es, dass gesundheitliche Einschränkungen die Pflege der Freundschaften erschwert oder dass die meist ähnlich alten Freunde bereits verstorben sind. Sowohl die Daten aus dem Deutschen Alterssurvey als auch aus der Generali Altersstudie belegen, dass jüngere Ältere über einen größeren Bekanntenkreis verfügen und häufiger mit Freunden gemeinsame Aktivitäten unternehmen als Hochaltrige (Böger et al., 2017, Generali Deutschland AG, 2017).

Auch Nachbarn können zum außerfamiliären Beziehungsnetz gezählt werden. Im Unterschied zu Freunden, die man aufgrund der Wohnentfernung seltener sieht, ist die Kontakthäufigkeit zu Nachbarn größer. Hier besteht der Bezugspunkt im gemeinsamen Wohnort und dem Austausch von kleineren Hilfeleistungen im Alltag. Mitunter können aus guten Nachbarschaftsbeziehungen auch Freundschaften entstehen.

Für die Soziale Arbeit mit älteren Menschen wird die Beschäftigung mit der Qualität von Freundschafts- und Nachbarschaftsbeziehungen dann bedeutsam, wenn es darum geht, Unterstützungsnetzwerke für ältere Menschen mithilfebedarf zu knüpfen, die nicht auf familiäre Hilfe im erforderlichen Ausmaß zurückgreifen können. Dabei stellt sich die Frage, wie verlässlich und mit welchen Aufgaben Freunde und Nachbarn betraut werden und inwieweit sie familienergänzend oder familienersetzend Pflege- und Betreuungsleistungen übernehmen können. Zur Untersuchung dieser Fragen lassen sich zwei unterschiedliche theoretische Positionen heranziehen, die im nachfolgenden Kasten kurz vorgestellt werden: Die These der »hierarchischen Kompensation« von Cantor (1979) und die These der »funktionalen Spezifität« von Litwak (1985, vgl. auch Künemund & Hollstein, 2000).

These der »hierarchischen Kompensation« von Cantor

Nach dieser These gibt es kulturell festgelegte Präferenzordnungen, die festlegen, an wen man sich mit einem Hilfegesuch wendet. Die Familie ist die erste Hilfeinstanz und hat Vorrang vor außerfamiliärer Hilfe durch Freunde oder Nachbarn. Somit entscheidet die Art der Beziehung zum Helfer und weniger die Art der erforderlichen Hilfeleistung, wer um Hilfe gefragt wird. An erster Stelle in der Hierarchie der Helfer stehen der Partner und Kinder, danach weitere Familienangehörige. Sind keine Familienangehörigen verfügbar, wird bei der nachgeordneten Instanz, den Freunden und Nachbarn nachgefragt. Auf der untersten Hierarchieebene sind formale Organisationen z. B. Pflege- und Betreuungsdienste angesiedelt. Der Ausfall einer Hilfeperson kann somit durch den nachgeordneten Helfer ersetzt werden. Cantor hat ihre These empirisch überprüft und bestätigt, indem sie Ältere gefragt hat, an wen sie sich mit der Bitte um Hilfe und um Zuspruch und Trost am liebsten wenden würden. Die Antworten auf diese Fragen haben die These bestätigt (ebd., S. 215).

These der »funktionalen Spezifität« von Litwak

Nach dieser These ist die Art der Hilfeleistung und nicht das Verhältnis zum Helfer entscheidend, wer um Hilfe gefragt wird. Die erforderlichen Hilfeleistungen lassen sich dabei nach verschiedenen Merkmalen unterscheiden wie der erforderlichen Kenntnisse, dem Ausmaß benötigter Zeit und der Notwendigkeit räumlicher Nähe. Informelle Helfer wie Familienangehörige können besonders die Hilfen erbringen, die individuell, spezifisch, schnell und flexibel zu leisten sind. Außerdem sind Familienangehörige besonders für die Hilfen geeignet, die eine genaue Kenntnis der Lebensgeschichte erfordern und den Intimbereich des Hilfebedürftigen wie z. B. Pflegeleistungen betreffen. Nachbarn können gut Hilfen übernehmen, die räumliche Präsenz erfordern wie Einkäufe, plötzlich notwendige Fahrten zum Arzt etc. Freunde sind hingegen gut zur Übernahme von Aufgaben geeignet, für die gemeinsam geteilte Erfahrungen bedeutsam sind wie z. B. als Ansprechpartner und Ratgeber zur zukünftigen Lebensgestaltung. Formale Organisationen haben dieser These zufolge ihre Stärken in der Übernahme von Aufgaben, die standardisiertes Expertenwissen voraussetzen wie z. B. die Durchführung von Pflegemaßnahmen (ebd., S. 216). Da die Expertise des einzelnen Helfers seine Befähigung zur Erbringung einer Hilfeleistung bestimmt, kann – im Gegensatz zur These der hierarchischen Kompensation – der Ausfall eines Helfers im Hilfesystem nicht kompensiert werden. Dies führt dazu, dass z. B. beim Tod des Partners und einer großen Wohnentfernung zu den Kindern Versorgungslücken entstehen, die nicht durch Nachbarn oder formale Organisationen in gleicher Weise geschlossen werden können.

Der Unterschied zwischen beiden Thesen liegt in ihren unterschiedlichen Betrachtungsweisen der Hilfestrukturen. Während Cantor nach subjektiven Präferenzen fragt, beschäftigt sich Litwak mit den tatsächlich erbrachten Hilfeleistungen. Auch wenn ein älterer Mensch am liebsten von seinen Kindern gepflegt werden möchte, könnte dieser Wunsch aufgrund der Wohnentfernung oder einer Gesundheitsbeeinträchtigung des Kindes nicht verwirklicht werden. Somit handelt es sich nicht um zwei gegensätzliche, sondern vielmehr um einander ergänzende theoretische Annahmen (vgl. für eine ausführliche Diskussion dieser beiden Ansätze ebd.).

Für die in der Sozialen Arbeit mit älteren Menschen Beschäftigten lassen sich hieraus folgende Schlussfolgerungen ziehen. Ergänzend zur Erfassung der Wünsche der unterstützungsbedürftigen Älteren, wer welche Hilfeleistung nach Möglichkeit erbringen sollte, ist auch zu ermitteln, welche Helfer tatsächlich verfügbar sind. Dabei sind familiär erbrachte Hilfen – entsprechend der These der funktionalen Spezifität – nicht vollständig durch außerfamiliäre Helfer zu ersetzen. Die Bemühungen um eine Stärkung nachbarschaftlicher und freiwilliger Helfer durch Quartiersansätze und die Förderung nachbarschaftlicher Sorgearbeit tragen zwar dazu bei, Versorgungslücken abzumildern und den Verbleib in der eigenen Wohnung auch bei Pflegebedürftigkeit zu verlängern. Sie können das Fehlen familiärer Hilfen jedoch nicht vollständig ausgleichen. Ältere Menschen ohne oder mit brüchigen Familienbeziehungen sind deshalb besonders gefährdet, nicht die Hilfen zu erhalten, die sie benötigen.

10.3.3 Bedingungen des Erlebens von Einsamkeit

Das Vorhandensein bzw. Fehlen von Familienbeziehungen ist ein zentrales Unterscheidungsmerkmal in den Lebenslagen älterer Menschen. Wie Studien belegen, geht ein gutes Verhältnis zu den Kindern, zum Partner und zu den Enkeln mit einer hohen Lebenszufriedenheit und subjektivem Wohlbefinden einher. Familienangehörige sind wichtige Ansprechpartner bei Fragen und Problemen. Sie leisten nicht nur vielfältige Unterstützung für den älteren Menschen, sondern ermöglichen durch einen wechselseitigen Austausch die Teilhabe am Leben ihrer Angehörigen und das Gefühl, wichtig zu sein und gebraucht zu werden. All diese Möglichkeiten bestehen für alleinstehende, partner- oder kinderlose ältere Menschen im erheblich geringeren Ausmaß. Dennoch unterscheiden sie sich der Generali Altersstudie und dem Deutschen Alterssurvey zufolge (Generali Deutschland AG, 2017, Mahne et al., 2017) in der Häufigkeit des Erlebens von Einsamkeit nur im geringen Maß von Gleichaltrigen mit Kindern bzw. einem Partner. Selbst hochaltrige Menschen mit einem kleineren sozialen Netz erleben selten Einsamkeit.

Somit zeigt sich, wie bereits in Kapitel 10.1.1 ausgeführt, dass Einsamkeit mit einem Gefühl sozial ausgeschlossen zu sein zusammenhängt, das nicht von der Anzahl bestehender sozialer Beziehungen, sondern vom Erleben dieser Beziehungen bestimmt wird. Dieses Gefühl, ausgeschlossen und isoliert zu sein, entsteht v. a., wenn die Menge oder die Qualität der persönlichen Beziehungen als nicht ausreichend empfunden und die eigenen Beziehungsbedürfnisse nicht hinreichend erfüllt werden. Als Risikofaktoren für das Erleben von Einsamkeit werden nach Tesch-Römer (2012)

- ein schlechter Gesundheitszustand,
- Mobilitätseinschränkungen,
- ein geringes Selbstwertgefühl sowie
- eine geringe Kontrollüberzeugung, d. h. die Überzeugung sein Leben selbst beeinflussen und gestalten zu können, angesehen.

Dass sich nur ein kleiner Anteil älterer Menschen einsam fühlt, wiederlegt nicht nur bestehende Altersbilder, sondern kann auch als Ergebnis gelungener Anpassungsprozesse verstanden werden. Trotz kleiner werdender sozialer Netze scheint es den meisten älteren Menschen zu gelingen, ihre Bedürfnisse nach Nähe und Austausch unter den gegebenen Lebensumständen zu erfüllen.

Versucht man diese Vielzahl von empirischen Daten und theoretischen Modellen in Bezug auf ihre Bedeutung für die Soziale Arbeit mit älteren Menschen zusammenzufassen, so ist Folgendes festzuhalten:

- Art und Ausmaß sozialer Verankerung älterer Menschen beschreiben eine zentrale Lebenslagedimension mit erheblichen Auswirkungen auf weitere Lebenslagebereiche wie z. B. die Möglichkeiten, in schwierigen Lebenslagen auf Hilfe zurückgreifen zu können, sowie auf das Erleben von Wohlbefinden und Lebenszufriedenheit. Die Differenzierung zwischen älteren Menschen mit und ohne familiäre Einbindung ist deshalb ein wichtiges Unterscheidungskriterium auch zur Identifikation eines Unterstützungsbedarfs im Alter.
- Soziale Beziehungen älterer Menschen verändern sich im Zusammenhang mit gesellschaftlichen Wandlungsprozessen. Dies gilt insbes. für Beziehungen zu den Kindern und für Partnerschaftsbeziehungen. Da der Anteil zeitlebens kinderlos gebliebener Älterer zunimmt, steigt die Bedeutsamkeit außerfamiliärer Bezugspersonen sowie die Notwendigkeit zur Bereitstellung außerfamiliärer Hilfen in schwierigen Lebenssituationen.
- Unabhängig vom Familienstand sind die meisten älteren Menschen in ein familiäres bzw. soziales Beziehungssystem eingebunden. Dieses ist in der Beratungsarbeit mit älteren Menschen zu beachten und nach Möglichkeit mit einzubeziehen.
- Bei Erfassung der sozialen Verankerung älterer Menschen sind zwei Ebenen zu berücksichtigen, die Ebene der faktisch bestehenden Beziehungen und die des subjektiven Erlebens dieser Beziehungen. Auch hier gelten bei der Beschreibung der persönlich erlebten sozialen Verankerung die Mechanismen des Zufriedenheitsparadoxons.
- Die Bereitstellung niederschwelliger Angebote wie z. B. Begegnungstreffs leistet einen wichtigen Beitrag zur Verringerung von Isolation und Einsamkeit im Alter, erfordert jedoch auch beim Älteren eine Offenheit und die Bereitschaft, sich auf neue Begegnungen einzulassen, über die nicht alle Älteren verfügen.

11 Wohnen und Umweltgestaltung im Alter

>»Menschen benötigen Räume zur Entfaltung und Kontrolle ihrer alltäglichen Umwelt« (Saup, 1993, S.10).

Doch weshalb sollten sich Sozialarbeiter mit der Wohnsituation und dem Wohnumfeld älterer Menschen auseinandersetzten, zumal der überwiegende Teil der älteren Menschen selbstständig und ohne Unterstützung in ihrer eigenen Wohnung lebt? Auf diese Frage lassen sich mehrere sowohl theoretisch als auch empirisch begründete Antworten geben.

1. Menschliches Verhalten – so die Annahme von Theorien der ökologischen Gerontologie – ergibt sich aus dem Zusammenspiel von Persönlichkeitsmerkmalen und Umweltbedingungen (Mollenkopf et al., 2004, Saup, 1993). Ob ein älterer Mensch mit einer Beeinträchtigung noch selbstständig in seinem vertrauten Umfeld verbleiben kann, wird auch durch äußere Rahmenbedingungen mitbeeinflusst und lässt sich durch Wohnraumanpassungsmaßnahmen, Technikeinsatz oder eine barrierearme Gestaltung des öffentlichen Raums verbessern.
2. Lebensqualität wird auch von der Wohnsituation mitbestimmt (▶ Kap. 8). Nicht umsonst gilt die Wohnsituation als ein Indikator zur Bestimmung von Lebensqualität (vgl. hierzu Glaser & Zapf, 1984, zit. n. Schäfers, 2008, S. 39). Bezahlbarer Wohnraum und die Möglichkeit, im vertrauten Wohnumfeld gewachsene soziale Beziehungen aufrechtzuerhalten, tragen zur Lebenszufriedenheit und zum subjektiven Wohlbefinden bei. Die Förderung tragfähiger Nachbarschaftsstrukturen und Begegnungsmöglichkeiten z. B. durch Quartiersentwicklungsprojekte ermöglicht soziale Teilhabe, verringert soziale Isolation und kann die Inanspruchnahme professioneller Hilfe hinauszögern.
3. Mit zunehmendem Alter wird die Wohnung zum zentralen Lebensmittelpunkt, da außerhäusliche Aktivitäten schwerer fallen und mehr Zeit in der eigenen Wohnung verbracht wird. Den Ergebnissen der Berliner Altersstudie (Baltes et al., 2010, S. 555) zufolge werden 80 % der Alltagsaktivitäten älterer Menschen, Freizeitaktivitäten inklusive, in der eigenen Wohnung durchgeführt. Der Zeitbudgetstudie zum Alltagsverlauf von Engstler zufolge verbringen die 70-Jährigen und älteren nur vier bis fünf Stunden außerhalb der eigenen Wohnung, wohingegen die 40- bis 59-Jährigen zwischen sieben und

neun Stunden außerhäusliche Aktivitäten angeben (Engstler, 2004, S. 237). Selbst wenn von interindividuellen Unterschieden im Ausmaß außerhäuslicher Aktivitäten auszugehen ist, so wird deutlich, dass mit zunehmendem Alter die eigene Wohnung der zentrale Ort zur Alltagsgestaltung ist. Je geringer der Bewegungsradius wird, desto bedeutsamer wird die Wohnsituation für die eigene Zufriedenheit, Wohlbefinden und Selbstständigkeit.

Für die Soziale Arbeit mit älteren Menschen ergeben sich im Zusammenhang mit dem Bemühen um eine Verbesserung der Wohnsituation älterer Menschen somit sehr unterschiedliche Aufgabenbereiche. Diese beschränken sich nicht allein auf die Wohnberatung zur Schaffung barrierearmer Wohnungen, sondern zielen auch auf die Veränderung von Wohnumfeldfaktoren ab. Arbeitsfelder liegen

- in Wohnberatungsstellen in der individuellen Beratung älterer Menschen z. B. bei der Auswahl des passenden Wohnangebots oder der Durchführung von Wohnraumanpassungsmaßnahmen,
- bei Trägern in der Mitwirkung bei der Entwicklung und Umsetzung von Wohn- und Unterstützungsangeboten für Menschen mit Hilfe- und Pflegebedarf in der stationären und ambulanten Versorgung oder
- bei Kommunen durch Mitwirkung auf kommunaler Ebene zur Schaffung alternsgerechter Lebensräume, die eine selbstständige Lebensführung und soziale Teilhabe ermöglichen.

Im nachfolgenden Kapitel werden deshalb die folgenden Fragen behandelt:

1. Welche umweltbezogenen Faktoren nehmen Einfluss auf das Wohlbefinden und die Selbstständigkeit im Alter? (▶ Kap. 11.1)
2. Wie wohnen ältere Menschen und welche Wohnbedürfnisse haben sie? (▶ Kap. 11.2)
3. Welche Unterstützungsmöglichkeiten für ältere Menschen mit Hilfebedarf gibt es, um so lange wie möglich selbstständig und im vertrauten Umfeld leben zu können? (▶ Kap. 11.3)

11.1 Zur Bedeutung des Wohnens und von Umweltfaktoren

Theorien und Modelle, die sich mit der Bedeutsamkeit von Umweltfaktoren für das individuelle Verhalten eines älteren Menschen beschäftigen, werden der ökologischen Gerontologie zugeordnet. Deren Gegenstandsbereich lässt sich wie folgt beschreiben (Mollenkopf et al., 2004, Saup, 1993):

Ökologische Gerontologie

Die ökologische Gerontologie befasst sich mit der Beschreibung des Verhältnisses zwischen einem älteren Menschen und seiner Umwelt mit dem Ziel, die Wirkung von Umwelten auf Erleben und Verhalten zu erfassen und zu ermitteln, unter welchen Umweltgegebenheiten auch bei eingeschränkter persönlicher Kompetenz Wohlbefinden und eine selbstständige Lebensführung möglich sind.

Ihre Ausgangsannahme besagt, dass Altern und erfolgreiches Altern von »Ressourcen und Begrenzungen der jeweils gegebenen Umweltbedingungen, speziell dem räumlich-dinglichen Kontext abhängt« (Claßen et al., 2014, S. 14). D. h., das Verhältnis zwischen der sozialen, räumlichen und dinglichen Umwelt und dem Individuum mit seinen verfügbaren Kompetenzen und subjektiven Sichtweisen seiner Umwelt und seinen Kompetenzen sind entscheidend für Wohlbefinden und die Definition des Unterstützungsbedarfs.

In Deutschland ist die ökologische Gerontologie noch ein vergleichsweise junger Wissenschaftszweig der Gerontologie, der sich erst seit den 1970er Jahren etabliert hat mit dem damaligen Fokus der Erfassung der Bedeutung institutioneller Umwelten in Altenpflegeheimen für Wohlbefinden und Selbstständigkeit (Saup, 1993). Der Theoriebestand in der deutschsprachigen ökologischen Gerontologie ist überschaubar und bewegt sich überwiegend auf der Ebene deskriptiver Modelle, die Determinanten und Wirkungsmechanismen zwischen Umwelt- und Personenmerkmalen beschreiben. Aus dem Verhältnis zwischen personenbezogenen Merkmalen und Umweltmerkmalen lassen sich Hinweise über gelingende Selbstständigkeit und Wohlbefinden bzw. Gefährdungen ableiten. Dies wird z. B. aus dem Rahmenmodell von Mollenkopf et al. (2004) deutlich, das in Kapitel 11.1.1 beschrieben und mithilfe eines Fallbeispiels erläutert wird.

Weitere Modelle, aus denen sich Handlungsorientierungen z. B. für die Wohnberatung für einen älteren Menschen ableiten lassen, sind das Prozessmodell der Person-Umwelt-Interaktion im Alter von Saup (Saup 1993) und das Rahmenmodell zum Person-Umweltaustausch (Wahl et al., 2012), die in den Kapiteln 11.1.2 und 11.1.3 vorgestellt werden. Alle drei Modelle sind vom ökologischen Modell des Alterns von Lawton beeinflusst. Dessen Modell hat sich bereits sehr früh mit den Wechselwirkungen zwischen persönlichen Kompetenzen und Umweltanforderungen zur Erreichung eines erfolgreichen Alterns beschäftigt. Es kann als ein Wegbereiter zur ökologischen Theoriebildung und empirischen Forschung angesehen werden und wurde bereits in Kapitel 5.2.4 beschrieben.

Forschungsschwerpunkte in der ökologischen Gerontologie liegen zum einen in Analysen zur Wohnsituation älterer Menschen, zum Wohnerleben, Wohnverhalten und zu Wohnwünschen. Eine weitere Schwerpunktsetzung, die in jüngster Zeit zunehmend an Bedeutung gewinnt, sind Studien zur Wohnumfeldnutzung, außerhäuslichen Mobilität, Verkehrsteilnahme und Techniknutzung als ein Aspekt von Umwelt (vgl. z. B. Claßen et al., 2014).

Nachfolgend werden die drei oben erwähnten Rahmenmodelle vorgestellt und ihre Praxisrelevanz anhand eines Fallbeispiels erläutert.

11.1.1 Das Rahmenmodell von Mollenkopf, Oswald, Wahl & Zimber

Das Rahmenmodell zum Verhältnis von Alter und Umwelt veranschaulicht die verschiedenen Bereiche von Umwelt und ihre Funktionen, die Umwelten für einen älteren Menschen haben, sowie personenbezogene Determinanten, die Umwelterleben und umweltbezogenes Verhalten mitbestimmen (▶ Abb. 22).

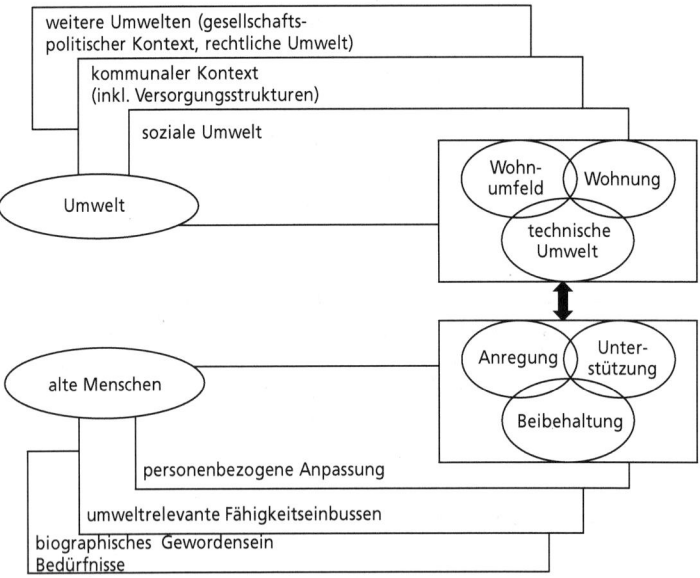

Abb. 22: Alter und Umwelt – Veranschaulichung wesentlicher Zusammenhänge, Quelle: Mollenkopf, H., Oswald, F., Wahl, H. W. & Zimber, A. (2004). Räumlich-soziale Umwelten älterer Menschen: Die ökologische Perspektive. In A. Kruse & M. Martin (Hrsg.), Enzyklopädie der Gerontologie. Alternsprozesse in multidisziplinärer Sicht (4. Aufl.) (S. 343–361). Bern: Huber, S. 345

Wie aus dieser Abbildung erkennbar wird, umfasst Umwelt mehr als die unmittelbare räumlich-dingliche Umwelt der eigenen Wohnung. Vielmehr sind auch die soziale Umwelt und Versorgungsstrukturen sowie der rechtliche und gesellschaftspolitische Kontext als relevante Umweltmerkmale zu berücksichtigen, mit denen sich der Einzelne auseinanderzusetzten hat und die seine Handlungsmöglichkeiten bestimmen. Dabei werden in diesem Modell Umwelten nach folgenden Funktionen differenziert (Mollenkopf et al., 2004, S. 345):

- *Unterstützungsfunktion* (durch Kompensation ausgefallener Funktionen beim Älteren z. B. Barrierefreiheit zum Erhalt von Mobilität bei Gehbeeinträchtigungen),
- *Anregungsfunktion* (durch Breitstellung von Anregungen z. B. Stadtteiltreff, kulturelle Angebote),
- *Beibehaltungsfunktion* (durch Sicherstellung von Kontinuität im eigenen Leben, die zur Identitätserhaltung und dem Gefühl von Vertrautheit beitragen).

Die Bedeutsamkeit dieses Modells zum Verstehen des Erlebens der Wohnsituation und der von einem älteren Menschen gezeigten Anpassungsstrategien an ungünstige Wohnbedingungen sowie zur Ermittlung von Handlungserfordernissen soll anhand des nachfolgenden Fallbeispiels verdeutlicht werden.

Fallbeispiel

Herr Baum ist Sozialarbeiter und arbeitet in einer Wohnberatungsstelle eines großen konfessionellen Trägers in eine Stadt mit 50.000 Einwohnern. Heute hat er für den Vormittag zwei Beratungstermine in seinen Terminkalender eingetragen und für den Nachmittag eine Dienstbesprechung, auf der die Beteiligung des Trägers an einem Quartiersentwicklungsprojekt diskutiert werden soll. Herr Baum geht nochmals seine Notizen durch, die er sich beim telefonischen Erstkontakt mit den beiden Ratsuchenden gemacht hat.

Als erstes kommt Frau Naumann mit ihrer Tochter. Frau Naumann ist 85 Jahre, sehbehindert und vor kurzem gestürzt. Seitdem ist sie so gehbeeinträchtigt, dass sie für längere Strecken auf einen Rollstuhl angewiesen ist. Sie lebt allein in einer kleinen Zweizimmerwohnung ohne Aufzug direkt im Zentrum. Ihr Mann ist verstorben und die Tochter lebt 300 km entfernt, so dass sie nur an den Wochenenden ihre Mutter unterstützen kann. Frau Naumann ist ihr Leben lang trotz ihrer Sehbehinderung sehr selbstständig gewesen und hat große Probleme, fremde Hilfe anzunehmen. Auf keinen Fall möchte sie aus ihrer Wohnung ausziehen, auch wenn sie seit ihrem Sturz nicht mehr allein aus dem Haus gehen kann, da sie ohne Hilfe die Treppen nicht mehr bewältigen kann. Sie liebt ihre liebevoll eingerichtete Wohnung, in der sie nach dem Auszug ihrer Tochter noch gemeinsam mit ihrem Mann vor 25 Jahren eingezogen ist, und sie hat enge Kontakte zu ihren Nachbarn. Von Herrn Baum erhoffen sich Frau Naumann und ihre Tochter Ratschläge, wie Frau Naumann trotz ihrer Beeinträchtigung zu Hause wohnen bleiben kann.

Als zweiter Ratsuchender kommt das Ehepaar Xaver, beide 75 Jahre. Das Ehepaar Xaver lebt im eigenen Haus mit Garten in einem ländlich geprägten Vorort. Vor einem halben Jahr hat Herr Xaver die Diagnose Demenz erhalten. Noch schafft es Frau Xaver, sich allein um Haus und Garten und ihren Mann zu kümmern, merkt jedoch, dass ihre Kräfte nachlassen. Sie hat Angst, ihren Aufgaben bald nicht mehr gewachsen zu sein. Da beide keine

> Kinder haben und durch den Beruf des Mannes viel umgezogen sind, leben sie recht zurückgezogen in ihrem Haus und haben wenig Kontakt zu ihren Nachbarn. Die Eheleute überlegen schweren Herzens, vielleicht ihr Haus zu verkaufen und näher ins Zentrum in eine altengerechte Wohnung zu ziehen. Frau Xaver äußert dabei auch die Hoffnung, leichter aus ihren »vier Wänden rauszukommen«, um etwas zu unternehmen, da sie sehr ungern Auto fährt und öffentliche Verkehrsmittel nicht gut erreichbar sind. Sie würde sich auch gern ehrenamtlich engagieren, um neue Kontakte zu knüpfen, kann sich nur nicht vorstellen, wie das gehen sollte. Von Herrn Baum erhoffen auch sie sich Ratschläge, was für sie das Beste wäre.

Wie aus dem Fallbeispiel deutlich wird, entstehen die Probleme der Ratsuchenden dadurch, dass als Folge von Gesundheitsbeeinträchtigungen eine selbstständige Lebensführung in der bisherigen Wohnung bzw. dem Wohnumfeld schwieriger wird. Während für Frau Naumann die Aufrechterhaltung der vertrauten Wohnsituation trotz der vorhandenen Barrieren einen hohen Stellenwert besitzt, da es Vertrautheit, soziale Kontakte und Kontinuität in ihrem Leben i. S. der Beibehaltungsfunktion vermittelt, erwägt das Ehepaar Xaver eine Veränderung, um präventiv auf mehr Unterstützungsmöglichkeiten z. B. durch Betreuungsmöglichkeiten für den Ehemann und eine bessere Infrastruktur (Unterstützungsfunktion) zurückgreifen zu können. Gleichzeitig wünscht sich Frau Xaver auch mehr Anregungen, um trotz der Demenzerkrankung ihres Partners ihren Bedürfnissen nach Kontakt und sozialen und kulturellen Aktivitäten besser nachgehen zu können (Anregungsfunktion).

Aus der Gegenüberstellung der beiden Ratsuchenden wird weiterhin deutlich, dass die Anpassungsstrategien – Bewahren vs. Veränderungen – eines Menschen individuell verschieden sind. Während das Ehepaar Xaver sich vorausschauend um eine Veränderung seiner Wohnsituation bemüht, um seinen Bedürfnissen entsprechend weiterhin selbstständig wohnen zu können, ist bei Frau Naumann trotz bereits eingetretener Einbußen wenig Bereitschaft zu einer Veränderung erkennbar.

Schließlich verweist das Beispiel auch darauf, dass Fähigkeitseinbußen, wie im Modell dargestellt, immer in Bezug zum jeweiligen Umweltkontext einzuschätzen sind. Würde Frau Naumann in einer barrierearmen Wohnung leben und ggf. auf einzelne technische Hilfen zur Kompensation ihre Seh- und Gehbehinderung zurückgreifen können, könnte sie angesichts ihrer guten Kontakte zu ihren Nachbarn und der guten Infrastruktur weitgehend selbstständig in ihrer vertrauten und von ihr geliebten Wohnung leben. Ein barrierearmes Wohnumfeld würde sie darin zusätzlich unterstützen. Wäre das Haus des Ehepaars Xaver besser an den öffentlichen Personennahverkehr angebunden und gäbe es eine aktive sorgende Nachbarschaft, die Frau Xaver mitunterstützen würde, könnte ein Umzug hinausgezögert werden.

In diesem Beispiel wird die Umwelt der Ratsuchenden nur in Bezug auf ihre Wohnsituation und das unmittelbare Wohnumfeld beschrieben. Welche Lösungsvorschläge Herr Baum seinen Ratsuchenden anbieten kann, ist allerdings auch von weiteren Umweltbedingungen mitbestimmt, die im Modell als kommunaler Kontext bezeichnet werden. Dieser wird wiederum von politischen und rechtlichen Rahmenbedingungen mitbestimmt. Das Vorhandensein von Beratungs- und Unterstützungsangeboten wie z. B. ein leicht zugänglicher generationenübergreifender Begegnungstreff, die Initiierung ehrenamtlicher Helfer zur Unterstützung älterer Menschen mit Hilfebedarf, aber auch die vorgefundene Infrastruktur und Angebote von Gesundheitsdienstleistungen unterliegen dem Verantwortungsbereich der Kommunen, der wiederum von politischen und rechtlichen Vorgaben beeinflusst wird. Bezogen auf das Fallbeispiel könnte Herr Baum in der Dienstbesprechung am Nachmittag auf die ihm bekannten Defizite in der Umwelt- und Angebotsgestaltung seiner Stadt hinweisen und die Wichtigkeit eines Quartiersprojekts betonen.

11.1.2 Das Prozessmodell der Person-Umwelt-Interaktion im Alter von Saup

Dieses sich an Handlungstheorien orientierende Modell beschreibt die Interaktionen zwischen einer Person und ihrer Umwelt als Handlungsprozess. Dieser wird von Umwelt- und Situations- und Personenmerkmalen sowie externen Ressourcen wie Einkommen und den sozialen Beziehungen, die einer Person zur Verfügung stehen, bestimmt (▶ Abb. 23). Relevante Umweltmerkmale werden in diesem Modell nach ihrem Setting (eigene Wohnung = drinnen) und dem Aktionsraum (Nachbarschaft = draußen) unterschieden. Außerdem werden verschiedene Umweltfaktoren als relevant erachtet, nach denen sich Umwelten voneinander unterscheiden lassen.

Das Anliegen dieses Modells ist es zu verdeutlichen, dass Menschen nicht nur reaktiv auf Umwelten reagieren, sondern über ihre individuell ausgebildeten Präferenzen und Copingstile aktiv auf vorgefundene Umwelten einwirken. Ähnlich wie im Modell von Lawton (▶ Kap. 5.2.4) wird eine Passung zwischen Personen- und Umweltmerkmalen als Bedingung für Zufriedenheit und Wohlbefinden angenommen. Das Prozessmodell der Person-Umwelt-Interaktion kann nicht erklären, wie Menschen auf ihre vorgefundenen Umwelten reagieren und wie sie diese erleben. Allerdings können die beschriebenen Umweltfaktoren zur Einschätzung der Wohnsituation von älteren Menschen herangezogen werden und so ein Hilfebedarf ermittelt werden. Der Hinweis auf die biografisch erworbenen Präferenzstrukturen und persönliche Fähigkeiten hilft außerdem zu verstehen, weshalb Menschen sich in einer bestimmten Weise in ihrer Umwelt verhalten und warum die gleiche Wohnsituation von zwei verschiedenen Menschen durchaus unterschiedlich bewertet wird.

Nach diesem Modell wirken Umweltmerkmale beim Einzelnen über die subjektive Wahrnehmung der Umwelt, im Modell als Umweltperzeption bezeichnet. Dieser Wahrnehmungsfilter beeinflusst, wie stark Menschen die Kontrollierbarkeit, den Anregungsgehalt, Barrieren, Zugänglichkeit und Privatheit in ihrer Umwelt erleben und bewerten.

Bezogen auf das in Kapitel 11.1.1 vorgestellte Fallbeispiel wäre es für Herrn Baum wichtig, in den Beratungsgesprächen herauszufinden, wie Frau Naumann

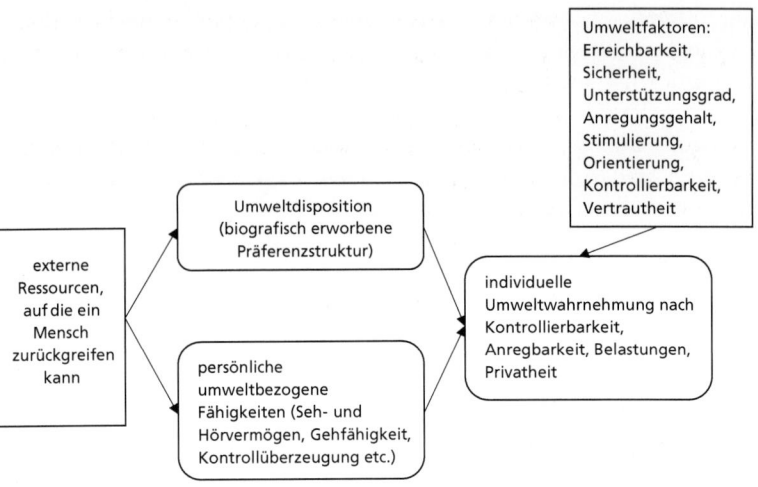

Abb. 23: Prozessmodell der Person-Umwelt-Interaktion im Alter, eigene Darstellung nach Saup, 1993, S. 50

und das Ehepaar Xaver ihre Wohnsituation erleben. Frau Xaver hatte bereits im telefonischen Erstgespräch angedeutet, dass sie ihre derzeitige Wohnsituation als nicht sehr anregend empfindet, und die Tochter von Frau Naumann hatte auf Barrieren verwiesen. Für die Auswahl von Lösungsvorschlägen wäre es diesem Modell zufolge für den Berater Baum weiterhin wichtig zu erfahren, inwieweit eine Veränderbarkeit der Situation (Kontrollierbarkeit) erlebt wird und wie stark das derzeitige Belastungserleben ist. Fühlen sich die Ratsuchenden zwar stark belastet, haben allerdings nicht das Gefühl, an ihrer Lebenssituation etwas verändern zu können, werden die Empfehlungen von Herrn Baum nur dann angenommen, wenn er sie von der persönlichen Gestaltbarkeit ihrer Lebensumstände überzeugen kann.

Wie die Umwelt wahrgenommen wird, wird diesem Modell zufolge von folgenden zwei Personenmerkmalen bestimmt:

- von eigenen Fähigkeiten wie Seh- und Hörfähigkeit, Mobilität, kognitiven Fähigkeiten sowie Copingstile, also Merkmale, die in anderen Modellen als individuelle Kompetenzen beschrieben werden und
- von biografisch geprägten Präferenzen, die Einfluss auf die Umweltwahrnehmung und die selbstgesetzten Ziele nehmen und als Umweltdispositionen bezeichnet werden. Nach Saup fallen darunter das Ausmaß gewünschter Privatheit, Empfindsamkeit gegenüber Umweltreizen wie z. B. Lärm, eigenes Neugierverhalten und der präferierte Wohnstil.

Würde Herr Baum seine Beratung an diesem Modell orientieren, müsste er versuchen, im Gespräch diese Determinanten zu ermitteln und bei der Entwicklung von Lösungsvorschlägen zu berücksichtigen. Ggf. würde Frau Naumann Anpassungsmaßnahmen innerhalb der eigenen Wohnung und eine Ausweitung nachbarschaftlicher Unterstützung, die den Verbleib im vertrauten Umfeld ermöglichen, leichter akzeptieren als einen Umzug in eine altengerechte Wohnung ein paar Straßenzüge weiter. Möglicherweise sieht Frau Naumann aber auch noch keinen Handlungsbedarf, da sie der Auffassung ist, dass sie in ihrer Wohnung gut zurechtkommt. Dann würden sämtliche Vorschläge von Berater Baum nicht akzeptiert werden.

11.1.3 Das Rahmenmodell zum Person-Umweltaustausch von Wahl, Iwarson & Oswald

Dieses Modell unterscheidet sich vom Prozessmodell der Person-Umwelt-Interaktion von Saup dahingehend, dass es sich auf die Darstellung der sich aus der Person-Umwelt-Interaktion ergebenden Konsequenzen für das Wohnerleben und -verhalten fokussiert. Eingebettet in den individuellen biografischen und zeitgeschichtlichen Kontext werden zwei Prozesse, »Agency« und »Belonging«, unterschieden, die für das Ausmaß des Wohlbefindens und des Wohnverhaltens älterer Menschen verantwortlich sind (Claßen et al., 2014, S. 22; ▶ Abb. 24).

- *Agency* beschreibt dabei Strategien zur Aneignung bzw. Nutzung des jeweiligen Wohnumfelds und bezieht sich somit auf die Verhaltensebene, z. B. den Besuch eines Gemeindefestes oder die regelmäßigen Spaziergänge im nahegelegenen Park.
- *Belongingprozesse* finden sich im Bereich von Emotionen und beschreiben das Erleben der Wohnsituation. Darunter werden die Bewertung, Bedeutungszuschreibungen und das Gefühl der Verbundenheit mit diesem Teil von Umwelt verstanden. Es handelt sich also um emotionale Befindlichkeiten in Bezug auf die eigene Wohnsituation sowie Gefühle und Bewertungen der jeweiligen Wohnsituation.

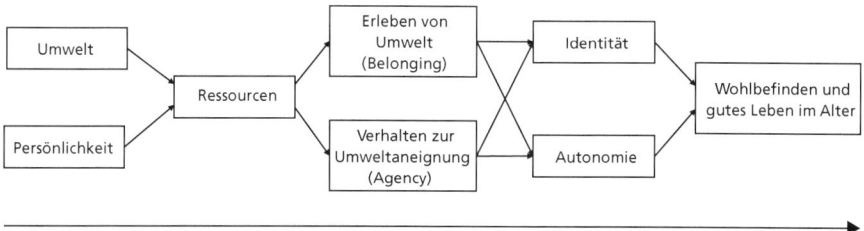

Abb. 24: Rahmenmodell zum Person-Umweltaustausch im höheren Alter, eigene Darstellung

Das Modell geht von folgenden Annahmen aus (Wahl et al., 2012, Oswald & Wahl, 2016):

- Umweltgegebenheiten sind je nach verfügbaren Ressourcen für den Einzelnen mehr oder weniger bedeutsam und werden entsprechend unterschiedlich genutzt.
- Umweltgegebenheiten können für ältere Menschen auch anregend wirken und so einer altersbedingten Abnahme des Neugier- und Explorationsverhaltens entgegenwirken.
- Das Wohnerleben stellt einen wichtigen Aspekt der eigenen Identitätsbildung dar. Wo und wie ein Mensch lebt, ist Ausdruck seiner persönlichen Vorlieben und Teil seiner Identität. Dies erklärt auch die geringe Umzugsbereitschaft älterer Menschen trotz ungünstiger Wohnsituation, wie sie auch von Frau Naumann im Fallbeispiel geäußert wird.
- Das Ausmaß an Autonomie eines älteren Menschen wird durch das Wohnverhalten beeinflusst. Ein Umzug des Ehepaars Xaver könnte zur Aufrechterhaltung seiner Autonomie beitragen. Demgegenüber muss Frau Naumann abwägen, wie wichtig ihr die Aufrechterhaltung ihrer vertrauten Wohnung unter Inkaufnahme von Autonomieeinschränkungen ist.
- Mit zunehmendem Alter und vorhandenen Beeinträchtigungen steigt die Bedeutung von Belonging, d. h. dem Gefühl emotionaler Verbundenheit und Vertrautheit mit der jeweiligen Wohnsituation. Gleichzeitig sinkt die Bedeutung von Agency, d. h. der Möglichkeit zur aktiven Gestaltung des Wohnumfelds, für das Erleben von subjektivem Wohlbefinden. Dies erklärt auch die sinkende Umzugsbereitschaft älterer Menschen trotz ungünstiger Wohnverhältnisse. Bei geringer Einschränkung wird hingegen für das Erleben von Wohlbefinden die Möglichkeit zur aktiven Gestaltung bedeutsamer (Wahl et al., 2012). Menschen passen sich demnach in ihrem Erleben des Wohnens an die ihnen gegebenen Möglichkeiten an.

Für Herrn Baum aus unserem Fallbeispiel ist diese Differenzierung zwischen Belonging und Agency hilfreich, um die Prioritätensetzungen seiner Ratsuchenden zu verstehen. So kann er Widerstände gegen Lösungsvorschläge wie z. B. den Umzug in eine andere Wohnung bei Frau Naumann besser nachvollziehen und es wird ihm deutlich, dass zusätzlich zum ermittelten Unterstützungsbedarf auch das subjektive Erleben der Wohnsituation durch die Ratsuchenden zu berücksichtigen ist.

11.2 Wohnsituation, Wohnbedürfnisse und Wohnwünsche älterer Menschen

In Kapitel 11.1.1 wurde anhand der vorgestellten Rahmenmodelle auf die Bedeutsamkeit der Umwelt für eine selbstständige Lebensführung und Wohlbefinden hingewiesen. Zur Entwicklung von Konzepten und Maßnahmen für ein selbstständiges und selbstbestimmtes Wohnen bis ins hohe Alter ist es jedoch auch wichtig, Informationen über die Wohnsituation und -wünsche älterer Menschen zu erhalten.

11.2.1 Zur Wohnsituation im Alter

Dem Siebten Altenbericht der Bundesregierung zufolge (Deutscher Bundestag, 2016) leben 93 % der über 65-Jährigen im eigenen Haushalt in einer Miet- oder Eigentumswohnung. Selbst bei den 80-Jährigen und Älteren leben den Mikrozensusdaten von 2014 zufolge noch 90 % in einem privaten Haushalt (Heinze, 2017). Nur 7 % leben entweder in stationären Einrichtungen der Altenhilfe, in barrierefreien Wohnungen oder Formen des Betreuten Wohnens (Deutscher Bundestag, 2016, S. 222). Dabei steigt der Anteil derjenigen, die im selbstgenutzten Wohneigentum leben weiterhin an und beträgt ca. 50 %, wobei in den alten Bundesländern mehr ältere Menschen in Eigentumswohnungen oder -heimen leben als in den neuen Bundesländern (Nowossadeck & Engstler, 2017). Neue Wohnformen wie Wohngemeinschaften oder Mehrgenerationenwohnen spielen für ältere Menschen derzeit noch eine geringe Rolle.

Des Weiteren lässt sich die aktuelle Wohnsituation älterer Menschen wie folgt beschreiben (Deutscher Bundestag, 2016, Nowossadeck & Engstler, 2017, Generali Deutschland AG, 2017):

- Die Mehrheit der Älteren ab 60 Jahren lebte 2015 in Zweipersonenhaushalten (Bundesinstitut für Bevölkerungsforschung, 2017). Lediglich bei den 75-jährigen und älteren Frauen überwiegt die Anzahl der Einpersonenhaushalte. Ältere Männer leben häufiger in Zweipersonenhaushalten als Frauen, insbes. in den höheren Altersklassen ab 70 Jahren. Knapp 40 % der Frauen, aber über 70 % der Männer im Alter von 75 Jahren und älter lebten 2015 in Zweipersonenhaushalten. Umgekehrt lebten nur etwas über 20 % der Männer, aber 55 % der Frauen in dieser Altersgruppe allein (Bundesinstitut für Bevölkerungsforschung, 2017).
- Ältere Menschen wohnen in eher zu großen Wohnungen, die eine ältere Bausubstanz aufweisen und deshalb über mehr Barrieren verfügen. Den Ergebnissen einer Repräsentativbefragung von Seniorenhaushalten des Kuratoriums Deutsche Altershilfe aus dem Jahr 2009 zufolge (Kremer-Preiß, 2012) müssen drei Viertel der Befragten Stufen und Schwellen beim Zugang zur Wohnung überwinden, zwei Drittel haben Barrieren beim Zugang zu Balkon oder Garten, ein Drittel bis ein Viertel verfügt über so kleine Badezimmer, dass eine Benutzung mit Gehhilfen kaum möglich ist, und nur ca. jeder Siebte besitzt im Badezimmer bodengleiche Duschen. Nur ein geringer Anteil lebt demnach in barrierereduzierten Wohnungen. Auch den Ergebnissen des Deutschen Alterssurveys zufolge lebten nur 2,9 % der 40- bis 85-Jährigen im Jahr 2014 in altengerechten Wohnungen. Selbst bei den Menschen, die eine Gehhilfe, einen Rollator oder Rollstuhl nutzen, lebten lediglich 6,9 % in einer barrierereduzierten Wohnung (Nowossadeck & Engstler, 2017). Mit

- zunehmenden Alter und steigenden Gesundheitsbeeinträchtigungen wird die Wohnausstattung zur Belastung und gefährdet eine selbstständige Lebensführung.
- Ältere Menschen weisen eine hohe Wohndauer und damit eine große Verbundenheit mit ihrer Wohnung auf. Den Ergebnissen der Generali Altersstudie zufolge beträgt die durchschnittliche Wohndauer 31 Jahre. Je kleiner der Wohnort, desto länger ist die Wohndauer (Generali Deutschland AG, 2017).
- Es ist eine steigende Wohnkostenbelastung sowohl bei Mietern als auch bei Eigentümern zu beobachten, wobei alleinlebende Frauen im besonderen Maß betroffen sind. Die geringsten Belastungen weisen Haushalte auf, die im schuldenfreien Eigentum leben. Allerdings hat die Wohnkostenbelastung derzeit im Verhältnis zur Einkommensentwicklung abgenommen, d. h. trotz steigender Belastung haben ältere Menschen insgesamt mehr Geld für andere Ausgaben zur Verfügung (Nowossadeck & Engstler, 2017). Hier zeigen sich allerdings soziale Ungleichheiten, da ältere alleinstehende Frauen mit Unterstützungsbedarf über wenig finanzielle Ressourcen für eine altengerechte Wohnraumanpassung verfügen.
- Hochaltrigen Menschen, die zur Miete wohnen, leben besonders häufig in Wohnungen von Wohnungsbaugenossenschaften oder in kommunalen Wohnungen. Ihr hohes Alter, die lange Wohndauer und die damit verbundene enge Bindung an die Wohnung und die Nachbarschaft sowie die vielfach nicht barrierearme Wohnungsgestaltung haben mit dazu beitragen, dass Wohnungsbaugenossenschaften sich zunehmend um die Schaffung altengerechten Wohnraums in ihrem Wohnbestand kümmern und sich auch in Quartiersprojekten engagieren.
- Mit ca. 70 % lebt der größte Teil älterer Menschen mit Hilfe- und Pflegebedarf in der eigenen Wohnung und wird dort versorgt (Heinze, 2017). Der Umzug in ein Pflegeheim wird nur in Erwägung gezogen, wenn ein selbstständiges Wohnen nicht mehr möglich ist. Auch für diese Gruppe spielen derzeit alternative Wohn- und Versorgungsformen wie Wohngemeinschaften, Mehrgenerationenwohnen oder Pflegewohngruppen nur eine geringe Rolle (Deutscher Bundestag, 2016, S. 224).
- Trotz der aus diesen Daten erkennbaren Defizite in der Wohnsituation für einzelne Gruppen älterer Menschen bewertet der überwiegende Teil von ihnen seine Wohnsituation als positiv. Nach den Ergebnissen des Deutschen Alterssurveys sind 89 % der befragten Älteren mit ihrer Wohnsituation zufrieden, wobei die Bewertung der Wohnsituation umso besser ist, je besser die Wohnlage ist. Doch selbst ältere Menschen in einfachen Wohnlagen sind noch zu 68 % zufrieden (Nowossadeck & Engstler, 2017). Somit zeigt sich das Zufriedenheitsparadoxon (▶ Kap. 8.2) auch im Hinblick auf die Bewertung der Wohnsituation. Es wird deutlich, dass das Wohnerleben nicht nur von äußeren Wohnbedingungen bestimmt wird, sondern auch das Ergebnis biografisch geprägter Anpassungsprozesse darstellt.

11.2.2 Wohnwünsche und Wohnbedürfnisse: Ergebnisse empirischer Studien

Nach welchen Kriterien beurteilen Menschen ihre Wohnsituation? Und anhand welcher Merkmale lässt sich beurteilen, ob die Wohnung und das Wohnumfeld eines Menschen seinen Bedürfnissen und Unterstützungsbedarfen entspricht? Welche Wohnbedürfnisse werden erkennbar? Diese Frage soll anhand von empirischen Untersuchungsergebnissen beantwortet werden.

Oswald (1996) hat in seiner empirischen Untersuchung zur Bedeutung des Wohnens bei gesunden und gehbehinderten Älteren folgende Aspekte ermittelt, die zu einer positiven Beurteilung der eigenen Wohnsituation herangezogen wurden.

Kriterien zur Bewertung der Wohnsituation (Oswald, zit. n. Wahl & Heyl, 2004, S. 187)

- Die Bewertung der Wohnanlage, Anbindung und Ausstattung der Wohnung,
- das Ausmaß erlebter Anregung, Gestaltungsmöglichkeiten und Autonomie,
- das Gefühl von Gewöhnung, Vertrautheit und Verinnerlichung,
- das Erleben von Zufriedenheit, Wohlbefinden und Privatheit,
- das Gefühl sozialer Eingebundenheit.

Diese Auflistung ermöglicht nun keine ›objektive‹ Formulierung von Kriterien guten Wohnens, da vorgefundene Wohnbedingungen sehr unterschiedlich wahrgenommen und beurteilt werden. Sie verdeutlicht allerdings, dass neben den äußeren Rahmenbedingungen auch die Möglichkeit zur Erfüllung persönlicher Bedürfnisse wie die Sicherstellung von Vertrautheit, Privatheit und Beständigkeit mit einer positiven Bewertung der Wohnsituation zusammenhängen. Zu differenzieren ist weiterhin zwischen der Bewertung der Wohnung und des Wohnumfelds.

Aktuelle Erhebungen wie der Deutsche Alterssurvey und die Generali Altersstudie haben Wünsche und Bewertungen der Wohnsituation erfragt und bestätigen die im vorherigen Kapitel bereits erwähnte hohe Zufriedenheit mit der Wohnsituation. Im Einzelnen wurden u. a. folgende Aspekte untersucht.

Bewertung der Wohnung

Deutlich wird eine allgemeine hohe Zufriedenheit mit der Wohnsituation, obwohl nur 22 % der Befragten angeben, dass ihre Wohnung altengerecht ausgestattet ist. Nur 29 % würde in Erwägung ziehen deshalb umzuziehen (Generali Zukunftsfonds, 2012, Generali Deutschland AG, 2017). Auch ältere Studien, die Wohnwünsche und Wohnbedürfnisse älterer Menschen untersucht haben, kommen übereinstimmend zu dem Ergebnissen, dass »*Aging in Place*«, d. h. der Verbleib in der eigenen Wohnung auch bei eintretender Hilfebedürftigkeit von der Mehrheit der Befragten gewünscht wird (Forschungsgesellschaft für Gerontologie, Institut für Arbeit und Technik, 2006, TNS Emnid Medien und Sozialforschung, 2011). Erkennbar wird allerdings auch, dass in den jüngeren Altersklassen eine größere Umzugsbereitschaft erkennbar ist (ebd.), vielleicht weil sie von dieser Problematik noch nicht so unmittelbar betroffen sind. Weiterhin ist eine besonders hohe Zufriedenheit bei Immobilienbesitzern erkennbar, die eine hohe Bindung an ihre Wohnung haben, die in einer langen Wohndauer zum Ausdruck kommt. Interessant ist in diesem Zusammenhang auch ein Ergebnis aus dem Deutschen Alterssurvey, das die in Kapitel 8.2 beschriebene Bedeutsamkeit subjektiver Wahrnehmungsprozesse für die Bewertung der Wohnsituation verdeutlicht. Vergleicht man das nach äußeren Kriterien erhobene Ausmaß an Barrieren in der eigenen Wohnung mit der subjektiven Einschätzung ihrer Bewohner, wird erkennbar, dass Wohnungen seltener als nicht altengerecht einschätzt werden, als dies nach externen Kriterien der Fall ist (Nowossadeck & Engstler, 2017, S. 289f.).

Aus der Generali Altersstudie von 2012 wird auch eine Diskrepanz zwischen der Bewertung der Bedeutsamkeit einer altengerechten Wohngestaltung und der Bereitschaft bzw. Möglichkeit, dafür die Kosten zu übernehmen, deutlich. Trotz wahrgenommener Bedeutsamkeit besteht unter den 65- bis 85-Jährigen nur eine eingeschränkte Bereitschaft, Kosten für einen altersgerechten Umbau der eigenen Wohnung zu übernehmen. So halten bspw. 65 % der Befragten ein barrierefreies Badezimmer für wichtig, doch nur 53 % sind bereit, einen Großteil der Kosten zu übernehmen. Einen Treppenlift o. Ä. halten 59 % für wichtig, doch nur 42 % würden die Kosten dafür tragen. Im Fall eines Hausnotrufsystems bzw. eines Alarmknopfs liegt das Verhältnis bei 53 % zu 42 %, im Fall einer altersgerechten Küche bei 34 % zu 25 % (Generali Zukunftsfonds, 2012, S. 307).

Ein Betreutes Wohnen als Wohnform mit geringen Barrieren und Dienstleistungen wird bei einer geringen Gesamtnutzung von ca. 2 % aller über 65-Jährigen v. a. von Hochaltrigen über 80 Jahre und Alleinstehenden genutzt. Es entspricht weniger den Bedürfnissen der jüngeren Alten, da es vielfach teuer ist und nicht den Erwartungen an umfassendere Sorgeleistungen entspricht (Deutscher Bundestag, 2016, S. 224).

Bewertung des Wohnumfelds

Alle Studien verweisen übereinstimmend auf eine hohe Zufriedenheit mit dem Wohnumfeld, auch wenn nicht immer alle Wünsche und Bedürfnisse bezogen auf die Infrastruktur erfüllt sind, wie folgende Abbildung verdeutlicht (▶ Abb. 25).

Das Wohnumfeld gilt als ein wichtiger Einflussfaktor auf das subjektive Wohlbefinden und trägt zur Ermöglichung aktiver sozialer Teilhabe bei (Deutscher Bundestag, 2016). Das Wohnumfeld ist Mittelpunkt der Alltagsgestaltung

11 Wohnen und Umweltgestaltung im Alter

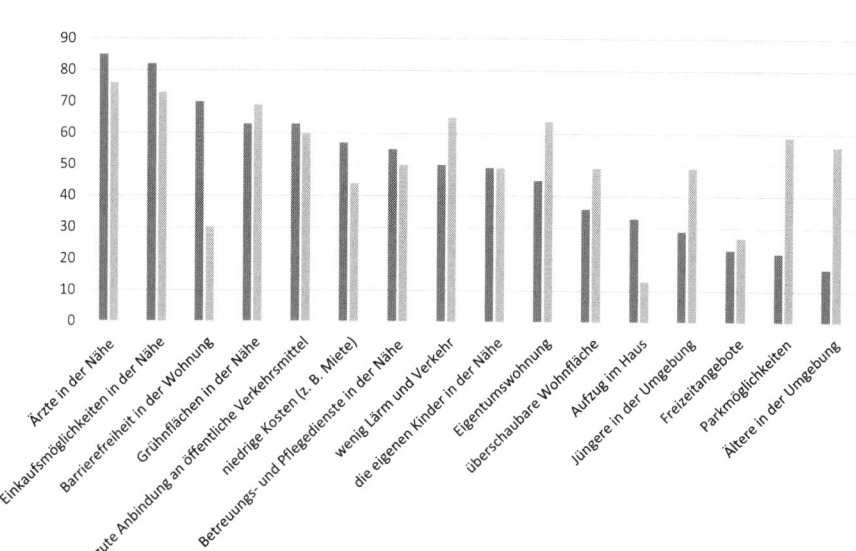

Abb. 25: Das Wohnumfeld – Wunsch und Wirklichkeit, eigene Darstellung nach Generali Deutschland AG, 2017, S. 209

und hat insbes. für Menschen mit eingeschränkter Mobilität und einem geringen Einkommen einen besonders hohen Stellenwert, da ihr Mobilitätsradius begrenzt ist. Ein barrierearmes und attraktives Wohnumfeld erleichtert die eigene Mobilität, was wiederum den sozialen Austausch vereinfacht, der für ältere Menschen Anregungs- und Unterstützungspotenziale bereithält. Umgekehrt geht bei einer hohen Fluktuation der Bewohner im Wohnumfeld das gewachsene Unterstützungspotenzial für ältere Menschen verloren. Im Alter besteht eine enge Bindung an das unmittelbare Wohnumfeld, das Vertrautheit ausstrahlt und Anregungen geben kann. Allerdings lässt sich beobachten, dass jüngere Ältere und Ältere mit einem höheren Bildungsstatus eine größere Umzugsbereitschaft zeigen und einen größeren Aktionsradius aufweisen.

Auch die Einschätzung einzelner Aspekte des Wohnumfelds durch verschiedene Altersgruppen im Rahmen des Deutschen Alterssurveys bestätigt die positive Bewertung des Wohnumfelds (Nowossadeck & Mahne, 2017). Die Befragten äußerten eine hohe Zufriedenheit mit der Versorgungsinfrastruktur bezogen auf Einkaufsmöglichkeiten, Ärzte und Apotheken und Anschluss an den ÖPNV. Dies gilt v. a. für Ältere in den alten Bundesländern und bei Großstädtern.

Bemerkenswert ist allerdings, dass seniorenspezifische Angebote zwar dem Großteil der Älteren bekannt sind, aber kaum genutzt werden (ebd., S. 310f.). So kennen in der Gruppe der 70- bis 75-Jährigen zwar knapp 75 % Begegnungsstätten/Mehrgenerationenhäuser, aber nur 21,3 % nutzen sie. Für die Beratungsstellen gibt es ähnliche Diskrepanzen: Pflegeberatungsstellen: 56,8 % Kenntnis gegenüber 12,6 % Nutzung, Wohnberatungsstellen: 25,9 % Kenntnis, aber nur 7,5 % Nutzung, Seniorenberatungsstellen: 47,5 % Kenntnis und 9,6 % Nutzung.

Herausforderungen für die Soziale Altenarbeit und Altenpolitik

Aus diesen Ergebnissen zur Wohnsituation älterer Menschen, ihren Wohnwünschen und Wohnbedürfnissen lassen sich folgende Schlussfolgerungen ziehen:

- Ältere Menschen stellen eine heterogene Zielgruppe dar. Ihre Problemlagen, Wünsche und Bedürfnisse unterscheiden sich nicht nur in Abhängigkeit von Alter, Geschlecht, Haushaltsform oder Wohnort (Stadt oder Land). Vielmehr sind weitere Aspekte wie biografisch geprägte Präferenzen und persönliche Wertvorstellungen oder »Milieus« zu beachten (z. B. Ministerium für Gesundheit des Landes NRW, 2008, Perrig-Chiello & Höpflinger, 2009). Dies ist bei einer zukunftsorientieren Angebotsplanung zu berücksichtigen. So wird aus den vorliegenden empirischen Daten ein beginnender Einstellungswandel in den jüngeren Alterskohorten erkennbar, die räumlich mobiler und mit neuen Wohnformen vertrauter sind. Wohnangebote müssen deshalb ausdifferenziert werden. Es ist anzunehmen, dass alternative Wohnmöglichkeiten wahrscheinlich zukünftig an Bedeutung zunehmen werden, obwohl sie zurzeit noch wenig genutzt werden.
- Auch wenn die Anzahl derjenigen steigt, die in der eigenen Immobilie wohnen, gibt es weiterhin Gruppen älterer Menschen – wie alleinstehende Frauen –, die aufgrund ihrer geringen Renten auf bezahlbaren Wohnraum angewiesen sind. Auf diese Problematik wird auch im Siebten Altenbericht hingewiesen, der u. a. die Forderungen aufstellt, hinreichend altengerechte, d. h. barrierearme Sozialwohnung, vorzuhalten (Deutscher Bundestag, 2016, S. 245).
- Bedingt durch die demografische Entwicklung nimmt der Anteil älterer Menschen auf dem Wohnungsmarkt weiter zu. Diese sind sehr standorttreu und zeigen eine hohe Bindung an ihr Wohnumfeld und ihre Wohnung, auch wenn beides nicht ihren Bedürfnissen entspricht. Dies gilt insbes. für ältere Menschen, die in ländlichen Regionen leben. Um ihnen einen Verbleib in der eigenen Wohnung so lange wie möglich zu ermöglichen, reichen Wohnraumanpassungsmaßnahmen allein nicht aus. Vielmehr müssen sich Aktivitäten auch auf den Erhalt gewachsener Sozialstrukturen beziehen z. B. durch die Förderung einer aktiven sorgenden Nachbarschaft. Quartiersarbeit gewinnt deshalb zukünftig an Bedeutung, um den Verbleib im vertrauten Umfeld und der eigenen Wohnung auch bei Hilfe- und Pflegebedürftigkeit zu ermöglichen.
- Der Erhalt der Infrastruktur ist v. a. in ländlichen Gebieten wichtig. Trotz steigender Zahl älterer Autofahrer und Radfahrer kommt dem ÖPNV weiterhin eine wichtige Rolle zu, um Mobilität und die Erreichbarkeit der benötigten Dienste zu ermöglichen.
- Aufgrund der geringen Umzugsbereitschaft älterer Menschen auch bei Pflegebedürftigkeit und der Ablehnung von Altenpflegeheimen sind neue und be-

zahlbare ambulante Versorgungsformen bereitzustellen. Dies gilt auch für niederschwellige Unterstützungsangebote zur Unterstützung bei der Haushaltsführung sowie Begleit- und Betreuungsdienste.
- Wie die Diskrepanz zwischen der Bekanntheit und der Nutzung von Beratungsangeboten gezeigt hat, sind bei einer Bedarfsermittlung zwei Dimensionen zu berücksichtigen: Die Einschätzung der Veränderungserfordernisse anhand externer Kriterien und die subjektive Bedarfseinschätzung durch die Älteren selbst.

11.3 Selbstständig Wohnen trotz Hilfebedarf?

Wie in Kapitel 11.2.1 beschrieben, wohnt der überwiegende Teil älterer Menschen in der eigenen Wohnung, selbst wenn eine Hilfe- oder Pflegebedürftigkeit besteht. Welche Angebote und Wohnmöglichkeiten gibt es nun für ältere Menschen, um auch bei beginnender Hilfe- und Pflegebedürftigkeit so lange wie möglich im vertrauten Wohnumfeld bleiben zu können? Im diesem Kapitel sollen verschiedene Wohnformen und ausgewählte Unterstützungsangebote vorgestellt werden.

11.3.1 Wohnformen für ältere Menschen mit Hilfe- und Pflegebedarf

Bei den Wohnmöglichkeiten für ältere Menschen lassen sich folgende Angebotstypen unterscheiden (▶ Tab. 17). Je nach Ausmaß des individuellen Unterstützungsbedarfs und des gewünschten Hilfeumfangs können ältere Menschen zwischen verschiedenen Wohnformen wählen. Da die rechtlichen Grundlagen für einzelne Wohnangebote je nach Bundesland unterschiedlich sind, wird auf diesen Aspekt nicht näher eingegangen.

Tab. 17: Wohnformen für ältere Menschen

Wohnform	Kennzeichen
Betreutes Wohnen	Selbstständiges Wohnen in einer altengerechten Wohnung, meist in einer Wohnanlage. Einzelne Unterstützungsleistungen wie Mahlzeiten, hauswirtschaftliche Leistungen oder Pflegeleistungen können als Wahlleistungen hinzugebucht werden je nach aktuellem Bedarf. Zusätzlich zu den Mietkosten wird eine monatliche Betreuungspauschale erhoben, mit der Leistungen wie Notrufsicherung, Beratungs- und Informationsleistungen finanziert werden. Der Mieter schließt somit neben dem Mietvertrag einen Betreuungsvertrag ab. Darüber hinaus können zusätzlich zu finanzierende Wahlleistungen in Anspruch genommen werden.

Tab. 17: Wohnformen für ältere Menschen – Fortsetzung

Wohnstifte und Seniorenresidenzen	Selbstständiges Wohnen in einer Wohnanlage oft mit gehobener Ausstattung und mit einem großzügigen Angebot an Gemeinschaftsflächen wie Schwimmbad oder Bibliothek. Meist wird ein Appartement bewohnt. Mahlzeiten, Reinigung des Apartments und Pflegeleistungen sind im Unterschied zum Betreuten Wohnen Teil des Leistungsangebots. Vielfach wird bei länger andauernder Pflegebedürftigkeit ein Umzug aus dem Apartment in die Pflegestation erforderlich.
Selbstorganisierte Wohngemeinschaften	Gemeinschaftliche Nutzung einer Wohnung oder eines Wohnhauses. Die Gründung der Wohngemeinschaft ist selbstorganisiert. Es wird ein normaler Mietvertrag mit einem Vermieter geschlossen. Die Wohngemeinschaft entscheidet über den Einzug neuer Mitbewohner, Jeder Bewohner verfügt über einen eigenständigen Wohnbereich (Zimmer oder Wohnung) und kann Gemeinschaftsflächen wie Küche, Garten und ein gemeinsames Wohnzimmer nutzen. Bei eintretender Hilfebedürftigkeit müssen ambulante Hilfen, wie im normalen Wohnen, organisiert werden.
Mehrgenerationenwohnen	Von einem Träger, z. B. der Freien Wohlfahrtspflege oder der Kommune, betriebener Wohnkomplex, in dem unterschiedliche Bewohnergruppen zusammenleben. Ziel dieser Wohnform ist die Förderung nachbarschaftlicher Solidarität durch wechselseitige Unterstützung, z. B. Besorgungen für ältere Menschen durch jüngere Mitbewohner und Unterstützung jüngerer Familien bei der Kinderbetreuung durch ältere Menschen. Jeder Bewohner verfügt über eine abgeschlossene Wohnung. Das Gemeinschaftsgefühl wird durch die bauliche Gestaltung wie gemeinsam nutzbare Begegnungsräume und zum Teil durch Fachpersonal gestärkt. Erforderliche Hilfen bei Pflegebedarf werden über nachbarschaftliche Hilfeleistungen und selbst zu organisierende ambulante Dienste bereitgestellt.
Betreute Wohngemeinschaften ambulanten Typs, z. B. Wohngemeinschaften für Demenzkranke	Von einem Träger organisiertes Wohn- und Versorgungsangebot für pflegebedürftige Menschen, die nicht mehr selbständig leben können. In einer Wohnung oder einem Haus lebt eine kleine Gruppe älterer Menschen zusammen. Jeder verfügt über ein eigenes Zimmer. Der Alltag findet überwiegend im Gemeinschaftsbereich statt, bestehend aus Küche, Wohnzimmer und z. T. Garten. Die Bewohner sind Mieter. Die beiden Leistungsbereiche Haushaltsführung und Pflege sind getrennt. Die Haushaltsführung und Organisation der Wohngemeinschaft wird durch Betreuungspersonal übernommen, wobei deren Anwesenheitszeiten je nach Bedarf und Finanzierungsmöglichkeiten variieren. Eine nächtliche Betreuung erfolgt über Rufbereitschaft. Die erforderlichen Pflegeleistungen werden durch zusätzlich zu organisierende und finanzierende ambulante Dienste übernommen. Vielfach übernimmt ein ambulanter Dienst die Versorgung sämtlicher Bewohner. Das Zusammenlegen von Leistungsansprüchen der einzelnen Bewohner an ambulanter Versorgung ist möglich.
KDA-Hausgemeinschaften als Wohn-	Im Unterschied zur betreuten Wohngemeinschaft ambulanten Typs handelt es sich bei der KDA (Kuratorium Deutsche Alters-

Tab. 17: Wohnformen für ältere Menschen – Fortsetzung

gemeinschaft stationären Typs	hilfe) Hausgemeinschaft um eine neue Form stationärer Versorgung, die dem Heimrecht unterliegt. Pflegebedürftige Bewohner leben in Einzelzimmern in kleinen Wohngruppen mit Gemeinschaftseinrichtungen wie Wohnküche und Gemeinschaftsraum. Dieser Typ von Wohngemeinschaften ist vielfach organisatorisch und räumlich an ein Altenpflegeheim angegliedert. Die Betreuung erfolgt durch hauswirtschaftliche Präsenzkräfte. Pflegeleistungen werden von Pflegefachkräften des Trägers erbracht, die auch eine Nachtbetreuung sicherstellen.
Altenpflegeheime	Stationäre Betreuungsform für ältere Menschen mit einem erheblichen Betreuungs- und Pflegebedarf, z. B. bei einer demenziellen Erkrankung im fortgeschrittenen Stadium. Bereitgestellt werden hauswirtschaftliche Leistungen und die erforderliche pflegerische Versorgung. Die Bewohner wohnen in Einzel- oder Doppelzimmern und können Gemeinschaftsflächen wie Wohnküchen, Gemeinschaftsräume etc. je nach baulicher Ausstattung des Heims nutzen. Weitere Bestandteile des Leistungsangebots sind Beratung und Betreuung durch Mitarbeiter im sozialen Dienst und durch Betreuungsassistenten sowie Kooperationen mit Ehrenamtlichen.

Eigene Darstellung

In folgender Abbildung ist für das Jahr 2008 die Häufigkeit der genutzten Wohnformen abgebildet (▶ Abb. 26).

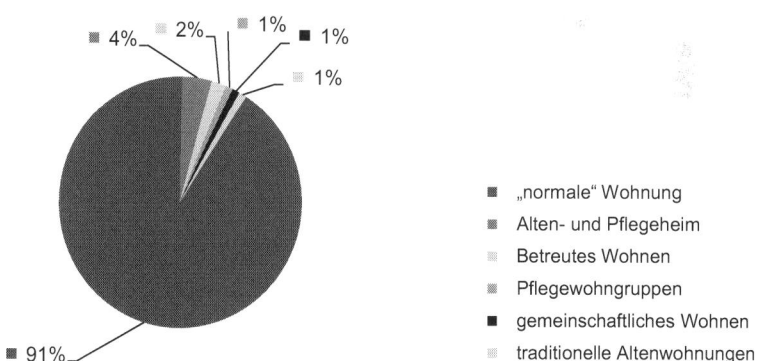

Abb. 26: Häufigkeit genutzter Wohnformen, Quelle: Bundesministerium für Verkehr, Bau und Stadtentwicklung, 2011, S. 22

Aus dieser Abbildung ist klar erkennbar, dass neue Wohnformen bislang nur von einer Minderheit älterer Menschen genutzt werden. Allerdings ist von einem steigenden Interesse insbes. bei der Gruppe der jüngeren Alten auszugehen, die Alternativen zu den bisherigen Angeboten suchen und neue Formen des Miteinanderlebens ausprobieren möchte.

Mittlerweile gibt es eine Vielzahl an Wohnprojekten mit unterschiedlichen Schwerpunktsetzungen und Adressaten, die häufig mit öffentlichen Mitteln oder als Modellprojekte gefördert werden (vgl. z. B. www.serviceportal-zuhause-alter.de/praxisbeispiel/weitere-programme/wohnen-fuer-mehr-generationen.html). Ihnen gemeinsam ist das Anliegen, nachbarschaftliche Solidarität zu fördern und auch bei zunehmenden Beeinträchtigungen Teilhabe in der vertrauten Gemeinschaft zu erhalten. Dies soll durch die Zusammensetzung der Bewohner, durch bauliche Maßnahmen, aber auch durch Mitarbeiter unterstützt werden, die Prozesse der Gemeinschaftsbildung anregen und in Konfliktfällen schlichten.

11.3.2 Wohnraumanpassungsmaßnahmen und technikunterstütztes Wohnen

Der größte Teil älterer Menschen möchte – wie auch Frau Naumann in dem bereits erwähnten Fallbeispiel – auch bei zunehmendem Hilfebedarf möglichst lange in der eigenen Wohnung bleiben. Um eine besser Passung zwischen Umweltanforderungen und persönlichen Kompetenzen zu erreichen, gibt es verschiedene Möglichkeiten:

- Reduzierung von Barrieren durch Umbaumaßnahmen in der eigenen Wohnung. Wohnraumberatungsstellen können in diesen Fällen ältere Menschen über Wohnraumanpassungsmaßnahmen zur Verringerung von Barrieren innerhalb der eigenen Wohnung beraten. Zudem können durch ambulante Pflegedienste, niederschwellige haushaltsnahe Dienstleistungen und Betreuungsangebote weitere Hilfen angeboten werden. Die Kosten werden bis zu einer gewissen Höchstgrenze von der Pflegeversicherung erstattet.
- Nutzung von ›klassischen‹ Hilfsmitteln zum Ausgleich von Defiziten und zur Erhöhung der persönlichen Kompetenz wie Seh- und Hörhilfen oder Rollatoren zur Kompensation sensorischer und motorischer Einschränkungen. Die Anschaffung dieser Hilfsmittel wird zum Teil von den Kranken- und Pflegekassen finanziert.
- Nutzung neuer technikunterstützter Assistenzsysteme und Informations- und Kommunikationssysteme mit vielfältigen Einsatzmöglichkeiten. Diese auch unter den Begriffen AAL (Ambient Assisted Living) und SMART-Home sowie Telemedizin bezeichneten Entwicklungen übernehmen zum einen Unterstützungs- und Kontrollfunktionen, z. B. bei einer beginnenden Demenz wie ein sich selbstausschaltender Küchenherd oder Sensormatten, die Bewegungen und Stürze registrieren. Andere Systeme ermöglichen die Übermittlung von Gesundheitsdaten an den Arzt oder Pflegedienst zur Diagnosestellung und zur Abgabe von Behandlungsempfehlungen über den Computer oder App, so dass ein Praxisbesuch überflüssig wird. Oder sie können als Serious Games zum Training kognitiver und motorischer Fähigkeiten eingesetzt werden. Schließlich erlauben neue internetbasierte Kommunikationsmöglichkeiten die Aufrechterhaltung von Kontakten zu entfernt lebenden Angehörigen

und Freunden, wenn durch Mobilitätseinschränkungen persönliche Begegnungen verhindert werden.

Bereits aus dieser kurzen Aufzählung wird deutlich, wie vielfältig der Einsatz technikunterstützter Hilfsmittel ist. Auch für Ältere ist eine Beschäftigung mit neueren Entwicklungen unausweichlich, zum einen, weil Serviceleistungen zunehmend digitalisiert werden. Zum anderen bieten sie neue Möglichkeiten zur eigenen Kompetenzerweiterung und zur sozialen Teilhabe. Angesichts der rasanten Entwicklung derartiger technikunterstützter Hilfen wird in diesem Lehrbuch auf die Vorstellung einzelner Angebote und Systeme verzichtet. Stattdessen soll der für die Gestaltung von Beratungsangeboten wichtigen Frage nachgegangen werden, welche Haltungen bei älteren Menschen gegenüber neueren technischen Entwicklungen erkennbar sind und unter welchen Bedingungen der Einsatz derartiger Hilfen von ihnen akzeptiert wird.

Die Haltung zu technikunterstützten Assistenzsystemen und die Bedingungen ihrer Akzeptanz

Haltung gegenüber Technik

»Ältere haben im Vergleich zu Jüngeren mehr Probleme, sich mit technischen Systemen vertraut zu machen. Sie gewöhnen sich langsamer an neue Technik und berichten häufiger von Angst und Frustration mit diesen« (Claßen et al., 2014, S. 108).

Dieser von Claßen et al. zitierte Befund von Rogers und Fisk aus dem Jahr 2010 beschreibt Probleme in der Akzeptanz und Nutzung von neuen Techniken, die zu einer eher pessimistischen Einschätzung einer gelungenen Einführung neuer technischer Assistenzsysteme bei Älteren verleiten. Dabei wird jedoch außer Acht gelassen, dass eine Vielzahl von Einflussfaktoren die Haltung zur und die Nutzung von neuer Technik mitbeeinflussen, so dass eine derartige pauschale Beurteilung nicht angemessen ist. Zu diesen zählen v. a.

- Art und Funktion der zu nutzenden Technik,
- bisherige Erfahrungen mit Technik und Einstellungen zu Neuerungen – die sog. Technikbiografie,
- persönliche Motivation zur Nutzung des technischen Hilfsmittels.

Wie das in folgender Abbildung dargestellte Technikakzeptanzmodell (Technology Acceptance Model, TAM) von Davis und Venekatesh verdeutlicht (▶ Abb. 27), wird die Nutzung altersunabhängig von kognitiven Faktoren wie der wahrgenommenen Nützlichkeit und der wahrgenommenen Leichtigkeit der Bedienung des jeweiligen technischen Gerätes bestimmt. Fällt diese Einschätzung positiv aus, d. h., besteht der Eindruck, dass sich der Gebrauch der

Technik für den Einzelnen ›lohnt‹ und dass man auch in der Lage ist, das Gerät zu bedienen, dann wird die Motivation – im Modell als Verhaltensintention bezeichnet – groß sein, dieses Gerät auch zu nutzen.

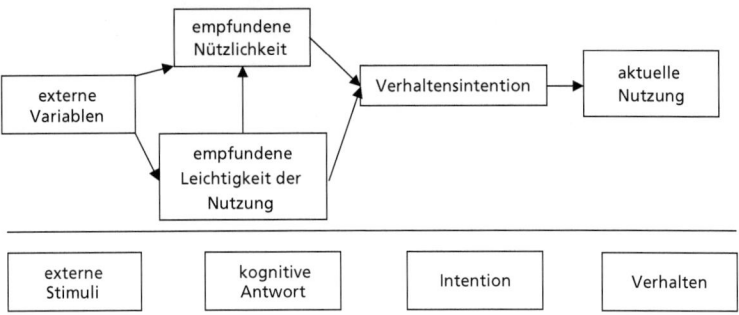

Abb. 27: Technikakzeptanzmodell von Davis und Vekatesh, Quelle: Claßen et al., 2014, S. 98

Um zu genaueren Vorhersagen zu kommen, inwieweit die Entwicklungen neuer technikunterstützter Assistenzsysteme und Informations- und Kommunikationssysteme auch von älteren Menschen in Anspruch genommen wird, sind den Ergebnissen empirischer Untersuchungen zufolge folgende Technik- und Personenmerkmale zu berücksichtigen:

Technikmerkmale mit Einfluss auf die empfundene Leichtigkeit der Techniknutzung

Technik ist ein weiter und nicht eindeutig definierbarer Begriff. Unter Technik fallen sowohl die klassischen Geräte wie Waschmaschinen oder Anziehhilfen als auch hochkomplexe per Smartphone gesteuerte Assistenzsysteme wie sich selbstausschaltende Herdplatten o. Ä. Je nachdem ob es sich um Low-Tech- oder High-Tech-Geräte handelt, werden die Nutzungsbarrieren unterschiedlich groß sein. Low-Tech-Geräte funktionieren nach dem Älteren bekannten mechanischen Prinzip und ermöglichen dadurch eine direkte Kontrolle. Sie sind Älteren in der Handhabung vertraut. Demgegenüber ist bei High-Tech Geräten der Zusammenhang zwischen einer Handlung und dem daraus resultierenden Ergebnis nicht immer unmittelbar erkennbar, wenn wie z. B. bei modernen Smartphones vorab Programmierungen erforderlich sind. Es ist deshalb von größeren Nutzungsbarrieren auszugehen, da neue und sich nicht intuitiv erschließbare Bedienungsweisen erlernt werden müssen. Akzeptanzvermindernd wirken weiterhin

- eine Miniaturisierung bei Benutzeroberflächen, die die Handhabung bei Sehbeeinträchtigungen und abnehmender Feinmotorik erschweren,
- multifunktional einsetzbare Geräte,

- schnelle technische Weiterentwicklungen, die dazu führen, dass z. B. der neu gekaufte Fernseher mit dem älteren im Haushalt vorhandenen DVD-Player nicht mehr kompatibel ist,
- eine hohe Störanfälligkeit bei einem Gerät,
- ein als wenig ansprechend empfundenes Äußeres,
- die Notwendigkeit neue Verhaltensmuster zu erlernen, wenn beim Smartphone z. B. zur Annahme eines Anrufes nicht mehr eine Taste gedrückt, sondern auf der Oberfläche ›gewischt‹ werden muss,

All diese Faktoren tragen dazu bei, dass die Leichtigkeit der Benutzung als gering eingeschätzt wird (vgl. Claßen et al., 2014).

Personenmerkmale mit Einfluss auf die eingeschätzte Nützlichkeit der Technikanwendung

Das Ausmaß von Technikakzeptanz wird stärker von biografischen Prägungen als vom Lebensalter geprägt (Dietel, 2017). Mit welcher Art von Technik Menschen in den sie persönlich prägenden Jahren aufwachsen, bestimmt, welche Technikart ihnen vertraut ist und welche Erwartungen sie an technische Entwicklungen haben. Sackmann & Weymann (1994) unterscheiden in Abhängigkeit von der Geburtskohorte folgende »Technikgenerationen«:

- Frühtechnische Generation (vor 1939 Geborene),
- Generation der Haushaltsrevolte (Geburtsjahrgänge 1939–1948),
- Generation der zunehmenden Haushaltstechnik (Geburtsjahrgänge 1949–1963),
- Computergeneration (Geburtsjahrgänge 1964–1978),
- Digital Natives oder Online-Generation (nach 1980 Geborene).

Auch wenn es sich bei der Festlegung der Kohortengrenzen nicht um empirisch oder theoretisch begründete Abgrenzungen handelt, so liegt der unbestrittene Verdienst dieser Einteilung darin, sich zu vergegenwärtigen, welche biografisch geprägten Erfahrungen Menschen mit technischen Unterstützungssystemen machen konnten und welche Anpassungsleistungen sie im Lebensverlauf an den technischen Fortschritt erbracht haben.

Bezogen auf das Fallbeispiel muss sich Berater Baum bewusst machen, dass sein Vorschlag zur Anschaffung einer Sensormatte zur Erfassung von Bewegungsmustern und Stürzen von Frau Naumann vor dem Hintergrund ihrer biografischen Erfahrungen bewertet wird. Möglicherweise sieht sie den Sinn eines derartigen Hilfsmittels nicht. Oder es erscheint ihr zu kompliziert, da die Matte sich von den ihr bekannten technischen Hilfen in der Nutzung unterscheidet.

Weiterhin ist davon auszugehen, dass es innerhalb dieser so definierten ›Generationen‹ eine große interindividuelle Variabilität bezogen auf Einstellungen und Nutzung neuer Technik besteht. Hier spielen neben dem Geschlecht (vgl. Dietel, 2017) auch Erfahrungen mit Technik und individuelle Prioritätensetzungen eine wichtige Rolle. In der Auswertung vorliegender empirischer Untersuchungen kommt Dietel zu dem Ergebnis, dass Männer zwar eine höhere Technikakzeptanz aufweisen, Frauen jedoch häufiger bereit sind, sich von Technik unterstützen zu lassen. Auch wenn Frauen Haushaltstechnik häufiger nutzen, so delegieren sie bei auftretenden Problemen die Lösung häufiger an ihren Partner bzw. verbergen ihre Technikkompetenz, um das klassische Rollenverständnis nicht zu gefährden (Pelizäus-Hofmeister, 2013). Allerdings konnte in Studien auch beobachtet werden, dass einige Männer bei Problemen mit der Bedienung eines technischen Geräts mit Ablehnung reagierten, während Frauen auf die sich stellenden Herausforderungen eine aktive Problemlösung z. B. durch Durcharbeitung der Bedienungsanleitung oder wiederholtes Üben zeigten.

Technische Hilfsmitteln können zur Kompensation von Defiziten, zur persönlichen Weiterentwicklung oder zur Statusfestlegung eingesetzt werden. Hier lassen sich altersspezifische Unterschiede erkennen. Die Nutzung von technischen Geräten zur Statusbestimmung, wie die Anschaffung des neusten iPhones, ist bei älteren Menschen wenig verbreitet. Technische Hilfsmittel werden im Hinblick auf ihre eingeschätzte Nützlichkeit v. a. dann positiv bewertet, wenn sie zum Erkennen von Gefahren (präventiver Nutzen) oder zur Kompensation von Defiziten (kompensatorischer Nutzen) geeignet sind. Wichtiger als der Innovationsgrad und eine Vielzahl unterschiedlicher Funktionen sind für Ältere Zuverlässigkeit und Kontrollierbarkeit der Technik sowie ein sich unmittelbar erschließender Nutzen. D. h., besteht durch den Einsatz neuer Technologien die Möglichkeit, trotz Beeinträchtigungen – auch bei einer Demenz – im vertrauten Umfeld wohnen zu bleiben und am Leben teilzuhaben, ist der wahrgenommene Nutzen und die daraus resultierende Technikakzeptanz größer, allerdings unter der Bedingung einer leichten Bedienbarkeit. Dabei erhöhen positive Erfahrungen mit neuen Techniken deren Akzeptanz. Zusammenfassend lässt sich festhalten, dass

- ältere Menschen nicht grundsätzlich neueren technischen Entwicklungen skeptisch und ablehnend gegenüberstehen;
- sie allerdings vor dem Hintergrund der eigenen biografischen Erfahrungen mit Technik und dem persönlichen Selbstverständnis eine kritische Einschätzung der persönlichen Nützlichkeit neuerer technischer Entwicklungen vornehmen;
- Hilfsmittel zum Erhalt einer selbstständigen Lebensführung dann eine hohe Akzeptanz erfahren, wenn sie leicht zu nutzen sind,
- und dass der Bereich der Gerontotechnik zukünftig an Bedeutung zunehmen wird, nicht zuletzt, weil die kommenden Generationen von älteren Menschen über vielfältigere Erfahrungen mit neuen Technologien verfügen werden.

11.3.3 Quartiersentwicklung als Vorgehensweise zur Stärkung einer Sorgenden Gemeinschaft

Wie empirische Ergebnisse bestätigen (▶ Kap. 11.2), möchten die meisten älteren Menschen auch bei eintretender Hilfe- und Pflegebedürftigkeit in ihrem vertrauten Umfeld wohnen bleiben, auch wenn dieses nicht altengerecht ausgestattet ist. Einzelfallbezogene Hilfen wie Wohnraumanpassungsmaßnahmen, die Nutzung von Hilfsmitteln sowie pflegerische und hauswirtschaftliche Unterstützungsangebote zielen zwar darauf ab, den Verbleib in der eigenen Wohnung zu verlängern. Sie können jedoch nicht die Teilhabe am gesellschaftlichen Leben verbessern und damit Einsamkeit und Isolation verhindern. Dies ist nur durch Maßnahmen zur Wohnumfeldgestaltung wie der Schaffung eines barrierearmen Wohnumfelds und einer wohnortnahen Infrastruktur mit Geschäften, Ärzten, Begegnungsmöglichkeiten und gut erreichbaren öffentlichen Verkehrsmitteln möglich. Auch gute Nachbarschaftskontakte tragen dazu bei, sich sozial zugehörig und auch bei einer Erkrankung sicher zu fühlen, z. B. wenn Nachbarn informelle Hilfen leisten wie Pakete annehmen, Blumen gießen oder im Notfall Besorgungen übernehmen.

Bedingt durch die demografische Entwicklung mit der Zunahme an Einpersonenhaushalten und städtebaulichen Entwicklungen, die zur Gentrifizierung bzw. Verwahrlosung von Stadtteilen beitragen, wächst deshalb bei Verantwortlichen die Einsicht in die Notwendigkeit einer aktiven Sozialraumgestaltung zur Vermeidung sozialer Isolierung älterer Menschen. Ältere Pflegebedürftige könnten länger in der eigenen Wohnung bleiben und ein Heimeinzug könnte vermieden oder hinausgezögert werden, wenn sie auf quartiersnahe Versorgungskonzepte und niederschwellige Nachbarschaftshilfen in Ergänzung zu professionellen Unterstützungsleistungen zurückgreifen könnten.

Die Entwicklung derartiger Sorgestrukturen und deren Vernetzung mit professionellen Hilfeangeboten erfolgt jedoch nicht automatisch, sondern benötigt Schlüsselpersonen, sog. ›Kümmerer‹, die diese Prozesse anstoßen und begleiten. Neben der klassischen Einzelfallhilfe in Beratungsstellen gewinnt deshalb die Quartiersarbeit für die Soziale Altenarbeit als neues Arbeitsfeld zunehmend an Bedeutung. Quartiersarbeit zur Schaffung alten- oder generationengerechter Wohnbedingungen ist eine Querschnittsaufgabe, die überwiegend in kommunaler Verantwortung liegt und die Zuständigkeiten unterschiedlicher Ressorts wie z. B. Bauen, Verkehr, Soziales berührt (Deutscher Verein, 2016, Rüßler & Heite, 2017).

Ein Quartier definiert sich durch die räumlichen Begrenzungen eines Wohngebiets, Stadtviertels oder Dorfs, wie es von seinen Bewohnern wahrgenommen und zur persönlichen Identitätsbildung genutzt wird (Arbeitsgemeinschaft der Spitzenverbände der Freien Wohlfahrtspflege NRW, 2012). Damit sind Quartiersgrenzen nicht identisch mit Verwaltungsbezirken mit entsprechenden Folgen für die Quartiersarbeit.

Wenn Herr Baum aus dem beschriebenen Fallbeispiel in der nachmittäglichen Dienstbesprechung über ein mögliches Quartiersprojekt diskutiert, wird er eine Vielzahl unterschiedlicher Beteiligter im Blick haben müssen, die für ein

Quartiersprojekt zu gewinnen sind wie die Wohnungswirtschaft, Verkehrsbetriebe, Einzelhandel, Ärzte, Vereine, Kirchengemeinden, Kulturinstitute und viele weitere. Er wird weiterhin – in Abhängigkeit von den sozialstrukturellen Rahmenbedingungen des infrage kommenden Quartiers – sehr unterschiedliche Arbeitsfelder berücksichtigen müssen, die er durch Quartiersmaßnahmen gestalten möchte. Er muss die Sozialstruktur und weitere Ausgangsbedingungen erfassen, aus denen sich ein Veränderungsbedarf ergibt, und er muss seine Ziele, die er erreichen möchte, festlegen. Vielleicht haben außer dem Ehepaar Xaver bereits weitere Bewohner des ländlich geprägten Vororts die Beratungsstelle mit ähnlichen Problemen aufgesucht. Dann könnten mögliche Ziele eines Quartiersprojekts in der Verbesserung der Verkehrsanbindung z. B. durch Einrichtung eines Bürgerbusses und die Aktivierung nachbarschaftlicher Hilfestrukturen unter Einbezug der beiden Kirchengemeinden und des Tennisvereins, in dem viele Bewohner Mitglieder sind, liegen.

Die Schaffung generationengerechten Wohnens, die Sicherstellung einer wohnortnahen gesundheitlichen Versorgung, Möglichkeiten zur Partizipation und sozialer wie kultureller Teilhabe werden z. B. in dem bereits erwähnten Arbeitspapier der Spitzenverbände der Freien Wohlfahrtspflege als Handlungsfelder altengerechter Quartiersentwicklung genannt (ebd.). Andere überregionale Konzeptpapiere z. B. des Kuratoriums Deutscher Altershilfe (2011), des Deutschen Vereins für öffentliche und private Fürsorge (2016) oder der Siebte Altenbericht der Bundesregierung zum Thema »Sorge und Mitverantwortung in der Kommune – Aufbau und Sicherung zukunftsfähiger Gemeinschaften« (Deutscher Bundestag, 2016) formulieren vergleichbare Ziele und Handlungsebenen. V. a. der Empfehlungsbereich 5 »Förderung nachbarschaftlicher Beziehungen und Gestaltung von Sozialräumen« im Siebten Altenbericht beschreibt einzelne Handlungsfelder, die Gegenstand einer quartiersbezogenen Sozialen Altenarbeit sind und zu denen es mittlerweile eine Vielzahl unterschiedlicher Quartiersprojekte gibt.

Würde Herr Baum sich aus diesem Altenbericht für seine nachmittägliche Dienstbesprechung Orientierungen für ein mögliches Quartiersprojekt des Trägers holen, so könnte er folgende Maßnahmen vorschlagen (vgl. ebd., S. 258ff.):

- *Entwicklung, Stärkung und Stabilisierung informeller Nachbarschaftshilfen* durch die Bereitstellung von Begegnungsmöglichkeiten und durch Einflussnahme auf städtebauliche Entwicklungen, um gewachsene Wohnquartiere zu erhalten. Allerdings sind die Gestaltungsmöglichkeiten derartiger Nachbarschaftsstrukturen sehr begrenzt, da sie gewachsen sind und sich Einflüssen von außen entziehen.
- *Aufbau formal organisierter Nachbarschaft* wie Fahrdienste, Einkaufs- und Unterstützungshilfen bei der Kinderbetreuung, kurzfristiger Erkrankung oder der Erledigung kleinerer Reparaturen im Haushalt. Auch wenn formalisierte Nachbarschaftshilfen als freiwilliges Engagement erbracht werden z. B. in Mehrgenerationenwohnprojekten, so benötigen sie dennoch eine entsprechende finanzielle und personelle Ausstattung, um z. B. ein Nachbarschafts- oder Quartiersbüro als Informations- und Anlaufstelle einzurichten und Ver-

antwortliche, also den ›Kümmerer‹, oder Quartiersmanager zu finanzieren, die diese Maßnahmen anregen, koordinieren und begleiten.
- *Schaffung und Erhaltung von Orten der Begegnung* als Voraussetzung zum Aufbau und der Erhaltung von formellen und informellen Nachbarschaftsstrukturen. Attraktive Plätze und Grünanlagen mit Bänken für ein Gespräch, Geschäfte, Begegnungstreffs, Stadtteil- und Kulturzentren können, wenn sie gut erreichbar sind, Begegnungen ermöglichen und zur sozialen Aktivierung beitragen. Insbes. in ländlichen Quartieren kommt der Erhaltung von öffentlichen Orten zur Begegnung eine wichtige Rolle zu.
- *Entwicklung von Gemeinwesenarbeit und Schaffung sozialräumlicher Strukturen.* Um auch sozial zurückgezogene Ältere und Ältere in schwierigen Lebensbedingungen, die kaum Begegnungstreffs o. Ä. nutzen, zu erreichen, sind im Rahmen von Quartiersarbeit auch niederschwellige Zugänge zu Beratungs- und Hilfeangeboten durch den Einbezug von Personen, wie z. B. Ärzten, Apothekern, Verkäufer in Geschäften, in denen die Älteren einkaufen, zu schaffen. Diese Personengruppen für die Belange älterer hilfsbedürftiger Menschen zu sensibilisieren und zu informieren, ist ebenfalls ein Bestandteil von Quartiersarbeit. Dies erfordert die
- *Bildung von Netzwerken* auf unterschiedlichen Ebenen. Als Quartiersmanager bestünde die Aufgabe von Herrn Baum in der Zusammenarbeit und Vernetzung mit verschiedenen Abteilungen und Zuständigkeiten innerhalb der Verwaltung sowie der Vernetzung der verschiedenen Organisationen und Akteure vor Ort wie dem Pfarrer, dem Vertreter der Ärzteschaft, dem Vereinsvorsitzenden, dem Vertreter des lokalen Einzelhandels, des Leiters einer Seniorenbegegnungsstätte und vielen mehr.
- *Ermöglichung von Partizipation.* Um zu vermeiden, dass Quartiersentwicklung an den Bedürfnissen der Bewohner vorbei geschieht, ist deren Einbezug und Beteiligung wichtig. Die Ermutigung zur Beteiligung, die Unterstützung, Moderation und Steuerung von Beteiligungsprozessen sowie die Schlichtung von Konflikten z. B. zwischen Bürgerinteressen und Verwaltungsvorgaben beschreiben weitere Aufgaben, die auf Herrn Baum in seiner Funktion als Quartiersmanager zukommen würden.

Da die Vielzahl der Aufgaben und Anforderungen u. U. von Herrn Baum nicht allein bewältigt werden können, muss er sich auch um weitere Finanzierungsmöglichkeiten für zusätzliche Mitarbeiter, Räumlichkeiten und einzelne Quartiersmaßnahmen wie z. B. die Anschaffung des Bürgerbusses kümmern. Seinem Träger gegenüber wird er außerdem nachweisen müssen, dass die Investition in die vorgeschlagenen Quartiersprojekte lohnenswert ist. D. h., er muss die Wirksamkeit einzelner Maßnahmen erfassen und in der Öffentlichkeit verbreiten. Zusammenfassend wird deutlich, dass

- in der Schaffung alten- und demenzgerechter Quartiere eine zukünftige Aufgabe sozialer Altenarbeit liegt, um älteren Menschen soziale Teilhabe und den Verbleib in ihrem vertrauten Lebensumfeld auch bei Krankheit und Pflegebedürftigkeit zu ermöglichen;

- Quartiersentwicklung eine Querschnittsaufgabe darstellt, in der eine Vielzahl unterschiedlicher Beteiligter einzubeziehen sind;
- Quartiersarbeit ein komplexes Aufgabenfeld mit Chancen und Herausforderungen beschreibt, das nicht allein durch ehrenamtliches Engagement geleistet werden kann, sondern professionelle Unterstützung, Moderation und Koordination und somit entsprechende finanzielle Ressourcen erfordert;
- Quartiersarbeit zur Verbesserung von Lebensbedingungen älterer Menschen auch Grenzen hat, da sie auf einzelne Rahmenbedingungen im Quartier wie die Finanzsituation einer Kommune, städtebauliche Gegebenheiten oder die Sozialstruktur seiner Bewohner keinen direkten Einfluss nehmen kann, diese jedoch die Veränderungsmöglichkeiten im Quartier mitbeeinflussen.

12 Bildung im Alter

Bildung als Erfordernis bezieht sich nicht nur auf Kindheit und Jugend, sondern gewinnt vor dem Hintergrund der steigenden Lebenserwartung und des sich rasch vollziehenden gesellschaftlichen Wandels auch für Menschen in der Altersphase immer mehr an Bedeutung (Veelken, 2003). Durch die gesellschaftlichen Modernisierungs- und Veränderungsprozesse wird einerseits jeder Einzelne bis ins hohe Alter zum Lebenslangen Lernen gefordert und andererseits »ist die Ausgestaltung einer ›Gesellschaft des langen Lebens‹ nur durch Lernprozesse im Alter, zum Altern und zum Umgang mit Älteren denkbar« (Bubolz-Lutz et al., 2010, S. 11). Doch auch bezogen auf die Lebensqualität der Einzelnen spielen Bildung und Lernen eine wichtige Rolle: Die Bereitschaft und Fähigkeit, im Alter Neues zu erlernen und es praktisch zu erproben, bspw. ein neues Bewusstsein gegenüber bestimmten Fragestellungen und Themen zu erlangen, Wissen zu erschließen, sich den Umgang mit neuen Medien zu erarbeiten oder neue soziokulturelle Erfahrungen zu machen, sind wichtige Voraussetzungen für eine autonome und erfüllte Alltagsgestaltung sowie für die Erhaltung bzw. Erhöhung der Lebensqualität im Alter (Rosenmayr, 2003, S. 151, Leipold, 2012, S. 10). Bildung wird dadurch zum bestimmenden Faktor für die gesamtgesellschaftliche Aufgabe der Gestaltung des demografischen Wandels (Bubolz-Lutz et al., 2010).

Theoretische Anknüpfungspunkte dafür, dass das Lernen auch im Alter noch möglich ist, liefert der vorliegende Band bereits mit dem Grundlagenbereich (► Kap. 7) der die kognitive Entwicklung im Alter sowie die kognitive Leistungsfähigkeit thematisiert, die eine zentrale Voraussetzung für Bildung im Alter sind. Damit Bildung im Alter gelingen kann, bedarf es aber neben der kognitiven Fähigkeit auch weiterer Voraussetzungen wie förderlicher Lernbedingungen und adäquater Lernmodelle, die das Lernverhalten sowie die Lernbedürfnisse und -wünsche älterer Menschen aufgreifen und berücksichtigen. Um diese sicherzustellen, werden Merkmale und Kriterien benötigt, die die erforderliche Qualität von Lernen und Bildung definieren. Auf dieser Grundlage können Angebote entwickelt werden, die den Ansprüchen einer modernen Altersbildung gerecht werden.

In diesem Kapitel werden theoretische, empirische und anwendungsbezogene Erkenntnisse von Lernen und Bildung im Alter aufgezeigt. Folgende Themenbereiche und Fragestellungen sollen den Zugang zum Thema Bildung im Alter herstellen:

- Was bedeuten die Begriffe Geragogik, Lernen und Bildung sowie Lebenslanges Lernen für und mit älteren Menschen? (▶ Kap. 12.1)
- Welche Formen und Funktionen hat Bildung? (▶ Kap. 12.2)
- Welche Bildungstypen gibt es im Alter? (▶ Kap. 12.3)
- Welche Bildungsorte, Bildungsformen und Lernfelder gibt es im Alter? (▶ Kap. 12.4)
- Wie stark ist die Bildungsbeteiligung älterer Menschen? (▶ Kap. 12.5)
- Wie steht es um das bürgerschaftliche Engagement älterer Menschen? (▶ Kap. 12.6)
- Welche Qualitätsstandards und -kriterien gibt es in der Altersbildung? (▶ Kap. 12.7)

12.1 Geragogik, Lernen und Bildung und Lebenslanges Lernen

Geragogik als wissenschaftliche Disziplin und Praxis vertritt ein Menschenbild, das an personaler Würde und Autonomie orientiert ist, und ein Gesellschaftsverständnis, das unabhängig vom Alter allen Menschen das Recht auf Bildung und Teilhabe an Bildungsaktivitäten gewährt sowie Möglichkeiten der Einflussnahme und Partizipation für Ältere schafft (ebd., S. 11f.).

Geragogik ist eine Wortbildung aus zwei griechischen Worten:

- »geraios«, »geraros« – »alt« bzw. »der Alte«
- »ago« – »ich führe hin«, »ich begleite«, »ich zeige den Weg« (▶ Abb. 28)

Der Begriff Geragogik wurde analog zu dem älteren Wort Pädagogik (»pais« – »das Kind«) gebildet.

Davon abgeleitet bedeutet Geragogik die Hinführung zum Alter und Begleitung des Alterns oder auch Bildung für alte Menschen (Veelken, 2000, S. 88).

In der erziehungswissenschaftlichen Forschung wird Geragogik verstanden als die Fortsetzung der Pädagogik und Andragogik (von »aner« – »Mensch«: lebenslange Bildung des Erwachsenen) in der Altersphase. Sie zielt auf ganzheitliche Entwicklung der Persönlichkeit und lebenslange dialogische Begleitung. Geragogik »integriert die lebensbegleitenden Aspekte der Biologie des Alterns, Geriatrie, Gerontopsychiatrie, Pflegewissenschaft, Gerontopsychologie und der Gerontosoziologie, ergänzt diese um die Felder Bildung, Freizeit und Kultur und setzt die gerontologischen Erkenntnisse in die Praxis des Lehrens und Lernens um« (Veelken et al., 2005, S. 34f.; ▶ Abb. 29).

12 Bildung im Alter

Begriffsbestimmung "Geragogik"

aus dem Griechischen

Päd – ago – gik	Andr – ago – gik	Ger – ago – gik
Kinder – ich begleite –	Erwachsene – ich begleite –	Ältere – ich begleite –

- geraios, geraos = alt, der Alte
- ago = ich führe hin, ich begleite

Abb. 28: Begriffsbestimmung Geragogik, Quelle: Veelken, L., Gregarek, S. & de Vries, B. (Hrsg.) (2005). Altern, Alter, Leben lernen. Geragogik kann man lehren. Oberhausen: ATHENA, S. 33

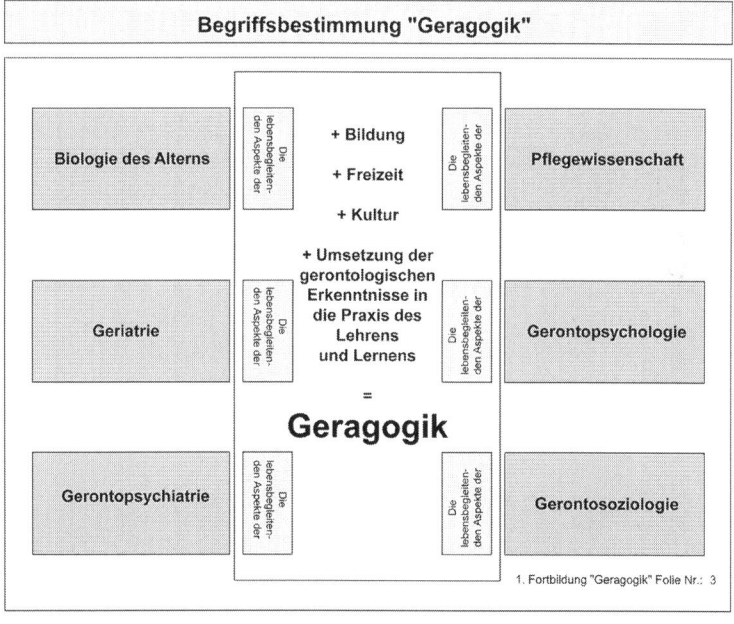

Abb. 29: Begriffsbestimmung Geragogik, Quelle: Veelken, L., Gregarek, S. & de Vries, B. (Hrsg.) (2005). Altern, Alter, Leben lernen. Geragogik kann man lehren. Oberhausen: ATHENA, S. 35

Im Folgenden wird eine Definition von Geragogik nach Veelken (2003) vorgestellt.

> **Definition Geragogik**
>
> »Geragogik ist die Wissenschaftsdisziplin von Theorie und Praxis der Bildungs- und Kulturarbeit mit älteren Menschen. Ihre Bezugswissenschaften sind die Soziale Gerontologie, die Bildungs- und Kultursoziologie, die Sozialpädagogik und die Erwachsenenbildung. Das Ziel der Geragogik ist die Identitätsentfaltung im Lebenslauf. Die Wege zu dem Ziel sind die Begleitung älterer Erwachsener durch Bildung und Lernen, die Entwicklung und Erprobung von Konzepten für die gerontologische Aus-, Fort- und Weiterbildung und die geragogische Forschung, die die Prozesse und Elemente von Bildungs- und Kulturarbeit mit alten Menschen und die gerontologische Bildungsarbeit untersucht. Geragogik ist keine verengte Wissenschaft des Alterns, sondern bezieht den gesamten Lebenslauf mit ein, steht als intergenerationelles Lernen im Kontext von Pädagogik und Andragogik. Geragogik untersucht den Zusammenhang von Kultur, Gesellschaft und Individuum und ist die Verbindung von Gerontologie mit einer gesellschaftswissenschaftlich orientierten Erziehungswissenschaft (educational gerontology)« (ebd., S. 55).

Der Definition nach gehören zum Gegenstand von Geragogik die Erforschung und Gestaltung von Bildungs- und Lernprozessen in der zweiten Lebenshälfte unter Einbeziehung der in der Definition benannten Bezugswissenschaften. Eine besondere Bedeutung wird der Identitätsentfaltung im Lebenslauf sowie dem intergenerationellen Lernen zugeschrieben. Nach Veelken soll die zukünftige Bildungs- und Kulturarbeit darauf abzielen, Bildungsangebote generationsübergreifend zur Verfügung zu stellen, um gemeinsame Prozesse der »Enkulturation und Neuinterpretation von Kultur« anzustoßen, ohne die eine solidarische und sinnvolle Zukunftsgestaltung nicht möglich ist (ebd., S. 85).

Lernen und Bildung werden in der Literatur entweder parallel oder synonym gebraucht, da es bisher kein einheitliches Verständnis dieser Termini gibt. Dies gilt auch für die Verwendung der Begriffe in diesem Kapitel. Für eine Grundorientierung sollen die beiden Begriffe jedoch grob systematisiert und voneinander abgegrenzt werden.

> **Definition Lernen**
>
> Lernen ist die Basis für Bildungsprozesse. Lernprozesse wie die Aneignung und Erweiterung bzw. Weiterentwicklung von Fähigkeiten, Fertigkeiten, Erfahrungen und Wissen führen zu möglichen Verhaltensänderungen von Menschen und befähigen sie, sich an natürliche und kulturelle Lebensbedingungen anzupassen und diese aktiv zu gestalten (Bubolz-Lutz et al., 2010, S. 14ff.).

Bubolz-Lutz et al. leiten aus diversen Diskursen der Lernpsychologie und Erwachsenenbildung folgende Bestimmungsmerkmale des Lernens von Erwachsenen ab. Lernen ist demzufolge:

- »ein grundlegender Lebensprozess, der lebenslang andauert und basale Prozesse ebenso umfasst wie hochkomplexe,
- ein aktiver, selbstgesteuerter und konstruktiver Prozess,
- ein biografisch und lebensweltlich verankerter Prozess,
- jeweils situativ an bestimmte Kontexte gebunden und findet sowohl in formalen wie in nicht-formalen und informellen Lernkontexten statt.
- Lernen geht vom Subjekt und seinen Lebensinteressen aus.
- Lernen erfolgt im sozialen Austausch mit der Umwelt.
- Lernen kann verschiedene Wirkungen und Funktionen haben: Perzeption, Reflexion, Leistung, Orientierung.
- Lernen kann je nach Intention ein zielbezogener Qualifizierungsprozess sein oder ein Prozess zieloffener Suchbewegungen i. S. reflexiver Selbstklärung, Orientierung und Selbstvergewisserung.
- Die reflexiven Bestimmungsmerkmale von Lernen werden im geragogischen Begriffsverständnis als ›Bildung‹ bezeichnet« (ebd., S. 21.).

Definition Bildung

»Bildung ist ein lebenslanger Prozess, der Offenheit für Lernen und Erfahrung voraussetzt, aber auf gesellschaftliche Rahmenbedingungen angewiesen ist, die Lernprozesse wie Wissensaneignung und die Umsetzung in Handeln zulassen und fördern. Der Bildungsprozess bezeichnet eine bewusste, aktive, reflexive und handlungsbezogene Auseinandersetzung des Individuums mit sich selbst und seiner materiellen, sozialen und kulturellen Umwelt, indem sich das Selbst- und Weltverständnis des Individuums ebenso herausbildet wie seine Sozial- und Handlungskompetenz. Zentrale Merkmale von Bildung sind Reflexivität und darauf bezogenes Handeln« (ebd., S. 27).

»Bildung beschreibt zum einen den Prozess der Aneignung und Erweiterung von Fähigkeiten, Fertigkeiten, Erfahrungen und Wissenssystemen in formalen und informellen Kontexten, zum anderen das Ergebnis dieses Prozesses. Bildung beschränkt sich nicht allein auf den Erwerb von Wissen und Qualifikationen, sondern umfasst auch Fähigkeiten, Fertigkeiten und Erfahrungen, die die effektive, kreative Auseinandersetzung mit aktuellen oder zukünftigen Aufgaben und Anforderungen fördern – seien dies Aufgaben und Anforderungen im Beruf, in der Familie, in der Freizeit oder im bürgerschaftlichen Bereich« (BMFSFJ, 2010, S. 144).

Heutige wissenschaftliche und praktische Zugänge versuchen, die große Komplexität von Lern- und Bildungsprozessen in den Blick zu nehmen und sie auch innerhalb ihrer Kontexte zu verstehen. Die lange existierende Trennung zwischen Grundausbildung, Berufsausbildung sowie allgemeiner Weiterbildung ist heute nicht mehr zeitgemäß. Nicht zuletzt aufgrund des ständigen Wandels in der Arbeitswelt und der damit verbundenen Notwendigkeit für die Beschäftigten, immer wieder Neues zu lernen, verlieren Schulbildung und die erste berufliche Ausbildung zusehends ihre festlegende Bedeutung. Das bedeutet zugleich, dass die Anbieter von Bildung – Staat bzw. Kommunen sowie Unternehmen und andere Einrichtungen – stärker zusammenarbeiten und auch eine größere Verantwortlichkeit der Lernenden gefordert ist. Dabei ist jede Lebensphase, auch die Altersphase, durch bestimmte Lernaufgaben charakterisiert. Allerdings ist die Basis für die Realisierung von Lernkompetenz und Lernpotenzialen im Alter bereits in den früheren Jahren gelegt und beruht auf den Lernmotivationen und -erfolgen in der grundlegenden Bildung (ebd., S. 152). Um auch bei weniger erfolgreichen Lernbiografien ein Lernen im Alter zu ermöglichen, ist es notwendig, spezielle Lerngelegenheiten für die Altersphase zu schaffen, die insbes. die spezifischen Interessen der Zielgruppe ansprechen und auf diese Weise neue Motivationen wecken können. Was für einen lebenslang fortfahrenden Lernprozess charakteristisch ist, verdeutlicht die Definition des Lebenslangen Lernens.

> **Definition Lebenslanges Lernen**
>
> »Lebenslanges Lernen bedeutet (...) das Aufnehmen, Erschließen und Einordnen von Erfahrungen und Wissen in das subjektive Handlungsrepertoire über die gesamte Lebensspanne hinweg. (...)
> Für das Konzept des Lebenslangen Lernens ist die Erkenntnis konstitutiv, dass die menschliche Entwicklung auch im mittleren und im höheren Erwachsenenalter formbar und gestaltbar ist (Plastizität). Das Lernen im Erwachsenenalter und generell die Bildungsprozesse über die Lebensspanne sind anspruchsvollen Erwartungen ausgesetzt, denn sie sollen das Lernen *für alle* über die Lebensspanne ermöglichen und selbst gesteuertes, selbst bestimmtes und kreatives Lernen ermöglichen. Es soll zur Selbstentfaltung der Persönlichkeit und zum Erhalt der Selbstständigkeit bis in das hohe Alter führen« (ebd., S. 151f.).

12.2 Formen und Funktionen von Bildung

In Abhängigkeit von den Kontexten, in denen Bildung stattfindet, werden verschiedene Formen von Bildung unterschieden:

- *institutioneller Kontext* – gezielte Wissensaneignung auf der Grundlage vorab definierter Lernziele und festgelegter Methoden. Das Erreichen der Lernziele und Kompetenzen wird durch Zeugnisse bzw. Zertifikate bescheinigt;

- *nonformaler Kontext* – Gewinnung von Erfahrungen im Umgang mit Aufgaben und Anforderungen ohne Vorgabe von Lernzielen, Lernmethoden und Lerninhalten;
- *informeller Kontext* – Austausch von Erfahrungen über den Alltag und die Lebenswelt im Rahmen sozialer Interaktion.

Bildung hat bestimmte Funktionen zu erfüllen, die sich auf die gesamte Lebensspanne beziehen können (ebd., S. 145f.).

- *Bildung zur Sozialisation und zur individuellen Regulationsfähigkeit* – durch Bildung werden Individuen zu mündigen Bürgern und zu souveränen Konsumenten in einer demokratischen, marktwirtschaftlichen Ordnung sozialisiert. Dabei geht es insbes. darum, sie zu befähigen, sich selbstständig ein kritisches Urteil zu bilden, eigenverantwortlich zu handeln und schöpferisch tätig zu werden.
- *Bildung als Erwerb von Kompetenzen* – Bildung ermöglicht den Erwerb grundlegender Kenntnisse und Fähigkeiten, die die Basis und Voraussetzung für die Möglichkeit der persönlichen Weiterentwicklung im Lebensverlauf bietet.
- *Bildung als Erwerb von Humanressourcen* – durch Bildung besteht für Individuen die Chance zur Teilnahme an einer am Markt orientierten beruflichen Qualifikation. Ihnen werden Kompetenzen vermittelt, die entsprechende an Fähigkeiten und Interessen orientierte Erwerbsarbeit ermöglichen.

Bildungsprozesse werden im Alter v. a. dann begünstigt, wenn spezifische Anforderungen an die entsprechenden Angebote erfüllt sind, wie z. B. dass informelle Bildungs- und Lernkontexte zur Verfügung stehen, da ältere Menschen diese gegenüber den formellen bzw. institutionellen bevorzugen, oder dass sie nicht nur als Lernende, sondern auch als Wissensträger und Wissensvermittler fungieren und ihr Wissen und ihre Erfahrungen weitergeben können, sei es als Kursleiter oder als Multiplikatoren in intergenerationellen Settings etwa in der Familie, am Arbeitsplatz oder im bürgerschaftlichen Engagement (ebd., S. 146f.).

12.3 Bildungstypen im Alter

Eine repräsentative qualitative Studie mit älteren Menschen von Tippelt et al. (2009) belegt, dass das Bildungsinteresse und -verständnis von zwei Orientierungen und Haltungen abhängig sind. Darauf bezieht sich auch das Bundesfamilienministerium, in dessen Sechstem Bericht zur Lage der älteren Generation es heißt: »Personen können erstens ein eher solidarisches oder ein eher individuell geprägtes Verständnis von Bildungsprozessen haben, und sie können zweitens Bildung eher als Eigenwert ansehen oder als Mittel zum Zweck« (ebd., S. 147). Durch Kombination dieser beiden Orientierungen entstehen vier Lern- oder Bildungstypen (Tippelt et al. 2009, S. 175; ▶ Abb. 30).

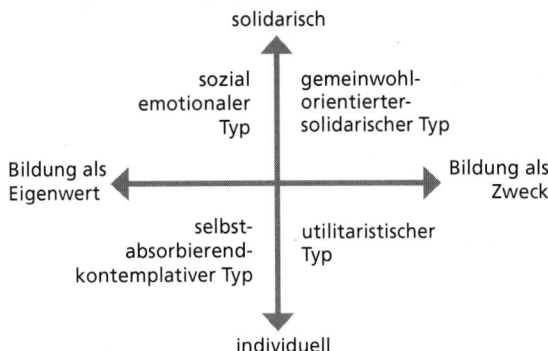

Abb. 30: Typologie zu Bildungsverständnis und -interessen Älterer, Quellen: Tippelt, R. et al. (2009): Bildung Älterer. Chancen im demografischen Wandel. DIE spezial. Bielefeld: wbv., S. 175; EdAge LMU (http://www.edu.lmu.de/apb/forschung/alt_projekte/edage/index.html)

Die in der Abbildung dargestellten Lern- und Bildungstypen lassen sich folgendermaßen charakterisieren (ebd., S. 175-187, BMFSFJ, 2010, S. 148–150):

- *Sozial-emotionaler Typ* – Bildung wird ein Eigenwert und Selbstzweck zugesprochen und sie wird in Zusammenhang mit positiven Emotionen gebracht. Ein wichtiges Ziel des sozial-emotionalen Typus ist, durch Bildung soziale Nähe zu anderen Menschen zu bekommen. Lernende zeichnen sich seit der Schulzeit durch hohe Bildungsaspirationen aus. Ihre Bildungswege waren meist geglückt und sie erwarben gute Bildungsabschlüsse, nicht zuletzt durch ein unterstützendes familiäres Netz. Lernende des Typs assoziieren Bildung mit der eigenen Persönlichkeitsentwicklung. Ihr Bildungsverständnis ist i. d. R. weit gefasst (kulturell, integrativ, qualifizierend). Sie sind bildungsaktiv, sowohl bezogen auf Weiterbildungsangebote als auch auf das informelle Lernen. I. d. R. haben sie eine hohe Erwartung an die Qualität der Bildungsangebote, die Dozenten und die Lernatmosphäre. Sie gestalten die Freizeit aktiv und sind häufig ehrenamtlich engagiert.
- *Utilitaristischer Typ* – Bildungsangebote werden nur dann wahrgenommen, wenn die Teilnahme an ein bestimmtes Ziel geknüpft ist, wie z. B. das Erlangen eines Zeugnisses oder Zertifikats sowie die direkte Anwendung des gewonnenen Wissens und Könnens. Die Bildungsaspirationen von Utilitaristen sind kaum ausgeprägt. Der autoritäre Erziehungsstil der Eltern war eher hinderlich als fördernd. Die Schulzeit war durch Misserfolge geprägt und endete meist mit einfachen Schulabschlüssen. Die Berufsbildung dagegen wird von Utilitaristen wegen des Verwertungsbezugs der Lerninhalte als positiv erlebt,

ebenso wie die Berufswahl. Insgesamt wird demnach der Bildungsweg als positiv bewertet. Bei Utilitaristen überwiegt ein sozial-differenziertes Bildungsverständnis, was bedeutet, dass die Bildungsunterschiede zu anderen Gruppen kritisch angesprochen werden. Die Weiterbildung ist meist beruflich begründet, das ›Learning-by-Doing‹ wird als positiv bewertet. Der Verwertbarkeit von Bildung wird auch in der nachberuflichen Phase eine hohe Bedeutung zugesprochen.

- *Selbstabsorbierend-kontemplativer Typ* – Wissen zu erlangen zur Weiterentwicklung der eigenen Persönlichkeit und zum Fortkommen in der Gesellschaft ist ein wesentliches Ziel. Das Sich-Einbringen in die Gemeinschaft tritt hinter die eigenen Bildungsziele zurück. Menschen dieses Typus haben sehr hohe Bildungsaspirationen und i. d. R. einen sehr erfolgreichen Bildungsweg mit hohen Bildungs- und Hochschulabschlüssen hinter sich. I. d. R. haben sie ein sehr weites Bildungsverständnis, das kognitive, soziale, emotionale und motorische Kompetenzen umfasst. Dabei wird Bildung als Mittel der Fortentwicklung der eigenen Persönlichkeit wahrgenommen, während eine bürgerschaftliche Komponente und der Bezug auf gesellschaftlich-soziale Fragen keine Rolle spielen.
- *Gemeinwohlorientiert-solidarischer Typ* – Bildungsaktivitäten haben für Menschen dieses Typus gemeinschaftsfördernde und integrative Potenziale. Ihr Ziel ist es, das gewonnene Wissen an die nachfolgende Generation und die Gemeinschaft weiterzugeben – womit der gegenseitige Austausch eine besondere Relevanz bekommt. Die Schulzeit wird von diesem Typus positiv bewertet, wobei nicht immer besonders hohe Abschlüsse erreicht wurden. Als zentral werden der Erwerb sozialer Kompetenzen und die Vermittlung von Werten sozialer Gerechtigkeit angesehen. Der Wissenserwerb soll im sozialen Sinne nützlich sein und einen Beitrag für die Gesellschaft leisten. Der eigene Bildungsweg wird positiv betrachtet. Die Basis für ein anspruchsvolles normatives Bildungsverständnis sind Werte wie soziale Kompetenz, Wertschätzung, Wertachtung von anderen etc. Sie gehören für den gemeinwohlorientierten-solidarischen Typus zum Bild eines ›gebildeten Menschen‹. Bei den Angehörigen dieses Typus werden eine sehr hohe formale Weiterbildungsaktivität und ein zielgerichtetes informelles Lernen beobachtet. Das Bildungsinteresse kann sich bei ihnen besonders gut entfalten, wenn die Lehrenden sich sympathisch und empathisch zeigen und die Orte des Lernens zu Wohlfühlorten werden. Die eigene Familie und sozialen Netzwerke sowie das freiwillige und bürgerschaftliche Engagement stehen im Mittelpunkt ihrer Freizeitgestaltung.

12.4 Bildungsorte, Bildungsformen und Lernfelder im Alter

Im Allgemeinen wird auch für Bildungsprozesse im Alter unterschieden zwischen traditionellen Bildungsorten und informellen Lernorten. Charakteristisch für traditionelle Bildungsorte ist das Präsenzlernen in einer Institution bzw. Einrichtung auf der Grundlage eines vorgegebenen Programms bzw. Curriculums. Die Teilnehmer erwerben durch das Absolvieren bspw. einer Weiterbildungsmaßnahme ein Zeugnis oder Zertifikat. In Deutschland gibt es eine Reihe von Bildungseinrichtungen, die den traditionellen Orten zugeordnet werden können, wie z. B. Volkshochschulen, kirchliche Bildungsträger, Bildungsträger von Arbeitgeberverbänden und Kammern, gewerkschaftliche Bildungsträger, Träger in Rechtsform eines Vereins, Stiftungen, Museen, Verlage, innerbetriebliche Organisationseinheiten zur Weiterbildung im Kontext von Personalentwicklung, Seniorenstudien im Sinne universitärer Altersbildung etc. (Leipold, 2012, S. 204, Bubolz-Lutz et al., 2010, S. 201–205).

Informelle Lernorte umfassen dagegen die Lebenswelten von Menschen wie z: B. ihre Familien, ihren Alltag und ihren Freundeskreis. In diesen Lernkontexten geht es darum, ein Wissen und Können zu erwerben, das für das jeweilige Individuum in der jeweiligen Situation als relevant und/oder interessant erscheint und möglicherweise auch einen Gebrauchswert hat. Das Individuum entscheidet selbst über die eigenen Lernformen und -wege, über Inhalte und Ziele (Reischmann, 2002, S. 163). Im informellen Bereich gibt es insbes. für ältere Menschen wertvolle Bildungsgelegenheiten, z. B. im bürgerschaftlichen Engagement, in der Pflege von Angehörigen, in der kommunalen oder kirchlichen Altenarbeit, im Austausch mit Kindern, Enkel etc., aber auch in nicht formalisierten Angeboten der Erwachsenenbildung, bspw. zu kunst- oder gesundheitsbezogenen Themen. All diese Lernaktivitäten und -gelegenheiten führen i. d. R. zum Erwerb neuer und dem Ausbau vorhandener Kenntnisse und Kompetenzen (BMFSFJ, 2010, S. 148–151).

Das informelle Lernen kann nach Reischmann (2002) in verschiedene Formen und Graden der Reflexivität und der institutionellen Einbettung differenziert werden:

- *Das inzidentelle beiläufige Lernen* findet häufig unbewusst und ungeplant statt und wird durch Reize ausgelöst, wie z. B. durch die Begegnung mit anderen Personen oder durch neue Herausforderungen, die bewältigt werden müssen.
- *Das teil-intentionale Lernen* wird durch Handlungen ausgelöst, die zwar nicht um des Lernens wegen ausgeführt werden, aber doch ein Lernen anregen bzw. befördern, wie z. B. Theater- oder Konzertbesuche, Reisen etc.
- *Das Lernen durch äußere Auslöser* vollzieht sich in der Bewältigung von unvorhersehbaren, stark emotionalen kritischen Lebensereignissen wie Schock, Angst, Freude, Verlust etc., die als Auslösesituation in Erinnerung bleiben.

Insgesamt zeigt sich, dass das Lernen im Alter, v. a. in der nachberuflichen Phase, überwiegend außerhalb von Bildungseinrichtungen stattfindet. Ältere Menschen streben nicht mehr nach dem Erwerb von Zertifikaten und Zeugnissen, da die Arbeitswelt, für die diese vorgesehen sind, für die meisten nicht mehr essenziell ist. Ihren Lebensbedingungen wie auch ihren Interessen entsprechen zumeist eher Möglichkeiten des informellen Lernens.

Thematisch gibt es in der Bildungsarbeit für und mit älteren Menschen keine Eingrenzung. Gewöhnlich werden aber der Altersbildung Themen zugeordnet, »die zum Prozess des Alterns im Lebenslauf in Bezug gesetzt werden und (durch die) eine spezielle Form der (Selbst-)Reflexion angeregt wird« (Bubolz-Lutz et al., 2010, S. 161). Einschlägige Lernfelder sind damit z. B. Biografie und Identität, Sinn und Spiritualität, kreative Lebensgestaltung sowie Gesundheit, Krankheit, Behinderung, Generationendialog, freiwilliges und bürgerschaftliches Engagement, aber auch neue Medien und neue Kommunikationstechnologien, die konzeptionell, thematisch oder auch einfach praktisch an den Lebens- und Erfahrungssituationen von Älteren ausgerichtet sind und darauf abzielen, den Zugang zu einer reflexiven und handlungsorientierten Altersbildung zu schaffen (ebd.).

12.5 Bildungsbeteiligung im Alter

Bei der Ermittlung der Häufigkeit der Inanspruchnahme von Weiterbildungsangeboten in der Volkshochschule (BMBF, 2008) wird deutlich, dass ältere Menschen zusehends mehr an öffentlichen Bildungsangeboten teilnehmen. Die Anteile der 65-Jährigen und Älteren stiegen im Zeitraum von 1996 bis 2006 von 6 % auf 11,4 %, der 50- bis 64-Jährigen von 17,1 % auf 21,7 % und der 35- bis 49-Jährigen von 29,9 % auf 33,4 %, während die Anteile der jüngeren Erwachsenen (25- bis 34-Jährige) kontinuierlich sanken (Leipold, 2012, S. 207). Die heutige Generation der Älteren zeichnet eine im Vergleich zu früheren Generationen höhere Bildungsaktivität und ein höheres Bildungspotenzial aus. Sie erkennen zunehmend den Nutzen der neuen Medien, wie z. B. des Internets, das ihnen neue Möglichkeiten der gesellschaftlichen Teilhabe eröffnen kann (Schröder & Gilberg, 2005, S. 151; weitere vertiefende Erkenntnisse zur Beteiligung an neuen Medien bieten Pressmann, 2017, und Schäfer, 2003.

Doch es ist notwendig, genauer hinzuschauen. Denn es ist nur ein Ausschnitt der Kohorte der Älteren, der – neben den informellen Lernorten – die öffentlichen Bildungsangebote nutzt. Um dieses Phänomen richtig einzuordnen, muss Bildung im Alter immer im Kontext der gesamten Lebensspanne betrachtet werden, weil sie von früheren Phasen der Bildungs- und Erwerbsbiografie abhängig und mitbestimmt ist (Deutscher Bundestag, 2010, S. 81). Bildungsangebote werden jenseits der im Alltag zur Verfügung stehenden Kontexte wie Familie, Freundeskreis oder auch öffentliche Medien wie Fernsehen v. a. von

Menschen genutzt, die bereits hohe Bildungsabschlüsse erreicht haben. So zeigen sich nach Hof (2009) bei der Teilnahme an Bildungsangeboten deutlich soziale Unterschiede, die dem sog. »Matthäusprinzip« (wer hat, dem wird gegeben) folgen. Demnach haben es geringqualifizierte und einkommensschwache Menschen, nicht zuletzt Migranten, im Alter meist besonders schwer, von Bildungsangeboten zu profitieren (BMFSFJ, 2010, S. 150f., Leipold, 2012, S. 208). Dies ist umso problematischer, als solche Angebote helfen könnten, mit den Veränderungen und Herausforderungen, die das Alter mit sich bringt, zurechtzukommen. Der Zweite Nationale Bildungsbericht (2008) verweist darauf, dass Menschen mit Abitur eine doppelt so hohe Beteiligungsquote an Angeboten der allgemeinen und beruflichen Bildung haben wie Menschen mit einem niedrigeren Schulabschluss. Bei der Betrachtung der Bildungsbeteiligung nach dem beruflichen Bildungsabschluss zeigt sich ein noch größerer Unterschied: Menschen mit einem Hochschulabschluss nehmen mehr als viermal so oft an beruflichen Bildungsmaßnahmen teil wie Menschen ohne Berufsausbildung. So lässt sich festhalten, dass Menschen von der in früheren Jahren erhaltenen Bildungsförderung auch noch im Alter profitieren können, während andererseits auch die Bildungsbenachteiligungen sich im Lebensverlauf akkumulieren. Die Beschreibungen der verschiedenen Bildungstypen im Alter (▶ Kap. 12.3) machen den Zusammenhang zwischen dem Bildungsverhalten in jüngeren Jahren und dem Bildungsverhalten im Alter bzw. hohen Alter biografisch nachvollziehbar. Eine Bildungsungleichheit im Alter lässt sich daher nur ausgleichen, wenn die Bildungsungleichheit in den früheren Jahren korrigiert wird (Autorengruppe Bildungsberichterstattung, 2008, S. 137–152, BMFSFJ, 2010, S. 150f.). Mindestens aber müssen Angebote entwickelt werden, die auch die benachteiligten Gruppen von Älteren erreichen und ihren Interessen und Bedürfnissen entsprechen.

12.6 Bürgerschaftliches Engagement und ältere Menschen

Als eigene Form des Lernens kann das Engagement in außerberuflichen Kontexten betrachtet werden, in dem Ältere besonders beteiligt sind. Es gibt in unserer Gesellschaft eine große Vielfalt außerberuflicher gesellschaftlicher Aktivitäten. Bezeichnungen hierfür sind das Ehrenamt, die Freiwilligenarbeit bzw. das Freiwilligenengagement oder das Bürger- und Zivilengagement. Als strukturelle Veränderung lässt sich beobachten, dass sich das sog. ›alte‹ Ehrenamt mit seiner langjährigen Institutionsbindung und verstetigten Formen in einem Auflösungsprozess befindet, während das ›neue‹ Ehrenamt mit zeitlich begrenzten, projektbezogenen Betätigungsformen immer mehr an Bedeutung gewinnt. All diese traditionellen und modernen, experimentellen Aktivitäten werden heute zusammenfassend mit dem Begriff »bürgerschaftliches Engagement« bezeichnet. Bürgerschaftliches Engagement umfasst demzufolge diverse Aufgaben (ebd., S. 129–131):

- *Politisches Engagement* umfasst Engagement in der Kommunalpolitik (Gemeinderäte, Stadtabgeordnete, Seniorenbeiräte etc.), in Mitarbeiterverbänden, Gewerkschaften, Bürgerinitiativen etc.
- *Soziales Engagement*: Hierzu zählen vielfältige Tätigkeiten in der Jugend- und Wohlfahrtspflege, in der Hospizbewegung, in Pflege- und Betreuungsangeboten, Kirchengemeinden, Kinder- und Jugendhilfe etc.
- *Engagement in Vereinen, Verbänden und Kirchen* umfasst insbes. Vorstandstätigkeiten, Geschäftsführungs- und Leitungsaufgaben.
- *Klassisches Ehrenamt*: Gemeint ist hier v. a. Engagement in öffentlichen Funktionen, wie z. B. die Tätigkeiten von Schöffen, ehrenamtlichen Richtern oder Wahlhelfern. Darüber hinaus zählen hierzu Aufgaben im Rahmen des Betreuungsrechts, Funktionen und Aufgaben bei der freiwilligen Feuerwehr oder Tätigkeiten zur Aufrechterhaltung öffentlicher Einrichtungen, z. B. Bibliotheken, Theater, Schwimmbäder, Museen etc.
- *Engagement in Genossenschaften und Tauschringen* beruht auf Gegenseitigkeit; das Engagement stützt hier die Ökonomie, die auf wechselseitiger Unterstützung und auf geteilten gemeinsamen Wertvorstellungen basiert.
- *Selbsthilfe*: Dieses Engagement findet sich in der Gesundheitshilfe und in Familien. Flächendeckend verbreitet ist das Engagement in den Alzheimergesellschaften und diversen gesundheitsbezogenen Selbsthilfegruppen.
- *Bürgerschaftliches Engagement in und von Unternehmen* umfasst die klassische Form der Interessenvertretung in Kammern oder Verbänden sowie die Übernahme bürgerschaftlicher Rollen im Rahmen von »Corporate Citizenship«: Die Unternehmen agieren in ihrer Bürgerrolle im Gemeinwesen und Gesellschaft.
- *Anwaltschaft für eigene oder andere Interessen bzw. Themen*: Hierbei geht es um das Engagement für politisch nicht artikulationsfähige gesellschaftliche Fragen und Anliegen von Bevölkerungsgruppen etwa durch die Gründung von Bürgerinitiativen (ebd., S. 131).

Es gibt eine Reihe von Studien, die Informationen zu Umfang und Erscheinungsformen sowie der Beteiligung am ehrenamtlichen Engagement liefern. Hierzu zählen v. a. der vom Bundesfamilienministerium herausgegebene Freiwilligensurvey (FWS) und der vom selben Ministerium geförderte Deutsche Alterssurvey (DEAS). Die Befunde wie z. B. die Angaben zu Engagementquoten in diesen Studien weisen teilweise wesentliche Unterschiede auf, die i. d. R. auf die verschiedenen methodischen Zugänge, Erhebungsinstrumente und Auswertungskonzepte zurückzuführen sind, aber auch auf die zugrunde gelegte Definition von Engagement. Unabhängig von diesen Unterschieden belegen die Studien jedoch die hohe Relevanz des Engagements in fast allen Lebensbereichen. Insbes. zeigt sich eine starke Ausprägung des Engagements in der Daseinsvorsorge und der sozialen, kulturellen und ökologischen Alltagsgestaltung (ebd.).

Die Ergebnisse des Freiwilligensurveys (2014) zeigen, dass von 1999 bis 2014 die Engagementquote um etwa zehn Prozentpunkte angestiegen ist. Ein starker Anstieg konnte insbes. von 2009 bis 2014 beobachtet werden, was auf die gesellschaftlichen Veränderungen wie Bildungsexpansion und intensive Thematisierung des Engagements in der Öffentlichkeit zurückzuführen ist. Die Beteiligung am Engagement ist abhängig von den Bevölkerungsgruppen. Frauen engagieren sich mit 41,5 % seltener freiwillig als Männer mit 45,7 %. Die höchste Beteiligung zeigt sich in Altersgruppen der 14- bis 29-Jährigen und der 30- bis 49-Jährigen, die geringste Beteiligung weisen dagegen 65-Jährige und Ältere auf. In den letzten 15 Jahren ist das Engagement der jüngeren und der älteren Personen im Vergleich zum Engagement der mittleren Altersgruppen stärker gestiegen und die Unterschiede zwischen den Bildungsgruppen haben sich vergrößert. So ist z. B. das Engagement bei Personen mit hoher Bildung stärker gestiegen als das niedriggebildeter Personen. Zu den Hauptbetätigungsfeldern zählen v. a. die Bereiche Sport/Bewegung (16,3 %), Schule/Kindergarten (9,1 %) und Kultur/Musik (9,0 %), gefolgt vom sozialen Bereich (8,5 %). Die informelle Unterstützung im außerfamilialen sozialen Nahraum, wie z. B. die Unterstützung für Nachbarn, Freunde und Bekannte oder Betreuung und Pflege nicht-verwandter Personen außerhalb der eigenen Häuslichkeit sowie die Betreuung nicht-verwandter Kinder, ist quantitativ von gleicher Bedeutung wie das freiwillige Engagement. Die Befunde zeigen, dass das Engagement im Bereich der Pflege gesundheitlich eingeschränkter Personen am stärksten in den Altersgruppen der 50- bis 64-Jährigen und der 65-Jährigen und Älteren ausgeprägt ist. Die Bereitschaft, sich künftig zu engagieren, ist insgesamt groß. Im höheren Alter ist sie allerdings weniger stark ausgeprägt als in der Jugend und im Erwachsenenalter (BMFSFJ, 2016, S. 3ff.).

Ältere Menschen sind v. a. eingebunden in Vereinen, kirchlichen und sozialen Einrichtungen sowie Seniorenselbstorganisationen. V. a. ist das Engagement im kirchlichen Kontext stärker bei älteren Menschen ausgeprägt als bei anderen Altersgruppen. Mit zunehmendem Alter sinkt allerdings die Beteiligungsquote. Während sie bei den 60- bis 70-Jährigen im Jahr 2004 bei 37 % lag, war sie zum gleichen Zeitpunkt bei den über 70-Jährigen nur noch bei 20 % bzw. 22 %. Im sozialen Bereich sind es eher die Frauen, die sich engagieren. In der Altersgruppe der über 70-Jährigen sinkt allerdings die Beteiligung von Männern wie Frauen in allen Bereichen (BMFSFJ, 2010, S. 131f.).

Grundsätzlich hat eine starke kirchliche Bindung einen positiven Einfluss auf die Engagementbereitschaft. Auch engagieren sich i. d. R. häufiger Menschen, die aufgrund ihrer Bildung und ihres Einkommens höheren gesellschaftlichen Schichten zugeordnet werden als Menschen mit einem einfachen Schulabschluss, wenig politisch Interessierte, Menschen aus den neuen Bundesländern oder Alleinlebende (Gensicke et al., 2006). Insgesamt lässt sich eine höhere Beteiligung von Frauen aus der Gruppe der ›jungen Alten‹ und von Männern unter den ›älteren Alten‹ feststellen.

Die Befunde des Freiwilligensurveys (FWS), die durch die Erhebungen des Engagement-Atlas (Prognos AG & AMB Generali Holding AG, 2009, zit. n. BMFSFJ, 2010, S. 133) gestützt werden, belegen ebenso stärkere Aktivitäten in den Bereichen Kirche, Religion, Soziales und Pflege. Der deutsche Alterssurvey zeigt allerdings geringere Beteiligungsquoten auf als der Freiwilligensurvey. Dies ist der Definition von Engagement geschuldet.

> »Während im Freiwilligensurvey die Übernahme von freiwilligen Aufgaben und Verantwortung außerhalb von Beruf und Familie in einem kooperativen Kontext, die nicht der Erzielung eines persönlichen materiellen Gewinns dienen, als freiwilliges Engagement definiert wird, fasst der DEAS den Begriff des Engagements enger: Hier wird die Übernahme einer Funktion oder eines Ehrenamtes bei Zusammenkünften, Veranstaltungen oder Sitzungen als ehrenamtliches Engagement bezeichnet« (ebd., S. 133, FN 3).

Auch die Befunde des DEAS (2002, 2008) belegen, dass Formen ehrenamtlichen Engagements und außerhäuslicher Bildungsaktivitäten bei Menschen in der zweiten Lebenshälfte weit verbreitet sind. Mit zunehmendem Alter wird auch hier eine sinkende Beteiligung registriert. In den höheren Altersgruppen ist die Partizipation bei Männern stärker ausgeprägt als bei Frauen Auch zeigt sich ein Zusammenhang zwischen Engagement und außerhäuslichen Bildungsaktivitäten. In allen Altersgruppen ist etwa ein Drittel der außerhäuslichen Bildungsaktiven auch freiwillig engagiert, wogegen nur etwa 5 % ausschließlich freiwillig engagiert sind, ohne zugleich außerhäuslich bildungsaktiv zu sein (ebd., S. 134).

Auf der Grundlage der Befunde zum bürgerschaftlichen Engagement wird deutlich, dass ältere Menschen im Vergleich zu jüngeren in höherem Maße freiwillig engagiert sind. Dabei hat nur eine Minderheit von ihnen das freiwillige Engagement aus eigener Initiative als Form der Aktivität gewählt: Ältere Menschen kommen seltener als jüngere aus eigener Initiative zum bürgerschaftlichen Engagement. Es zeigt sich, dass sie hierzu i. d. R. gewonnen bzw. angeworben werden, woraus sich dann ein nachhaltiges Engagement entwickelt. Aus diesen Beobachtungen ergibt sich der Auftrag für die soziale Gerontologie, über die Formen und Bedingungen bürgerschaftlichen Engagements aufzuklären und hierfür Gelegenheitsstrukturen zu schaffen.

12.7 Qualitätsstandards und -kriterien in der Altersbildung

Die zunehmende Differenzierung der Alterskohorte, auch bezogen auf die Bildungs- und Lernbedarfe der Menschen, verlangt von der Praxis Sozialer Arbeit mit Älteren differenzierte und qualitätsgesicherte Bildungsangebote. Wichtig ist, die Angebote für die Menschen zugänglich zu machen, förderliche Rahmenbedingungen für Lernen und Bildung zu schaffen und kulturelle Zugehörigkeiten zu berücksichtigen sowie einen Transfer in den Alltag der Älteren zu befördern.

Das Forschungsinstitut Geragogik (FoGera) entwickelte im Rahmen eines Projekts zwölf Qualitätsziele für eine moderne Seniorenarbeit und Altersbildung.

12.7.1 Zugangsqualität

Qualitätsziel 1

»Gemeinwesenorientierte Seniorenarbeit und Altersbildung folgen differenzierten Altersbildern.«

Qualitätskriterien

- »Programm in der Spanne zwischen traditionellen und innovativen Veranstaltungen«
- »Altersbilder von beruflich Tätigen und freiwillig Engagierten« (Köster et al., 2008, S. 78–80)

Das Programm der gemeinwesenorientierten Seniorenarbeit und Altersbildung orientiert sich an realistischen, positiven wie auch negativen Altersbildern. Es bewegt sich mit seinem Angebot in der Spanne zwischen traditionellen und innovativen Veranstaltungen und bildet damit die Vielfalt der Lebenswelten, -situationen und -stilen älterer Menschen ab, zugleich deckt es unterschiedliche Lern- und Handlungsfelder ab. Das Leitbild der gemeinwesenorientierten Seniorenarbeit und Altersbildung basiert auf einer Betrachtung des Alters, die gleichermaßen Risiken und Verluste sowie Chancen und Möglichkeiten des Alters berücksichtigt. Die programmverantwortlichen Professionellen wie die freiwillig Engagierten verfügen über die Fähigkeit, die eigene Sichtweise auf Alter und Altersbilder zu reflektieren.

Anregungen für die Praxis/Praxisbeispiele

Überprüfung des Veranstaltungsprofils hinsichtlich der Ausrichtung auf das aktive Alter und Alter mit Einschränkungen und Pflegebedürftigkeit.

Qualitätsziel 2

»Gemeinwesenorientierte Seniorenarbeit und Altersbildung beachten milieu- und geschlechtsspezifische Unterschiede.«

Qualitätskriterien

- »Lebensraumorientierung/Lebensweltbezug«
- »Zielgruppenorientierung«
- »Genderorientierung/Sensibilität für Geschlechterfragen« (ebd., S. 82–85)

Anregungen für die Praxis/Praxisbeispiele

- Lebensweltanalyse durchführen (individuelle Lebenssituation älterer Menschen, Situation des Stadtteils, Bevölkerungsstruktur)
- Zielgruppen bestimmen (Verhaltens(-Muster), soziale und psychologische Merkmale)
- Ältere Männer in die bestehenden Veranstaltungen integrieren

Qualitätsziel 3

»Ausgangspunkt der gemeinwesenorientierten Seniorenarbeit und Altersbildung ist der einzelne Mensch mit seinen Bedürfnissen, Interessen und Ressourcen. Sein Handeln mit anderen, für andere und für sich macht Sinn und bereitet Freude.«

Qualitätskriterien

- »Orientierung an den Interessen der Senioren«
- »Sinn und Freude«
- »Beschwerdemanagement« (ebd., S. 86–91)

Anregungen für die Praxis/Praxisbeispiele

- Bildungsbedarf erschließen (individuelle Bildungsbedürfnisse, lokaler/regionaler/(inter-)nationaler Bildungsbedarf, Bildungsprogramm der Einrichtung)
- Faktoren der Zufriedenheit von Senioren erfassen
- Beschwerdemanagement einführen

Qualitätsziel 4

»Gemeinwesenorientierte Seniorenarbeit und Altersbildung sind thematisch und für Interessierte möglichst offen zu halten.«

Qualitätskriterien:

- »Offenheit für neue Konzepte, Themen und Ideen«
- »Offenheit für neue Lernende/freiwillig Engagierte/Lernungewohnte«
- »Kleinräumige/quartiersbezogene Struktur«
- An die Einkommenssituation der Zielgruppen angepasste »Entgeltgestaltung« (ebd., S. 92–96)

Anregungen für die Praxis/Praxisbeispiele

Internet- und Computerkurse, Fortbildungen zum Seniorenbegleiter etc. initiieren

Qualitätsziel 5

»Gemeinwesenorientierte Seniorenarbeit und Altersbildung werden als Teil der öffentlichen (Daseins-)Vorsorge nach außen kommuniziert. Es geht um Transparenz und den Aufbau von Netzwerken.«

Qualitätskriterien

- »Öffentlichkeitsarbeit«
- »Kooperation und Vernetzung«
- »Transparenz der Einrichtung und des Veranstaltungsprogramms« (ebd., S. 96–101)

Anregungen für die Praxis/Praxisbeispiele

- Formen der Öffentlichkeitsarbeit neu überdenken (aussagekräftige Informationsmaterialien, barrierefreie Websites, Schaukästen/Infotafeln, Tage der offenen Tür, Presse/Radio/TV, Präsentationen auf Stadtteilfesten, Multiplikatoren etc.)
- Kooperationen in finanziellen, inhaltlichen und (infra-)strukturellen Bereichen fördern
- Ein Infotelefon, das Interessierte über das aktuelle Veranstaltungsprogramm informiert, einrichten

12.7.2 Durchführungsqualität

Qualitätsziel 6

»Gemeinwesenorientierte Seniorenarbeit und Altersbildung benötigen einen verlässlichen institutionellen Rahmen.«

Qualitätskriterien

- »Zusammenarbeit von beruflich Tätigen und freiwillig Engagierten«
- Adäquate »Infrastruktur«
- »Personelle Ressourcen« (ebd., S. 102–112)

Anregungen für die Praxis/Praxisbeispiele

- Die Arbeitsbereiche der beruflich Tätigen in den Einrichtungen der Altersbildung auf die Zusammenarbeit mit Ehrenamtlichen ausrichten (z. B. könnten Hauptamtliche Aufgaben wie Koordination, Steuerung und Organisation übernehmen und die operative Basisarbeit an die freiwillig Engagierten übergeben)
- Für adäquate Rahmenbedingungen sorgen (Büro- und Gruppenräume für freiwillig Engagierte schaffen)
- Ein Team von freiwillig Engagierten aufbauen (Gewinnung, Qualifizierung und Begleitung der freiwillig Engagierten sicherstellen)
- Förderprogramme und Projektausschreibungen akquirieren, Fundraising, Sponsoring betreiben

Qualitätsziel 7

»Gemeinwesenorientierte Seniorenarbeit und Altersbildung erfordern qualifiziertes Personal und Weiterbildungsmöglichkeiten, die die freiwillig Engagierten miteinbeziehen.«

Qualitätskriterien

- »Weiterbildung des beruflich tätigen Personals«
- »Aus- und Fortbildung der freiwillig Engagierten«
- »Themenkompetenz«
- »Methodenkompetenz«
- »Sozialkompetenz/Teamfähigkeit«
- »Kommunikationskompetenz« (ebd., S. 112–121)

Anregungen für die Praxis/Praxisbeispiele

- Durch qualifizierte Weiterbildung für beruflich Tätige Kompetenzen erwerben und erweitern, um sich mit der Einrichtung neu auszurichten und zu positionieren
- Fortbildungsmaßnahmen für freiwillig Engagierte konzipieren und durchführen (z. B. für Demenzbetreuer, Arbeitskreisleitungen, Seniorenbegleiter etc.)
- Im Seniorenstudium die Kompetenz für nachberufliche gesellschaftlich relevante Aufgaben erweitern, z. B. an der Technischen Universität Dortmund, Universität zu Köln, Ludwig-Maximilians-Universität München etc. – als Möglichkeit zur Weiterbildung
- In Abhängigkeit von den Faktoren ›Thema/Ziele‹, ›Lerngruppe‹, ›organisatorische Rahmenbedingungen‹ und ›Lernbegleiter‹ eine geeignete Methodenauswahl treffen
- Die Arbeit durch Priorisierung von Aufgaben organisieren

- In erlebnispädagogischen Trainingsmaßnahmen die zwischenmenschliche Kooperation, Kommunikation in Gruppen, im Arbeitsalltag und die Teamfähigkeit der Mitarbeiter fördern, um die Effektivität der Zusammenarbeit zu erhöhen
- Kommunikationsregeln für das Sprechen und Zuhören aufstellen

Qualitätsziel 8

»Gemeinwesenorientierte Seniorenarbeit und Altersbildung beinhalten eine Lernherausforderung und fördern die Persönlichkeitsentwicklung.«

Qualitätskriterien

- »Lernen zur Stärkung der Handlungskompetenz«
- »Biografieorientierung« (ebd., S. 121–124)

Anregungen für die Praxis/Praxisbeispiele

Gedächtnistraining, an Biografie der Teilnehmer ausgerichtete Angebote

Qualitätsziel 9

»Gemeinwesenorientierte Seniorenarbeit und Altersbildung sind gemeinschafts- und kontaktfördernd organisiert. Sie ermöglichen – soweit von den Lernenden erwünscht – generationsübergreifende Aktivitäten.«

Qualitätskriterien

- »Beziehungsorientierung«
- »Gesellige und kommunikative Veranstaltungen zur Vorbeugung von Isolation«
- »Förderung des generationsübergreifenden Austauschs« (ebd., S. 124–128)

Anregungen für die Praxis/Praxisbeispiele

- Bei der Überlegung, ein neues Angebot zu entwickeln, das Leitbild der Einrichtung diskutieren, um die Passung zu identifizieren
- Raum schaffen für Kontakte und Gemeinschaft, um Isolation vorzubeugen
- Kontakte und gemeinsame Projekte für junge und alte Menschen ermöglichen

Qualitätsziel 10

»Gemeinwesenorientierte Seniorenarbeit und Altersbildung basieren auf partizipativen Strukturen und Prozessen.«

Qualitätskriterien

- »Strukturen des Informierens, Mitwirkens und Mitentscheidens auf der Ebene der Einrichtung«
- »Motivation und Möglichkeit zur Mitwirkung auf der Ebene des Kurses/der Veranstaltung«
- »Kooperative Lernformen« (ebd., S. 129–135)

Anregungen für die Praxis/Praxisbeispiele

- Stufen der Partizipation von Hauptamtlichen und Freiwilligen in einer Einrichtung beachten (Information – Mitwirkung – Mitentscheidung – Selbstorganisation)
- Partizipative Methoden in Bildungsangeboten einsetzen (Zukunftswerkstätte und -konferenzen, Open-Space-Konferenzen, aktivierende Befragung, Runder Tisch, Fokusgruppe, moderierte Veranstaltungen, offene Versammlungen etc.
- Seminar »Altengerechte Stadt« (Seniorenstudium an der Universität Dortmund)

12.7.3 Transferqualität

Qualitätsziel 11

»Gemeinwesenorientierte Seniorenarbeit und Altersbildung ermöglichen freiwilliges Engagement.«

Qualitätskriterien

- »Stellenwert des freiwilligen Engagements«
- »Handlungsbezüge der Lehrveranstaltungen« (ebd., S. 135–139)

Anregungen für die Praxis/Praxisbeispiele

- Durch Kampagnen Engagement gezielt fördern
- Durch die Auseinandersetzung mit entsprechenden Themen wie z. B. altersbedingte Veränderungen oder Gestaltungsmöglichkeiten in der nachberuflichen Lebensphase und durch die Reflexion des Grundverständnisses des Äl-

terwerdens in Bildungsangeboten junge Senioren in die ›dritte Lebensphase‹ fördernd begleiten
- Bürgerbeteiligungsprozesse zu Fragen »Wie möchte ich im Alter leben« initiieren

Qualitätsziel 12

»Gemeinwesenorientierte Seniorenarbeit und Altersbildung fördern Selbstorganisation.«

Qualitätskriterien

- »Selbstorganisierte Maßnahmen/Projekte«
- »Professionelle Lernbegleiter«
- »Projektorientierung«
- »Kompetenz- und Ressourcenorientierung«
- »Autonomieorientierung/soziale Verantwortung« (ebd., S. 139–145)

Anregungen für die Praxis/Praxisbeispiele

- Maßnahmen ermöglichen, die Eigeninitiative, Selbstorganisation und Autonomie stärken
- Lernzentriertes, selbstorganisiertes Lernen zulassen
- Projekte initiieren
- Ressourcen- und Zielbestimmung des Einzelnen und Gruppe beachten: Fähigkeiten, Visionen, Anliegen (Seniorenräte »Alte für Alte«) (ebd.)

Lernprozesse dauern das ganze Leben über an. Ob im informellen Bereich oder durch die Teilnahme an öffentlichen Angeboten gehen Menschen auch im Alter lernend ihren Interessen nach oder versuchen praktische Anliegen zu bewältigen. Spezifische Bildungsangebote für die Altersphasen können Menschen helfen, ihre Persönlichkeit weiterzuentwickeln, und sie befähigen und motivieren, an sozialen, ökonomischen und politischen Prozessen teilzuhaben sowie das eigene Altern reflektierend zu gestalten (Bubolz-Lutz et al., 2010, S. 11f.). Die Teilnahme an Bildungsangeboten ist für das Wohlbefinden und ein gelingendes Altern der Einzelnen, aber auch gesamtgesellschaftlich von großer Bedeutung. Die soziale Gerontologie ist gefordert, entsprechende Bildungsangebote bereitzustellen und auch den Bereich des bürgerschaftlichen Engagements für die Zielgruppe zugänglich zu machen.

13 Gesundheit, Krankheit und Pflegebedürftigkeit

In den vergangenen Jahrzehnten hat sich der Gesundheitszustand älterer Menschen verbessert (Kuhlmey, 2009) und ihre Lebenserwartung erhöht. So hatte im Jahr 2015 eine 65jährige Frau noch durchschnittlich weitere 20,9 Jahre und ein gleichaltriger Mann 17,7 Jahre zu leben (Statistisches Bundesamt, 2018a). Allerdings geht dem Sterben vielfach eine Phase von Erkrankung und Pflegebedürftigkeit voraus, so dass auch Sozialarbeiter mit dieser Thematik konfrontiert sind, wie es das nachfolgende Szenario verdeutlicht.

Fallbeispiel: Aufgabenfelder der Sozialarbeiterin Domsch in der Unterstützung des Ehepaars Lehmann

Das Ehepaar Lehmann, 82 und 85 Jahre alt, ist noch rüstig und lebt selbstständig seit über 40 Jahren in einem kleinen Haus. Es hat eine Tochter, die 200 km entfernt von ihnen wohnt. Allerdings hat Frau Lehmann vor kurzem einen Schlaganfall erlitten. Nach der Erstversorgung auf einer Stroke Unit im Krankenhaus stellt sich nun die Frage der anschließenden Weiterbehandlung. Der behandelnde Arzt im Krankenhaus bittet Sozialarbeiterin Domsch vom Krankenhaussozialdienst, sich um das Entlassungsmanagement zu kümmern. Dies bedeutet für Frau Domsch:

Problemlagen und Bedarfe von Frau Lehmann zu erfassen, um zu wissen, welche Hilfen benötigt werden, sich um eine Anschlussrehabilitation zu bemühen, ggf. ein Begutachtungsverfahren bei der zuständigen Pflegekasse einzuleiten, das Ehepaar Lehmann bei der Beantragung von Hilfsmitteln wie den erforderlichen Rollstuhl für Frau Lehmann zu unterstützen und ggf. mit ihnen gemeinsam zu überlegen, ob eine Rückkehr von Frau Lehmann in das gemeinsame Haus möglich ist und welche ambulanten Hilfen zu beantragen sind. Neben der Kenntnis der gesetzlichen Grundlagen zur Leistungsgewährung und der Versorgungsstrukturen benötigt Frau Domsch deshalb auch Wissen und Beratungskompetenz, um das Ehepaar Lehmann zu unterstützen und um herauszufinden, welche Hilfeangebote ihren Bedarfslagen entsprechen.

Ein Jahr später. Dank der Organisation der häuslichen Versorgung durch Frau Domsch und einer gelungenen Rehabilitation lebt das Ehepaar Lehmann weiterhin im eigenen Haus und wird von Nachbarn und einem ambulanten Pflegedienst unterstützt. Allerdings zeigen sich bei Herrn Lehmann zunehmend Anzeichen einer Demenz, die bereits mehrfach zu gefährlichen Situationen geführt haben. Die Tochter der Eheleute Lehmann ist sehr beunruhigt und wendet sich auf den Rat einer Freundin an die örtliche Pflegeberatungsstelle, um Hilfe zu erhalten. Am Telefon spricht sie mit der Sozialarbeiterin Domsch, die inzwischen ihre Stelle gewechselt hat und in der Pflegeberatung arbeitet. Sie vereinbart einen gemeinsamen Termin mit dem Ehepaar Lehmann und ihrer Tochter. In diesem Gespräch möchte Frau Domsch sich

einen Überblick über die derzeitigen Problemlagen aus Sicht aller Beteiligten verschaffen, über Hilfeangebote und deren Finanzierung informieren und vielleicht sogar erste Lösungsvorschläge vereinbaren. Da sich Herr Lehmann bislang geweigert hat, sich fachärztlich untersuchen zu lassen, vermittelt Frau Domsch die Adresse einer gerontopsychiatrischen Institutsambulanz und ermutigt die Tochter, ihren Vater zu einem Besuch zu motivieren. Sie prüft die Möglichkeit einer erneuten Begutachtung des Ehepaars Lehmann durch die Pflegekasse und informiert über weitere Hilfeangebote wie den Angehörigengesprächskreis und die Tagesbetreuung der örtlichen Alzheimer Gesellschaft sowie einen Umzug in ein Altenpflegeheim. Gemeinsam überlegen sie auch, wer aus der Familie, den Nachbarn und Freunden das Ehepaar Lehmann noch unterstützen kann.

Wieder ein halbes Jahr später. Da die Demenz von Herrn Lehmann weiter vorangeschritten ist und Frau Lehmann sich mit der Haushaltsführung und der Betreuung ihres Mannes völlig überfordert fühlt, hat sich das Ehepaar Lehmann auf Drängen der Tochter schweren Herzens dazu entschieden, ihr Haus aufzugeben und in ein Altenpflegeheim am Wohnort der Tochter zu ziehen. Ein kleiner Trost ist nur, dass ihnen beim Heimeinzug ein Gesicht bekannt vorkommt. Es ist Frau Domsch, die aus privaten Gründen umgezogen ist und eine Stelle im Sozialen Dienst des Altenpflegeheims angetreten hat. Zu ihren Aufgaben zählen nun v. a.

die Organisation der Heimaufnahmen und Einzüge, der Aufbau und die Begleitung eines Netzwerks von Freiwilligen, die die Mitarbeiter im Betreuungsdienst unterstützen, die Entwicklung eines Konzepts zur Angehörigenarbeit zusammen mit Mitarbeitern aus der Pflege, die Weiterentwicklung des Betreuungskonzepts für demenzkranke Bewohner – so überlegt Frau Domsch, ob es ihr gelingen kann, eine Musiktherapeutin und einen tiergestützten Begleitdienst für das Heim zu gewinnen. Aber sie muss auch in der innerbetrieblichen Fortbildung die Mitarbeiter des Betreuungsdiensts schulen und möchte ihr Angebot zur Einzelberatung für Bewohner und Angehörige aufgrund der großen Nachfrage ausweiten. Und die Heimleitung möchte gern eine stärkere Öffnung des Pflegeheims in das umliegende Gemeinwesen. Ob Frau Domsch hierzu nicht ein Konzept schreiben und recherchieren könnte, ob es Fördermöglichkeiten für ein derartiges Projekt gibt ...

Aus diesem Szenario wird folgendes deutlich: Sozialarbeiter haben in unterschiedlichen Arbeitsfeldern mit älteren kranken und pflegebedürftigen Menschen zu tun. Sie benötigen deshalb nicht nur umfassende Kenntnisse über gesetzliche Grundlagen zur Leistungsgewährung und einen Überblick über örtliche Versorgungsstrukturen, sondern auch Kenntnisse über individuelle Sichtweisen und Bewältigungsformen älterer Menschen und ihrer Angehörigen in der Auseinandersetzung mit einer Erkrankung und Pflegebedürftigkeit, um diese zu verstehen und angemessen beraten zu können.

Es würde den Rahmen eines Lehrbuchs zur Sozialen Gerontologie sprengen, auf all diese für die Soziale Arbeit relevanten Aspekte von Gesundheit, Krankheit und Pflegebedürftigkeit im Alter einzugehen, zumal es in den im Szenario beschriebenen Aufgabenfeldern Überschneidungen mit der Pflege gibt. Das Wissen um häufig auftretende gesundheitliche Beeinträchtigungen und deren Bedeutung für die Betroffenen und ihre Angehörigen erleichtert allerdings das Verstehen der jeweiligen Lebenssituation und die Einschätzung des sich daraus ergebenden Handlungsbedarfs. Im nachfolgenden Kapitel werden deshalb folgende Fragen bearbeitet:

1. Welche gesundheitlichen Beeinträchtigungen treten als mögliche Anlässe für eine Beratung in den unterschiedlichen Beratungssettings im Alter häufig auf? (▶ Kap. 13.1)
2. Welche Belastungen und welcher daraus resultierender Unterstützungsbedarf sind bei den betroffenen Älteren und ihren Angehörigen zu erkennen? (▶ Kap. 13.2)
3. Was kann zu einer gelungenen Zusammenarbeit zwischen der professionellen Sozialarbeit und informellen Hilfesystemen wie Angehörigen beitragen? (▶ Kap. 13.3)

13.1 Definitionen und statistische Daten

13.1.1 Definitionen

Wann ist ein Mensch gesund und wann krank? Diese Frage ist nicht leicht zu beantworten, da es keine klar voneinander abgrenzbaren Zustände von Gesundheit und Krankheit gibt. Gemäß der Definition der WHO in der Alma-Ata-Erklärung von 1978 wird Gesundheit wie folgt definiert:

> **Definition Gesundheit**
>
> Gesundheit ist ein Zustand des vollständigen körperlichen, geistigen und sozialen Wohlbefindens und nicht lediglich das Freisein von Krankheit oder Gebrechen (WHO, 1978, zit. n. Franzkowiak et al., 2013, S. 15).

Diese weite Definition verweist auf die verschiedenen Dimensionen, die bei der Erfassung von Gesundheitsbeeinträchtigungen zu berücksichtigen sind. Trotz bestehender körperlicher Erkrankung können sich Menschen gesund fühlen und umgekehrt. Hinzu kommt, wie es die International Classification of Functioning (ICF) betont (Schuntermann, 2013), dass ein Gesundheitsproblem keinen Zustand einer Person beschreibt, sondern immer auch in Bezug zur jeweiligen Umwelt und den verfügbaren persönlichen Ressourcen zu sehen ist. Nicht der Schlaganfall von Frau Lehmann allein, sondern auch die Hürden in der Umwelt, das Ausmaß an Unterstützung, das sie erhält, und ihre Haltung zur eigenen Beeinträchtigung entscheiden, wie selbstbestimmt sie ihr Leben gestalten kann und welche Einschränkungen sie erlebt.

Um die soziale und persönliche Bedingtheit von Gesundheit und Krankheit entsprechend zu berücksichtigen, ist es deshalb für die Beratungstätigkeit wichtig, nicht nur die körperliche Beeinträchtigung, sondern auch das subjektive Erleben einer Gesundheitsbeeinträchtigung und das Ausmaß dadurch entstehender Teilhabeeinschränkungen zur Ermittlung des Unterstützungsbedarfs mit zu erfassen. Dementsprechend beziehen sich Daten zur Beschreibung der gesundheitlichen Situation älterer Menschen in Anlehnung an die ICF v. a. auf folgende Dimensionen (Gesundheitsberichterstattung des Bundes, 2015, S. 410):

- körperliche und psychische Gesundheit,
- subjektives Gesundheitserleben,
- körperliche und seelische Funktionsfähigkeit,
- Ausmaß an Beeinträchtigungen von Alltagskompetenz (funktionaler Gesundheitszustand),
- Ausmaß an gesellschaftlicher Teilhabe.

Das Ausmaß körperlicher bzw. psychischer Gesundheit wird durch das Vorliegen einer diagnostizierbaren körperlichen bzw. psychischen Erkrankung bestimmt. Im Unterschied hierzu erfasst das subjektive Gesundheitserleben die individuelle Bewertung des eigenen Gesundheitszustands. Wie ein Mensch seinen Gesundheitszustand bewertet, wird vom Vorliegen einer Erkrankung und funktionalen Beeinträchtigungen, aber auch von weiteren Faktoren wie dem allgemeinen Wohlbefinden und sozialen Vergleichsprozessen beeinflusst (Spuling et al., 2017, S. 158).

Funktionale Gesundheitsbeeinträchtigungen im Alter wie Sinnesbehinderungen oder Mobilitätseinbußen führen vielfach zu Pflegebedürftigkeit. Zur Festlegung der Pflegebedürftigkeit wird zumeist auf den sozialrechtlichen Pflegebedürftigkeitsbegriff des SGB XI zurückgegriffen. Demzufolge wird Pflegebedürftigkeit nach § 14 Abs. 1 wie folgt definiert:

Definition Pflegebedürftigkeit

»Pflegebedürftig (…) sind Personen, die gesundheitlich bedingte Beeinträchtigungen der Selbständigkeit oder der Fähigkeiten aufweisen und deshalb der Hilfe durch Andere bedürfen. Es muss sich um Personen handeln, die körperliche, kognitive oder psychische Beeinträchtigungen oder gesundheitlich bedingte Belastungen oder Anforderungen nicht selbständig kompensie-

> ren oder bewältigen können. Die Pflegebedürftigkeit muss auf Dauer, voraussichtlich für mindestens sechs Monate, und mit mindestens der in § 15 festgelegten Schwere bestehen« (§ 14 Abs. 1 SGB XI).

Die Schwere der Pflegebedürftigkeit wird anhand eines in einem Begutachtungsverfahren ermittelten Pflegegrads bestimmt. Dieses seit dem 01.01.2017 geltende neue Verfahren zur Ermittlung des Ausmaßes von Pflegebedürftigkeit differenziert nicht mehr nach drei Pflegebedürftigkeitsstufen, sondern nach fünf Pflegegraden. Damit sollen die besonderen Anforderungen an eine Betreuung demenzkranker Menschen leistungsrechtlich besser berücksichtigt werden. Herr Lehmann ist durch seine Demenzerkrankung anders als seine Frau nicht körperlich beeinträchtigt. Er benötigt jedoch umfassende Beaufsichtigung und Anleitung, damit er seine Medikamente nimmt, ausreichend isst und trinkt und nicht ohne Begleitung das Haus verlässt, da er selbstständig nicht mehr nach Hause zurückfindet. Dieser Hilfebedarf wird mit dem neuen Begutachtungsverfahren nun stärker berücksichtigt. Begutachtet und gewichtet werden die folgenden Bereiche einer selbstständigen Lebensführung:

1. Mobilität,
2. kognitive und kommunikative Fähigkeit,
3. Verhaltensweisen und psychische Problemlagen,
4. Selbstversorgung,
5. Bewältigung krankheits- und therapiebedingter Belastungen und
6. Gestaltung des Alltagslebens und sozialer Kontakte (§ 14, § 15 SGB XI).

13.1.2 Empirische Daten zum Ausmaß von Gesundheitsbeeinträchtigungen und Pflegebedürftigkeit im Alter

Gesundheit ist für ältere Menschen ein wichtiges Thema und eng mit einer allgemeinen Lebenszufriedenheit verbunden (▶ Kap. 8). So rangiert den Ergebnissen der Gesundheitsberichterstattung des Bundes zufolge die Sorge um die Gesundheit bei den 56-Jährigen und Älteren unter den wichtigsten vier Themen, bei den 75- bis 84-Jährigen ist es sogar das wichtigste Thema (Wurm et al., 2009, S. 82).

Doch welche Gesundheitsbeeinträchtigungen treten im Alter besonders häufig auf und welche Risikofaktoren lassen sich identifizieren? Zur Beantwortung dieser Frage gibt u. a. das Kapitel 8 der Gesundheitsberichterstattung des Bundes (Gesundheitsberichterstattung des Bundes, 2015) einen guten zusammenfassenden Überblick. Einige zentrale Ergebnisse werden nachfolgend vorgestellt.

1. *Zur genauen Beschreibung der gesundheitlichen Situation älterer Menschen muss zwischen dem objektivem und dem subjektiven Gesundheitszustand differenziert werden.*

Zur Erfassung der gesundheitlichen Situation eines älteren Menschen reicht die Ermittlung des körperlichen und psychischen Gesundheitszustands sowie vorhandener funktionaler Beeinträchtigungen allein nicht aus. Da sich das subjektive Gesundheitserleben als guter Vorhersagewert für weitere gesundheitsbezogene Merkmale erwiesen hat, ist es ebenfalls zu erfassen. Studien zufolge geht z. B. ein guter subjektiver Gesundheitszustand mit einer längeren Lebensdauer und einem erhöhten gesundheitsbewussten Verhalten einher. Ältere mit einer positiven Gesundheitsbewertung geben auch seltener an, unter Erkrankungen und funktionalen Einschränkungen zu leiden. Umgekehrt stellen ältere Menschen mit einem schlechten subjektiven Gesundheitszustand, ohne dass eine objektiv feststellbare Gesundheitsbeeinträchtigung vorliegt, eine Risikogruppe dar, da diese Einschätzung zu Fehlanpassungen, psychischen Erkrankungen und funktionalen Beeinträchtigungen führen kann (Spuling et al., 2017, S. 158).

2. *Die Einschätzung ihres subjektiven Gesundheitszustands ist bei älteren Menschen zum Großteil positiv. Allerdings lassen sich bildungsabhängige Unterschiede erkennen.*

Ein Großteil der Älteren bewertet den eigenen subjektiven Gesundheitszustand als gut, wobei mit zunehmendem Alter und geringerer Bildung häufiger negative Einschätzungen vorgenommen werden. Zwar wird beim Vorliegen einer Erkrankung, von funktionalen Einschränkungen oder einer depressiven Symptomatik der subjektive Gesundheitszustand häufiger schlechter eingeschätzt, allerdings zeigen die Daten des Deutschen Alterssurveys auch, dass selbst beim Auftreten derartiger Beeinträchtigung zwischen 21 % und 45 % der Älteren dennoch zu einer positiven Bewertung ihres Gesundheitszustands kommen (ebd., S. 164). Insgesamt beurteilen dieser Studie zufolge 53,6 % der 55- bis 69-Jährigen ihren Gesundheitszustand als gut im Vergleich zu 44,8 % der 70- bis 85-Jährigen (ebd., S. 162). Männer und Frauen unterscheiden sich in ihrer Beurteilung kaum voneinander. Allerdings beurteilen Menschen mit einer hohen Bildung ihre Gesundheit zu 63,4 % als gut im Vergleich zu Älteren mit einer geringen Bildung, die nur zu 36,3 % eine derartige Einschätzung abgeben. 21,5 % von ihnen bewerten ihre Gesundheit als schlecht, bei Älteren mit hoher Bildung sind es nur 6,7 %.

3. *Chronische Erkrankungen und Multimorbidität sind insbes. im hohen Alter vorherrschend.*

Am häufigsten leiden ältere Menschen unter Herz-Kreislauf-Erkrankungen, Krebserkrankungen, chronischen Lungenerkrankungen, Muskel-Skelett-Erkrankungen und Diabetes Mellitus, wobei die Auftretenshäufigkeit mit zunehmendem Alter steigt. Selbstauskünften zufolge leiden 75,8 % der Frauen und 68 % der Männer im Alter zwischen 65 und 74 Jahren unter zwei und mehr gleichzeitig auftretenden chronischen Erkrankungen. Bei den 75-Jährigen und Älteren steigt ihr Anteil auf 81,7 % (Frauen) und 74,2 % (Männer) (Gesundheitsberichterstattung des Bundes, 2015, S. 416).

4. *Die weiter steigende Anzahl an Demenzerkrankten ist eine der großen Herausforderungen für Betroffene, Angehörige und das Versorgungssystem.*

Mit zunehmendem Lebensalter steigt die Wahrscheinlichkeit des Auftretens einer demenziellen Erkrankung. Für das Jahr 2014 wird davon ausgegangen, dass 1,5 Millionen Menschen demenzkrank sind (Deutsche Alzheimer Gesellschaft, 2016b). Weiterhin ist von einer Inzidenzrate (Anzahl der Neuerkrankungen/Jahr) von 282.000 auszugehen (Pflegereport, 2017, S. 53), so dass ein Anstieg der Anzahl Demenzerkrankter auf 23,9 Millionen. im Jahr 2060 erwartet wird (Deutsche Alzheimer Gesellschaft, 2016b). Hochaltrige und Frauen sind von einer Demenzerkrankung besonders häufig betroffen. Nur 1,6 % der 60- und 65-Jährigen aber fast 50 % der 90-Jährigen und Älteren leiden an einer Demenz. Ca. 71,7% der Demenzerkrankten sind weiblich, da sie eine höhere Lebenserwartung haben und höhere Überlebensraten nach Krankheitsausbruch aufweisen (ebd., Storm, 2017, S. 53f.). Die angemessene medizinische und pflegerische Versorgung der steigenden Anzahl von Demenzerkrankten ist eine der großen zu bewältigenden Herausforderungen, die sich für Angehörige und Professionelle stellen. Zwar wird weiterhin ein Großteil der Demenzerkrankten in der eigenen Häuslichkeit betreut (Wolf-Ostermann, 2016), doch steigt mit dem Eintritt einer Demenz das Risiko einer notwenigen Heimübersiedlung um das Zweieinhalbfache (Storm, 2017, S. 68).

5. *Depressionen sind nach den Demenzen die zweithäufigste psychische Störung im Alter.*

Schätzungen zufolge sind bei den 75-Jährigen und Älteren 7,2 % von einer klinisch bedeutsamen und 17,1 % von einer subklinischen Depression betroffen (ebd., S. 415). Frauen erkranken häufiger an einer Depression als Männer. Als weitere Risikofaktoren gelten Mobilitäts- und Sehbeeinträchtigungen, körperlich bedingte Multimorbidität und wenig soziale Kontakte (Gesundheitsberichterstattung des Bundes, 2015, S. 415). Das Auftreten depressiver Verstimmungen führt nicht nur zu einer Verminderung von Lebenszufriedenheit und Alltagskompetenz, sondern auch zu einer schlechteren Anpassung an gesundheitliche Beeinträchtigungen und einem erhöhten Suizidrisiko. Dies gilt v. a. für ältere Männer, die im Vergleich zu gleichaltrigen Frauen drei- bis vierfach erhöhte Suizidraten aufweisen. Zu beachten ist weiterhin, dass viele Suizide im Alter nicht erkannt werden, da es sich um verdeckte Suizidhandlungen durch Nahrungsverweigerung oder falsche Medikamenteneinnahmen handelt (ebd., S. 415).

6. *Mit zunehmendem Alter erhöht sich die Wahrscheinlichkeit des Eintritts einer Pflegebedürftigkeit.*

Sind nach den Kriterien des alten Pflegebedürftigkeitsbegriffs nur 5 % der 70- bis unter 75-Jährigen pflegebedürftig, so erhöht sich ihr Anteil bei den 90-Jährigen und Älteren auf 66 % (Statistisches Bundesamt, 2017, S. 8). Frauen sind häufiger im Alter von Pflegebedürftigkeit betroffen als Männer. Ein Drittel der anerkannt Pflegebedürftigen weist erhebliche Einschränkungen in der Alltagskompetenz auf, was auf ein Vorliegen einer demenziellen Erkrankung hindeutet.

73 % aller Pflegebedürftigen werden zu Hause versorgt, davon zwei Drittel ausschließlich durch Angehörige. Ein Drittel erhält ergänzend oder ausschließlich Unterstützung durch einen ambulanten Pflegedienst. Die Inan-

spruchnahme an ambulanter und stationärer Hilfe hat im Vergleich zum Jahr 2013 weiter zugenommen. V. a. Frauen, Hochaltrige, Schwerstpflegebedürftige und Ältere mit erheblich eingeschränkter Alltagskompetenz werden häufiger in Altenpflegeheimen versorgt (ebd., S. 8).

13.2 Gesundheitsbeeinträchtigungen und Pflegebedürftigkeit im Erleben der Betroffenen

Die im vorherigen Kapitel 13.1.2 im Überblick beschriebenen Gesundheitsbeeinträchtigungen älterer Menschen bilden einen Orientierungsrahmen, um den Versorgungsbedarf und die Anforderungen an die Gestaltung des Versorgungssystems abzuleiten. Falls Sozialarbeiterin Domsch in einem Referat für Altenhilfe beschäftigt wäre, könnte sie anhand dieser und weiterer Zahlen zur Angebotsstruktur für ihre Kommune ermitteln, wo welche Unterstützungsangebote noch benötigt werden. Für die Beratungsarbeit in der Pflegeberatung oder im Heim hilft ihr hingegen dieses Wissen kaum. Hier benötigt sie neben dem Wissen um die Unterschiede zwischen dem objektiven Gesundheitszustand und dem subjektiven Gesundheitserleben vielmehr Informationen, wie die betroffenen älteren Menschen und ihre Angehörigen die auftretenden Gesundheitsbeeinträchtigungen erleben und bewältigen. Erleben und Bewältigungsformen sind biografisch geprägt und werden durch Personenmerkmale und Umweltbedingungen bestimmt. Nicht zuletzt nehmen die Art der Erkrankung, die Umstände ihres Auftretens – ob plötzlich oder vorhersehbar – und die durch die Erkrankung erzwungenen Veränderungen des bisherigen Lebens Einfluss auf deren Bewältigung. Der Schlaganfall von Frau Lehmann erfolgte unvorhersehbar und plötzlich und erzwingt eine grundlegende Veränderung ihres Lebens, während die Demenzerkrankung ihres Mannes anfangs kaum bemerkt wurden und schleichend voranschreitet, so dass Veränderungen erst allmählich erkennbar werden.

Da der Eintritt einer Erkrankung oder erheblicher Funktionsbeeinträchtigung ein kritisches Lebensereignis darstellt, können die unterschiedenen Bewältigungsformen gut anhand des Stressmodells von Lazarus (Lazarus, 1995) beschrieben werden. Diesem Modell zufolge haben Bewältigungsversuche v. a. zwei Ziele:

- eine Veränderung der Situation und
- eine Veränderung im Erleben und der Bewertung der eingetretenen Gesundheitsbeeinträchtigung.

Um dieses Ziel zu erreichen, wenden Menschen unterschiedliche Bewältigungsformen an. Diese lassen sich grob dahingehend unterscheiden, ob sie problemlösungsorientiert sind oder auf eine Veränderung von Kognitionen und Emotionen abzielen (ebd., S. 218). Jede dieser Techniken kann zur Problemlösung beitragen oder diese erschweren. Dies soll exemplarisch anhand des Schlaganfalls von Frau Lehmann erläutert werden (▶ Tab. 18).

Tab. 18: Formen der Belastungsverarbeitung von chronischer Erkrankung

Ziel des Bewältigungshandelns	Bewältigungsformen	Mögliche Reaktionen von Frau Domsch
Problemzentrierte Techniken	Aktive konstruktive Problemlösung	Suche nach einer Rehabilitationseinrichtung und aktive Mitwirkung bei den Therapien
	Aggressive Durchsetzung	Auflehnung gegen krankheitsbedingte Einschränkungen und Forderung nach einer anderen Behandlung
	Rückzug	Sich nicht mit dem Schlaganfall beschäftigen, Passivität
Kognitive und emotionszentrierte Techniken	Positive Umdeutung der Situation	Vergleiche mit Anderen, z. B.: »Unsere Nachbarin hat Krebs und lebt allein. Die ist wirklich arm dran.«
	Leugnung	Nicht wahrhaben wollen, z. B.: »Mir ist nichts Schlimmes passiert. In ein paar Wochen ist alles so wie früher.«
	Resignation, Verzweiflung, Verbitterung	»Es hat alles keinen Zweck mehr, mein Leben hat keinen Sinn mehr, immer trifft es mich.«
	Akzeptieren und Veränderung des Anspruchsniveaus	»Ich habe bisher ein gutes Leben gehabt. Und wenn mein Mann und ich auch nicht mehr verreisen können, so genießen wir doch zu zweit unseren Garten.«

Eigene Darstellung nach Kruse & Lehr 1999, S. 207, Kruse 1987

Welche Bewältigungsformen gewählt werden, ist von verschiedenen Faktoren abhängig. Dazu zählen neben den Umständen des Eintritts der Gesundheitsbeeinträchtigung und der Dauer der Erkrankung, vergangene Erfahrungen mit Krisensituationen, Persönlichkeitsmerkmale und die äußeren Lebensumstände wie z. B. das Ausmaß an sozialer Unterstützung. Aus der Stress- und Bewältigungsforschung ist bekannt, dass Menschen sich in ihrem Ausmaß an *Resilienz* (= psychische Widerstandsfähigkeit) und ihrem *Kohärenzgefühl* voneinander unterscheiden und beides Einfluss auf die Bewältigung hat. Menschen mit einem hohen Kohärenzgefühl (Antonovski, 1998) zeichnen sich dadurch aus, dass sie auch schwicrige Lebensereignisse als eher bewältigbar, verstehbar und sinnhaft einschätzen. Eine allgemeine positive Lebenseinstellung und das Gefühl von Selbstwirksamkeit, d. h. Ereignisse beeinflussen zu können, aber auch eine realistische Einschätzung der eigenen Veränderungsmöglichkeiten und -grenzen tragen weiterhin zu einer gelingenden Anpassung an Gesundheitsbeeinträchtigungen bei (Faltermeier, 2005).

Doch nicht nur der ältere Mensch, sondern auch sein soziales Umfeld sind vom Eintritt einer Erkrankung oder Pflegebedürftigkeit betroffen und müssen damit einhergehende Veränderungen in ihrer Lebenssituation bewältigen. Vorliegende Studien zum Belastungserleben pflegender Angehöriger (z. B. Bestmann et al., 2014, Gräßel, 1998, Kofahl, Arlt & Mnich, 2007, Kurz & Wilz, 2011, Schneekloth & Wahl, 2006, Wetzstein et al., 2015) belegen die hohen Belastungen, die Pflegende erleben. Das gilt v. a. für die Pflege Demenzerkrankter. Ein Großteil der Angehörigen hat sich auch nicht bewusst für die Übernahme der Pflegeverantwortung entschieden. Den Ergebnissen der TK-Pflegestudie zufolge berichten fast zwei Drittel der befragten pflegenden Angehörigen, dass sie langsam in die Pflegeverantwortung hineingewachsen sind und mit der Zeit immer mehr Aufgaben übernommen haben (Bestmann et al., 2014). Als Motive werden Liebe und Zugehörigkeitsgefühl, aber auch Pflichtgefühle und mangelnde Alternativen genannt (ebd., Wetzstein et al., 2015).

Pflegende Angehörige fühlen sich vielfach belastet, v. a. durch die Notwendigkeit ständiger Bereitschaft, Konflikte mit anderen Verpflichtungen und den hohen Zeitaufwand, der mit der Übernahme der Pflege verbunden ist. Erschöpfung und das Gefühl, ausgebrannt zu sein, Schlafstörungen, ein geringeres Wohlbefinden und negativere Einschätzung des subjektiven Gesundheitszustands, mehr Stress und psychische Probleme, aber auch körperliche Beeinträchtigungen sind diesen beiden Studien zufolge bei pflegenden Angehörigen häufiger anzutreffen. Als besonders belastend wird die Pflege von Demenzkranken erlebt. Entlastend wirkt hingegen die Unterstützung durch weitere Angehörige sowie die Möglichkeit, eine regelmäßige Auszeit von der Pflege zum Teil auch durch eine eigene Erwerbstätigkeit zu nehmen

Aus dieser Aufzählung der Belastungsfaktoren und Befindlichkeiten wird deutlich, dass in der Pflegeberatung nicht nur die Bedürfnisse des Pflegebedürftigen, sondern auch die Belastbarkeit der pflegenden Angehörigen berücksichtigt werden müssen, um eine Überforderung und gefährliche häusliche Pflegesituationen zu vermeiden. Zudem sind auch für pflegende Angehörige möglichst niederschwellige Unterstützungs- und Beratungsangebote zu schaffen oder Alternativen zur häuslichen Pflege wie beim Ehepaar Lehmann in Erwägung zu ziehen.

13.3 Zusammenarbeit zwischen professionellen und informellen Helfern – einige Hinweise zur Verringerung von Konflikten

Nicht immer ist die Zusammenarbeit zwischen Professionellen und informellen Helfern frei von Konflikten und Missverständnissen. Gut gemeinte Vorschläge der Sozialarbeiterin oder Pflegefachkraft zur Verbesserung der Pflegesituation und Entlastung der Angehörigen werden von diesen in einigen Fällen nicht angenommen. Stattdessen äußern Angehörige aus Sicht der Professionellen ungerechtfertigte Vorwürfen und Kritik und stellen unerfüllbare Forderungen. Umgekehrt fühlen sich auch Angehörige mitunter nicht verstanden und in ihrem Bemühen nicht wertgeschätzt.

Um derartige Spannungen zu verringern und um von einer Konfrontation zur Kooperation zu gelangen, ist es hilfreich, sich in die unterschiedlichen Sichtweisen und Handlungslogiken von professionellen Helfern und pflegenden Angehörigen hineinzuversetzen, um so die Sinnhaftigkeit in den Reaktionsweisen beider Beteiligter besser zu verstehen. Zeman hat diese unterschiedlichen Sichtweisen und Zielsetzungen von Angehörigen (▶ Tab. 19), von ihm als lebensweltliche Helfer bezeichnet, und Professionellen in der ambulanten pflegerischen Versorgung und die daraus resultierenden Konflikte gut nachvollziehbar beschrieben (Zeman, 1997, 1998).

Tab. 19: Sichtweisen und Zielsetzungen von Angehörigen und professionellen Helfern

Fokus	Lebensweltliche Helfer	Professionelle Helfer
Unterschiedliche Prioritätensetzung und Zielsetzung der Hilfe	Erhaltung von ›Normalität‹ und nach Möglichkeit keine Veränderungen der Lebenssituation, stattdessen Komplexitätsreduktion und Erhalt des fragilen Gleichgewichts	Optimale Versorgung und Veränderung der Lebenssituation zur Problemlösung unter Einbezug aller möglichen Hilfeinstanzen
Unterschiedliche Handlungslogiken und Wissensbestände	Handlungsbegründungen und Entscheidungen sind diffus, interpretativ und irrational, sie werden durch Sozialisation erworben und sind dadurch von ›außen‹ schwer verstehbar und intransparent. Entscheidungen erfolgen durch ›Setzung‹ und nicht durch Aushandlung	Handlungsbegründungen und Entscheidungen sind sachlich und rational, werden durch Fachwissen und Berufsethos geleitet unter Berücksichtigung institutioneller Arbeitsbedingungen. Entscheidungen erfolgen durch Aushandlung und rationales Abwägen
Unterschiedliche Gewichtung von Arbeits- und Beziehungsaspekten	Ganzheitliche Wahrnehmung des Pflegebedürftigen als ›Person‹	Ausschnittweise fachspezifische Sichtweise des Pflegebedürftigen in seiner Rolle als Unterstützungsbedürftiger

Eigene Darstellung nach Zeman 1997, 1998

Aus dieser Gegenüberstellung lassen sich die Ursachen für mögliche Konflikte zwischen Angehörigen und professionellen Helfern gut erkennen. Während die Familie Lehmann aus dem Fallbeispiel voller Sorgen eine Problemlösung nach Möglichkeit ohne Veränderung ihrer bisherigen Lebenssituation anstrebt und aus Angst, als inkompetent angesehen zu werden, nur widerwillig einem Fremden gegenüber die eigene Hilflosigkeit offenbart, versucht Sozialarbeiterin Domsch sich ein möglichst umfassendes Bild von den Problemen und den Ressourcen zu machen. Sie erarbeitet auf Grundlage ihres Fachwissens Lösungsvorschläge, wie den Besuch einer Tagesbetreuung für Herrn Lehmann oder weitere pflegerische, hauswirtschaftliche und betreuerische Hilfen zur Entlastung von Frau Lehmann und ihrer Tochter. Diese Hilfen verändern jedoch die Alltagsgestaltung der Eheleute Lehmann und ihre persönliche Kompetenzzuschreibung und zwingen sie, weiteren ›Fremden‹ Zugang zu ihrem Alltag zu gewähren. Wird dies als zu bedrohlich erlebt, werden diese rational sinnvollen Vorschläge meist diffus begründet zurückgewiesen.

Nach Zeman besteht deshalb der erste Schritt einer gelingenden Zusammenarbeit zwischen den beiden Hilfesystemen im Verstehen der Lebenswelt der Betroffenen durch den professionellen Helfer und ihrer Unterschiede zum professionellen Hilfesystem, bevor im zweiten Schritt ein funktionierendes Arbeitsbündnis zwischen beiden Seiten aufgebaut wird. Dabei trägt die Fähigkeit der Professionellen zur Erfassung der Realität der lebensweltlichen Hilfestrukturen und deren Handlungslogiken wie dem Bestreben nach Normalisierung ihres Lebens, und der Anerkennung eigener Grenzen in der Steuerung lebensweltlicher Hilfen entscheidend zu einer gelingenden Kooperation bei. Dem kommunikativen Austausch kommt dabei eine wichtige Bedeutung zu, da im gemeinsamen Gespräch die Interventionsziele festgelegt und eine Verständigung auf die jeweiligen Aufgaben beider Hilfesysteme erreicht werden können.

14 Migration und Alter

Die ethnisch-kulturelle Differenzierung der Bevölkerung in Deutschland wird zukünftig mehr als zuvor auch die älteren Mitbürger betreffen. Dies erfordert von der professionellen Sozialen Arbeit kultursensible Ansätze und Konzepte, die den Bedürfnissen älterer Migranten und ihrer Lebenswirklichkeit entsprechen. Hierzu werden Wissen über Migrationsentwicklung in Deutschland, über Migrations- und Integrationsprozesse sowie Kenntnisse über Lebensbedingungen älterer Migranten benötigt. Dieses Kapitel soll anhand folgender Fragestellungen einen theoretischen und empirischen Zugang zu diesem Thema verschaffen:

- Wie wird Migrationshintergrund definiert? (▶ Kap. 14.1)
- Wie drückt sich die Migration in Deutschland in Zahlen aus? (▶ Kap. 14.2)
- Was wird unter Migration, Transmigration und Integration verstanden? (▶ Kap. 14.3)
- Welche Migrationstypologien bzw. Migrationsformen sind in Deutschland verbreitet? (▶ Kap. 14.4)
- Was wird unter kultureller und kollektiver Identität verstanden und welche Relevanz hat Identität im Kontext von Migration? (▶ Kap. 14.5)
- Was kennzeichnet die Lebenslage älterer Menschen mit Migrationshintergrund aus, wie z. B. in den Dimensionen *»Gesundheit/Pflege«*, *»Wohnen«*, *»Bildung«* sowie *»Erwerbstätigkeit/Einkommen«* und *»soziale Beziehungen«*? (▶ Kap. 14.6)
- Welche Bedeutung haben Verbleib, Rückkehr und Pendeln für Migranten und wie beeinflusst das ihr Leben im Alter? (▶ Kap. 14.7)

14.1 Begriffsbestimmung: Personen mit Migrationshintergrund

Seit 2005 der sog. Mikrozensus eingeführt wurde, eine amtliche Repräsentativstatistik über die Bevölkerung und den Arbeitsmarkt, an der sich jährlich 1 % aller Haushalte in Deutschland beteiligen, ist die Identifizierung von Personen mit Migrationshintergrund möglich. Der Migrationsstatus einer Person wird auf der Grundlage persönlicher Merkmale wie Zuzug, Einbürgerung und Staatsangehörigkeit sowie der Merkmale der Eltern ermittelt. Im Mikrozensus wird damit nicht nur eine Unterscheidung zwischen »deutsch« und »nichtdeutsch« vorgenommen, sondern weiter nach Ausländern der ersten und zweiten Generation, (Spät-)Aussiedlern und Eingebürgerten differenziert. Diese Unterscheidung ist für die konzeptionelle und praktische Soziale Arbeit mit diesen Zielgruppen von großer Relevanz. Das Statistische Bundesamt (2015) definiert Migrationshintergrund wie folgt.

Definition Migrationshintergrund

»Eine Person hat einen Migrationshintergrund, wenn sie selbst oder mindestens ein Elternteil die deutsche Staatsangehörigkeit nicht durch Geburt besitzt« (Statistisches Bundesamt, 2015, S. 4). Hierzu zählen im Einzelnen folgende Personen:

1. zugewanderte und nicht zugewanderte Ausländer,
2. zugewanderte und nicht zugewanderte Eingebürgerte,
3. (Spät-)Aussiedler,
4. mit deutscher Staatsangehörigkeit geborene Nachkommen der drei zuvor genannten Gruppen (ebd.).

Welche Bedeutung das Merkmal Migrationshintergrund in Abgrenzung zu ›deutsch‹ und ›nicht-deutsch‹ in der Praxis der Sozialen Arbeit hat, soll das folgende Fallbeispiel verdeutlichen.

Fallbeispiel

Frau Pawlik ist im Alter von 71 Jahren als (Spät-)Aussiedlerin aus Allenstein/Ostpreußen nach Deutschland gekommen. Sie ist Deutsche gemäß Art. 116 des Grundgesetzes (GG) und besitzt demnach die deutsche Staatsangehörigkeit. Frau Pawlik wohnt im Bochumer Osten, einem Arbeiterviertel nahe dem Opel-Werk, in dem ihr Ehemann ebenso wie weitere in den 1980er Jahren nach Deutschland zugewanderte (Spät-)Aussiedler tätig war. Nach der Bochumer Amtsstatistik gehört der Stadtteil, in dem Frau Pawlik wohnt, zu den Teilen Bochums mit einem verhältnismäßig hohen Anteil an 65-Jährigen und Älteren. Seit der Schließung des Opel-Werks im Jahr 2015 besteht für den Stadtteil außerdem ein besonderer Erneuerungs- und Handlungsbedarf. Die gemeinwesenorientierte Soziale Arbeit vor Ort (Seniorenbüro-Ost) ist bei der Entwicklung adäquater, sozialraumorientierter Angebote für den Stadtteil auf differenzierte statistische Daten und Fakten zur soziodemografischen Struktur der Bevölkerung angewiesen.

Bis 2005 sind Frau Pawlik sowie viele andere (Spät-)Aussiedler in Bochum-Ost in die Statistik als »Deutsche« eingegangen. Statistiken, die auf einer derartigen Datenerfassung basierten, lieferten keine Hinweise auf kulturspezifische Bedarfe an Beratung, Betreuung und pflegerischer Versorgung der Menschen. Migrationserfahrung und kultureller Hintergrund aber führten durchaus zu besonderen Bedarfen der Bevölkerung – trotz deutscher Staatsangehörigkeit. Seit 2005 ist durch die Einführung des zusätzlichen Merkmals »Migrationshintergrund« beim Mikrozensus eine differenzierte Auswertung möglich. Diese enthält Indizien zu ethnischen Zugehörigkeiten und lässt dadurch auf eventuell vorhandene kulturelle und biografische Besonderheiten schließen, etwa die Bereitschaft oder Nichtbereitschaft zur Inanspruchnahme sozialer Leistungen. Der Indikator »Migrationshintergrund« hat für die Praxis der Sozialen Arbeit eine enorme Bedeutung, da er Zugänge zu den Lebenswelten der Adressaten schaffen und die interkulturelle Ausrichtung der Angebote beschleunigen kann. Das Merkmal »Migrationshintergrund« kann allerdings auch ausgrenzend wirken, insbes. dann, wenn sich die Adressaten bisher mit dem Merkmal »Deutsche/r« identifiziert haben.

14.2 Migration in Deutschland in Zahlen

14.2.1 Wie viele ältere Migranten leben in Deutschland?

Im Jahr 2016 lebten ca. 18,6 Millionen Menschen mit Migrationshintergrund in Deutschland, etwa 20 % der 82,4 Millionen, die die Gesamtbevölkerung ausmachen (Statistisches Bundesamt, 2017, S. 41).

Ältere Menschen mit Migrationshintergrund stellen bisher jedoch noch eine relativ kleine Bevölkerungsgruppe dar: Unter den 65-Jährigen gibt es momentan 1,5 Millionen Menschen (9,4 % der Gesamtbevölkerung) mit Migrationshintergrund gegenüber 15,7 Millionen (bzw. 23,7 %) Menschen ohne Migrationshintergrund. Vorausberechnungen nach wird der Anteil der Älteren mit Migrationshintergrund bis 2030 auf 15 % ansteigen (Schimany et al., 2012, S. 6). Diese Entwicklung hat zunächst damit zu tun, dass die Generation der ersten Einwanderer in die Altersphase eintritt. Zudem lässt sie sich ebenso wie bei Menschen ohne Migrationshintergrund auf die kontinuierlich steigende Lebenserwartung und die seit den 1990er Jahren sinkende Geburtenhäufigkeit von Migranten zurückführen (Pötzsch, 2012, S. 22f., Schmidt & Kohls, 2011, Schimany et al., 2012). Des Weiteren zeigt sich, dass die meisten älteren Migranten nicht wie ursprünglich angenommen im Alter in ihre Herkunftsländer zurückgehen, sondern in Deutschland bleiben und hier ihren Lebensabend verbringen.

14.2.2 Wo leben ältere Migranten?

Migration ist im Wesentlichen ein westdeutsches Phänomen. Die größten Migrantenanteile sind in den westdeutschen Großstädten und alten industriellen Zentren zu verzeichnen. Diese Verteilungsmuster sind der historischen Entwicklung der Migration in Deutschland geschuldet. Zu Zeiten des Wirtschaftsaufschwungs bestand v. a. in diesen Gebieten der größte Bedarf an Arbeitskräften. So wurden in den 1950er Jahren gezielt junge Menschen im Ausland angeworben und auf das gesamte ehemalige Bundesgebiet verteilt, was bis heute noch Bestand hat. Den höchsten Anteil der Bevölkerung mit Migrationshintergrund verzeichneten im Jahr 2014 die Stadtstaaten Bremen (29 %), Hamburg (28 %) und Berlin (26 %) sowie Flächenländer wie Hessen (28 %), Baden-Württemberg (27 %) und Nordrhein-Westfalen (25 %). In den neuen Ländern (ohne Berlin) dagegen lag der Migrantenanteil nur bei 5 %. Außerdem existieren in den Flächenländern wie z. B. in Bayern und Hessen erhebliche regionale Unterschiede in der Verteilung von Migranten (Brückner, 2016, S. 224f.).

14.2.3 Aus welchen Ländern kommen ältere Migranten?

Von den rund 1,5 Millionen der 65-Jährigen und Älteren mit Migrationshintergrund stammten im Jahr 2010 mehr als die Hälfte aus insgesamt neun Ländern: Über ein Fünftel kam aus den ehemaligen ›Gastarbeiterländern‹ wie Türkei, Italien, Griechenland und Kroatien. Etwa ein Drittel der älteren Personen mit Migrationshintergrund kam aus den mittel- und osteuropäischen Ländern wie Polen, Rumänien, Russische Föderation, Kasachstan und Ukraine. Hierbei handelt es sich überwiegend um (Spät-)Aussiedler und zum geringen Teil um jüdische Zuwanderer (Schimany et al., 2012, S. 98f.).

14.3 Begriffsbestimmung: Migration, Transmigration, Integration

Aus der Sicht der Aufnahmegesellschaft beinhaltet Migration die (in-)formelle Pflicht zur und das Recht auf Integration. Zwecks Annäherung an diese Thematik werden im Folgenden beide Termini definiert und voneinander abgegrenzt.

14.3.1 Migration

Migration (lat. *migratio*) bzw. »Wanderung« ist ein vielschichtiges und komplexes Phänomen. Sie kann verschiedene Ursachen und Motivlagen haben und lässt sich je nach wissenschaftlicher Perspektive unterschiedlich typologisieren. In den Sozialwissenschaften gibt es keine einheitliche Definition des Begriffs.

Nach Beger z. B. umfasst Migration neben dem Motiv, von einem geografischen Raum in den anderen zu gehen, auch das Wanderungsgeschehen selbst und dessen Auswirkungen auf das Individuum und die Gesellschaft (Beger, 2000). Bade (2002) wiederum bezeichnet Wanderung als Reaktion von Menschen auf mehr oder weniger komplexe ökonomische und ökologische, religiös-weltanschauliche, soziale und kulturelle sowie politische und ethnische Existenz- und Rahmenbedingungen. Diese beiden exemplarischen Beispiele verdeutlichen die unterschiedlichen Zugänge zum Terminus Migration.

Für das weitere Verständnis von Migration orientieren sich die Ausführungen dieses Kapitels an der im Migrationsbericht des Bundesministeriums des Innern (2016) zugrunde gelegten Definition von Migration.

> **Definition Migration**
>
> Von Migration wird gesprochen, wenn eine Person ihren Lebensmittelpunkt räumlich verlegt. Es wird unterschieden nach Binnenwanderung (Wanderung innerhalb Deutschlands) und der Außenwanderung bzw. internationaler Migration (über die Staatsgrenzen hinaus). Migration wird seit 1950 in der amtlichen Zu- und Fortzugsstatistik erfasst. Bei einem Wohnungswechsel über die Staatsgrenzen hinweg besteht die Pflicht, sich bei der zuständigen kommunalen Meldebehörde an- bzw. abzumelden. Befreit von dieser Pflicht sind Mitglieder ausländischer Stationierungsstreitkräfte und der diplomatischen und konsularischen Vertretungen mit ihren Familienangehörigen. Bei der An- und Abmeldung werden personenbezogene Merkmale erfasst, wie z. B. Ziel- und Herkunftsort, Geschlecht, Familienstand, Geburtsdatum, Geburtsort, Staatsangehörigkeit, Geburtsstaat bei Geburt im Ausland und rechtliche Zugehörigkeit bzw. Nichtzugehörigkeit zu einer Religionsgemeinschaft. Beim Zuzug aus dem Ausland wird außerdem das Datum des dem Zuzug vorhergegangenen Fortzugs vom Inland ins Ausland erfragt. Mehrstaater (Personen, die neben der deutschen noch über eine weitere Staatsangehörigkeit verfügen) gehen nur als Deutsche in die Statistik ein (ebd., S. 27).

14.3.2 Transmigration

Migration bedeutet nicht in jedem Fall eine dauerhafte Veränderung des Wohnorts. Mit dem Fortschreiten der Globalisierung und dem Ende des Ost-West-Konflikts gewinnen die Phänomene temporäre (für eine begrenzte Zeit) und zirkuläre (wiederkehrender Wohnortswechsel, zumeist als Pendelbewegung) Migration als spontane oder auch geregelte Muster rotierender Wanderung kontinuierlich an Bedeutung. Beide Phänomene beschreiben einen regelmäßigen, mehrfachen Zu- und Fortzug von Personen und können unter dem Begriff der transnationalen Migration gefasst werden (vgl. hierzu ausführlich Schneider & Parusel, 2011).

> **Definition Transmigration**
>
> Transmigration ist nicht als einmaliger Wohnortswechsel zwischen verschiedenen Lebensorten in unterschiedlichen Ländern zu sehen, sondern als ein Dauerzustand des Lebens in mehreren Ländern, zumeist eines Pendelns, das im Laufe der Zeit zur Normalität werden kann. Transmigration stellt eine neue Form der Wanderungen dar, bei der eine Entkoppelung vom geografischen und sozialen Raum stattfindet und wodurch neue transnationale Räume entstehen. Charakteristisch für Transmigranten ist, dass sie neue bi- oder multilokale Beziehungen über die nationalen Grenzen hinweg aufbauen und somit eine neue Art von Verbindung zwischen zwei oder mehreren Ländern herstellen (Pries, 2010, S. 61). Folgendes Fallbeispiel soll das Phänomen der Transmigration verdeutlichen.

> **Fallbeispiel**
>
> Die Heimat von Familie Zapek ist ein kleines Dorf in der Nähe von Oppeln, einer Stadt in Oberschlesien/Polen. Frau Zapek lebt und arbeitet vor Ort als Einzelhandelskauffrau. Ihr Ehemann lebt und arbeitet in Deutschland. Er bezieht eine Rente wegen verminderter Erwerbsfähigkeit und geht darüber hinaus einer Teilzeitbeschäftigung in einer Pflegeeinrichtung nach. Er arbeitet i. d. R. im Zweiwochenrhythmus: Zwei Wochen im Monat arbeitet er in Deutschland, die zwei folgenden Wochen verbringt er bei seiner Frau im Heimatort. Diese Art des Pendelns praktiziert er seit über 20 Jahren. Das Ehepaar hat zwei erwachsene Töchter, die bereits ihre eigenen Familien gegründet haben. Die ältere Tochter wohnt mit ihrem Mann und Sohn (4 J.) im elterlichen Haus. Während sie sich um ihren Sohn und den Haushalt kümmert, geht ihr Ehemann seiner Tätigkeit als selbstständiger Installateur nach. Je nach Auftragslage arbeitet er in Polen oder in Deutschland. Die jüngere Tochter wohnt mit ihrem Mann, ihrer Tochter (5 J.) und ihrem Sohn (2 J.) in Süddeutschland. Sie ist ebenso mit Kindererziehung und Haushalt beschäftigt. Ihr Ehemann arbeitet in der Autoindustrie. Die junge Familie erwarb in Oberschlesien – nahe dem Wohnort der Eltern – ein Haus im Rohbau, an dem sie in der freien Zeit wie bspw. im Urlaub weiterarbeitet, um es auszubauen. Noch ist sich die junge Familie nicht schlüssig darüber, wie sie zukünftig ihr neues Haus nutzen wird. Entweder werden sie das Haus ausschließlich als Ferienhaus nutzen und ihren ersten Wohnsitz in Deutschland behalten oder sie kehren zurück nach Polen und leben dort. Eine weitere Möglichkeit besteht darin, dass die junge Frau mit den Kindern in dem Haus in Polen wohnen bleibt, während ihr Mann seine Erwerbsbeschäftigung in Deutschland beibehält und pendelt.

> Bisher pflegen alle Familienmitglieder intensiv ihre Austauschbeziehungen über die Staatsgrenzen hinweg. Sie besuchen sich gegenseitig und verbringen die Feiertage wie Ostern, Pfingsten und Weihnachten sowie die Zeit des Sommerurlaubs zusammen. Darüber hinaus knüpfen sie neue außerfamiliäre Kontakte und Freundschaften und pflegen diese länderübergreifend.

Das Beispiel von Familie Zapek zeigt, dass Menschen durchaus in mehr als einem Land zu Hause sein können, ein Phänomen, das mit dem Begriff der Transmigration bezeichnet wird.

14.3.3 Integration

Im wissenschaftlichen Diskurs gibt es keine einheitliche Definition von Integration, dennoch lassen einige zentrale Elemente der Definitionsversuche auf die Vorstellung von einer Eingliederung einzelner Teile in ein Ganzes schließen. Je heterogener die Einzelteile sind, umso schwieriger kann sich eine Zusammenführung bzw. ein Zusammenhalt des Ganzen gestalten.

Was Integration im Kontext von Migration bedeutet und wann sie erfolgreich verläuft, dazu gibt es konkrete Vorstellungen.

> **Definition Integration**
>
> Integration bezeichnet das Verhältnis oder die Verbindung von Einzelpersonen oder Gruppen zu einer gesellschaftlichen Einheit bei gegenseitiger Akzeptanz und Anerkennung der kulturellen Unterschiede. Integration ist ein Prozess, bei dem eine Abnahme der kulturellen Verschiedenheiten bei den Zugewanderten und Einheimischen vorausgesetzt wird. Dieser Prozess vollzieht sich über mehrere Generationen (Beger, 1997).

Der Definition nach wird bei dem Annäherungsprozess eine Integrationsleistung beider Seiten der Gesellschaft gefordert. Dies bedeutet, dass die Integrationsfähigkeit und -bereitschaft sowohl der Zugewanderten als auch der Aufnahmegesellschaft ggf. gestärkt werden muss. Bei Integration handelt es sich um einen interaktiven, partizipativen und mehrdimensionalen Prozess (Reichwein et al., 2004, S. 21f., MGFFI NRW, 2007, S. 27ff.). Integration ...

- ist Akkulturation, nicht Assimilation,
- ist Begegnung ›auf Augenhöhe‹,
- ist gegenseitige Annäherung und Anerkennung und setzt eine Anerkennungskultur voraus,
- ist ein partizipativer, häufig konfliktreicher Prozess,
- ist ein individueller und sozialer Prozess,
- ist eine Entwicklung, die sich über mehrere Generationen hinziehen kann,

- ist ein mehrdimensionaler Prozess, der sich nicht auf den sozialen Bereich beschränken darf,
- bedeutet Förderung und Forderung,
- ist Hilfe zur Selbsthilfe,
- setzt die Anerkennung des normativen Kernbestands voraus.

Häufig wird unterstrichen, dass Integration auf mehreren Ebenen bzw. Dimensionen ansetzen muss. Es wird unterschieden zwischen *wirtschaftlicher, sozialer, rechtlicher, kultureller* und *politischer* Dimension der Integration (KGSt-Bericht, 7/2005, 13, zit. n. MGFFI NRW, 2007). Dieses multidimensionale Verständnis von Integration zeigt, dass es sich nicht nur um einen politischen, sondern auch einen gesellschaftlichen Prozess handelt, dessen Ziel es ist, eine gleichberechtigte Teilhabe aller gesellschaftlichen Gruppen am öffentlichen Leben mit allen seinen Facetten zu sichern. Voraussetzung hierfür sind ein offener Dialog und ein partnerschaftlicher Umgang zwischen den Zugewanderten und der Aufnahmegesellschaft.

Eine etwas andere Unterscheidung von Dimensionen der Integration schlägt Heckmann (1997) vor. Folgende Tabelle gibt einen erläuternden Überblick über strukturelle, kulturelle, soziale und identifikatorische Integration (▶ Tab. 20).

Tab. 20: Dimensionen von Migration

Strukturelle Integration	Bezeichnet die Phase des Integrationsprozesses, indem durch die Zuwanderer die Zugänge zu gesellschaftlichen Positionen und der Mitgliederstatus in der Aufnahmegesellschaft erworben werden. Gemeint sind damit die Zugänge zum Arbeitsmarkt, Bildungssystem, zu Institutionen etc. und der Erwerb der Rechte in der Aufnahmegesellschaft. Dieses sollte auf der Basis der Gleichberechtigung stattfinden.
Kulturelle Integration	Darunter wird die Dimension verstanden, die die kognitiv-kulturellen Lern- und Internalisierungsprozesse (z. B. Verhaltens- und Einstellungsänderungen) bei den Zugewanderten und Einheimischen mit beinhaltet, die für die Teilnahme am gesellschaftlichen Leben eine Voraussetzung sind.
Soziale Integration	Bedeutet die gesellschaftliche Mitgliedschaft und Akzeptanz durch die Aufnahmegesellschaft bei sozialen Aktivitäten im privaten Bereich und bei Vereinsmitgliedschaften (Freundeskreis, Vereine etc.).
Identifikatorische Integration	Beschreibt die subjektive Seite der Integration. Dazu gehören die Zugehörigkeitsgefühle und Identifikationsbereitschaft auf der ethnischen, nationalen, regionalen und lokalen Ebene.

Eigene Darstellung nach Heckmann, 1997, S. 2–7

Des Weiteren wird zwischen *nachholender* und *nachhaltiger* Integration differenziert. Während sich der Begriff der nachholenden Integration i. d. R. auf die Zielgruppe der sog. »Bestandsausländer« bezieht, nimmt die nachhaltige Integration bzw. die entsprechende Integrationspolitik alle Adressaten in den Fokus, sowohl die Zugewanderten (Neuzuwanderer, Bestandsausländer, Menschen mit Zuwanderungsgeschichte) als auch Institutionen, Organisationen und Personen der Aufnahmegesellschaft. Sie alle sind gefordert, die Integrationsbedarfe zu erkennen und den Integrationsprozess erfolgreich mitzugestalten. Die »nachhaltige Integration basiert auf bestehenden Ansätzen und Konzepten der Integration, passt bestehende Ansätze veränderten Rahmenbedingungen und aktuellen Entwicklungen an, ergänzt und erweitert diese hinsichtlich der Nachholbedarfe und verbindet Ansätze der Integration und der nachholenden Integration sinnvoll miteinander« (MGFFI NRW, 2007, S. 31).

Migration in Zahlen

Bis 2013 nahm Deutschland 13 Millionen (Spät-)Aussiedler, Vertriebene und ihre Familienangehörigen auf (BMI, 2014, S. 12–13). Seit 1953 stellten rund 5,3 Millionen Menschen einen Asylantrag in Deutschland, davon 4,4 Millionen seit 1990. Seit 1990 konnte der bisher größte Anteil an Asylanträgen mit 82,5 % verzeichnet werden. Alleine im Jahr 2016 sind 16,8 % dieser Anträge gestellt worden (2015: 10,8 %) (BAMF, 2017, S. 10).

14.4 Migrationstypen und Migrationsformen

Pries (1998) bestimmt vier idealtypische Gruppierungen von Migranten, die sich u. a. durch ihr Verhältnis zu Herkunfts- und Ankunftsregion voneinander unterscheiden (Pries, 1998, zit. n. Pries 2010). Diese Typologisierung bildet im vorliegenden Kapitel die Basis für die Her- und Ableitung von Bezügen zu den diskutierten Fragestellungen und Inhalten.

Idealtypen von Migranten (Pries, 2010, S. 59):

- Emmigration/Immigration
- Rückkehrmigration
- Diasporamigration
- Transmigration

Kennzeichnend für den Migrationstypus *Emigration/Immigration* ist der auf Dauer angelegte Migrations-/Immigrationsvorgang. Migranten dieses Typus verlassen ihr Herkunftsland, in dem die eigenen Wurzeln und die der Vorfahren liegen, und versuchen im Ankunftsland ihre neue ›Heimat‹ zu finden. Entscheidend für die Migration sind häufig ökonomische oder sozial-kulturelle Gründe (ebd.).

Zu diesem Migrationstypus zählen »Heimatvertriebene« und (Spät-)Aussiedler. (Spät-)Aussiedler gehören den deutschen Minderheiten an, die sich seit dem Mittelalter bis in das 19. Jahrhundert im Zuge der Kolonialisierung in verschiedenen Gebieten Ost- und Südosteuropas angesiedelt haben. Sie wurden mit Minderheitenrechten ausgestattet, die ihnen die Möglichkeit eröffneten, eigene Bildungseinrichtungen einzurichten und die eigene Sprache und Kultur zu pflegen (bpb, 2000). Als anerkannte »Aussiedler« wurden zunächst Einwanderer deutscher Herkunft bezeichnet, die in der Bundesrepublik Deutschland (BRD) durch Aufnahmebescheid i. S. des deutschen Kriegsfolgerechts den deutschen Flüchtlingen und Vertriebenen der Nachkriegszeit gleichgestellt wurden. Durch die Anerkennung erwarben sie den Anspruch auf Aufnahme als Staatsbürger (Bade & Oltmer, 2004). 1992 wurden die Aufnahmevoraussetzungen durch das Kriegsfolgebereinigungsgesetz (KfbG) neu geregelt. 1993 wurde der bisherige Status des ›Aussiedlers‹ gemäß Bundesvertriebenengesetz (BVFG) durch den neu geschaffenen Status des »Spätaussiedlers« abgelöst.

Nach dem BVFG haben Spätaussiedler ein Recht auf Aufnahme in die BRD sowie ein Anrecht auf Eingliederungshilfen. Die meisten Spätaussiedler wanderten nach 1985 in Deutschland ein. Sie fanden weitaus bessere rechtliche Integrationsbedingungen und Eingliederungshilfen vor als die ausländische Bevölkerung, trotzdem sind ihre Lebenssituation und ihr Integrationsprozess mit denen der Ausländer vergleichbar.

Definition Spätaussiedler

Spätaussiedler sind Deutsche gemäß Art. 116 des GG. Dort heißt es:
»(1) Deutscher im Sinne dieses Grundgesetzes ist vorbehaltlich anderweitiger gesetzlicher Regelung, wer die deutsche Staatsangehörigkeit besitzt oder als Flüchtling oder Vertriebener deutscher Volkszugehörigkeit oder als dessen Ehegatte oder Abkömmling in dem Gebiete des Deutschen Reiches nach dem Stande vom 31. Dezember 1937 Aufnahme gefunden hat.
(2) Frühere deutsche Staatsangehörige, denen zwischen dem 30. Januar 1933 und dem 8. Mai 1945 die Staatsangehörigkeit aus politischen, rassischen oder religiösen Gründen entzogen worden ist, und ihre Abkömmlinge sind auf Antrag wieder einzubürgern. Sie gelten als nicht ausgebürgert, sofern sie nach dem 8. Mai 1945 ihren Wohnsitz in Deutschland genommen haben und nicht einen entgegengesetzten Willen zum Ausdruck gebracht haben.«

Beim Migrationstypus *Rückkehrmigration* handelt es sich i. d. R. um zeitlich befristete, periodische Migration mit dem Ziel, in der Ankunftsgesellschaft eine Arbeit zu finden, Geld zu verdienen und anschließend in das Herkunftsland zurückzukehren. Die zu diesem Typus gehörigen Arbeitsmigranten wandern sehr häufig zunächst alleine und für einen befristeten Zeitraum in ein anderes Land mit dem Wunsch, irgendwann wieder ins Herkunftsland zurückzukehren oder ihre Familie nachzuholen (Pries, 2010, S. 39–44). Der Aufenthalt im Ankunftsland wird von Migranten dieses Idealtyps als vorübergehend angesehen. Dies führt dazu, dass sie ihre Lebensweise nach dem Herkunftsland ausrichten und sich different in Bezug auf die Identifikation mit der jeweiligen Aufnahmegesellschaft und dem jeweiligen sozial-kulturellen System verhalten. Der Migrationskontext ist hierbei durch wirtschaftliche Faktoren bestimmt (ebd.).

Zu diesem Typus zählen insbes. *Arbeitsmigranten*, die Mitte der 1950er Jahre als Reaktion auf den wachsenden Bedarf an Arbeitskraft zur Zeit des Wirtschaftswachstums nach Deutschland angeworben wurden. Aufgrund der Erschöpfung des einheimischen Arbeitskräftepotenzials wurde die Anwerbung ausländischer Arbeitskräfte als geeigneter Ausweg in der Arbeitspolitik beschlossen (Beger, 2000). Die sozialen Folgeprobleme wurden zu diesem Zeitpunkt von der damals sog. Ausländerpolitik nicht bedacht, da die Absicht bestand, die Arbeitskräfte nur für eine befristete Zeit im Land zu behalten. Die ersten Anwerbeverträge wurden mit Italien (1955) sowie Spanien und Griechenland (1960) abgeschlossen. Danach folgten weitere Anwerbevereinbarungen mit der Türkei (1961), Marokko (1963), Portugal (1964), Tunesien (1965) und Jugoslawien (1968). Im öffentlichen und nichtöffentlichen Sprachgebrauch wurden die ausländischen Arbeitskräfte als »Gastarbeiter« bezeichnet. Die Botschaft war eindeutig: »›Gast‹ ist nur, wer nicht auf Dauer bleibt« (Bade & Oltmer, 2004, S. 72). Kennzeichnend für die Anwerbephase war das Rotationsverfahren: ein zeitlich begrenzter Aufenthalt von zwei bis drei Jahren, gefolgt von einer Rückkehr in die Heimat. Dieses Modell erwies sich jedoch als nicht effizient und praktikabel, da einerseits bei den Arbeitsmigranten ein hohes Interesse an einem längeren Aufenthalt bestand, um mehr Geld zusammenzusparen, andererseits wehrte sich die Industrie gegen den Austausch von erfahrenen gegen unerfahrene Arbeitskräfte. 1971 reagierte die Bundesregierung auf die von Unternehmen geforderten gesetzlichen Regelungen mit der Verlängerung der Aufenthaltserlaubnisse. Das führte bei den Arbeitsmigranten zur Verfestigung des Aufenthalts und zum Nachzug ihrer Familienangehörigen (Beger, 2000).

Mit *Diasporamigration* wird eine Wanderung aus religiösen oder politischen Motiven oder auch aus Abhängigkeits- und Loyalitätsbeziehungen zu Mutterorganisationen wie z. B. Kirchen oder internationalen Stiftungen etc. bezeichnet. Diasporamigranten sind mit ihrem Herkunftsland oder ihrer Mutterorganisation stark verbunden. Es besteht eine starke Identifikation mit beiden, für die im Ankunftsland ›gelitten‹ wird, oft im Namen politischer, religiöser oder organisationaler Motive. Die Anbindung an das Ankunftsland ist meist räumlich und wirtschaftlich, weniger politisch und sozial geprägt (Pries, 2010).

Beispielhaft für Diasporamigranten sind jüdische Zuwanderer und ihre Familienangehörigen aus den Staaten der früheren UdSSR. Bis Ende 2004 erfolgte in Deutschland im Rahmen der humanitären Hilfsaktionen gemäß dem Kontingentflüchtlingsgesetz deren Aufnahme ohne zeitliche und zahlenmäßige Begrenzung. Ziel dieser Maßnahmen war neben dem Schutz vor Pogromen in den Herkunftsländern die Stärkung und Sicherung des Erhalts der jüdischen Gemeinden in Deutschland. Mit der Einführung des Zuwanderungsgesetzes am 1. Januar 2005 wurde das Kontingentflüchtlingsgesetz aufgehoben und durch ein neues Aufnahmeverfahren zwischen Bund, Ländern, dem Zentralrat der Juden in Deutschland und der Union progressiver Juden in Deutschland e. V. ersetzt. Demnach sind alle die Personen zuwanderungsberechtigt, die gemäß den vor 1990 ausgestellten Personenstaatsurkunden die jüdische Nationalität nachweisen können oder mindestens ein Elternteil jüdischer Abstammung ist (BMI, 2007).

Jüdische Zuwanderer haben in Deutschland einen uneingeschränkten Zugang zum Arbeitsmarkt und Anspruch auf Arbeitslosengeld gemäß SGB II. Außerdem haben sie Anspruch auf Grundsicherungsrente und Sozialgeld gemäß SGB XII. Einen Anspruch auf Rente haben sie nur, wenn sie eine sozialversicherungspflichtige Erwerbstätigkeit in Deutschland nachweisen können.

Charakteristisch für *Transmigration* ist, dass Transmigranten ihre Zugehörigkeitsmuster und -strategien offenhalten, also ohne eindeutige Zuordnung zu einem Heimatland. Sie nehmen Merkmale der Herkunftsgesellschaft und der Aufnahmegesellschaft auf und entwickeln daraus neue, eigene Systeme. Mit Unterstützung moderner Kommunikationsmedien und der erhöhten Mobilität können Transmigranten grenzübergreifende Netzwerke und Gemeinschaften pflegen und somit das Zusammengehörigkeitsgefühl aus der neu und selbst konstruierten Kollektivität und nicht nur aus der Herkunftsnationalität oder aus dem Bezug auf ein ›gelobtes Land‹ schöpfen. Dabei entstehen neue grenzübergreifende Sozialräume (Pries 2010).

Im Zuge der wirtschaftlichen Globalisierung haben Pendelwanderungen und zirkuläre Migration zugenommen und ergänzen mittlerweile die traditionellen Migrationsbewegungen wie Arbeitsmigration, Vertriebenen- und (Spät-)Aussiedlermigration, Flüchtlings- und Asylmigration. Beispielhaft für Pendelmigranten sind die ost- und südeuropäischen Pflege- und Betreuungskräfte, die in der häuslichen Pflege in Deutschland pflegebedürftige ältere Menschen versorgen, Arbeitskräfte im Bauwesen und in der Landwirtschaft.

Weitere Formen der Zuwanderung nach Deutschland stellen der *Ehegatten- und Familiennachzug sowie Flüchtlings- und Asylmigration* dar. Hierbei handelt es sich gemäß der oben skizzierten Typologie i. d. R. entweder um Emigration/Immigration oder um Rückkehrmigration. Beim *Ehegatten- und Familiennachzug* wird unterschieden zwischen Nachzug von EU-Staatsangehörigen und Drittstaatsangehörigen (Nachzüge außerhalb der EU-Staaten), bei denen nur die Kernfamilie zum Nachzug berechtigt ist (BMI, 2016).

Bei der *Flüchtlings- und Asylmigration* wird differenziert nach Asylsuchenden und Flüchtlingen. Die BRD ist aufgrund ihrer geografischen Lage, der wirtschaftlichen Anziehungskraft und dem im GG verankerten Recht auf Asyl zum Ziel von Flüchtlingen und Asylsuchenden geworden. Das Grundrecht auf Asyl haben politisch Verfolgte, d. h. Personen, die entweder eine staatliche Verfolgung in ihrem Heimatland bereits erlitten haben oder denen eine solche Verfolgung nach Rückkehr in ihr Heimatland droht. »Nach Artikel 16a des Grundgesetzes (GG) genießen politisch verfolgte Menschen Asyl in der BRD. Daneben wird Menschen Flüchtlingsschutz gewährt, die aus Gründen, wie sie in der Genfer Flüchtlingskonvention (GFK) von 1951 aufgeführt sind, fliehen.« (BAMF, 2016, S. 30). Asylsuchende können einen Asylantrag bei den dafür in Deutschland ausgewiesenen Stellen, z. B. an der Grenze, bei der Polizei oder bei einer

Ausländerbehörde, stellen. Sie gelten als Asylsuchende für die Dauer des Asylverfahrens bis zur rechtskräftigen Entscheidung über den Antrag. Mit der Prüfung der Asylanträge ist das Bundesamt für Migration und Flüchtlinge (BAMF) beauftragt. Wird über den Antrag positiv entschieden, so gelten ab dann Asylsuchende als Asylberechtigte, d. h. als politisch Verfolgte i. S. des GG (Beger, 2000).

Flüchtlinge sind Personen, die aus humanitären oder rechtlichen Gründen nicht abgeschoben werden können, weil ihnen z. B. die Gefahr für Leib und Leben in ihrem Herkunftsland droht. Hierbei handelt es sich um Menschen, die wegen ihrer Rasse, Religion, Staatsangehörigkeit, Zugehörigkeit zu einer bestimmten Gruppe oder aufgrund ihrer politischen Überzeugung in ihrem Heimatland verfolgt werden. Unter den Flüchtlingen unterscheidet man zwischen Konventionsflüchtlingen, Kontingentflüchtlingen und Kriegs- und Bürgerkriegsflüchtlingen. Konventionsflüchtlinge sind die Personen, die aufgrund des § 51 Abs. 1 Ausländergesetz (AuslG) in Verbindung mit Art. 33 der Genfer Flüchtlingskonvention von 28. Juli 1951 nicht abgeschoben werden dürfen, Kontingentflüchtlinge dagegen werden aus humanitären Gründen im Zuge internationaler Hilfsprogramme in Kontingenten aufgenommen. Kriegs- und Bürgerkriegsflüchtlinge sind Personen, die zwar kein Recht auf politisches Asyl nach Art. 16 a GG haben, jedoch gemäß der Asylgrundrechtsänderung vom 1. Juli 1993 einen Sonderstatus innerhalb des Asylverfahrens erhalten und dadurch für die Dauer des (bürger-)Kriegs in ihrem Heimatland einen Anspruch auf vorübergehenden Schutz in der BRD haben (ebd.). I. d. R. verstehen sich diese Personen auch selbst als Rückkehrmigranten.

Die verschiedenen Migrationsformen, die Motive und Zeitpunkte der Zuwanderung, die Unterschiede in der geografischen, ethischen und kulturellen Herkunft der Migranten und die Vielfalt an Sichtweisen und Orientierungen haben zu einer Heterogenität innerhalb dieser Bevölkerungsgruppe geführt (Schimany et al., 2012, S. 33). Diese kennzeichnet auch die Gruppe der älteren Migranten und erfordert eine differenzierte Betrachtungsweise auch seitens der Sozialen Arbeit.

Für die Soziale Arbeit mit älteren Menschen sind v. a. zwei der beschriebenen Migrantentypen von Bedeutung. Dies sind die (Spät-)Aussiedler und Gastarbeiter. Sie machen zurzeit den größten Teil der älteren Migranten aus und werden auch zukünftig das Bild der älteren Bevölkerungsgruppe verstärkt prägen. Beide Gruppen werden im weiteren Verlauf des Kapitels im Fokus der Betrachtung stehen. Andere Migrantengruppen spielen hier aufgrund ihrer geringen Anteile an der älteren Bevölkerung eine eher untergeordnete Rolle (ebd., S. 6, 50, Hoffmann & Romeu Gordo, 2016, S. 72).

14.5 Kulturelle und kollektive Identität

Der Begriff *Identität* leitet sich von dem lateinischen Wort »idem« ab, was dasselbe oder derselbe bedeutet. In den Sozialwissenschaften wird etwa seit 1960 der Ausdruck (Ich-)Identität verwendet, der auf das Selbstverständnis von Personen verweist. Die Gestaltung des Selbstverständnisses obliegt dem Individuum selbst. Die Antworten der Menschen auf die Fragen »Wer bin ich?«, »Wo gehöre ich hin?«, »Wer will ich sein?« sind nicht endgültig, sie müssen immer wieder aufs Neue gefunden werden. Dabei geht es nicht nur um die zeitliche Abfolge der Identitätsentwürfe, sondern um die unterschiedlichen Bedürfnisse und Rollen, die Menschen zu erfüllen haben, und darum, dass sie von anderen Menschen unterschiedlich wahrgenommen werden (Dausien & Mecheril, 2002).

Identität wird erst im Wechselspiel mit anderen und durch die Bilder, die sie zurückspiegeln, deutlich. Menschen können mehrere Identitäten haben. Hatte man in der Psychologie noch vor wenigen Jahrzehnten im Zusammenhang mit Identität Vorstellungen von Stabilität und Dauerhaftigkeit, so spielen heute, auch beeinflusst durch den Diskurs der Postmoderne, Begriffe wie Kontingenz, Diskontinuität, Übergänge und Fragmentierung eine größere Rolle. »Nicht um die einmal erworbene, dann stabile Identität geht es mehr, sondern um die ›alltägliche Identitätsarbeit‹, wie es jetzt heißt, um einen lebenslangen Prozess mit vielen Windungen und Wendungen« (Beck-Gernsheim, 2004, S. 112). Demnach wird Identität heute als ein Mosaik verstanden, das sich aus vielen verschiedenen Elementen zusammensetzt, die im Lebensverlauf in Bewegung bleiben. So stehen manche Elemente im Zusammenhang, aber auch nebeneinander oder im Widerspruch zueinander. Sie bekommen im Leben verschiedene Bedeutung. Einige treten zurück, andere wiederum werden wichtiger. So wird z. B. eine Identität, die mehrere Kulturen und Herkunftsländer verbindet, nicht mehr als unstabil und gefährdet angesehen. Im Gegenteil, sie ist ein gutes Beispiel für eine »Patchwork-Identität«, die mehrere Identitätselemente umfasst. Beck-Gernsheim (2007) betont: Wenn alle Menschen – auch diejenigen, die der Mehrheitsgesellschaft angehören – eine Patchwork-Identität besäßen (bzw. sich ihrer Patchwork-Identität bewusster wären), würden Migranten keine Abweichung mehr darstellen.

Castells (2002) versteht unter Identität den Prozess der Sinnkonstruktion und -bildung eines Individuums, deren Quelle es selbst ist. Diese Sinnbildung beginnt mit dem eigentlichen Individuationsprozess und dauert das gesamte Leben über an. Castells schließt sich der Sichtweise an, dass ein Individuum mehrere Identitäten besitzen kann. Diese plurale Identität kann jedoch zu Spannungen und Widersprüchen führen, sowohl in der (Selbst-)Darstellung als auch im sozialen Handeln des Individuums. Deshalb ist es wichtig, die Ich-Identität von den verschiedenen sozialen Rollen einer Person wie etwa Mutter, Tochter, Lehrerin, Nachbarin und Tante etc., die sich stärker auf Funktionen als auf Sinn konzentrieren, abzugrenzen. Nach Castells ist Sinn eine symbolische Identifikation des Ziels einer Handlung durch den Handelnden. Er nimmt an, dass für die sozial Handelnden in einer Netzwerkgesellschaft die individuelle Auffassung von Sinn die primäre Identität ist, die den übrigen Aspekten der Identität einer Person den Rahmen vorgibt und die über Raum und Zeit hinweg selbsterhaltend ist (ebd.).

In unserer Gesellschaft werden wir immer wieder damit konfrontiert, unsere Identität nachweisen zu müssen z. B. durch einen Pass oder Personalausweis. Damit entsprechen wir bestimmten gesellschaftlichen Normen, die uns einerseits einer bestimmten kulturellen Gruppe zuordnen und uns andererseits von anderen Gruppen abgrenzen. Sobald der Begriff der Identität mit Migration oder ethnischen Minderheiten in Verbindung gebracht wird, spielt häufig nicht mehr die Identität des Einzelnen die zentrale Rolle, vielmehr geht es dann um die (angenommene) Identität bestimmter Gruppen (kollektive Identität), die durch ihre Herkunft bestimmt wird.

Identität ist stark an Heimat gebunden. Nach Hecht (2005) ist Heimat sowohl ein Ort als auch eine Institution i. S. von festgelegten Gemeinschaftsformen. Beide lösen beim Individuum Gefühle der Vertrautheit und Zugehörigkeit aus, die für die Entstehung von Identität bedeutsam sind. Der Verlust von Heimat bedeutet zugleich einen Identitätswandel, sei es, weil Menschen ihre Heimat verlassen oder weil Heimat aufgrund der kulturellen Globalisierung verschwindet. Wenn Heimat also als Ort und Institution verloren geht, entschwindet auch die Art und Weise, sich mit der Welt zu identifizieren. In der ›modernen Welt‹ identifiziert man sich vorrangig mit dem Status, der an die eigene Lebensleistung gekoppelt ist, d. h. an das, was wir im Leben erreicht haben oder was wir glauben, erreichen zu wollen oder zu müssen. In »traditionsgeprägten Gesellschaften« dagegen identifizieren sich die Menschen mit der Gemeinschaft, der Landschaft und Architektur und mit dem eigenen Status z. B. als Bäuerin, Krieger, Medizinmann etc. Heute sind – teilweise auch in den traditionsgeprägten Gesellschaften – Gemeinschaftsformen wie Ehe oder Gemeinde in der Auflösung und auch die Landschaften, Architektur etc. verändern sich. Die einzigartigen Erfahrungen, Düfte, Gerüche, Bilder, Gewohnheiten wie auch der gemeinsame Dialekt, die einen Heimatort ausmachen, verschwinden. Es kommt zunehmend zur Vereinheitlichung der Kultur. Beide Formen, sowohl die der »modernen Welt« als auch die der »traditionsgeprägten Gesellschaften«, sind nicht klar voneinander abgrenzbar. Es gibt die Tendenz zur Mischform (ebd.).

Wenn Menschen aufgrund von Migration ihre Heimat verlassen, erleben sie immer einen tiefgreifenden biografischen Bruch, denn sie verlassen – freiwillig oder gezwungen – andere Menschen, Landschaften, Gerüche, Farben und damit alles, was ihnen vertraut war, womit sie aufgewachsen und verwachsen waren. Viele fangen erst in der ›Ferne‹ an, all das zu vermissen. Dieses Gefühl verstärkt sich, wenn der Zustand der Fremdheit in der Aufnahmegesellschaft anhält, v. a. wenn die Menschen keine neue Verwurzelung finden. »In der Fremde beginnen viele Migranten einen Weg der Re-Traditionalisierung, Re-Ethnisierung« (Beck-Gernsheim, 2007, S. 23). Je abweisender die Aufnahmegesellschaft sich zeigt, je ungünstiger die politischen und sozialen Rahmenbedingungen in der neuen Umgebung sind, umso mehr fühlen sich Migranten zu ihrer Herkunftsgruppe hingezogen. Sie fangen an, sich mehr und mehr auf ihre Traditionen, Familie und Religion zurückzuziehen. Sie werden gewissermaßen russischer, polnischer, türkischer, als sie es in der Heimat je waren. Im Exil bekommt die Heimat eine andere Bedeutung. Sie wird wertvoller als jemals zuvor und wird nicht selten romantisch verklärt.

»(U)nd doch steckt in jedem von uns ein gerüttelt Maß an Heimat. Werden wir den Einfluss des Geburtsortes auf unsere Identität und die prägenden Erinnerungen der Kindheit jemals los? – Heimat, ob geliebt oder verpönt, ist ein kaum zu verdrängender Bestandteil unserer Persönlichkeit« (Hecht, 2005, S. 22).

14.6 Lebenslagedimensionen älterer Menschen mit Migrationshintergrund

Die Lebenslage älterer Migranten wird durch »Gleichzeitigkeit von migrationsspezifischen und alterstypischen Belastungsmerkmalen« bestimmt (Özcan & Seifert, 2006, S. 20). Neben altersbedingten Einschränkungen, die im Alter unabhängig vom sozialen und Migrationsstatus auftreten können, beeinflusst die Migration als kritisches Lebensereignis alle Lebensbereiche. Im Folgenden wird auf die Lebenslagedimensionen »*Gesundheit/Pflege*«, »*Wohnen*«, »*Bildung*«, »*Berufstätigkeit/Einkommen*« und »*soziale Beziehungen*« eingegangen.

14.6.1 Gesundheit/Pflege

Für die Soziale Arbeit ist die Auseinandersetzung mit der Gesundheitssituation von älteren Migranten zunächst deshalb von Bedeutung, weil neben den (Spät-)Aussiedlern nun auch die erste Generation der Arbeitsmigranten ein höheres Alter erreicht hat. Zum anderen belegen empirische Studien, dass der Alterungsprozess und die Entwicklung demenzieller Erkrankungen bei Migranten um fünf bis zehn Jahre früher als bei der einheimischen Bevölkerung einsetzen. Dies ist v. a. auf ihre Lebensverläufe und die häufig schlechteren Arbeits- und Lebensbedingungen im Vergleich zur einheimischen Bevölkerung zurückzuführen (Kuratorium Deutsche Altershilfe, 2007, zit. n. Schimany et al., 2012, S. 209; ▶ Kap. 9).

Im Kontext von Gesundheit und Pflege bei Migranten gewinnen folgende Fragestellungen für die praktische Soziale Arbeit zunehmend an Bedeutung:

- Wie steht es um die Gesundheitssituation von älteren Migranten?
- Lassen sich migrationsspezifische Gesundheitsrisiken und typische Erkrankungen identifizieren und gibt es hierzu theoretische Erklärungsmodelle?
- Wie sind die Zugänge zum Gesundheits- und Pflegesystem?

14.6.2 Gesundheits- und Pflegesituation von älteren Migranten

Ein grundsätzlicher Unterschied im Gesundheitszustand zwischen Migranten und Einheimischen lässt sich mangels repräsentativer epidemiologischer Untersuchungen nicht belegen. Verfügbare Studien liefern jedoch Hinweise auf die besondere Betroffenheit älterer Migranten durch gesundheitliche Beeinträchtigungen und einen hohen Hilfebedarf (Zeman, 2005, S. 36). Auch wenn das Merkmal »Migration« nicht zwangsläufig »Krankheit« bedeutet, muss doch die Gesundheitssituation von Migranten immer im Zusammenhang mit ihren migrationsspezifischen Bedingungen betrachtet werden (Schimany et al., 2012, S. 211).

Es wird angenommen, dass nicht nur die Migrationserfahrung als kritisches Lebensereignis, sondern auch der Migrationshintergrund, der mit kulturspezifischen Lebensweisen einhergeht, den Gesundheitszustand von Personen beeinflussen kann. Er kann einerseits das Risiko erhöhen, im Alter zu erkranken und nicht die angemessene Behandlung und Versorgung zu finden. Andererseits kann er aber den Gesundheitszustand auch positiv beeinflussen, wenn die sozialen und kulturellen Ressourcen von Migranten entsprechend genutzt werden (RKI, 2008, S. 7).

Aus dem Migrationsereignis und der Auseinandersetzung mit einem neuen System, das Migranten nach ihrer Ankunft im Aufnahmeland vorfinden, ergeben sich für sie diverse neue Herausforderungen bzgl. kognitiver und emotionaler Anpassungen. Diese können z. B. Stresszustände auslösen. Häufig bedeutet Migration auch einen tiefgreifenden Wandel der kulturellen Orientierungen, bspw. auch eine Neubestimmung des Selbstbilds der Partner in einer Ehe und der inner- und außerfamiliären Arbeitsteilung. Belastende Lebensbedingungen wie eine schwierige wirtschaftliche Lage, Unzufriedenheit mit den Arbeitsbedingungen, drohende oder bestehende Arbeitslosigkeit oder schwierige Wohnbedingungen erschweren vielfach innerfamilialen Ausgleich und beeinträchtigen die Wirksamkeit innerfamilialer Stützpotenziale. Die Familie erlebt sich in Anbetracht der vielen Belastungen als Opfer der eigenen Lebensverhältnisse, die sie nicht beeinflussen kann (Deutscher Bundestag, 2000, S. 186). Im Alter verändern sich zudem die sozialen Beziehungen. Die Anzahl und die Intensität der Kontakte nehmen allmählich ab. Die Familie als tragfähiges Netzwerk kann hier häufig keine Stützfunktion mehr anbieten. Die Folge können gesundheitliche Einbußen sein, teilweise fehlen auch nahe Menschen, die bei Pflegebedarf Unterstützung leisten könnten.

14.6.3 Migrationsspezifische Gesundheitsrisiken und typische Erkrankungen

Zur Gesundheitssituation bei älteren Migranten gibt es Publikationen mit unterschiedlicher Schwerpunktsetzung und Tiefe. Hierzu zählen insbes. die Studie von Zeman (2005), der Fünfte Altenbericht der Bundesregierung (2006), der

Zweite Alterssurvey (Baykara-Krumme & Hoff, 2006), der RKI-Bericht (2008) und die Ausführungen von Schenk (2008) etc.

Kritisch anzumerken ist, dass die Datenlage zum Gesundheitszustand bei Migranten unzureichend ist. Die vorliegenden Studien verweisen dennoch auf höhere gesundheitliche Beeinträchtigungen bei Migranten im Vergleich zu Menschen ohne Migrationshintergrund. Zu den gesundheitlichen Problemen zählen v. a. Infektionskrankheiten wie z. B. die Tuberkulose, HIV oder Hepatitis B. In der Altersgruppe der über 65-jährigen Ausländer ist bspw. die Tuberkulosesterblichkeit um 100 % höher als bei gleichaltrigen Deutschen (Kohls, 2011, S. 62, RKI, 2008). Migranten leiden zudem öfter als Deutsche an Krankheiten des Muskel- und Skelettsystems und der Verdauungs- und Atmungsorgane (BMFSFJ, 2001, S. 30).

Risikofaktoren wie Rauchen, Alkoholkonsum und/oder Übergewicht sind bei Migranten stärker ausgeprägt als bei Personen ohne Migrationshintergrund. Dies ist v. a. auf die Gewohnheiten im Herkunftsland, die Adaptionsprozesse im Aufnahmeland sowie auf psychosoziale Belastungen zurückzuführen. Ausländische Frauen sind vergleichsweise häufiger übergewichtig oder adipös als die gleichaltrigen deutschen Frauen. In der Altersgruppe der 65-Jährigen sind es 28,1 % gegenüber 17,6 % (Razum & Spallek, 2012, S. 164).

Bei männlichen (Spät-)Aussiedlern aus den ehemaligen GUS-Staaten ist der Alkoholkonsum im Vergleich zur einheimischen Bevölkerung schätzungsweise gleich, doch bei der konsumierten täglichen Alkoholmenge handelt es sich hauptsächlich um hochprozentige Getränke (Aparicio et al., 2005). Ein deutlich niedrigerer Alkoholkonsum kann dagegen bei muslimischen Migranten verzeichnet werden (RKI, 2008).

Nach Lampert (2010) kann eine erhöhte Raucherquote bei Migranten aus dem ehemaligen Jugoslawien und weiteren osteuropäischen Ländern sowie Griechenland, Italien und arabischen Ländern beobachtet werden. Befunde des Mikrozensus 2003 zeigen in der Altersgruppe der 20- bis unter 60-Jährigen einen höheren Raucheranteil bei ausländischen gegenüber deutschen Männern (46,8 % gegenüber 39,7 %). Bei den ausländischen Frauen ist das Rauchen dagegen im Vergleich zu deutschen gleichaltrigen Frauen weniger ausgeprägt (BMFSFJ, 2005, S. 423f.).

Erkrankungen des Herz-Kreislauf-Systems und Krebserkrankungen sowie daraus resultierende Mortalität treten dagegen seltener bei Migranten als bei Menschen ohne Migrationshintergrund auf (Kohls, 2008a, 2008b, 2009).

Nicht zu unterschätzen sind Einbußen in der psychischen Gesundheit, z. B. wenn sich die Ziele der Migration nicht erreichen ließen, sowie der steigende Pflegebedarf bei älteren Migranten. Etwa 8 % der Pflegebedürftigen in Privathaushalten haben einen Migrationshintergrund. In vollstationären Pflegeeinrichtungen wird der Anteil der Versorgten mit Migrationshintergrund auf zwischen 0 % und 9 % geschätzt (Kohls, 2012, S. 2ff.).

14.6.4 Theoretische Erklärungsmodelle

Die theoretische Perspektive zeigt, dass die gesundheitliche Situation einer heterogenen Bevölkerung von folgenden Faktoren, die sich gegenseitig beeinflussen, bestimmt wird (Hurrelmann, 2006, S. 21f.):

- personale Faktoren wie genetische Disposition, ethnische Herkunft und körperlich-psychische Disposition,
- Verhaltensfaktoren wie Ernährungsgewohnheiten, Suchtmittelverhalten, körperliche Aktivität und Gesundheitsvorsorgeverhalten,
- Verhältnisfaktoren wie sozioökonomischer Status, wirtschaftliche Situation und die Qualität der Gesundheits- und Krankheitsversorgung.

Das von Hurrelmann (2006) entwickelte allgemeingültige Erklärungsmodell weist auf den komplexen Zusammenhang und die gegenseitige Beeinflussung der aufgeführten Faktoren hin und schreibt Migration eine besondere Bedeutung für den Gesundheitszustand zu. Migration wird dabei nicht als ein einmaliges Ereignis, sondern als fortlaufender Prozess gesehen, in dem sich die gesundheitsbezogenen Verhaltensweisen von Migranten im Zeitverlauf verändern (Schimany et al., 2012, S. 218). Neben den allgemeinen altersbedingten Einschränkungen prägen Belastungen aus vergangenen Lebensphasen (Kindheit, Jugend, Erwachsenenalter) den Gesundheitszustand im Alter entscheidend mit. Die Häufung von gesundheitsgefährdenden Bedingungen bei Migranten erhöht das Erkrankungsrisiko im Alter ebenso wie ethnisch spezifische Dispositionen, Verhaltensweisen und Gewohnheiten, etwa in Bezug auf körperliche Aktivitäten, Ernährungsweisen, Umgang mit Suchtmitteln, aber auch hinsichtlich der Inanspruchnahme von gesundheitlichen und sozialen Dienstleistungen (AWO, 2002, S. 89).

Welche Einflussgrößen auf den Gesundheitszustand während des Lebensverlaufs von Migranten einwirken, erklärt das Modell von Spallek & Razum (2008).

- Genetische Unterschiede
- Situation im Herkunftsland (Umwelt, Gesundheitssystem)
- Migrationsprozess (kritisches Ereignis, Verlust von Familie/Umfeld, Integrationsanforderungen, Sprache)
- Ergebnis: Genetisch und migrationsbedingte Ungleichheit der Gesundheit gegenüber der Mehrheitsbevölkerung im Zielland.
- Situation im Zielland (sozialer Status, Akkulturation, rechtliche Lage, Umwelt, Zugangsbarrieren)
- Einfluss individueller Verhaltensweisen (Gesundheitsverhalten, Inanspruchnahmeverhalten, persönliche Eigenschaften)

Ergebnis: Migrationsbedingte Ungleichheit der Gesundheit gegenüber der Bevölkerung im Herkunftsland.

Das in der Aufzählung dargestellte lebenslauforientierte Modell von Spallek & Razum lässt deutlich werden, welchen Einflüssen durch das Herkunftsland, den Migrationsprozess und das Zielland ältere Migranten während ihres Lebens ausgesetzt sind und wie die individuellen Verhaltensweisen und Persönlichkeitseigenschaften ihre Gesundheit beeinflussen können. Folgendes Fallbeispiel soll den lebenslaufbezogenen Einfluss dieser Faktoren verdeutlichen.

Fallbeispiel

Frau Ceylan ist als 25-jährige Frau aus einer ländlichen Gegend von Anatolien nach Deutschland migriert. Sie folgte mit ihren zwei kleinen Kindern ihrem Mann, der im Zuge des Arbeitsanwerbeverfahrens eine Beschäftigung in den Essener Krupp-Werken bekommen hatte. Für die junge Familie sollte der Aufenthalt in Deutschland nur vorübergehend sein, bis sie den benötigten Geldbetrag für ein eigenes Haus angespart hätten, das sie in ihrem Heimatland bauen wollten. In Deutschland bekam Frau Ceylan zwei weitere Kinder und versuchte bestmöglich ihre Rolle als Ehefrau und Mutter nach dem Vorbild ihrer Eltern und den von ihr verinnerlichten Werten und Vorstellungen der anatolischen Dorf- und Glaubensgemeinschaft zu erfüllen. Ihr Alltag war vorwiegend durch Haushalt und Kindererziehung bestimmt. Die wenige Freizeit, die sie hatte, verbrachte sie mit ihren Kindern auf dem Spielplatz oder sie besuchte ihre Bekannten, die wie sie aus Anatolien nach Deutschland zugewandert waren und in der gleichen Wohnsiedlung wohnten. Von ihnen fühlte sie sich angenommen und wertgeschätzt. Die Besuche waren für sie die einzige Möglichkeit, eine Beziehung zu ihrer Heimat zu erleben, nach der sie sich seit ihrer Migration sehnte. Das Leben um sie herum, die Großstadt, die Einheimischen und ihre Lebensweisen kamen ihr fremd vor. »Komisch« empfand sie z. B., wie sich die deutschen Frauen kleideten, dass sie Fahrrad fuhren und joggten. Sie war stolz darauf, eine Ehefrau und Mutter zu sein, ganz nach dem Vorbild ihrer Eltern und streng nach den Regeln des islamischen Glaubens. Diese Werte versuchte sie an ihre Kinder weiterzugeben. Später, als die Kinder größer wurden, nahm sie zwei geringfügige Tätigkeiten auf. In den Frühmorgenstunden arbeitete sie als Reinigungskraft im Universitätsklinikum Essen und am Abend in einer Anwaltskanzlei. Aufgrund des fehlenden Berufsabschlusses und unzureichender Deutschkenntnisse gab es für sie keine Aussicht auf eine höherwertige Beschäftigung. Wenn sie krank wurde, ging sie erst dann zum Arzt, wenn ihre heilpraktischen Methoden, die sie von ihrer Großmutter erlernt hat, wirkungslos blieben. Jeder Besuch beim Arzt kostete sie eine Überwindung und war mit Scham verbunden, denn sie sprach kaum Deutsch und musste deshalb ihre Kinder bitten, sie zum Arzt zu begleiten, um für sie zu übersetzen.

Heute ist Frau Ceylan 82 Jahre alt und verwitwet. Sie lebt immer noch in der mit ihrem Mann angemieteten Dreizimmerwohnung im Essener Norden. Zwei ihrer erwachsenen Kinder wohnen und arbeiten in Köln, eins in Osnabrück. Nur die jüngste Tochter wohnt in ihrer Nähe. Frau Ceylan leidet, wie schon ihre Mutter, an Diabetes Mellitus und muss seit einem halben Jahr zweimal wöchentlich zur Dialyse. Zudem wurden bei ihr Herzinsuffizienz und eine beginnende kognitive Störung diagnostiziert. Frau Ceylan macht sich große Sorgen um ihre Zukunft. Sie muss dabei an ihren Vater denken, der mit 70 Jahren an Alzheimer Demenz erkrankte und dessen kognitiven und körperlichen Abbau sie während ihrer jährlichen Sommerurlaube in der Türkei hautnah miterlebt hatte. Sie macht sich Gedanken darüber, was mit ihr passiert, wenn sie noch vergesslicher wird.

14.6.5 »Healthy-Migrant-Effect«

Es gibt jedoch nicht allein die Tendenz von Migranten zu stärkeren gesundheitlichen Einschränkungen gegenüber der einheimischen Bevölkerung im Zielland. Tatsächlich wurde auch das umgekehrte Phänomen beobachtet. »Healthy-Migrant-Effect« ist ein theoretisches Modell zur Erklärung von Morbiditäts- und Mortalitätsunterschieden zwischen Migranten und Nichtmigranten. Nach Ravenstein (1885) können Unterschiede in der Morbidität und Mortalität zwischen Migranten und Nichtmigranten mit Selektionsprozessen bei der Migration begründet werden. Der Healthy-Migrant-Effect bezeichnet das Ergebnis solcher Selektionsprozesse: Da es sich bei Wanderern vornehmlich um eine ausgewählte Gruppe innerhalb der Bevölkerung eines Landes handelt, die i. d. R. jünger und gesünder im Vergleich zur Gruppe der Nichtwanderer ist, liegt bei ihnen zum Zeitpunkt der Zuwanderung ein kleiner Mortalitätsvorteil gegenüber der Bevölkerung des Ziellands vor, der allerdings bei steigender Aufenthaltsdauer dort, bedingt v. a. durch Marginalisierung, kontinuierlich schwindet. Der Grad des Healthy-Migrant-Effects wird durch die räumliche Distanz und das ökonomische Gefälle bestimmt: Je geringer die ökonomischen Unterschiede und die räumliche Distanz, desto geringer ist auch die Selektivität (Richter & Hurrelmann, 2006, Kohls, 2008a, S. 17f.).

Der Healthy-Migrant-Effect wird v. a. bei Arbeitsmigranten der ersten Generation sichtbar. Sie wurden einem Selektionsprozess unterzogen, bei dem nur die jungen und gesündesten Personen angeworben wurden. Aufgrund ihres guten Gesundheitszustands hatten sie bei ihrer Ankunft in Deutschland einen Mortalitätsvorsprung gegenüber den Nichtmigranten. Bei steigender Aufenthaltsdauer und bedingt durch die prekären Beschäftigungsbedingungen, denen sie ausgesetzt waren, wie z. B. geringe Entlohnung, Akkord- und Schichtarbeit sowie körperlich schwere Arbeit, ist dieser Vorteil kontinuierlich geschwunden. Für die Gruppe der (Spät-)Aussiedler dürfte der Healthy-Migrant-Effect nicht zutreffen, da deren Zuwanderung nicht nach (Selektivitäts-)Kriterien, sondern durch den Nachweis der deutschen Abstammung erfolgte (ebd., S. 18).

14.6.6 Zugänge zu Gesundheits- und pflegerischer Versorgung

Die Leistungen der Gesundheitsversorgung werden durch ältere Migranten seltener und in einer anderen Art und Weise in Anspruch genommen als von der Mehrheitsbevölkerung. Bspw. ist die Inanspruchnahme ambulanter Arztpraxen bei Ausländern der Altersgruppe der über 50-Jährigen überdurchschnittlich hoch (Özcan & Seifert, 2004, S. 23f.). Auch werden häufiger notärztliche Dienste in den Abend- und Nachtstunden sowie am Wochenende statt Hausärzte aufgesucht. Die Nutzung von Vorsorgeleistungen und von ambulanten Pflegediensten ist dagegen im Vergleich zur deutschen Bevölkerung unterdurchschnittlich (Zeeb et al., 2004, RKI, 2008). Die Gründe hierfür können sehr unterschiedlich sein, etwa fehlende Aufklärung bzw. Information über das deutsche Pflegesystem und die Versorgungsangebote, Sprach- und Kommunikationsschwierigkeiten, Vorbehalte gegenüber Pflegeinstitutionen, das Vertrauen auf Pflege durch Familienangehörige, das Hinausschieben einer möglichen Rückkehroption sowie kulturelle und religiöse Besonderheiten bezogen auf pflegerische Versorgung (Brzoska & Razum, 2009).

Es zeigt sich, dass die Gesundheitsversorgung nicht auf die Heterogenität der deutschen Bevölkerung ausgerichtet ist. I. d. R. orientiert sich das deutsche Gesundheits- und Pflegesystem an den Bedürfnissen der Mehrheitsbevölkerung, was bedeutet, dass häufig das Personal nicht über die erforderliche interkulturelle Kompetenz verfügt (Schenk, 2008). Die Ursachen für die Unterschiede bei der Inanspruchnahme von Leistungen der Gesundheitsversorgung durch ältere Migranten werden in der Tabelle differenziert dargestellt (▶ Tab. 21).

Tab. 21: Ursachen für Unterschiede bei Inanspruchnahme von Leistungen der Gesundheitsversorgung durch ältere Migranten

Unterschiede im Versicherungsstatus (im finanziellen Zugang)	Nach den Daten des sozioökonomischen Panels (SOEP) sind 1 % Menschen mit Migrationshintergrund nicht krankenversichert. Etwa 94 % Nichtdeutsche, nicht in Deutschland geborene, und 85 % Deutsche sind Mitglied in einer gesetzlichen Krankenkasse. Somit liegt der Anteil der privatversicherten Deutschen mit 15 % über dem der Nichtdeutschen mit 5 %. Bei den gesetzlichen Krankenkassen dominieren die AOK und die Betriebskrankenkassen. Bei denen sind 75 % der Nichtdeutschen und 65 % der Zuwanderer mit deutscher Staatsangehörigkeit versichert. Nur etwa 42 % der Deutschen sind Mitglieder dieser Krankenkassen.
Kommunikationsprobleme (Sprachbarrieren und Informationsdefizite)	Unzureichende Deutschkenntnisse bei einigen Migranten sowie fehlende oder lückenhafte Informationen über die Leistungen des deutschen Gesundheits- und Pflegesystems, die häufig in einer für diesen Personenkreis nicht verständlichen Sprache oder Form verfasst sind, führen zu Kommunikationsschwierigkeiten und schränken die Selbstbestimmungs- und Mitbestimmungsmöglichkeiten der Patienten ein.

Tab. 21: Ursachen für Unterschiede bei Inanspruchnahme von Leistungen der Gesundheitsversorgung durch ältere Migranten – Fortsetzung

Differenzen im Krankheitsverständnis	Das Verständnis von Gesundheit und Krankheit ist eng mit der jeweiligen Kultur verbunden. Während in Deutschland die Gesundheitsversorgung auf einem naturwissenschaftlich fundierten, medizinischen Wissen basiert, stützen sich Krankheits- bzw. Gesundheitskonzepte anderer Länder auf einem ganzheitlicheren Verständnis und sind eng mit religiösen Ansätzen verbunden. Gesundheitsprobleme werden z. B. mit ›Strafe Gottes‹ oder mit dem ›bösen Blicks‹ assoziiert. Die Interpretation von Symptomen einer Erkrankung ist kulturspezifisch. So wird z. B. die Wahrnehmung von Beschwerden bzw. Schmerzen durch die ethnische Herkunft bestimmt.
Unterschiede im Nutzungsverhalten, aufgrund unterschiedlichen Rollenverständnisses (Geschlecht, Generation, Profession)	Im Vergleich zu Deutschen zeigen Migranten ein anderes Inanspruchnahmeverhalten von Gesundheitsleistungen und -diensten. Sie nutzen häufiger Rettungs- bzw. Notfallstellen statt Hausärzte als erste Anlaufdienste auf, insbes. in den Abend- und Nachtstunden sowie an den Wochenenden. Die Inanspruchnahme von Leistungen der ambulanten Pflegedienste wird trotz des bestehenden Anspruchs seltener als von Deutschen rekrutiert.
Strukturelle Voraussetzungen (aufenthaltsrechtlicher Status, migrationsspezifische Erfahrungen)	Die Inanspruchnahme von Leistungen der Gesundheitsversorgung ist durch Migrationserfahrungen geprägt. Aus Angst, den Arbeitsplatz oder den aufenthaltsrechtlichen Status zu verlieren, nehmen Migranten medizinische Leistungen i. d. R. erst sehr spät in Anspruch. Außerdem kann es auch im Gesundheitswesen zur Diskriminierung von Migranten kommen, was laut Studien jedoch als keine alltägliche Erfahrung genannt wird.

Eigene Darstellung nach RKI, 2008, S. 107–111

14.6.7 Wohnen

Die Wohnverhältnisse von Menschen haben einen Einfluss auf ihre Gesundheit, angenehme Wohnverhältnisse sind eine Voraussetzung für Lebenszufriedenheit, wie das Konzept zur Lebenslage belegt (▶ Kap. 9). Insbes. im Alter, bei drohender oder bereits eingetretener Pflegebedürftigkeit können ungünstige Wohnbedingungen zum Rückgang der Selbstständigkeit führen und somit die Lebensqualität mindern.

Studien zu Wohnverhältnissen von Ausländern und Menschen mit Migrationshintergrund belegen, dass sie sich in den Merkmalen Wohnfläche, Wohndichte, Wohnausstattung, Wohneigentum und Wohnzufriedenheit von denen der deutschen Bevölkerung unterscheiden.

Migrantenhaushalte müssen i. d. R. mit weniger Wohnfläche auskommen, unabhängig davon, ob es sich um Alleinlebende oder Familien handelt. So lebt ein Großteil der ausländischen Bevölkerung in kleineren Wohnungen bzw.

Häusern (durchschnittlich 36,9 m²/Person) als die Deutschen (durchschnittlich 51,8 m²/Person) (Baykara-Krumme & Hoff, 2006, S. 470, Hartung, 2014, S. 42).

In ausländischen Haushalten leben durchschnittlich mehr Personen als in deutschen. Dadurch ergibt sich für die ausländischen Haushalte eine größere Wohndichte. Im Durchschnitt hat jedes ausländische Haushaltsmitglied nur 1,4 Zimmer (ohne Küche, Bad, WC) zur Verfügung, im Vergleich zu deutschen Haushaltsmitgliedern, denen zwei Zimmer zur Verfügung stehen (Baykara-Krumme & Hoff, 2006, 470). Bei der Betrachtung der Wohndichte fällt auf, dass sich v. a. türkische Familien mit besonders wenig Wohnfläche pro Mitglied zufriedengeben müssen (Hartung, 2014, S. 42–59).

Alleinlebende Migranten wohnen in 10 % mehr Fällen in einem renovierungsbedürftigen Haus und mehr als doppelt so häufig in einem Haus, das sich in einem sehr schlechten Zustand befindet, wie Nichtmigranten. Sie verfügen deutlich seltener über eine Zentralheizung, sowohl im Vergleich zu alleinlebenden Deutschen als auch zu allen deutschen und nichtdeutschen Familien (8 % zu jeweils etwa 4 %). Im Vergleich zu Deutschen verfügen sie seltener über einen Garten, einen Balkon oder eine Terrasse. Migrantenfamilien leben auch seltener in Einfamilienhäusern oder Doppelaushälften (ebd.). Schließlich verfügen sie seltener über Wohneigentum (43,6 %) als Personen ohne Migrationshintergrund (65 %) (DZA, 2016, S. 18). Die über 60-jährigen Ausländer leben seltener in Ein- und Zweipersonenhaushalten, dafür häufiger in Haushalten mit drei und mehr Personen als gleichaltrige deutsche Personen (Engstler & Menning, 2003, S. 56).

Insgesamt leben Migranten häufig in baulich, sozial und infrastrukturell unterprivilegierten Vierteln und Stadtteilen. Diese Entwicklung wird beeinflusst durch ihre geringe Mobilität, Tendenzen zur ethnischen (Selbst-)Segregation und schlechte soziökonomische Ressourcen sowie durch ihre Lebensplanung, die auf Arbeiten, Sparen und rasche Rückkehr ins Heimatland ausgerichtet gewesen ist, weshalb v. a. die erste Generation der Arbeitsmigranten einen zentrumsnahen, sanierungsbedrohten und damit günstigen Wohnraum vorgezogen hat. Der Alterssurvey (2002) belegt, dass drei Viertel der ausländischen Befragten ihre Wohnsituation als »gut« oder »sehr gut« bewerten. Insgesamt bewerten Ausländer ihre Wohnsituation aber deutlich schlechter als Deutsche (Zeman, 2005, S. 42ff.).

14.6.8 Bildung, Berufstätigkeit/Einkommen

Da bei der hier betrachteten Gruppe der Älteren die aktuellen Lern- und Bildungsmöglichkeiten keine große Rolle mehr spielen, umgekehrt aber die in früheren Lebensabschnitten erfahrenen Bildungschancen sich massiv auf die materiellen Bedingungen im Alter auswirken, werden die Dimensionen »*Bildung*« und »*Erwerbstätigkeit/Einkommen*« hier zusammengefasst. Für die soziökonomische Absicherung im Alter spielen Faktoren wie Bildungsabschlüsse, Stellung im Beruf sowie Art und Dauer der Erwerbstätigkeit eine zentrale Rolle. Migrationsverläufe beeinflussen i. d. R. Bildungs- und Erwerbsbiografien der Menschen und entsprechend auch die daraus resultierenden Rentenansprüche. Häufig führen sie zu prekären Absicherungsmöglichkeiten im Alter. Die materielle Situation und die Altersvorsorge älterer Migranten ist gut erforscht (Frick et al., 2009, Micheel & Naderi, 2009, Sauer & Halm, 2010, Özcan & Seifert, 2004, Mika & Tucci, 2006, Baykara-Krumme & Hoff, 2006, Motel-Klingebiel et al., 2010a). Zu diesen Studien kommen die Befunde auf der Basis sozialwissenschaftlicher Erhebungen (Sozioökonomischer Panel, SOEP, Alters-Survey, Generations and Gender Survey, GGS, sowie die Repräsentativbefragung »Ausgewählte Migrantengruppen in Deutschland 2006/2007«, RAM; Schimany et al., 2012, S. 155ff.).

Die ältere Bevölkerung mit Migrationshintergrund verfügt im Durchschnitt über ein deutlich niedriges Bildungsniveau als die gleichaltrige Bevölkerung ohne Migrationshintergrund. Bei der Betrachtung der Gruppe der Arbeitsmigranten der ersten Generation fällt auf, dass nur 37 % der 50- bis 64-jährigen und nur 33 % der 65-jährigen und älteren Arbeitsmigranten über einen Berufsabschluss verfügen. Dies ist offenbar zurückzuführen auf die niedrigen Qualifikationsvoraussetzungen im Rahmen des Anwerbeverfahrens für den deutschen Arbeitsmarkt – ein niedriges Bildungsniveau schien damals ausreichend zu sein. Auch fand offenbar keine Nachqualifizierung im weiteren Biografieverlauf statt, so dass insbes. diese Migrantengruppe vom Arbeitsplatzabbau im Zusammenhang mit dem Strukturwandel im industriellen Sektor betroffen war. Demnach zeigen sich bei den 50- bis 64-jährigen männlichen Arbeitsmigranten nur eine Erwerbsbeteiligung von 51 % und relativ hohe Frühverrentungsraten. Die Frauenerwerbsbeteiligung ist in dieser Altersgruppe im Vergleich zu anderen Migrantengruppen am niedrigsten. Insgesamt sind es mehr als die Hälfte der 50- bis 64-jährigen Arbeitsmigranten, die von ihrem Erwerbseinkommen leben. Weitere 27 % dieser Altersgruppe sind auf Renten, Sozialleistungen und Unterstützung durch Angehörige bei der Sicherung ihres Lebensunterhalts angewiesen (Hoffmann & Romeu Gordo, 2016, S. 69ff.).

Bei der Gruppe der älteren (Spät-)Aussiedler zeigt sich gegenüber anderen Migrantengruppen, insbes. gegenüber Arbeitsmigranten, ein höheres Bildungs- und Ausbildungsniveau. Ihre Schulbildung lässt sich am ehesten mit derjenigen von Einheimischen vergleichen (Tucci, 2008). Anzumerken ist hierbei, dass die beruflichen Qualifikationen von (Spät-)Aussiedlern nicht immer als gleichwertig anerkannt wurden, was ihre Arbeitsmarktintegration zusätzlich erschwerte und ihre beruflichen Karrieremöglichkeiten einschränkte (Brück-Klingberg et al., 2007, Mika et al., 2010).

Bei den 50- bis 64-jährigen (Spät-)Aussiedlern verfügen 76 % und bei den über 65-Jährigen 55 % über einen Berufsabschluss. Sie sind auch noch im Vorruhestandsalter relativ gut in den Arbeitsmarkt integriert. 65 % der Altersgruppe der 50- bis 64-Jährigen sind erwerbstätig und bestreiten ihren Lebensunterhalt überwiegend aus dem Erwerbseinkommen. Ausschließlich 23 % dieser Altersgruppe leben von Renten und Sozialtransfers. Trotz der relativ hohen Erwerbsbeteiligung ist ihr Armutsrisiko jedoch doppelt so hoch wie bei Gleichaltrigen ohne Migrationshintergrund.

In der Altersgruppe der 50- bis 64-Jährigen erzielen die Arbeitsmigranten ein monatliches Nettoäquivalenzeinkommen von 1.444 Euro und die (Spät-)Aussiedler eines von 1.604 Euro. Die über 65-jährigen Migranten sind häufig auf Sozialleistungen wie Grundsicherung im Alter nach SGB XII angewiesen. Dies ist v. a. kurzen Erwerbsbiografien, bedingt durch relativ späte Eintritte in das deutsche Erwerbssystem und die dadurch verspäteten Beitragszahlungen in die Sozialversicherungssysteme, sowie dem niedrigen Erwerbseinkommen geschuldet. Das geringste monatliche Nettoäquivalenzeinkommen mit 1.169 Euro erzielen in dieser Altersgruppe ebenso Arbeitsmigranten der ersten Generation. Die gleichaltrigen (Spät-)Aussiedler haben insgesamt 1.257 Euro monatlich zur Verfügung (Hoffmann & Romeu Gordo 2016, S. 69ff.). Auch verfügen Migranten laut Bundesministerium für Arbeit und Sozialordnung (BMAS) seltener als Deutsche über eine private Vorsorge (Frick et al., 2009, S. 44, 48).

Bei der Analyse der Forschungsergebnisse zu den sozioökonomischen Verhältnissen von älteren Migranten zeigen sich stärkere Armutsrisikofaktoren im Vergleich zu gleichaltrigen Personen ohne Migrationshintergrund. Diese variieren jedoch nach spezifischer sozialer und kultureller Herkunft der Migranten (Hoffmann & Romeu Gordo 2016, S. 73).

14.6.9 Soziale Beziehungen

Soziale Beziehungen sind ebenso wie Wohnbedingungen ein zentrales Merkmal von Lebensqualität. Insbes. im Alter gewinnen familiäre, aber auch außerfamiliäre Beziehungen und Netzwerke an Bedeutung, wenn aufgrund altersbedingter Einschränkungen Unterstützung durch Dritte benötigt wird.

Bezogen auf Migrantenfamilien ist in der Gesellschaft die Vorstellung von einer harmonischen, solidarischen Groß- bzw. Mehrgenerationenfamilie verbreitet, in der die Familienorientierung der traditionellen Herkunftskultur sich mit dem Alterungsprozess der Eltern zusätzlich verstärkt. Nun sind aber Migrantenfamilien ebenso wie deutsche einem sozialen Wandel unterzogen, der sich auf die familiären Strukturen auswirkt und teilweise den Familienzusammenhang gefährdet. Wie auf den deutschen Familien lastet auch auf den Migrantenfamilien die gesellschaftliche Erwartung, ihre älteren Angehörigen zu unterstützen und diese bei Bedarf pflegerisch zu versorgen (Schimany et al., 2012, S. 263ff.).

Der Fünfte Altenbericht verweist auf einen hohen Anteil an Verheirateten unter den Migranten. Besonders türkische Haushalte weisen mit 4,5 % einen sehr niedrigen Anteil an Geschiedenen auf. Dieses Phänomen wirkt sich stabilisierend auf die materielle Absicherung im Alter aus. In der Altersgruppe der 45- bis 64-Jährigen sind mit 90,1 % Personen aus der Türkei am häufigsten verheiratet, gefolgt von Griechen (86,7 %), Italienern (83,3 %) und Personen aus dem ehemaligen Jugoslawien (82,7 %). Bei Deutschen dieser Altersgruppe sind es lediglich 77,5 % (BMFSFJ, 2005, S. 427ff.).

Dem Mikrozensus zufolge zeigt sich bei der Gruppe der (Spät-)Aussiedler ein familiäres Zusammenleben, das stärker von traditionellen Strukturen geprägt ist als bei deutschen Familien, obwohl ihre Haushaltsstrukturen denen der Einheimischen mehr ähneln als die der übrigen Migranten. Der Anteil der Verheirateten mit Kindern liegt mit 84 % höher als bei den Einheimischen mit 72 %. Es zeigt sich außerdem, dass (Spät-)Aussiedler einen höheren Anteil an Familien mit zwei bzw. drei Kindern aufweisen. In der Gruppe der türkischstämmigen Migranten zeigen sich deutliche Unterschiede bei den Haushaltsstrukturen und Lebensformen gegenüber Einheimischen und anderen Migrantengruppen. Der Anteil an Einpersonenhaushalten ist mit 20 % am geringsten und der Anteil an Familien mit drei und vier Kindern mit 28 % am höchsten. Außerdem zeigen sich ein hoher Anteil an Verheirateten mit Kindern (86 %) und ein niedriger Anteil an Alleinerziehenden (9 %). Die Gruppe der Migranten, die aus südeuropäischen Ländern wie Italien, Spanien, Portugal und Griechenland stammen, weist in den Haushaltsstrukturen und Familienformen ähnliche Strukturen auf wie die der (Spät-)Aussiedler. Bei Migranten aus dem ehemaligen Jugoslawien ist der Anteil an Singlehaushalten gering (12 %), dagegen die durchschnittliche Haushaltsgröße mit 2,5 Personen relativ hoch (Schimany et al., 2012, S. 270f.).

Befunde einer internationalen Studie zu Familienbeziehungen, des Generation and Gender Surveys (GGS), belegen, dass türkische Befragte (im Mittel 59 Jahre, die befragten Deutschen waren im Mittel 63 Jahre alt) nicht nur häufiger mit einer Partnerin oder einem Partner leben, sondern auch mit mindestens einem Kind (46,4 % bzw. 15,8 %). Sie sind dazu seltener kinderlos und haben häufiger Enkelkinder (67 % gegenüber 63 %), die sie verglichen mit Deutschen auch öfter betreuen. Weiterhin haben türkische Befragte bezogen auf intergenerationelle Unterstützung eine höhere Erwartung an ihre Kinder. Diese sollen demnach:

- Verantwortung für ihre Eltern übernehmen, wenn diese Hilfe brauchen,
- ihr Arbeitsleben umorganisieren, um den Bedürfnissen ihrer Eltern nachkommen zu können,
- ihre Eltern unterstützen, wenn diese finanzielle Probleme haben,
- ihre Eltern zu sich nehmen, wenn diese nicht mehr selbst für sich sorgen können (Baykara-Krumme, 2012, S. 267f.).

Bei der Betrachtung der Hilfenetzwerke älterer Migranten zeigt sich, dass diese sich vorwiegend aus familiären Bezugspersonen, insbes. den eigenen Kindern, zusammensetzen. Instrumentelle und emotionale Unterstützung wird also v. a. von Kindern an die Eltern und umgekehrt geleistet. Die Kinder helfen bei Behördenangelegenheiten, bei Hausarbeiten und beim Einkaufen. Die Eltern sind in diesen Beziehungen sowohl Hilfeempfänger als auch Leistungserbringer und unterstützen ihre Kinder und andere Verwandte durch Ratschläge bei persönlichen oder praktischen Problemen, leisten Hilfe im Haushalt der Kinder oder im Familienbetrieb oder helfen bei der Betreuung der Enkelkinder (Olbermann & Dietzel-Papakyriakou, 1996, Nauck & Kohlmann, 1998).

Der Rückzug bzw. die Integration in die eigene Familie und Ethnie sichert Migranten die Bewahrung ihres Selbstvertrauens und ermöglicht die Vermittlung spezifischen Wissens über die Migration und ihre Bewältigung. Sie fördert das Gefühl der Sicherheit und bietet die Grundlage für die Erfahrung von Wertschätzung und sozialer Anerkennung sowie den Schutz vor Abwertung und Stigmatisierung durch die Aufnahmegesellschaft. Insgesamt trägt sie zur Erhaltung eines positiven Selbstbilds bei, zur Kompetenzerhaltung und Entfaltung von Selbsthilfepotentialen. Das muttersprachliche ethnische Umfeld kann außerdem wichtige Vermittlungsfunktionen zwischen den älteren Migranten und den formellen Unterstützungsangeboten übernehmen. Diese Eingebundenheit in familiäre und ethnische Netzwerke bringt aber auch gewisse Risiken mit sich, indem direkte Zugänge zu Einheimischen und dadurch auch die interaktive Kompetenz, insbes. die Deutschkenntnisse, sich meist weniger stark entwickeln (Olbermann, 2003, S. 243ff.).

Migration muss nicht zwangsläufig zu sozialer Isolation und fehlender Unterstützung im Alter führen. Es zeigt sich aber, dass soziale Beziehungen verschiedene Funktionen haben. Bei den im Rahmen einer Studie befragten älteren Migranten bestehen die sozialen Netzwerke überwiegend aus Geselligkeitskontakten. Die Netzwerke instrumenteller und emotionaler Unterstützung sind deutlich geringer ausgeprägt. Dies belegt, dass ältere Migranten tendenziell nur über eine geringe Anzahl verlässlicher und vertrauensvoller Netzwerkpartner verfügen und daher das Unterstützungspotential bei Hilfe- und Pflegebedürftigkeit begrenzt sein dürfte (ebd.).

14.7 Verbleib, Rückkehr, Pendeln

Für die Abbildung von Migrationsentscheidungen eignet sich ein Erklärungsmodell, das die strukturellen Faktoren mit den individuellen Beweggründen für eine Migration verbindet (Haug, 2001, S. 244, Currle, 2006, S. 19). Dabei wird zwischen den Möglichkeiten *Verbleib im Zielland* und *Rückkehr ins Herkunftsland* differenziert. Eine weitere Möglichkeit stellt das *Pendeln* dar (▶ Kap. 14.4).

Die Rückkehr einer Person oder Personengruppe in das Herkunftsland nach einem zeitlich begrenzten Aufenthalt im Ausland wird als Rückkehrmigration bzw. Remigration bezeichnet. Es wird unterschieden zwischen:

- freiwillig und erzwungen,
- dauerhaft und endgültig,
- temporär und vorläufig (zirkuläre Migration/Pendelmigration).

Rückkehrmigration wird durch eine Wanderungsintention bestimmt und bedeutet nicht immer das Zurückkehren an den Heimatort. Studien zufolge wählen Rückkehrer aus ihrer Sicht attraktive Orte im Herkunftsland wie z. B. Urlaubsorte oder urbane Regionen, v. a. dann, wenn sie ursprünglich aus ländlichen Regionen stammen. Dabei scheint der Eintritt in den Ruhestand die magische Grenze zu sein, die sie dazu verleitet, den Lebensabend im Heimatland zu verbringen (Schimany et al., 2012, S. 290). Die Rückkehrorientierung dient v. a. im Alter der Sinnerhaltung und -erfüllung. Sie aufgeben würde auf ein Versagen und eine negative Lebensbilanz der Migranten hindeuten (Zeman, 2005, S. 71). Für viele der Migranten, die ihre Lebensplanung am Herkunftsland und an der Rückkehr dorthin ausgerichtet hatten, aber ihr Ziel nicht realisieren konnten, wurde die Rückkehrorientierung zur »Rückkehrillusion« (Dietzel-Papakyriakou, 1991) oder zu einer Art Mythos, an dem festgehalten wird, obwohl diese Rückkehr offensichtlich unmöglich ist (Haug, 2001, S. 258ff.).

Die Entscheidung für eine Rückkehr kann immer wieder auf einen späteren Zeitpunkt verschoben oder sogar aufgehoben werden, wenn die Realität die Lebensplanung von Migranten durchkreuzt. So sind veränderte Familienkonstellationen oder altersbedingte körperliche und psychische Veränderungen sowie finanzielle Einschränkungen einige mögliche Gründe, die eine Anpassung des Lebensentwurfs notwendig machen. Festzuhalten ist, dass Migration als Lebensentwurf im Lebensverlauf einem ständigen Wandel unterzogen ist und in der Auseinandersetzung des Individuums mit der sozialen Umwelt in ihrer Ausgestaltung immer wieder neu verhandelt werden muss (Schimany et al., 2012, S. 294f., Dietzel-Papakyriakou, 1991, S. 37).

Bei den in Deutschland lebenden Migrantengruppen zeigen sich bzgl. der Absichten und Entscheidungen für den Verbleib im Zielland oder die Rückkehr ins Herkunftsland deutliche Unterschiede. Wie zuvor im Kapitel 14.5 beschrieben, hängen diese eng mit den Migrationszielen zusammen, die das Verhältnis zu Herkunfts- und Ankunftsregion bestimmen. Es zeigt sich z. B., dass die Mehrheit der (Spät-)Aussiedler auf einen dauerhaften Verbleib und die Anerkennung des Aufnahmelands als ihre neue Heimat ausgerichtet ist.

Arbeitsmigranten der ersten Generation orientieren sich dagegen auch in Bezug auf die Definition ihrer kulturellen Identität an ihrem Herkunftsland und sind durch die begrenzte Aufenthaltsdauer und die damit verbundenen Verpflichtungen häufig auf Rückkehr ausgerichtet. Gründe für den Verbleib im Zielland der Migration können sein:

- Zunahme sozialer Kontakte und Bindungen im Zielland, die bei einer Rückkehr die emotionalen Kosten überproportional ansteigen lassen würden,
- gesundheitliche Gründe, die insbes. auf die Erwerbsbiografie der Migranten zurückzuführen sind:
  Viele der Migranten verlassen aufgrund belastender Arbeitsbedingungen den Arbeitsprozess mit gesundheitlichen Einschränkungen und sind sich bewusst, dass ihr Bedarf an medizinischer und pflegerischer Versorgung mit fortschreitendem Alter ansteigen wird. Da die gesundheitliche und pflegerische Versorgung im Zielland von ihnen als besser und positiver als die im Herkunftsland bewertet wird, verbleiben sie im Falle von Pflegebedürftigkeit in Deutschland, um eine bessere Versorgung zu erfahren. Des Weiteren ist der Verbleib im Zielland oft auch finanziell begründet.
- Ökonomische Gründe:
  Die i. d. R. niedrigen Altersrenten reichen trotz höherer Kaufkraft in den

Herkunftsländern nicht aus, um die dortigen Lebenshaltungskosten zu tragen oder medizinische Leistungen zu bezahlen.
- Familiäre Motive wie das Eingebunden sein in die eigene Familie:
Die engen Kontakte zu den eigenen Kindern, die Übernahme der Betreuung von Enkelkindern veranlassen oft die erste Generation der Arbeitsmigranten zum Verbleib im Zielland. Sie erleben, v. a. im Alter, das Gefühl, gebraucht zu werden, was sie nicht aufgeben möchten. Bei einer Rückkehr bestünde für die älteren Migranten somit die Gefahr, auf die eigenen Kinder und Enkelkinder zu verzichten und erneut einen Trennungsschmerz erleiden zu müssen, wie sie ihn bereits bei ihrer Migration erlitten haben.
- Entfremdung und Distanzierung vom Heimatland:
Während der Migrationsphase hat sich auch in den Herkunftsländern ein Wandel vollzogen, der nicht nur die gesellschaftlichen Bedingungen, sondern v. a. die sozialen Beziehungen der Arbeitsmigranten verändert oder sogar zu ihrem Verlust geführt hat. Die Veränderungsprozesse in ihren Herkunftsländern haben die in Deutschland lebenden Migranten nicht mitvollzogen. Häufig kennen die Kinder und Enkelkinder das Aufnahmeland besser als das Herkunftsland der Eltern und Großeltern. Eine Rückkehr ist für viele von ihnen nicht realisier- und vorstellbar, teilweise aufgrund fehlender Sprachkompetenzen und/oder der vorhandenen kulturellen Distanz.
- Das Scheitern der Migrationsziele
Ein erwünschter, aber nicht erfolgter wirtschaftlicher Erfolg oder das Ausbleiben einer sozialen Anerkennung in der eigenen Familie und im Heimatland tragen ebenfalls häufig zum Verbleib im Zielland bei.
Bei den (Spät-)Aussiedlern z. B. erscheint die Migration als irreversible Lebensentscheidung, wenn die häufig hohen Erwartungen an das Aufnahmeland nicht der Realität entsprechen und die Zuwanderungsziele nach der Einwanderung unerfüllt bleiben oder sogar zu tiefsten Enttäuschungen führen. Da auf dem Migrationsprozess oft der Erwartungs- und Erfolgsdruck von Generationen lastet, fällt die Einsicht in eine mögliche Fehlentscheidung umso schwerer. Neben familiendynamisch bedingten Belastungsfaktoren wie Trennungen oder Ausreise in Etappen, die auch bei anderen Migranten verbreitet sind, gibt es Anzeichen dafür, dass Aussiedler bereits im Herkunftsland gesundheitliche Belastungen aufwiesen (Deutscher Bundestag 2000, S. 186, 197).

Zu den hier angeführten Gründen für eine nicht erfolgte Rückkehr ins Herkunftsland vgl. ausführlicher Dietzel-Papakyriakou, 1991, S. 39, 41, 57, Schimany et al., 2012, S. 297f., Zeman, 2005, S. 72f.

Die Untersuchung der Rückkehrabsichten von Ausländern im Altersurvey (2002) belegt, dass nur knapp ein Fünftel von ihnen eine Rückkehr plant (Baykara-Krumme & Hoff, 2006). Die Mehrheit der Ausländer hat keine Rückkehrabsichten, wie frühere Studien und RAM-Daten (2006/2007) belegen.

Auch Rückkehrabsichten müssen, wie gezeigt, nicht zwangsläufig zur Realisierung führen. Die Mehrheit der Arbeitsmigranten der ersten Generation ist trotz ursprünglicher Rückkehrabsichten in Deutschland geblieben und hat inzwischen das Renteneintrittsalter erreicht. Studien zufolge ist nur ein geringer Teil von ihnen entschieden, den Ruhestand für eine endgültige Rückkehr in ihr Heimatland zu nutzen. Demgegenüber steht aber auch ein kaum größeres Interesse für einen Verbleib in Deutschland. Beobachtbar ist, dass die Entscheidung für Rückkehr oder Verbleib i. d. R. vertagt wird. Häufig wird die Zeit des Ruhestands genutzt, um zwischen Herkunftsland und Deutschland zu pendeln und zeitweise in beiden Ländern zu leben (Schimany et al., 2012).

Studien zum Pendelverhalten von Migranten zeigen, dass v. a. die 65-jährigen und älteren Ausländer den höchsten Anteil an Gesamtbesuchsdauer pro Jahr im Herkunftsland aufweisen. Die Menschen pendeln, um die während der Berufstätigkeit in Deutschland erworbenen Ressourcen wie z. B. Immobilien oder soziale und emotionale Bindungen im und zum Herkunftsland zu erschließen. Die Vorteile beider Länder zu nutzen trägt zur Gesundung und Förderung des Wohlbefindens bei älteren Migranten bei und verringert dadurch auch die Inanspruchnahme von Versicherungsleistungen (BMFSFJ, 2005, S. 443f.).

15 Gerontologie in der Praxis der Sozialen Arbeit

Die Gerontologie ist in den originären Praxisfeldern der Sozialen Arbeit mit älteren Menschen wie Altenhilfe und Altenarbeit sowie an den Schnittstellen zur Altenpflege, Geriatrie, Arbeitsfeldern im Kontext von Migration etc. verortet. In einer immer älter werdenden und differenzierten Gesellschaft gewinnen gerontologische Fachkenntnisse jedoch auch außerhalb dieser Bereiche zunehmend an Gewicht. So werden aufgrund steigender Lebenserwartung der Zielgruppen sowie bei Schwierigkeiten bzw. Krisen, die im Alter entstehen können, gerontologische Kompetenzen bspw. in der Eingliederungshilfe, Obdachlosenhilfe, Schuldnerberatung, Drogenberatung und Straffälligenhilfe, im Gesundheitswesen, Wohnwesen etc. benötigt. Ebenso stellen die ethnische Differenzierung der deutschen Bevölkerung und der stetig wachsende Anteil älterer Menschen mit Migrationshintergrund die soziale Gerontologie an der Schnittstelle zum Handlungsfeld Migration vor besondere Herausforderungen, die ein Umdenken bzw. eine konzeptionelle Neuausrichtung erfordern.

Die Entwicklung der sozialen Gerontologie ist von rechtlichen Bestimmungen abhängig, die die Grundlage für die personelle, sachliche, räumliche und inhaltliche Ausgestaltung der Handlungsbereiche bilden. Sie definieren die Leistungsarten, benennen Kostenträger und setzen Vergütungssätze bzw. -pauschalen für die Erbringung dieser Leistungen fest.

Dieses Kapitel beschäftigt sich demzufolge mit den Anwendungsbereichen der sozialen Gerontologie in der gegenwärtigen Praxis und betrachtet deren konzeptionelle Ausrichtung, die rechtlichen Grundlagen sowie die Schnittstellen zu anderen Professionen. Zudem wird ein Exkurs unternommen, um aufzuzeigen, wie den mit der kulturellen Vielfalt entstehenden Bedürfnissen in der sozialen Gerontologie adäquat begegnet werden kann.

Folgende Fragen werden in diesem Kapitel beantwortet:

- Worin bestehen heute die Bereiche der Altenhilfe und Altenarbeit und welche rechtlichen Bestimmungen liegen ihnen zugrunde? (▶ Kap. 15.1)
- Wo findet soziale Gerontologie in der Praxis der Sozialen Arbeit Anwendung? Welche Aufgaben übernimmt sie und welche Schnittstellen zu anderen Professionen lassen sich dabei identifizieren? (▶ Kap. 15.2)
- Wie ist die Entwicklung der sozialen Gerontologie in anderen Praxisfeldern der Sozialen Arbeit? (▶ Kap. 15.3)
- Mit welchen Konzepten begegnet soziale Gerontologie dem wachsenden Anteil älterer Menschen mit Migrationshintergrund? (▶ Kap. 15.4)

15.1 Altenhilfe, Altenarbeit – Begriffsbestimmung, rechtliche Grundlagen

Die aktuelle Situation der sozialen Altenarbeit bzw. Altenhilfe ist historisch, politisch, rechtlich sowie durch Trägerinteressen und beteiligte Berufsgruppen geprägt. Sie ist weder begrifflich noch als Handlungsfeld klar umrissen (Otto, 2001). Altenhilfe, Altenarbeit, Gerontologie, Altenpflege etc. werden in der Literatur wie in der Praxis oft synonym verwendet, da eine klare Abgrenzung aufgrund der Überschneidungen in den Zuständigkeiten schwierig ist. Zudem lässt sich in der Gerontologie ein Paradigmenwechsel beobachten, also ein Wandel im Grundverständnis dieser Disziplin, der Folgen für die praktische Anwendung und Umsetzung wissenschaftlicher Erkenntnisse nach sich zieht. Dies hängt zusammen mit den gestiegenen sowohl quantitativen als auch qualitativen Anforderungen in dem gesamten Feld der Arbeit mit der heterogenen Kohorte älterer Menschen sowie mit der daraus resultierenden Notwendigkeit der Beratung und Koordination von Hilfsangeboten. Im Folgenden wird versucht, die Begriffe Altenhilfe und Altenarbeit grob zu bestimmen und voneinander abzugrenzen.

15.1.1 Altenhilfe

Die Altenhilfe ist im SGB XII Sozialhilfe in § 71 geregelt und definiert. Sie ist die rechtliche Basis für die Erbringung der Hilfeleistungen bei alten Menschen.

> **Definition Altenhilfe nach § 71 SGB XII**
>
> (1) Alten Menschen *soll* außer den Leistungen nach den übrigen Bestimmungen dieses Buches Altenhilfe gewährt werden. Die Altenhilfe *soll* dazu beitragen, Schwierigkeiten, die durch das Alter entstehen, zu verhüten, zu überwinden oder zu mildern und alten Menschen die Möglichkeit zu erhalten, selbstbestimmt am Leben in der Gemeinschaft teilzunehmen und ihre Fähigkeit zur Selbsthilfe zu stärken.
> (2) Als Leistungen der Altenhilfe kommen insbesondere in Betracht:
> 1. Leistungen zu einer Betätigung und zum gesellschaftlichen Engagement, wenn sie vom alten Menschen gewünscht wird,
> 2. Leistungen bei der Beschaffung und zur Erhaltung einer Wohnung, die den Bedürfnissen des alten Menschen entspricht,
> 3. Beratung und Unterstützung im Vor- und Umfeld von Pflege, insbesondere in allen Fragen des Angebots an Wohnformen bei Unterstützungs-, Betreuungs- oder Pflegebedarf sowie an Diensten, die Betreuung oder Pflege leisten,
> 4. Beratung und Unterstützung in allen Fragen der Inanspruchnahme altersgerechter Dienste,

> 5. Leistungen zum Besuch von Veranstaltungen oder Einrichtungen, die der Geselligkeit, der Unterhaltung, der Bildung oder den kulturellen Bedürfnissen alter Menschen dienen,
> 6. Leistungen, die alten Menschen die Verbindung mit nahe stehenden Personen ermöglichen.
> (3) Leistungen nach Absatz 1 sollen auch erbracht werden, wenn sie der Vorbereitung auf das Alter dienen.
> (4) Altenhilfe *soll* ohne Rücksicht auf vorhandenes Einkommen oder Vermögen geleistet werden, soweit im Einzelfall Beratung und Unterstützung erforderlich sind.
> (5) Die Leistungen der Altenhilfe sind mit den übrigen Leistungen dieses Buches, den Leistungen der örtlichen Altenhilfe und der kommunalen Infrastruktur zur Vermeidung sowie Verringerung der Pflegebedürftigkeit und zur Inanspruchnahme der Leistungen der Eingliederungshilfe zu verzahnen. Die Ergebnisse der Gesamtplanung nach § 58 sowie die Grundsätze der Koordination, Kooperation und Konvergenz der Leistungen nach den Vorschriften des Neunten Buches sind zu berücksichtigen.
> (Hervorhebungen H. I.)

Gemäß der Definition im Gesetz soll Altenhilfe also Schwierigkeiten, die im Alter entstehen können, *verhüten*, *überwinden* oder *mildern*, was den Präventions- und Interventionscharakter der Altenhilfe unterstreicht. Dabei unterstreicht der Gesetzgeber insbes. die Stärkung der Selbstbestimmung, sozialen Teilhabe und Hilfe zur Selbsthilfe bei den älteren Menschen. Das Leistungsspektrum umfasst die Bereiche Engagement, Wohnen, Pflege, Inanspruchnahme von altersgerechten Diensten, Bildung, Kultur und soziale Beziehungen. Hier kann ein Bezug zu den Lebenslagedimensionen im Alter hergestellt werden (▶ Kap. 9). Die Leistungen sind einkommensunabhängig zu gewähren und mit allen weiteren Leistungen, die im Abs. 5 benannt sind, zu verzahnen. Das Gesetz nimmt keine Eingrenzung der Gruppe der Leistungsberechtigten vor, was bedeutet, dass die Leistungen allen älteren Menschen, unabhängig von Herkunft, Nationalität, Einkommen, Bildungsniveau, Religion, Weltanschauung etc. zur Verfügung stehen. Dies macht eine Flexibilität in der Zielgruppenausrichtung für Träger sozialer Dienstleistungen erforderlich. Hervorzuheben ist der »Soll-Charakter« der Leistungsgewährung (im Text durch kursive Darstellung hervorgehoben). Dies indiziert, dass die Gewährung der Altenhilfeleistungen gemäß diesem Gesetz seitens der kommunalen Träger auf Freiwilligkeit beruht, was zu einer regional unterschiedlichen finanziellen Ausstattung und Ausgestaltung der Altenhilfe führt.

Die klassische Altenhilfe konzentriert sich v. a. auf Unterstützung und Fürsorge gegenüber älteren Menschen, wie z. B. auf die Hilfeleistung bei Krisen, schwierigen Lebenssituationen, Beeinträchtigungen und Pflegebedürftigkeit.

15.1.2 Altenarbeit

Die Altenarbeit geht von einem ganzheitlichen und emanzipatorischeren Ansatz aus. Sie hat sich historisch als Gegenpol zur Altenhilfe entwickelt. Ihr Leitbild basiert auf der Vorstellung von einem erfolgreichen und produktiven Altern und setzt entsprechend Akzente auf die aktive Auseinandersetzung mit der Ausgestaltung der Altersphase. Die Altenarbeit konzentriert sich auf die Anregung und Unterstützung älterer Menschen, auf selbstbestimmte Lebensgestaltung, Empowerment, Förderung der Selbstorganisation und gesellschaftliche Teilhabe und Mitwirkung sowie auf Stärkung der Potenziale Älterer für das bürgerschaftliche Engagement (Zeman & Schmidt, 2001, S. 237f.). Dem Ansatz nach fokussiert sich die Altenarbeit auf die Zielgruppe der ›jungen‹ und aktiven älteren Menschen. Ihre Wirkungskreise sind Quartiere, Stadtteile, Gemeinwesen etc. Altenhilfe und Altenarbeit lassen sich jedoch letztlich nicht trennscharf voneinander abgrenzen.

15.1.3 Rechtliche Grundlagen

Die rechtliche Grundlage für Altenhilfe und Altenarbeit ist in § 71 SGB XII geregelt. Für die Erbringung von Hilfeleistungen in der Altenhilfe und Altenarbeit sind aber auch weitere rechtliche Bestimmungen relevant, wie z. B. die zur Pflegeversicherung (SGB XI), zur Hilfe zur Pflege (SGB XII), zur gesetzlichen Betreuung (Bürgerliches Gesetzbuch, BGB) und zur Eingliederungshilfe (SGB IX), außerdem Heimgesetze, das Altenpflegeausbildungsgesetz, das Pflegeberufsgesetz etc. So können z. B. im Rahmen von Stadtteil-, Gemeinwesen- oder Quartiersarbeit soziale Leistungen und Angebote durch diverse Kostenträger finanziert werden. Demnach können ein Ausflug oder ein Kulturabend durch die Kommunalverwaltung nach § 71 SGB XII finanziert werden und die häusliche Betreuung eines Demenzerkrankten übernimmt die Pflegekasse gemäß § 45b SGB XI. Das Spektrum der Hilfeleistungen variiert nach Art und Umfang, abhängig von den vorhandenen Bedarfen und den verfügbaren gesetzlichen Vorgaben, die i. d. R. die Entwicklung der Praxis der sozialen Gerontologie mitbestimmen, jedoch auch ihrerseits in den letzten Jahren an Veränderungen des Praxisbilds angepasst wurden. Nicht zuletzt hängen die Angebote aber auch vom Handlungsrahmen der Kommunen ab, die, wie oben erläutert, manche Leistungen anbieten sollen, aber nicht müssen.

15.2 Anwendungsbereiche der sozialen Gerontologie – Aufgaben und Schnittstellen

Die Praxis der sozialen Gerontologie lässt sich in die Bereiche der offenen ambulanten, teilstationären und stationären Altenhilfe und Altenarbeit unterteilen.

Die Bereiche bieten mit ihrer Angebotsausrichtung eine grobe Orientierung für die Leistungsberechtigten. Die Inanspruchnahme der Leistungen aus der ambulanten, teilstationären und stationären Altenhilfe ist an die Leistungsberechtigung des Einzelnen gebunden, wie sie durch den Medizinischen Dienst der Krankenkassen festgestellt wird. Die offene Altenarbeit ist dagegen zumeist frei von jeglichen Bestimmungen bezogen auf die Leistungsberechtigung und somit für jeden älteren Menschen zugänglich. Allerdings gibt es eine Vielfalt von Angeboten in der offenen Altenarbeit, die ebenfalls an eine Leistungsberechtigung gebunden sind (▶ Kap. 15.2.1).

Die folgenden Abschnitte bieten einen Überblick über die Formen der Altenhilfe und Altenarbeit, ihre jeweilige Zielsetzung, die Angebotsspektren, konkreten Aufgaben, Dienste/Anbieter sowie die Schnittstellen zu anderen Bereichen/Handlungsfeldern.

15.2.1 Offene Altenarbeit

Offene Altenarbeit ist aufgrund der gesetzlichen Bestimmung ein kommunales Handlungsfeld und Teil der öffentlichen (Daseins-)Vorsorge (Köster et al., 2008) mit einem vielfältigen und differenzierten Angebotsspektrum verschiedener Träger sozialer Dienstleistungen. Nachdem dieser Arbeitsbereich aufgrund der Konzentration auf das Handlungsfeld Pflege jahrelang vernachlässigt wurde, erlebt er gegenwärtig einen konzeptionellen Entwicklungsschub (Rothen, 2016, S. 4).

Zielsetzung/Leitlinien

Offene Altenarbeit setzt auf die Förderung der Potenziale älterer Menschen in ihrer nachberuflichen Phase. Ihre Zielsetzung ist der Erhalt von Autonomie, die Hinführung zu einer selbstbewussten, selbstständigen und aktiven Lebensgestaltung, die Stärkung der gesellschaftlichen und politischen Partizipation, Mitbestimmung und Selbstorganisation sowie Förderung des lebenslangen Lernens (ebd.).

Angebotsspektrum

Die offene Altenarbeit orientiert sich mit ihren Angeboten an differenzierten Altersbildern und den Bedürfnissen, Interessen und Ressourcen von Älteren. Sie beachtet milieu- und geschlechtsspezifische Unterschiede. Sie benötigt einen verlässlichen institutionellen Rahmen und erfordert qualifiziertes Personal und Weiterbildungsmöglichkeiten, die die freiwillig Engagierten miteinbeziehen (Köster et al., 2008). Bei der Ermittlung der Bedarfe im Hinblick auf die Konzeptualisierung neuer Angebote, Maßnahmen und Aktivitäten kann die offene Altenarbeit das Instrument »Lebenslagenansatz« mit seinen Dimensionen zur Orientierung nehmen (▶ Kap. 9), um v. a. für die Lebensbereiche Bildung, Gesundheit, Freizeit, Kultur, Wohnen oder Pflege passgenaue Angebote zu entwickeln, die älteren Menschen darin unterstützen, ihre Handlungsspielräume zu erweitern. Das Spektrum umfasst u. a. Angebote

- zur Förderung sozialer Kontakte und altersorientierter Freizeitgestaltung,
- zur Unterstützung bei der Aufnahme oder Fortsetzung von bürgerschaftlichem Engagement,
- zur Förderung lebenslangen Lernens durch den Erwerb neuen Wissens für die Entwicklung neuer oder den Ausbau vorhandener Kompetenzen,
- zur Unterstützung bei der Entwicklung und Umsetzung von Ideen zur Verbesserung und Stärkung der Nachbarschaft,
- zur Begleitung bei der Selbstorganisation von Gruppen,
- zur Lösungsfindung, um so lange wie möglich – ggf. mit Unterstützung – ein eigenständiges und selbstbestimmtes Leben im gewohnten Umfeld zu führen (Braun & Claussen, 1997, S. 51, Stadt Nürnberg, 2013).

Konkrete Aufgaben

- Initiierung und Moderation des nachbarschaftlichen Miteinanders, z. B. in Form von Stadtteilkonferenzen, Arbeitskreisen und Treffen im Quartier
- Umfassende und neutrale Information und Beratung zu allen Themen des Älterwerdens
- Vermittlung geeigneter Angebote
- Vernetzung mit anderen Diensten und Trägern
- Gewinnung, Begleitung und Qualifizierung von Ehrenamtlichen (Seniorenbüro Bochum, o. J.)

Träger

Dienste und Anbieter der offenen Altenarbeit sind öffentliche Träger wie Staat und Kommunen sowie freie Träger wie Wohlfahrtsverbände, Arbeiterwohlfahrt, DPWV, DRK, Diakonisches Werk, Caritas oder die Zentrale Wohlfahrtsstelle der Juden in Deutschland. Diese Träger arbeiten gemäß ihren eigenen Zielsetzungen stadtteil- und quartiersbezogen. Ihre Angebote sind zugehend, niedrigschwellig und an der Lebenswelt ihrer Adressaten ausgerichtet. Sie aktivieren ältere Menschen und bieten ihnen Räume zur Beteiligung und Meinungsbildung vor Ort, fördern die Vernetzung und Partizipation und tragen zur nachhaltigen Verbesserung der sozialen und ökonomischen Lebensbedingungen im Gemeinwesen bei.

> **Beispiele für Dienste offener Altenarbeit**
>
> Seniorennetzwerke, Seniorenbüros, Zentren 55plus, Seniorenbegegnungsstätten, Quartiersbüros, Mehrgenerationenhäuser, Angehörigenberatungsstellen, Krisenzentren etc.

Die Vielfalt des Aufgabenspektrums der offenen Altenarbeit soll das nachfolgende Fallbeispiel veranschaulichen.

Fallbeispiel: Ausschnitt der Aufgaben und Angebote aus dem Arbeitsalltag eines Seniorennetzwerks

Frau Kröger, Gerontologin (M. A.) und Sozialarbeiterin/Sozialpädagogin (B. A.), beginnt ihren Arbeitstag mit der Vorbereitung einer Schulungseinheit für Freiwillige und nebenberuflich Tätige, die für die häusliche Betreuung von Menschen mit Demenz qualifiziert werden. Diese mehrwöchige Schulung findet zweimal jährlich (im Frühjahr und im Herbst) in Kooperation mit einem weiteren Seniorennetzwerk und der Alzheimer Gesellschaft e. V. statt. Frau Kröger übernimmt zwei Schulungseinheiten zu den Themen »Umgang mit herausforderndem Verhalten bei Demenz« und »Biografiearbeit«. Die letzten Wochen vor Beginn der Schulungsmaßnahme war Frau Kröger mit der Gewinnung der Schulungsteilnehmer und der Referenten und mit der Öffentlichkeitsarbeit beschäftigt und hatte mehrere Hausbesuche bei Familien, die eine Betreuungskraft zur Entlastung der Angehörigen wünschen.

Für heute Mittag hat sie zwei Beratungsgespräche vereinbart. Für 11.30 Uhr hat sich eine ältere Dame in die Gedächtnissprechstunde angemeldet, da sie sich wegen ihrer zunehmenden Vergesslichkeit Sorgen macht. Frau Kröger wird bei der Dame einen MMS-(Mini-Mental-Status/Uhren-)Test durchführen und sie über das Krankheitsbild Demenz und die Versorgungsmöglichkeiten aufklären.

Im Anschluss daran kommt eine Frau zur Beratung, die seit einem halben Jahr ihren Vater pflegt und betreut. Sie benötigt Informationen über die Beantragung von Leistungen aus der gesetzlichen Pflegeversicherung und die entsprechende Einstufung des Pflegegrads. Außerdem benötigt sie praktische Tipps zur Pflege, wie sie z. B. den Rollstuhl bedienen oder ihren Vater vom Rollstuhl ins Bett und zurück umsetzen kann. Frau Kröger wird sie an den Pflegestützpunkt vermitteln, der sich auf Pflegeberatung spezialisiert hat, und ihr einen Pflegekurs anbieten, der einmal wöchentlich in den Abendstunden in Kooperation mit der AOK und dem Mehrgenerationenhaus stattfindet.

Am Nachmittag wird sich Frau Kröger mit einer Gruppe von Ehrenamtlichen treffen. Sie wollen zum einen gemeinsam den aktuellen Stand der Vorbereitung der soziokulturellen Angebote in der nächsten Woche (Ausflug in die historische Altstadt von Bamberg, Tanztee) besprechen. Außerdem will sich Frau Kröger über die Nachfrage nach Internet- und Computerkursen sowie freiem Surfen im Internetcafé informieren und hören, wie es um die Vorbereitungen für den Weihnachtsbasar steht.

Morgen Vormittag wird Frau Kröger am Arbeitskreis der Seniorennetzwerke teilnehmen. Dabei wird es vorwiegend um die Planung eines gemeinsamen Projektes »Reisen ohne Koffer« für Menschen mit einem geringen Einkommen gehen. Es ist eines von vielen gemeinsamen Angeboten der Seniorennetzwerke. Anschließend wird sich Frau Kröger mit zwei Honorarkräften treffen, die im Seniorennetzwerk regelmäßig Vorträge zu gesunder Lebensweise und zum Leben im Alter halten. Geplant ist die Festlegung und Besprechung der Vortragsthemen, die im Rahmen der »Gesundheitswochen für Ältere« stattfinden sollen. Auch ist ein Besuch in einer Kirchengemeinde geplant. Dort trifft sich Frau Kröger mit dem Pfarrer, um mit ihm die anstehende gemeinsame Weihnachtsfeier zu planen und konzeptionelle Überlegungen zum Aufbau eines ambulanten Hospizes für den Stadtteil anzustellen. Auf dem Rückweg ins Büro wird sie den Treffpunkt »REP-KISTE« besuchen. Dies ist ein Angebot des Seniorennetzwerks und es trifft sich dort eine selbstorganisierte Gruppe von Männern im Vorruhestand, die ihre handwerklichen Fähigkeiten und Fertigkeiten sowie ihr technisches Können unter Beweis stellen. Sie reparieren kostenfrei alles, was noch reparierbar ist, vom Bügeleisen über die Waschmaschine bis hin zum Computer. Das Angebot richtet sich an ältere Menschen, die sich von ihren liebgewonnenen Gegenständen nicht trennen wollen oder die Reparaturkosten nicht tragen können.

Schnittstellen zu anderen Bereichen/Handlungsfeldern

Die Heterogenität der Zielgruppe der älteren Menschen und die daraus resultierende Vielfalt von Bedürfnissen und Bedarfen erfordert eine entsprechende Vielfalt von Angeboten und Maßnahmen seitens der Anbieter und Dienste der offenen Altenarbeit. Teilweise setzen die Angebote seitens der Adressaten eine Leistungsberechtigung voraus, etwa bei Pflegebedürftigkeit die Berechtigung, Leistungen aus der Gesetzlichen Pflegeversicherung (SGB XI) in Anspruch zu nehmen, oder es geht um die Anregung einer gesetzlichen Betreuung, deren Voraussetzungen im BGB bestimmt sind. In solchen Fällen entstehen allein durch die gesetzlich definierten Zuständigkeiten Schnittstellen zu anderen Bereichen bzw. Handlungsfeldern. Teilweise ergeben sich Schnittstellen aber auch einfach dadurch, dass in bestimmten Handlungsfeldern bereits etablierte Ansprechpartner vorhanden sind.

> **Beispiele für andere Akteure und Institutionen, mit denen sich Schnittstellen ergeben können**
>
> Beratungsstellen für Menschen mit Demenz, Wohnberatungsstellen, Pflegestützpunkte, Demenz-Service-Zentren NRW, Alzheimer-Gesellschaften etc.

Folgendes Fallbeispiel soll das Schnittstellenphänomen in der Altenarbeit verdeutlichen.

Fallbeispiel

Das Ehepaar Lohmann lebt seit 1965 in einer Dreizimmerwohnung im zweiten Stock eines Mehrfamilienhauses in Düsseldorf. Vor zwei Jahren erlitt

Frau Lohmann (82 J.) einen Schlaganfall. Seitdem ist sie rechtsseitig gelähmt und auf Rollstuhl und Unterstützung bei der Körperpflege sowie bei der Verrichtung hauswirtschaftlicher Tätigkeiten angewiesen. Seit etwa einem Jahr beobachtet Herr Lohmann – der Ehemann – kognitive Ausfälle bei seiner Frau. Sie vergisst einfache Sachen, wiederholt sich und wirkt häufig abwesend. Herr Lohmann macht sich große Sorgen um seine Frau, weil er nicht immer versteht, was sie sagen möchte. Auch vergisst sie immer öfter, dass sie nicht laufen kann, und versucht aufzustehen, was böse enden kann.

Herr Lohmann (84 J.) leidet seit Jahren an chronischen Rückenschmerzen, ansonsten ist er aber noch aktiv. Er kümmert sich so gut er kann um seine Frau, begleitet sie zum Arzt, geht einkaufen und kocht. Für die Wohnungsreinigung und die Wäsche hat er eine Haushaltshilfe organisiert, die einmal wöchentlich für drei Stunden kommt. Vor ca. drei Monaten hat er einen ambulanten Dienst beauftragt, die Körperpflege bei seiner Frau zu übernehmen, da er es wegen der starken Rückenschmerzen nicht mehr alleine bewältigen konnte.

Bis vor zwei Jahren ging Herr Lohmann regelmäßig spazieren und traf sich gelegentlich mit einem ehemaligen Arbeitskollegen, der aber kurz nach dem Schlaganfall von Frau Lohmann gestürzt ist. Dabei hat er sich eine Hirnblutung und einen Oberschenkelhalsbruch zugezogen und lebt seitdem in einem Pflegeheim in Düsseldorf-Benrath. Herr Lohmann trauert den früheren Begegnungen nach. Gerne würde er wieder etwas Zeit für sich selbst haben, andere Menschen treffen oder einfach in die Natur gehen. Die Betreuung seiner Frau zehrt an seinen Kräften. Sie scheint immer mehr in ihre eigene Welt abzugleiten, so dass eine Unterhaltung kaum noch möglich ist.

Auf Empfehlung einer Mitarbeiterin des ambulanten Pflegedienstes sucht Herr Lohmann schließlich den Kontakt zum Seniorenzentrum 55plus der Caritas, um nach einer Lösung für seine Situation zu suchen. Die Leitung des Seniorenzentrums (eine Diplom-Sozialpädagogin und Diplom-Sozialgerontologin) besucht das Ehepaar Lohmann zu Hause, um sich einen Überblick über die Häuslichkeit und den Alltag von Frau und Herrn Lohmann zu verschaffen, damit sie daraufhin gemeinsam eine Lösung finden können. Dem Ehepaar wird folgender Vorschlag unterbreitet:

Frau Lohmann wird zweimal wöchentlich für jeweils zwei Stunden eine freiwillig tätige Betreuungskraft zur Seite gestellt, die Herrn Lohmann entlasten wird. Sie wird aus der Gruppe der Helferkreise des Seniorenzentrums 55plus rekrutiert. Die Betreuungskräfte werden in Schulungsmaßnahmen auf ihre Betreuungsaufgaben vorbereitet. Die Betreuung wird an der Biografie und den Kompetenzen von Frau Lohmann ausgerichtet. Da Frau Lohmann sehr gerne gesungen hat und Tiere liebt, wird die Betreuungskraft ein entsprechendes Angebot ausarbeiten, das beide Vorlieben miteinbezieht. Finanziert wird die stundenweise Betreuung über die Pflegeversicherung § 45b SGB XI (Entlastungsbetrag), da Frau Lohmann einen gesetzlichen Leistungsanspruch auf Pflege nach Pflegegrad 1 hat.

Frau Lohmann kann als Pflegebedürftige i. S. des SGB XI die Wohnberatung in Anspruch nehmen. Diese kooperiert mit dem Seniorennetzwerk und berät Pflegebedürftige zu Umbaumaßnahmen hinsichtlich des Abbaus von Barrieren, bei der Suche nach geeigneten Diensten sowie zu Finanzierungsfragen und Antragstellungen. Im Internet sind entsprechende Informationen unter dem Stichwort »Wohnberatungsstellen« zu finden. Die Beratung bei der Wohnberatungsstelle ist für Frau Lohmann kostenfrei. Das Beratungsangebot wird durch die Pflegeversicherung, Kommunen, Länder etc. finanziert. Herr Lohmann bekommt die Möglichkeit, einmal wöchentlich das Internetcafé für Senioren zu besuchen, wo er seine Computer- und Internetkenntnisse vertiefen und mit anderen Senioren ins Gespräch kommen kann. Die Nutzung des Internetcafés ist für die Besucher kostenfrei. Die Finanzierung des Angebots findet gemäß der Altenhilfe nach § 71 SGB XI statt. Die Anbieter/Dienste erhalten hierfür eine kommunale Förderung.

Herr Lohmann kann außerdem am Angehörigengesprächskreis teilnehmen, wo er mit anderen pflegenden Angehörigen über seine Situation sprechen, nach Voranmeldung auch zum Mittagstisch kommen kann. Auch kann Herr Lohmann das soziokulturelle Angebot des Seniorennetzwerks wie Ausflüge, Vorträge, gesellige Nachmittage oder Sportgruppe in Anspruch nehmen. Einige dieser Angebote sind beitragspflichtig, manche sind kostenfrei. Deren Finanzierung findet ebenfalls gemäß der Altenhilfe nach § 71 SGB XI statt. Die Anbieter/Dienste erhalten hierfür eine kommunale Förderung.

15.2.2 Ambulante Altenhilfe

Das Praxisfeld der ambulanten Altenhilfe weist im Leistungsspektrum diverse Schnittmengen v. a. zum Handlungsfeld Pflege, aber auch zur offenen Altenarbeit auf. Hilfeangebote wie ambulante bzw. häusliche Pflegedienste, die Pflegebedürftige gemäß SGB V, SGB XI und SGB XII versorgen, oder ambulante Hospizdienste sind vorwiegend medizinisch, pflegerisch, betreuerisch und seelsorgerisch ausgerichtet. Niedrigschwellige Hilfen und Unterstützungsangebote fokussieren sich dagegen vordergründig auf die Betreuung älterer Pflegebedürftiger und die Entlastung der Angehörigen. Außerdem gibt es in der ambulanten Altenhilfe zahlreiche ehrenamtliche Besuchsdienste, die sich an alleinstehende ältere Menschen richten, um Einsamkeit bzw. Isolation vorzubeugen.

Die soziale Gerontologie ist maßgeblich im Bereich der niederschwelligen Angebote vertreten. Die Verortung sozialer Gerontologie in ambulanten Pflegediensten oder ambulanten Hospizdiensten ist zwar möglich, aber nicht eindeutig definiert, da die rechtliche Voraussetzung für die Beschäftigung einer gerontologischen Fachkraft in diesen Bereichen nicht gegeben ist (vgl. § 71 u. 75 SGB XI, § 39a SGB V).

Zielsetzung/Leitlinien

Für die ambulante Altenhilfe steht – wie auch in der offenen Altenarbeit – im Vordergrund, die Selbstständigkeit der älteren Menschen zu erhalten, damit sie möglichst lange in ihrer häuslichen Umgebung bleiben können. In der ambulanten Pflege, die gemäß § 3 SGB XI den Vorrang vor stationärer Pflege hat, soll dieses Ziel durch die Erbringung von Leistungen der häuslichen Pflege und die Unterstützung der Pflegebereitschaft der Angehörigen und Nachbarn erreicht werden. Im Mittelpunkt der ambulanten Hospizarbeit steht der Wunsch des schwerstkranken und sterbenden Menschen, bis zum Lebensende zu Hause im vertrauten Umfeld bleiben zu können (vgl. etwa den Internetauftritt des Deutschen Hospiz- und Palliativverbands e. V.).

Angebotsspektrum

Einige Beispiele sollen verdeutlichen, welche Angebote der sozialen Gerontologie im Bereich der ambulanten Altenhilfe möglich sind:

- Betreuungsgruppen für Pflegebedürftige mit Demenz,
- Helferkreise zur stundenweisen Entlastung pflegender Angehöriger im häuslichen Bereich,
- Tagesbetreuung in Klein- und Kleinstgruppen,
- Einzelbetreuung durch anerkannte Helfer,
- Agenturen zur Vermittlung von Betreuungsleistungen,
- familienentlastende Dienste
  (vgl. auch die Website des Alzheimerforums).

Konkrete Aufgaben

Die Aufgaben in diesem Handlungsfeld konzentrieren sich v. a. auf die Information und Beratung der Zielgruppe über das gesamte Angebotsspektrum, die Koordination der Angebote und die Organisation der Rahmenbedingungen, die Sicherstellung der Finanzierung, Konzeptentwicklung, Mitarbeiterführung sowie die Gewinnung, Qualifizierung, Vermittlung und Begleitung der Betreuungskräfte und ehrenamtlich Tätigen.

Träger

Träger ambulanter Altenhilfe können öffentliche Träger wie Staat und Kommunen, freie Träger wie Wohlfahrtsverbände, Arbeiterwohlfahrt, DPWV, DRK, Diakonisches Werk, Caritas oder die Zentrale Wohlfahrtsstelle der Juden in Deutschland oder auch privat-gewerbliche Einrichtungen sein. V. a. in der ambulanten Pflege sind privat-gewerbliche Träger stark verbreitet.

> **Beispiele für Dienste in der ambulanten Altenhilfe**
>
> Ambulante bzw. häusliche Pflegedienste, häusliche Betreuungsdienste für Menschen mit erhöhtem Betreuungsbedarf, Vermittlungsagenturen für 24-

> Stunden-Pflege durch osteuropäische/ausländische Pflegekräfte, ambulante Hospize etc.

Schnittstellen zu anderen Bereichen/Handlungsfeldern

Eine besondere Schnittstelle bzw. einen Spezialfall stellt der Bereich Wohnen dar, da er unterschiedliche Wohnformen umfasst und sich demgemäß nicht eindeutig ambulantem oder stationären Wohnen zuordnen lässt. Die soziale Gerontologie ist hier vertreten und kann dabei unterschiedliche Zugänge zu ihrer Zielgruppe haben. So kann sie bspw. im Rahmen der offenen Altenarbeit beratend und betreuerisch in Seniorenwohnanlagen, Betreutem Wohnen oder im Service-Wohnen tätig sein. Ebenso kann sie im Rahmen der ambulanten Altenhilfe vom Träger der Wohneinrichtung den Auftrag erhalten, niederschwellige Betreuungsangebote in den o. g. Bereichen aufzubauen. Auch könnte sie im Auftrag der Wohnungsgenossenschaft soziokulturelle Angebote für ältere Menschen in deren Wohnbestand anbieten. Nicht zuletzt ist sie aufgrund ihrer gerontologischen Fachkompetenz geeignet, die Konzeptualisierung von Wohngemeinschaften für Menschen mit Demenz oder die Koordination von Wohnen gegen Hilfe zu übernehmen.

> **Beispiele für Anbieter im Bereich Wohnen für Senioren, mit Schnittstellen zur sozialen Gerontologie**
>
> Betreutes Wohnen, Service-Wohnen, Wohnen in Seniorenwohnanlagen, ambulante Wohngemeinschaften bspw. für Menschen mit Demenz, Wohnen gegen Hilfe etc.

15.2.3 Teilstationäre Altenhilfe

Der Begriff teilstationäre Altenhilfe wird mit teilstationärer Pflege synonym verwendet. Wie die ambulante Pflege haben gemäß § 3 SGB XI auch Leistungen der teilstationären Pflege Vorrang vor den Leistungen der vollstationären Pflege. Die teilstationäre Pflege wird gewährt, wenn häusliche Pflege nicht in ausreichendem Umfang sichergestellt werden kann oder wenn dies zur Ergänzung oder Stärkung der häuslichen Pflege erforderlich ist (vgl. § 41 SGB XI). Ältere Menschen, die die Leistungen einer teilstationären Pflege in Anspruch nehmen, verbringen mindestens einen Tag wöchentlich, i. d. R. von 9.00 bis 16.00/17.00 Uhr, in einer Tagespflegeeinrichtung.

Soziale Gerontologie kann hier v. a. die Konzeptualisierung oder die konzeptionelle Weiterentwicklung der Versorgung der Tages- und Nachtgäste übernehmen. Ebenso kann sie im operativen Geschäft die Betreuung der Gäste, Öffentlichkeitsarbeit oder Netzwerkarbeit übernehmen. Für die Übernahme der Leitungsfunktion einer Tages- und Nachtpflege werden zusätzliche Qualifikationen (§ 71 SGB XI) gefordert.

Zielsetzung/Leitlinien

Die Leistungen der Tages- und Nachtpflege soll den Pflegebedürftigen helfen, ein möglichst selbstständiges und selbstbestimmtes, der Würde des Menschen entsprechendes Leben zu führen, und sie dabei unterstützen, so lange wie möglich in der häuslichen Umgebung bleiben zu können. Beispielhaft sind die Bedingungen solcher Leistungen im Landesrahmenvertrag der Biva festgehalten (BIVA, 1999).

Angebotsspektrum

Das Leistungsangebot umfasst die notwendige Beförderung der Pflegebedürftigen von der Wohnung zur Einrichtung der Tagespflege oder der Nachtpflege und zurück, die pflegebedingten Aufwendungen, Aufwendungen für Leistungen der medizinischen Behandlungspflege gemäß SGB V und die soziale Betreuung.

Konkrete Aufgaben

Die Aufgaben leiten sich aus dem Leistungsangebot ab und variieren abhängig von den jeweiligen Konzepten, der thematischen Schwerpunktsetzung, der Zielgruppe einer Tagespflegeeinrichtung etc.

Träger

Träger teilstationärer Altenhilfe können öffentliche Träger wie Staat und Kommunen, freie Träger wie Wohlfahrtsverbände, Arbeiterwohlfahrt, DPWV, DRK, Diakonisches Werk, Caritas oder die Zentrale Wohlfahrtsstelle der Juden in Deutschland oder privat-gewerbliche Einrichtungen sein.

> **Beispiele für Dienste in der teilstationären Altenhilfe**
>
> Tagespflegeeinrichtungen, Tages- und Nachtpflegeeinrichtungen etc.

Schnittstellen zu anderen Bereichen/Handlungsfeldern

In der teilstationären Altenhilfe kann es zum einen Schnittmengen zur stationären Altenhilfe, Kurzzeitpflege sowie zur ambulanten Altenhilfe und offenen Altenarbeit geben. V. a. wenn alle Leistungen vom gleichen Träger angeboten werden und im gleichen Gebäudekomplex verortet sind, kann es zur Vernetzung von Angeboten, gemeinsamen Öffentlichkeitsarbeit und Fortbildung der Mitarbeiter kommen. Darüber hinaus besteht eine enge Kooperation zu rechtlichen Betreuern und Gerichten.

15.2.4 Stationäre Altenhilfe

Pflegebedürftigen mit den Pflegegraden 2 bis 5 gewährt die Pflegeversicherung Pflege in stationären Pflegeeinrichtungen gemäß § 43 SGB XI. Wenn die Pflege zu Hause nicht mehr sichergestellt werden kann, weil die familiären Potentiale nicht vorhanden sind oder die ambulanten und haushaltsnahen Dienste nicht ausreichen, entscheiden sich die Pflegebedürftigen oder ihre Angehörigen bzw. gesetzlichen Betreuer für den Einzug in ein Heim.

Soziale Gerontologie ist im Bereich der stationären Altenhilfe i. d. R. in den sozialen Diensten, sozialtherapeutischen Diensten etc., die als eigene Leistungsbereiche gelten, verankert. Die Organisation dieser Leistungsbereiche, die Mitarbeiterstruktur, deren Qualifikation, die konzeptionelle Ausgestaltung der Stellen (wie z. B. der Zuständigkeiten, Aufgaben und Verantwortlichkeiten) kann von Einrichtung zu Einrichtung stark variieren.

Zielsetzung/Leitlinien

Zu den Zielen des Sozialen Dienstes in einer stationären Altenhilfeeinrichtung gehören:

- Erhaltung und Förderung der Lebensqualität der Bewohner,
- das Bereichern des Lebensraums der Bewohner durch ein vielfältiges Betreuungs- und Beschäftigungsangebot zur körperlichen, geistigen, psychischen und sozialen Aktivierung,
- Erhaltung, Förderung und Erschließung von Ressourcen sowie Unterstützung bei den Aktivitäten in der Tages- und Lebensgestaltung,
- Förderung der sozialen Beziehungen zu Angehörigen, Betreuer und Freunden.

Ein Beispiel für die Konzeption der Arbeit der sozialen Dienste findet sich auf der Website des Caritas-Seniorenzentrums St. Josef Bamberg-Gaustadt.

Angebote und Aufgaben des Sozialen Dienstes in der stationären Altenhilfe

Das Angebots- und Aufgabenspektrum kann sehr vielfältig und mit hoher Verantwortung verbunden oder auf wenige ausgewählte Aufgabenbereiche fokussiert sein:

- Beratung im Hinblick auf Heimaufnahme,
- Begleitung und Beistand beim Heimeinzug,
- Beratung zur Refinanzierung des Heimplatzes, zu vertrags-, pflege- und erbrechtlichen Fragen, zu gesetzlichen und ethischen Fragen von freiheitsentziehenden Maßnahmen,
- Einzelbetreuung,
- Krisenintervention,
- Sterbebegleitung,
- Gruppenaktivitäten wie Kochen, Nähen, Basteln, Töpfern, Seidenmalerei, Schwimmen, Kegeln, Bewegungstraining, Gedächtnistraining, autogenes Training, Zeitungsrunde, Gesprächskreis, Theater-, Spiel-, Singgruppe, Feste, Ausflüge und Reisen etc.,
- Beratung und Begleitung des Heimbeirats,
- Angehörigenarbeit,
- Gemeinwesenarbeit wie etwa Kontaktaufbau und -ausbau zu Vereinen, Schulen und Kirchengemeinden sowie zu anderen Diensten und Hilfseinrichtungen in der Kommune,
- interne und externe Öffentlichkeitsarbeit,
- Anleitung, Begleitung und Qualifizierung der Ehrenamtlichen,
- Anleitung von Praktikanten (Schüler, Studierende, FSJler etc.),
- Mitarbeiterberatung etwa bei Finanzschwierigkeiten, Suchtproblemen, bei Spannungen zwischen Mitarbeitern oder zwischen Bewohnern und Mitarbeitern
(vgl. bspw. die Zusammenstellung auf der Website der socialnet zu Altenheimsozialarbeit).

Träger

Träger stationärer Altenhilfe können öffentliche Träger wie Staat und Kommunen, freie Träger wie Wohlfahrtsverbände, Arbeiterwohlfahrt, DPWV, DRK, Diakonisches Werk, Caritas und die Zentrale Wohlfahrtsstelle der Juden in Deutschland oder privat-gewerbliche Einrichtungen sein.

> **Beispiele für Einrichtungen der stationären Altenarbeit, in denen die soziale Gerontologie tätig werden kann:**
>
> Altenpflegeheime, Altenheime, Altenwohnheime, Seniorenresidenzen, Wohnstifte, Wohn-, Haus- und Nachbarschaftsgemeinschaften, Hospize mit Palliativpflege.

Schnittstellen zu anderen Bereichen/Handlungsfeldern

Die stationäre Altenhilfe ist eng verzahnt mit Bereichen wie Geriatrie, Gerontopsychiatrie, teilstationäre Pflege, Kurzzeitpflege, Gerichte, Betreuungsvereine, Hausärzte, Fachärzte, Therapeuten, Apotheken, Sanitätshäuser etc. Ihre Dienste werden besonders bei Anregung einer gesetzlichen Betreuung, vor Einführung freiheitseinschränkender Maßnahmen, bei Erkrankungen bzw. Verschlechterung des Gesundheitszustands etc. in Anspruch genommen.

Die in der stationären Altenarbeit vertretenen sozialen Dienste können daneben auch in anderen Feldern arbeiten, bspw. sind sie aufgrund ihrer historischen Entwicklung bzw. ihrer Träger Caritas und Diakonie häufig mit Kirchengemeinden und deren Kindertagesstätten etc. vernetzt.

15.3 Entwicklung der sozialen Gerontologie in weiteren Praxisfeldern der Sozialen Arbeit

Wie bereits eingangs beschrieben kristallisieren sich vor dem Hintergrund der gesellschaftlichen und demografischen Entwicklung neue Handlungsfelder für Altenhilfe und Altenarbeit heraus, in denen zukünftig mehr denn je die gerontologische Fachkompetenz von professionell und ehrenamtlich Tätigen gefragt sein wird.

Insbes. in der Eingliederungshilfe wächst der Bedarf an adäquaten Versorgungskonzepten für älter werdende Menschen mit Behinderung. Dies bezieht sich auf die Tagesstruktur und das Spektrum von Angeboten der Beschäftigung, Unterhaltung und Bildung, auf die pflegerische und betreuerische Versorgung, aber auch auf die Organisation der Mitarbeiterstruktur etc. Damit stellt sich für die Praxis der Sozialen Arbeit in jedem Einzelfall, aber auch strukturell die Frage, ob ältere Menschen mit geistiger Behinderung bei steigendem Pflegebedarf in die stationäre Altenhilfe wechseln oder in ihrem gewohnten Umfeld bleiben sollen. Träger und Dienste von Eingliederungshilfe suchen hier nach entsprechenden Lösungen, indem sie modellhaft innovative Ideen erproben, diese in das vorhandene Angebotsspektrum integrieren und sie auch auf andere Bereiche übertragen. Aber auch die Obdachlosenhilfe, Straffälligenhilfe, Drogenhilfe, die Schuldnerberatung etc. müssen sich zunehmend auf älter werdende Zielgruppen einstellen.

15.4 Konzepte und Ansätze an der Schnittstelle zwischen sozialer Gerontologie und Migration

Anhand ausgewählter kulturspezifischer und interkultureller Praxiskonzepte wird in diesem Kapitel eine Brücke zur kultursensiblen Altenarbeit und Altenhilfe geschlagen.

Ältere Menschen mit Migrationshintergrund sind eine zahlenmäßig stetig wachsende Gruppe in unserer Gesellschaft, deren Heterogenität differenzierte Unterstützungsangebote erforderlich macht. Ältere Migranten befindet sich als Zielgruppe direkt an der Schnittstelle zwischen Migrationssozialarbeit und Altenhilfe (Zeman, 2005, S. 77). Ihre Anliegen und Bedürfnisse wahrzunehmen und ihnen gerecht zu werden ist Aufgabe von Institutionen und Trägern der Migrationsarbeit sowie von Altenarbeit und Altenhilfe. Sie stehen vor einer großen Herausforderung, den Anspruch älterer Migranten auf Leistungen der Beratung, Betreuung, Pflege und Behandlung zu gewährleisten und ihre Angebote kultursensibel auszurichten. Dies bedeutet einerseits, Zugangsbarrieren zu identifizieren und abzubauen. Andererseits bedeutet Kultursensibilität in diesem Feld aber auch, sich mit den Bedürfnissen älterer Migranten, mit ihrer Kultur, ihrer Sprache und ihren Lebensgewohnheiten sowie religiösen Bräuchen und Werten auseinanderzusetzen.

Auf Bundesebene gibt der Nationale Integrationsplan die Marschrichtung der Migrations- und Integrationsarbeit vor (Presse- und Informationsamt der Bundesregierung, 2007). Dieser wird auf Landes- und kommunaler Ebene mit unterschiedlicher Schwerpunktsetzung in Maßnahmen und Projekten umgesetzt.

Im Folgenden wird auf interkulturelle Öffnung und Kultursensibilität in den Bereichen Altenarbeit und Altenhilfe als relevante Ansätze in der Sozialen Arbeit mit älteren Migranten eingegangen.

15.4.1 Interkulturelle Öffnung

Angesichts der Zunahme der Zahl älterer Migranten bei der Inanspruchnahme von Dienstleistungen, aber auch aufgrund der stärkeren Präsenz von Migranten in der Personalstruktur von Trägern erscheint eine interkulturelle Ausrichtung von Einrichtungen und Diensten zwingend notwendig. Dies erfordert systematische und planvolle Veränderungen in den Organisationen, bspw. die Entwicklung von Maßnahmen auf Grundlage festgelegter Ziele und unter Beteiligung der Mitarbeiterschaft, um Arbeitsabläufe, Kommunikationsprozesse sowie die Organisationskultur zu optimieren (Kulbach, 2007, S. 133). Organisationsentwicklung in Richtung Interkulturalität muss zum politischen Ziel und zur Querschnittsaufgabe der Einrichtungen erklärt werden und ist demzufolge eine Führungsaufgabe. »Die Interkulturelle Öffnung muss sowohl ›oben‹ gewollt als auch ›unten‹ akzeptiert werden. Sie sollte ein Teil jeder ›Unternehmenskultur‹ sein« (Barwig & Hinz-Rommel, 1995, S. 127). Die Schaffung von Strukturen, die eine interkulturelle Ausrichtung fördern, findet auf der Basis von vorab durchgeführter Bestandsaufnahme und Sozialraumanalyse statt. Die Bestandsaufnahme dient der Erforschung und Analyse der internen Strukturen, Ressourcen und äußeren Einflussfaktoren. Sie bezieht sich auf die Personalstruktur hinsichtlich des kulturellen Hintergrunds der Mitarbeitenden (Herkunftsländer, Sprachen, religiöse Ausrichtungen, Qualifikationen, Kompetenzen etc.), auf Arbeitsbereiche und deren interkulturelle Orientierung (Migrationsdienste, Migrationsberatung, Integration etc.) sowie auf finanzielle und räumliche Ressourcen (Ignatzi, 2010, S. 9f.). Die Sozialraumanalyse dient der Erfassung der Lebenswelten und Lebensräume der Menschen, die in einem Sozialraum leben, um ihre Formen des Zusammenlebens, Spannungen, Konflikte etc. wirklichkeitsnah und realitätsgetreu abbilden zu können (Verein für Sozialplanung, 1998).

Der Veränderungsprozess beginnt mit der Verankerung der interkulturellen Ziele im Leitbild der Einrichtung. Sie bilden die Antwort auf die Frage: »Wo wollen wir hin?« Um diese Ziele zu erreichen, werden lang-, mittel- und kurzfristige Ziele für die gesamte Einrichtung oder für die Teilbereiche, die interkulturell ausgerichtet werden sollen, entwickelt. Anschließend erfolgt die Festlegung der Maßnahmen und Aufgaben auf der Grundlage der ermittelten Bedarfe. Die darauffolgende Umsetzung erfasst die gesamte Einrichtung – von der Öffentlichkeitsarbeit über das Personalmanagement, die Sensibilisierung und Qualifizierung aller Mitarbeiter bis hin zum Einbezug von Migranten als Nutzer der Dienstleistungen (Ignatzi, 2010, S. 11f.).

Folgende Beispiele sollen die Förderung der Interkulturalität in einer Einrichtung verdeutlichen (ebd., S. 12):

- Entwicklung und Bereitstellung von Informationsmaterialien in mehreren Sprachen,
- mehrsprachige Beratung und Aufklärung mithilfe migrantenspezifischer Medien,
- Gewinnung von Menschen mit Migrationshintergrund als Leistungsabnehmer,
- Entwicklung und Realisierung bedarfsgerechter interkultureller Angebote,
- interkulturelles Personalmanagement,
- Sensibilisierung und Qualifizierung von Mitarbeitern in interkultureller Kompetenz sowie in Kultursensibilität in den Feldern Soziale Arbeit, Gemeinwesenarbeit und Teamarbeit,
- interkulturelle Vernetzung,
- Erprobung modellhafter interkultureller Projekte,
- adäquate Ausstattung und Bereitstellung von Räumen für interkulturelle Begegnung.

Um überprüfen zu können, ob durch die Maßnahmen die zuvor festgelegten Ziele erreicht wurden, sind Indikatoren (messbare Hinweise) festzulegen, die den Stand des Veränderungsprozesses bzw. der interkulturellen Ausrichtung abbilden. Mögliche Indikatoren für das Erreichen der Ziele in Bezug auf eine interkulturelle Ausrichtung einer Einrichtung können sein (ebd.):

- das Vorhandensein operationalisierter Ziele zur interkulturellen Öffnung,
- die durchgeführte interkulturelle Qualifizierung bzw. Fortbildung aller Mitarbeiter,
- die Anzahl von Neueinstellungen von Menschen mit Migrationshintergrund,
- das Vorhandensein von Beauftragten für die Steuerung des interkulturellen Prozesses in der Einrichtung,
- die Anzahl der Teilnehmer mit Migrationshintergrund am Angebot (Teilnehmerliste).

Interkulturelle Öffnung kann ein Indikator für die Qualität eines Dienstleisters und seiner Dienstleistungen sein, obwohl sie kein Gegenstand externer Qualitätsprüfung ist. Auch wenn kultursensible Pflege in der stationären Altenhilfe nicht vorgeschrieben ist, ergeben sich die entsprechenden Anforderungen doch aus den Maßstäben und Grundsätzen für die Qualität und die Qualitätssicherung von stationärer Pflege: Um Leistungen anzubieten, die die Lebensqualität und Zufriedenheit der Bewohner unter Berücksichtigung ihrer Biografie und Lebensgewohnheiten anstreben bzw. möglichst weitgehend zu erreichen versuchen (Diakonie Deutschland, 2014, S. 2), müssen Betreuung und Pflege sich zwangsläufig an den kulturellen Besonderheiten ihrer Adressaten ausrichten.

Folgendes Fallbeispiel soll aufzeigen, in welchem Maß eine interkulturelle Öffnung die Ausrichtung auf die Biografie eines Bewohners in der stationären Altenhilfe ermöglicht und damit die Qualität der Versorgung verbessern kann.

Fallbeispiel

Herr Kralkos (78 J.) ist 1960 im Zuge des Anwerbeverfahrens aus einer ländlichen Gegend Griechenlands nach Deutschland gekommen, um hier zu arbeiten. Er gehört somit der ersten Generation der Arbeitsmigranten an.

Nach einem Oberschenkelhalsbruch wird Herr Kralkos ins Krankenhaus eingeliefert, wo beginnende Demenz, Diabetes Mellitus, Herzinsuffizienz und eingeschränkte Mobilität als Folge des Oberschenkelhalsbruchs diagnostiziert werden. Als Herr Kralkos aus dem Krankenhaus entlassen werden soll, ist schnell klar, dass er aufgrund seines Gesundheitszustands nicht mehr alleine in seiner Zweizimmerwohnung in einem Arbeiterviertel leben kann, denn er ist alleinstehend und hat keine Kinder. Er wird demnach direkt vom Krankenhaus in ein Alten- und Pflegeheim verlegt.

Nach seiner Ankunft im Alten- und Pflegeheim VICTORIA wird Herr Kralkos durch die Sozialpädagogin des Sozialen Diensts begrüßt. Sie zeigt ihm das Haus, begleitet ihn auf sein Zimmer und stellt ihn den Bewohnern sowie den Mitarbeitern des Wohnbereichs, auf dem er wohnen wird, vor. Anschließend erfasst die Sozialpädagogin die Lebensgeschichte von Herrn Kralkos. Hierbei geht es nicht nur um die Erfassung von Daten und Fakten, sondern v. a. um die Vorlieben, Gewohnheiten, Lebensweisen und Erlebnisse des neuen Bewohners.

Da Herr Kralkos die deutsche Sprache nur wenig beherrscht, wird eine griechischstämmige Mitarbeiterin des Sozialen Diensts, die seine Muttersprache spricht, hinzugezogen. Herr Kralkos baut schnell Vertrauen zu ihr auf und erzählt ihr viele Details aus seinem Leben, die auch für die Betreuung und pflegerische Versorgung von Herrn Kralkos entscheidend sein werden. Herrn Kralkos wird auch eine muttersprachliche ehrenamtliche Mitarbeiterin zur Seite gestellt, die ihn zweimal wöchentlich im Pflegeheim besucht. Sie geht seinen Wünschen nach und besucht mit ihm zusammen seine ehemaligen Nachbarn in der Arbeitersiedlung. Auch begleitet sie ihn zu den Heimspielen der Borussia Dortmund in das Dortmunder Fußballstadion. Die pflegerische Versorgung von Herr Kralkos übernehmen v. a. Pflegekräfte mit griechischem Hintergrund, beim Essen versucht die Küche auf seine Wünsche einzugehen.

Da das Seniorenheim über einen Garten verfügt, kann Herr Kralkos dort mit Unterstützung der ehrenamtlichen Mitarbeiterin ein Gemüsebeet anlegen. Auf diese Weise kann er seinem Hobby nachgehen, das er jahrzehntelang in seinem Schrebergarten gepflegt hat.

Als überzeugter und praktizierender Moslem bekommt er in der Einrichtung die Möglichkeit, seinen Glauben auszuüben. Hierzu wird ein Raum zum Gebetsraum umgewandelt. Die seelsorgerische Begleitung übernimmt ein muslimischer Seelsorger aus der benachbarten Moschee. Herr Kralkos kann außerdem in Begleitung der ehrenamtlichen Mitarbeiterin regelmäßig in die Moschee gehen.

Herr Kralkos fühlt sich wohl in seinem neuen Zuhause. Sein Zimmer ist mit seinen liebgewonnenen Möbelstücken ausgestattet und er kann von dort aus das Minarett der Moschee sehen, was ihn sehr glücklich macht. Die Mitarbeiter lassen ihn spüren, dass er willkommen, akzeptiert, respektiert und wertgeschätzt ist. Die interkulturelle Kompetenz als Schlüsselkompetenz ist ein fester Bestandteil der regelmäßigen Fortbildung für haupt- und ehrenamtliche Mitarbeiter des Alten- und Pflegeheims.

15.4.2 Kultursensible Altenhilfe

Seit 1999 sind kultursensible Ausrichtung und interkulturelle Öffnung in der Altenarbeit und Altenhilfe sowie der Migrations- und Integrationsarbeit ein Anliegen vieler Verbände, Institutionen und Einzelpersonen. Im Arbeitskreis (AK) »Charta für eine kultursensible Altenpflege« – Vorläufer des »Forums für eine kultursensible Altenhilfe« – schließen sich Verbände, Migrantenorganisationen und Institutionen aus den Arbeitsfeldern der Altenhilfe, Migrationsarbeit, Bildung und Wissenschaft zusammen, um diesen Prozess voranzubringen. Zielsetzung des AK »Charta für eine kultursensible Altenpflege« ist es, für ältere Menschen unterschiedlicher Herkunft und Kultur und ihre Familien einen Zugang zu Institutionen der Altenhilfe zu erhalten und die Unterstützung zu bekommen, die sie für ein würdevolles Leben brauchen. Hierzu gehören ein gleichberechtigter Zugang zu Angeboten wie Beratung, Betreuung und Pflege sowie deren Nutzung und Sicherstellung in gleichwertiger Qualität. Durch Angebote, die biografische und kulturspezifische Bedürfnisse und Bedarfe der Zielgruppen berücksichtigen und migrationsspezifische Zugangsbarrieren minimieren, soll die gleichberechtigte Teilhabe älterer Menschen mit Migrationshintergrund erreicht werden. Das von dem AK »Charta für eine kultursensible Altenpflege« erarbeitete Memorandum bildet eine verbands- und projektübergreifende gemeinsame Arbeitsgrundlage zur interkulturellen Öffnung der Altenhilfe. Es weist zum einen auf die Notwendigkeit einer interkulturellen Öffnung in Praxis, Fachöffentlichkeit und Politik hin. Zum anderen wird an die Dienste und Einrichtungen der Altenhilfe und Altenarbeit appelliert, sich auf die gesellschaftliche Realität einzustellen und damit einen notwendigen Beitrag zu einer sozial und politisch verantwortlichen Gestaltung einer Einwanderungsgesellschaft zu leisten (Forum für eine kultursensible Altenhilfe, 2015, S. 2f.). Letztlich bietet das Memorandum mit der dazugehörigen Handreichung konkrete Handlungsansätze für die interkulturelle Ausrichtung in der Praxis an.

Marksteine auf dem Weg zu einer kultursensiblen Altenhilfe

- Bestehende Barrieren zwischen den Institutionen der Altenhilfe und zugewanderten Senioren können über zugehende und partizipative Ansätze überwunden werden.
- Kultursensible Pflege trägt dazu bei, dass eine pflegebedürftige Person entsprechend ihren individuellen Werten, kulturellen und religiösen Prägungen und Bedürfnissen leben kann.
- Der Prozess der interkulturellen Öffnung ist kein Zusatzangebot, sondern betrifft die ganze Organisation und erfordert einen transparenten, langfristigen Entwicklungsprozess auf allen Ebenen.
- Eine interkulturelle Öffnung der Altenhilfe ist eine Aufgabe der Personal- und Teamentwicklung. Ein Team, das sich aus Menschen verschiedener Herkunft zusammensetzt, braucht Anstöße und Begleitung für einen bewussten Teamfindungsprozess, um sich zu einem interkulturell kompetenten Team zu entwickeln.
- Die Institutionen der Aus-, Fort- und Weiterbildung sind aufgefordert, das Thema kultursensible Pflege als Querschnittsthema zu verankern.
- Institutionen und Verbände, die sich auf den Weg der interkulturellen Öffnung der ambulanten und stationären Altenpflege und Altenarbeit begeben, brauchen politische, fachliche sowie finanzielle Unterstützung.
- Die Selbstorganisationen der Migranten sind als Potenzial und Ressource anzuerkennen und bei politischen Entscheidungen sowie der Verteilung von Geldern zu berücksichtigen
(Marksteine wörtlich wiedergegeben nach: AK »Charta für eine kultursensible Altenhilfe« & KDA, 2002).

Die Marksteine der Charta beziehen sich auf das konkrete Feld der Arbeit mit älter werdenden Menschen mit Migrationshintergrund. Sie können jedoch zugleich verdeutlichen, was es heißt, Strukturen einer sozialen Gerontologie zu etablieren, die sich an den Biografien und Bedarfen ihrer Adressaten orientiert.

Dabei kann es auch um die Anliegen der bereits mehrfach erwähnten Gruppen wie Behinderter oder Suchtkranker, aber auch bspw. um diejenigen von Menschen mit unterschiedlichen sexuellen Orientierungen gehen. Qualität der Versorgung misst sich dabei stets an der Berücksichtigung und Verwirklichung der entsprechenden Anliegen in allen Arbeitsbereichen und auf allen Ebenen der Altenhilfe und Altenarbeit.

Literaturverzeichnis

Adam, U. & Mühling, T. (2016). Enkelkinderbetreuung als Aufgabe im höheren Lebensalter. In DZA (Hrsg.), *Informationsdienst Altersfragen, 43,* 3, 11–19).
Amann, A. (1983). *Lebenslage und Sozialarbeit. Elemente zu einer Soziologie von Hilfe und Kontrolle.* (Sozialwissenschaftliche Schriften, H. 7). Berlin: Duncker und Humblot.
Andretta, G. (1991). *Zur konzeptionellen Standortbestimmung von Sozialpolitik als Lebenslagepolitik* (Kölner Schriften zur Sozial- und Wirtschaftspolitik, 18. Aufl.). Regensburg: Transfer.
Antonovski, A. (1998). The Sence of Coherence. A Historical and Future Perspective. In H. I. McCubbin, E. A. Thompson, A. I. Thompson & J. E. Fromer (Hrsg.), *Stress, Coping and Health in Families: Sense of Coherence and Resilience* (S. 2–20). Thousand Oaks, Ca.: Sage.
Antonucci, T. C., Birditt, K. S. & Akiyama, H. (2009). Convoys of Social Relations: An Inderdisciplinary Approach. In V. Bengtson, D. Gans, N. Putney & M. Silverstein (Hrsg.), *Handbook of Theories of Aging* (247–260). New York: Springer.
Aparicio, M. L., Döring, A., Mielck, A., Holle, R. (2005). Unterschiede zwischen Aussiedlern und der übrigen deutschen Bevölkerung bezüglich Gesundheit, Gesundheitsversorgung und Gesundheitsverhalten: Eine vergleichende Analyse anhand des KORA-Surveys 2000. *Sozial- und Präventivmedizin, 50,* 107–118.
Arbeitsgemeinschaft der Spitzenverbände der Freien Wohlfahrtspflege NRW (2012). *Impulspapier Quartier. Inklusive, kultursensible und gendergerechte Quartiersentwicklung als Schlüssel für demographiefeste Kommunen. Selbstbestimmtes Wohnen und Versorgungssicherheit für Menschen in ihrem Quartier* (http://www.wohnen-im-alternrw.de/progs/projekt/wia/content/e1871/e1889/e2737/e2743/LAG_Impulspapier-Quartier2012_final_Anlage_TOP3.3.pdf, Zugriff am 20.02.2018).
Arbeitskreis »Charta für eine kultursensible Altenhilfe« & KDA (2002). *MEMO RANDUM für eine kultursensible Altenhilfe. Ein Beitrag zur Interkulturellen Öffnung am Beispiel der Altenpflege* (http://www.aaa-deutschland.de/pdf/ChartaMemorandum_komplett.pdf, Zugriff am 15.05.2018).
Autorengruppe Bildungsberichterstattung (Hrsg.) (2008). *Bundesministerium für Bildung und Forschung. Bildung in Deutschland. Ein indikatorengestützter Bericht mit einer Analyse zu Übergängen im Anschluss an den Sekundarbereich I. Im Auftrag der Ständigen Konferenz der Kultusminister der Länder in der Bundesrepublik Deutschland und des Bundesministeriums für Bildung und Forschung.* Bielefeld: Bertelsmann GmbH & Co. KG (https://www.bildungsbericht.de/de/bildungsberichte-seit-2006/bildungsbericht-2008/pdf-bildungsbericht-2008/bb-2008.pdf, Zugriff am 25.05.2018).
AWO – Arbeiterwohlfahrt Bezirk Westliches Westfalen e. V. (Hrsg.) (2002). *Pflege ist Pflege – auch über Grenzen? Lehr- und Lernmaterial für die Kranken- und Altenpflege zum Thema älterwerdenden Migrantinnen und Migranten* (2., völlig überarb. Aufl.). Dortmund: Vario.
Baas, St. & Schmitt, M. (2010). Partnerschaft und Sexualität im Alter. In K. Aner, F. Karl (Hrsg.), *Handbuch sozialer Arbeit und Alter* (S. 377–384). Wiesbaden: VS Verlag.
Backes, G. M. (1997). Lebenslage als soziologisches Konzept zur Sozialstrukturanalyse. *Zeitschrift für Sozialreform (ZSR), 43,* 704–727.

Backes, G. M. & Clemens, W. (2003). *Lebensphase Alter. Eine Einführung in die sozialwissenschaftliche Alternsforschung* (2., überarb. u. erw. Aufl.). Weinheim, München: Juventa.
Bade, K. J. (2002). *Migration, Migrationsforschung, Migrationspolitik. Bericht für das Goethe-Institut.* München: Goethe-Institut e. V.
Bade, K. J. & Oltmer, J. (Hrsg.) (2003). *Aussiedler: deutsche Einwanderer aus Osteuropa.* IMIS Schriften, Bd. 8. Universitätsverlag Rasch, Osnabrück 1999 (2. Aufl.). Göttingen: V & R Unipress.
Bade, K. J. & Oltmer, J. (Hrsg.) (2004). *Normalfall Migration: Deutschland im 20. und frühen 21. Jahrhundert.* Bonn: bpb.
Baltes, M., Maas, I., Wilms, H. U. & Borchelt, M. (2010). Alltagskompetenz im Alter: Theoretische Überlegungen und empirische Befunde. In U. Lindenberger, J. Smith, K. U. Mayer & P. B. Baltes (Hrsg.), *Die Berliner Altersstudie* (3., erw. Aufl.). Berlin: Akademie Verlag.
Baltes, P. B. (1990). Entwicklungspsychologie der Lebensspanne: Theoretische Leitsätze. *Psychologische Rundschau, 41,* 1–24.
Baltes, P. B. & Baltes, M. M. (1989). Optimierung durch Selektion und Kompensation. Ein psychologisches Modell erfolgreichen Alterns. *Zeitschrift für Pädagogik, 35,* 185–105.
Baltes, P. B. & Baltes, M. M. (1994). Gerontologie: Begriff, Herausforderungen und gesellschaftliche Entwicklungen. In P. B. Baltes, J. Mittelstraß & U. Staudinger (Hrsg.), *Alter und Altern: Ein interdisziplinärer Studientext zur Gerontologie* (S. 1–34). Berlin: De Gruyter.
Baltes, P. B. & Willis, S. C. (1977). Towards Psychological Theories of Aging and Development. In J. E. Birren & K. W. Schaie (Hrsg.), *Handbook of the Psychology of Aging* (S. 128–154). New York: Nostrand Reinhold.
BAMF – Bundesamt für Migration und Flüchtlinge (Hrsg.) (2016). *Minas. Atlas über Migration, Integration und Asyl.* 7. Ausgabe. Nürnberg (https://www.bamf.de/SharedDocs/Anlagen/DE/Publikationen/Migrationsatlas/migrationsatlas-2015-12.pdf?__blob=publicationFile, Zugriff am 26.05.2018).
BAMF – Bundesamt für Migration und Flüchtlinge (Hrsg.) (2017). *Das Bundesamt in Zahlen 2016. Asyl, Migration und Integration.* Nürnberg (https://www.bamf.de/SharedDocs/Anlagen/DE/Publikationen/Broschueren/bundesamt-in-zahlen-2016.pdf?__blob=publicationFile, Zugriff am 26.05.2018).
Barwig, K. & Hinz-Rommel, W. (Hrsg.) (1995). *Interkulturelle Öffnung sozialer Dienste.* Freiburg i. Br.: Lambertus.
Baykara-Krumme, H. (2012). Die Bedeutung der Migrationserfahrung für die soziale Einbindung im Alter – Konzeptionelle Überlegungen und empirische Befunde. In H. Baykara-Krumme, A. Motel-Klingebiel & P. Schimany (Hrsg.), *Viele Welten des Alterns. Ältere Migranten im alternden Deutschland.* Alter(n) und Gesellschaft. Bd. 22 (S. 255–287). Wiesbaden: VS Verlag.
Baykara-Krumme, H. & Hoff, A. (2006). Die Lebenssituation älterer Ausländerinnen und Ausländer in Deutschland. In C. Tesch-Römer, H. Engstler & S. Wurm (Hrsg.), *Altwerden in Deutschland. Sozialer Wandel und individuelle Entwicklung in der zweiten Lebenshälfte* (S. 443–517). Wiesbaden: VS Verlag.
Beck-Gernsheim, E. (2004). *Wir und die Anderen. Vom Blick der Deutschen auf Migranten und Minderheiten.* Frankfurt a. M.: Suhrkamp.
Beck-Gernsheim, E. (2007). *Wir und die Anderen: Kopftuch, Zwangsheirat und andere Missverständnisse* (erw. Neuausgabe). Frankfurt a. M.: Suhrkamp.
Becker, S., Kaspar, R. & Kruse, A. (2011). *H.I.L.DE. Heidelberger Instrument zur Erfassung der Lebensqualität demenzkranker Menschen.* Bern: Huber.
Beger, K.-U. (1997). *Migration und Integration.* Opladen: Leske + Budrich.
Beger, K.-U. (2000). *Migration und Integration. Eine Einführung in das Wanderungsgeschehen und die Integration der Zugewanderten in Deutschland.* Opladen: Leske + Budrich.

Bengtson, V. L., Burgess, E. O. & Parrott, T. M. (1997). Theory, Explanation and a Third Generation of Theoretical Development in Social Gerontology. *Journal of Gerontology: Social Sciences, 52*, 77–88.

Bengtson, V. L., Gans, D., Putney, N. & Silverstein, M. (2009). Theories about Age and Aging. In V. L. Bengtson, D. Gans, N. Putney & M. Silverstein (Hrsg.), *Handbook of Theories of Aging* (S. 3–23). New York: Springer.

Bengtson, V. L., Giarusso, R., Mabuy, J. B. & Silverstein, M. (2002). Solidarity, Conflict and Ambivalence: Contemplementary or Competing Perspectives in Intergenerational Relationship. *Journal of Marriage and the Family, 64*, 568–756.

Bengtson, V. L. & Roberts, R. E. L. (1991). Intergenerational Solidarity in Aging Families. An Example of Formal Theory Construction. *Journal of Marriage and the Family, 53*, 856–870.

Bengtson, V.L. & Schütze, Y. (1994). Altern und Generationenbeziehungen: Aussichten für das kommende Jahrhundert. In P. B. Baltes, J. Mittelstraß. & U. Staudinger (Hrsg.), *Alter und Altern: ein interdisziplinärer Studientext zur Gerontologie* (S. 492–517). Berlin: De Gryuter.

Berner, F., Rossow, J. & Schwitzer, K. P. (Hrsg.) (2012a). *Individuelle und kulturelle Altersbilder. Expertisen zum Sechsten Altenbericht der Bundesregierung. Bd. 1*. Wiesbaden: VS Verlag.

Berner, F., Rossow, J. & Schwitzer, K. P. (Hrsg.) (2012b): *Altersbilder in der Wirtschaft, im Gesundheitswesen und in der pflegerischen Versorgung. Expertisen zum Sechsten Altenbericht der Bundesregierung. Bd. 2*. Wiesbaden: VS Verlag.

Bertram, H. (1995). Das Individuum in einer individualisierten Gesellschaft. In H. Bertram (Hrsg.), *Das Individuum und seine Familie* (S. 9–34). Opladen: Leske + Budrich.

Bertram, H. (2000). Die verborgenen familiären Beziehungen in Deutschland. Die Multilokale Mehrgenerationenfamilie. In M. Kohli & M. Szydlik (Hrsg.), *Generationen in Familie und Gesellschaft* (S. 97–121). Opladen: Leske + Budrich.

Bestmann, B., Wüstholz, E. & Verheyen, F. (2014). *Pflegen: Belastungen und sozialer Zusammenhalt. Techniker Krankenkasse* (https://www.tk.de/centaurus/servlet/contentblob/699766/Datei/140122/Bestmann-Pflegen-Belastung-und-sozialer-Zusammenhalt-2014.pdf, Zugriff am 20.02.2018).

Beyer, A. K., Wurm, S. & Wolff, J. K. (2017). Älter werden – Gewinn und Verlust? Individuelle Altersbilder und Altersdiskriminierung. In K. Mahne, J. K. Wolff, J. Simonson & C. Tesch-Römer, (Hrsg.), *Altern im Wandel. Zwei Jahrzehnte Deutscher Alterssurvey (DEAS)* (S. 329-344). Wiesbaden: VS Verlag.

Bieker, R. & Floerecke, P. (Hrsg.) (2011). *Träger, Arbeitsfelder und Zielgruppen der Sozialen Arbeit*. Stuttgart: Kohlhammer.

Biva e. V. (1999). Rahmenvertrag gemäß § 75 Abs. 1 SGB XI zur Sicherstellung der teilstationären Pflege (https://www.biva.de/dokumente/gesetze/Landesrahmenvertrag_TSP_BB.pdf, Zugriff am 02.05.2018).

Blenkner, M. (1965). Social Work and Family Relationships in Later Life with some Thoughts on Filial Maturity. In E. Shanas & G. Streib (Hrsg.), *Social Structure and the Family. Generational Relations* (S. 46–59). Englewood Cliff: Prentice Hall.

BMFSFJ – Bundesministerium für Familie, Senioren, Frauen und Jugend (Hrsg.) (2001). *Dritter Bericht zur Lage der älteren Generation*. (Bundestagsdrs. 14/5130 vom 19.01.2001). Bonn (https://www.bmfsfj.de/blob/95162/997d1a2221fd8acf30755cdbe5706852/prm-5008-3–altenbericht-teil-1-data.pdf, Zugriff am 26.05.2018).

BMFSFJ – Bundesministerium für Familie, Senioren, Frauen und Jugend (Hrsg.) (2005). *Fünfter Bericht zur Lage der älteren Generation in der Bundesrepublik Deutschland. Potenziale des Alters in Wirtschaft und Gesellschaft. Der Beitrag älterer Menschen zum Zusammenhalt der Generationen. Bericht der Sachverständigenkommission*. Berlin (https://www.bmfsfj.de/blob/79080/8a95842e52ba43556f9ebfa600f02483/fuenfter-altenbericht-data.pdf, Zugriff am 25.05.2018).

BMFSFJ – Bundesministerium für Familie, Senioren, Frauen und Jugend (Hrsg.) (2010). *Altersbilder in der Gesellschaft. Sechster Bericht zur Lage der älteren Generation in der Bundesrepublik Deutschland.* Berlin (https://www.bmfsfj.de/blob/101922/b6e54a7 42b2e84808af68b8947d10ad4/sechster-altenbericht-data.pdf, Zugriff am 03.05.2018).

BMFSFJ – Bundesministerium für Familie, Senioren, Frauen und Jugend (Hrsg.) (2016). *Freiwilliges Engagement in Deutschland. Zentrale Ergebnisse des Deutschen Freiwilligensurveys 2014.* Berlin (https://www.bmfsfj.de/blob/93914/e8140b960f8030f3ca77e 8bbb4cee97e/freiwilligensurvey-2014-kurzfassung-data.pdf, Zugriff am 01.07.2018).

BMI – Bundesministerium des Innern (Hrsg.) (2007). *Migrationsbericht des Bundesamtes für Migration und Flüchtlinge im Auftrag der Bundesregierung. Migrationsbericht 2006.* Nürnberg (https://www.bamf.de/SharedDocs/Anlagen/DE/Publikationen/Migra tionsberichte/migrationsbericht-2006.pdf?__blob=publicationFile, Zugriff am 26.05.2018).

BMI – Bundesministerium des Innern (Hrsg.) (2014). *Migration und Integration. Aufenthaltsrecht, Migrations- und Integrationspolitik in Deutschland.* Berlin.

BMI – Bundesministerium des Innern (Hrsg.) (2016). *Migrationsbericht des Bundesamtes für Migration und Flüchtlinge im Auftrag der Bundesregierung. Migrationsbericht 2015.* Berlin (https://www.bamf.de/SharedDocs/Anlagen/DE/Publikationen/Migrationsberichte/migrationsbericht-2015.pdf?__blob=publicationFile. Zugriff am 04.05.2018).

BMVBS – Bundesministerium für Verkehr, Bauen und Stadtentwicklung (Hrsg.) (2011). *Wohnen im Alter. Marktprozesse und wohnungspolitischer Handlungsbedarf.* H. 147 Forschungsreihe. Berlin.

Böger, A., Huxhold, O. & Wolff, J. (2017). Wahlverwandtschaften: Sind Freundschaften für die soziale Integration wichtiger geworden? In K. Mahne, J. K. Wolff, J. Simson & C. Tesch-Römer (Hrsg.), *Altern im Wandel. Zwei Jahrzehnte Deutscher Alterssurvey (DEAS)* (S. 257–271). Wiesbaden: VS Verlag.

Böger, A. Wetzel, M. & Huxhold, O. (2017). Allein unter Vielen oder zusammen ausgeschlossen: Einsamkeit und wahrgenommene Exklusion in der zweiten Lebenshälfte. In K. Mahne, J. K. Wolff, J. Simson & C. Tesch-Römer (Hrsg.), *Altern im Wandel. Zwei Jahrzehnte Deutscher Alterssurvey (DEAS)* (S. 273–286). Wiesbaden: VS Verlag.

Borscheid, P. (1994). Der alte Mensch in der Vergangenheit. In P. B. Baltes, J. Mittelstraß & U. Staudinger (Hrsg.), *Alter und Altern: Ein interdisziplinärer Studientext zur Gerontologie* (S. 35–61). Berlin: De Gruyter.

Boszormeny-Nagy, I. & Spark, G. (1981). *Unsichtbare Bindungen. Zur Dynamik familiärer Systeme.* Stuttgart: Klett Cotta.

bpb – Bundeszentrale für politische Bildung (2000). *Informationen zur politischen Bildung H. 267 Aussiedler.* Bonn. (http://www.bpb.de/gesellschaft/migration/kurzdossiers/ 252536/aussiedler, Zugriff am 01.07.2018).

bpb – Bundeszentrale für politische Bildung (2016). *Datenreport 2016 Kinderlosigkeit.* (www.bpb.de/nachschlagen/datenreport-2016/225921/kinderlosigkeit, Zugriff am 06.02.2018).

Braun, J., Claussen, F. (1997). Freiwilliges Engagement im Alter: Nutzer und Leistungen von Seniorenbüros. Bd. 10. In BMFSFJ (Hrsg.), *Modellprogramm Seniorenbüros: ISAB Verlag* (https://www.isab-institut.de/upload/projekte/01_b_engagement/0_3_1_4 neu_Seniorenbuero/Materialien%20zum%20Modellprogramm%20Seniorenbuero,%2 0Band%2010.pdf, Zugriff am 01.05.2018).

Brecht, B. (1971). *Geschichten von Herrn Keuner* (26. Aufl.). Frankfurt a. M.: Suhrkamp.

Bruder, J. (1988). Filiale Reife – ein wichtiges Konstrukt für die familiäre Versorgung kranker insbesondere dementer alter Menschen. *Zeitschrift für Gerontopsychologie und -psychiatrie, 1,* 95–101.

Brück-Klingberg, A., Burkert, C., Seibert, H. & Wapler, R. (Hrsg.) (2007). *Verkehrte Welt: Spätaussiedler mit höherer Bildung sind öfter arbeitslos.* Nürnberg: IAB-Kurzbericht 08.

Brückner, G. (2016). Bevölkerung mit Migrationshintergrund. In Statistisches Bundesamt (Destatis). Wissenschaftszentrum Berlin für Sozialforschung (WZB) (Hrsg.), *Datenreport 2016. Ein Sozialbericht für die Bundesrepublik Deutschland* (S. 218–234). Bonn (https://www.destatis.de/DE/Publikationen/Datenreport/Downloads/Datenreport2016. pdf?__blob=publicationFile.pdf, Zugriff am 01.09.2017).

Literaturverzeichnis

Brzoska, P. & Razum, O. (2009). Krankheitsbewältigung bei Menschen mit Migrationshintergrund im Kontext von Kultur und Religion. *Zeitschrift für Medizinische Psychologie, 18*, 151–161.

Bubolz-Lutz, E., Gösken, E., Kricheldorff, C. & Schramek, R. (Hrsg.) (2010). *Geragogik. Bildung und Lernen im Prozess des Alterns. Das Lehrbuch.* Stuttgart: Kohlhammer.

Bundesinstitut für Bevölkerungsforschung (Hrsg.) (2016). *Bevölkerungsentwicklung. Daten, Fakten, Trends zum demografischen Wandel.* Wiesbaden (https://www.bibdemografie.de/SharedDocs/Publikationen/DE/Broschueren/bevoelkerung_2016.pdf?__blob=publicationFile&v=5.pdf, Zugriff am 25.08.2017).

Bundesinstitut für Bevölkerungsforschung (2017). *Frauen und Männer ab 60 Jahren in Privathaushalten nach Haushaltsgrößen in Deutschland 1991 und 2015* (www.bib-demografie.de/DE/Zahlen und Fakten/13/Abbildungen, Zugriff am 07.02.2018).

Cantor, M. H. (1979). Neighbours and Friends: An Overlooked Ressource in the Informal Support System. *Research on Aging, 1*, 434–463.

Castells, M. (2002). *Die Macht der Identität. Teil 2 der Trilogie – Das Informationszeitalter.* Leverkusen: Leske + Budrich.

Chassé, K. A. & Wensierski von, H.-J. (Hrsg.) (2008). *Praxisfelder der Sozialen Arbeit. Eine Einführung* (4., akt. Aufl.). Weinheim, München: Juventa.

Claßen, K., Oswald, F., Doh, M., Kleinemaß, U. & Wahl, H. W. (2014). *Umwelten des Alterns. Wohnen, Mobilität, Technik und Medien.* Stuttgart: Kohlhammer.

Clemens, W. (1994). ›Lebenslage‹ als Konzept sozialer Ungleichheit – Zur Thematisierung sozialer Differenzierung in Soziologie, Sozialpolitik und Sozialarbeit. *Zeitschrift für Sozialreform, 40*, 141–165.

Clemens, W. & Naegele, G. (2004). Lebenslagen im Alter. In A. Kruse & M. Martin (Hrsg.), *Enzyklopädie der Gerontologie. Alternsprozesse in multidisziplinärer Sicht* (S. 387–402). Bern u. a.: Huber.

Conrad, J., Matschinger, H., Kilian, R. & Riedel-Heller, S. (2016). *WHO QUOL-OLD und WHOQUOL-BREF – Handbuch für die deutschsprachige Version der WHO Instrumente zur Erfassung von Lebensqualität im Alter.* Göttingen: Hogrefe.

Conrad, J. & Riedel-Heller, S. G. (2016). Lebensqualität im Alter. In S. U. Müller & C. G. Gärtner (Hrsg.), *Lebensqualität im Alter. Perspektiven für Menschen mit geistiger Behinderung und psychischen Erkrankungen* (S. 39–51). Wiesbaden: VS Verlag.

Cumming, E., Dean, L. & Newell, D. S. (1960). Disengagement – a Tentative Theory of Aging. *Sociometry, 1*, 23–35.

Currle, E. (2006). Theorieansätze zur Erklärung von Rückkehr und Remigration. In Sozialwissenschaftlicher Fachinformationsdienst (Hrsg.), *Migration und ethnische Minderheiten 2* (S. 7–23). Bonn: Informationszentrum Sozialwissenschaften.

Damianopoulos, E. (1961). A Formal Statement of Disengagement Theory. In E. Cumming & W. E. Henry (Hrsg.), *Growing Old – the Process of Disengagement* (S. 210–218). New York: Basic Books Inc.

Dausien, B. & Mecheril, P. (2002). *Was heißt eigentlich ... Identität?* (http://www.idaev.de/publikationen/texte/interkulturelles-lernen/interkulturelles-lernen.html, Zugriff am 01.07.2018).

Deschermeier, P. (2017). Bevölkerungsentwicklung in den deutschen Bundesländern bis 2035. Institut der deutschen Wirtschaft Köln (Hrsg.), *IW-Trends 3 2017* (Vierteljahresschrift zur empirischen Wirtschaftsforschung, 44) (https://www.iwkoeln.de/fileadmin/publikationen/2017/357919/IW-Trends_2017-03-04_Deschermeier.pdf, Zugriff am 21.05.2018).

Deutsche Alzheimer Gesellschaft e. V. (2016a). *Selbsthilfe Demenz. Informationsblatt 1. Häufigkeit von Demenz.* Berlin (https://www.deutschealzheimer.de/fileadmin/alz/pdf/factsheets/infoblatt1_haeufigkeit_demenzerkrankungen_dalzg.pdf, Zugriff am 14.08.2017).

Deutsche Alzheimer Gesellschaft (2016b). *Zahlen zu Häufigkeit, Pflegebedarf und Versorgung Demenzkranker in Deutschland* (http://demenz-brandenburg.de/wp-content/uploads/2017/02/Daten-Zahlen_2016-10-von-DALZG.pdf, Zugriff am 20.02.2018).

Deutscher Bundestag (2000). *Sechster Familienbericht: Familien ausländischer Herkunft in Deutschland. Leistungen – Belastungen – Herausforderungen und Stellungnahme der Bundesregierung* (https://www.bmfsfj.de/blob/77898/a96affa352d60790033ff9bbe b5b0e24/bt-drucksache-sechster-altenbericht-data.pdf, Zugriff am 26.05.2018).

Deutscher Bundestag (2010). Sechster Bericht zur Lage der älteren Generation in der Bundesrepublik Deutschland – Altersbilder in der Gesellschaft und Stellungnahme der Bundesregierung. Berlin: BMFSFJ (https://www.bmfsfj.de/blob/77898/a96affa352d607900 33ff9bbeb5b0e24/bt-drucksache-sechster-altenbericht-data.pdf, Zugriff am 04.05.2018).

Deutscher Bundestag (2016). Siebter Bericht zur Lage der älteren Generation in der Bundesrepublik Deutschland. Sorge und Mitverantwortung in der Kommune – Aufbau und Sicherung zukunftsfähiger Gemeinschaften. Deutscher Bundestag Drs. 18/10210 vom 02.11.2016 (http://www.demografie-portal.de/SharedDocs/Downloads/DE/Berich teKonzepte/Bund/Siebter-Altenbericht.pdf?__blob=publicationFile&v=2, Zugriff am 20.02.2018).

Deutscher Verein für öffentliche und private Fürsorge (2016). *Empfehlungen des Deutschen Vereins zur Weiterentwicklung der Kooperation der Akteure generationengerechten Wohnens vom 16.3.2016* (https://www.deutscher-verein.de/de/uploads/empfeh lungen-stellungnahmen/2016/dv-24-14-generationengerechtes-wohnen.pdf, Zugriff am 20.02.2018).

Diakonie Deutschland (2014). Interkulturelle Öffnung und kultursensible Altenhilfe der Verbände der Freien Wohlfahrtspflege (http://www.deutscheislamkonferenz.de/Shared Docs/Anlagen/DIK/DE/Downloads/Sonstiges/20140917_altenhilfe_wohlfahrtspflege. pdf?__blob=publicationFile, Zugriff am 28.11.2017).

Dieck, M. & Naegele, G. (Hrsg.) (1978). *Sozialpolitik für ältere Menschen*. Heidelberg: Quelle & Meyer.

Dieck, M. & Naegele, G. (2012). Die »neuen Alten« – Soziale Ungleichheiten vertiefen sich! Ein Thesenpapier. In K. Fred (Hrsg.), *Das Altern der »neuen« Alten. Eine Generation im Strukturwandel des Alters*. Soziale Gerontologie. Bd. 1 (S. 41–53). Berlin: Lit Verlag.

Dietel, K. (2017). Generations- und geschlechtsspezifische Technikaneignung im technikunterstützen Wohnen. In P. Biniok & E. Lettmann (Hrsg.), *Assistive Gesellschaft* (S. 225–247). Wiesbaden: VS Verlag.

Dietzel-Papakyriakou, M. (1991). Ältere ausländische Menschen in der Bundesrepublik Deutschland. In DZA (Hrsg.) (1993). *Expertisen zum Ersten Altenbericht – III Aspekte der Lebensbedingungen ausgewählter Bevölkerungsgruppen* (S. 1–153). Berlin: DZA.

Döring, N. & Bortz, J. (2016). *Forschungsmethoden und Evaluation* (6. Aufl.). Berlin: Springer.

DZA – Deutsches Zentrum für Altersfragen (Hrsg.) (2016). *Deutscher Alterssurvey 2014. Zentrale Befunde*. Berlin (https://www.dza.de/fileadmin/dza/pdf/DEAS2014_Kurzfass ung.pdf, Zugriff am 25.05.2018).

Engstler, H. (2004). Die Zeitverwendung älterer Menschen. In Forum der Bundesstatistik, *Alltag in Deutschland. Beiträge zur Ergebniskonferenz der Zeitbudgeterhebung 2001/ 02 am 16./17. Februar in Wiesbaden. Analysen zur Zeitverwendung. Statistisches Bundesamt. Bd. 43*. Wiesbaden.

Engstler, H. & Klaus, D. (2017). Auslaufmodell »traditionelle Ehe«? Wandel der Lebensformen und der Arbeitsteilung von Paaren in der zweiten Lebenshälfte. In K. Mahne, J. K. Wolff, J. Simonson & C. Tesch-Römer (Hrsg.), *Altern im Wandel. Zwei Jahrzehnte deutscher Alterssurvey (DEAS)* (S. 201–214). Wiesbaden: VS Verlag.

Engstler, H. & Menning, S. (2003). Die Familie im Spiegel der amtlichen Statistik. Lebensformen, Familienstrukturen, wirtschaftliche Situation der Familien und familiendemographische Entwicklung in Deutschland (erw. Neuaufl.). Erstellt im Auftrag des Bundesministeriums für Familie, Senioren, Frauen und Jugend (BFSFJ) (Hrsg.) in Zusammenarbeit mit dem Statistischen Bundesamt. Berlin (https://www.bmfsfj.de/blob/ 94914/81f44ce525620c87c627fca6f71e75ad/prm-24184-gesamtbericht-familie-im-spie g-data.pdf, Zugriff am 26.05.2018).

Erikson, E. (1990). *Kindheit und Gesellschaft. Identität und Lebenszyklus* (3. Aufl.). Stuttgart: Klett.
Faltermaier, T. (2005). *Gesundheitspsychologie*. Stuttgart: Kohlhammer.
Faltermaier, T., Mayring, P., Saup, W. & Strehme, P. (2002). *Entwicklungspsychologie des Erwachsenenalters* (2. Aufl.). Stuttgart: Kohlhammer.
Filipp, S. H. (1999). Lebenserfahrungen und Lebenssinn. Biographische Aspekte des Alterns. In A. Niederfranke, G. Naegele & E. Frahm (Hrsg.), *Funkkolleg Altern 1* (S. 101–136.). Opladen: Westdeutscher Verlag.
Filipp, S. H. (2010). *Kritische Lebensereignisse* (3. Aufl.). Weinheim Psychologische Verlags Union.
Flammer, A. (2017). *Entwicklungstheorien: Psychologische Theorien der menschlichen Entwicklung* (5. Aufl.). Bern: Hogrefe.
Fooken, I. (1999). Intimität auf Abstand. Familienbeziehungen und soziale Netzwerke. In A. Niederfranke, G. Naegele & E. Frahm (Hrsg.), *Funkkolleg Altern Bd. 2* (S. 209–244). Opladen: Westdeutscher Verlag.
Forschungsgesellschaft für Gerontologie e. V., Institut für Arbeit und Technik an der Ruhr Universität Bochum (2006). *Seniorenwirtschaft in Deutschland, Wohnen im Alter* (https://www.ssoar.info/ssoar/bitstream/handle/document/12118/ssoar-2006-heinze _et_al-wohnen_im_alter.pdf?sequence=1, Zugriff am 20.02.2018).
Forum für eine kultursensible Altenhilfe (2015). *Forum für eine kultursensible Altenhilfe. Entstehung – Inhalte – Angebote* (https://www.kultursensible-altenhilfe.de/files/Down loads/2014/Darstellung_Forum_%202015.pdf, Zugriff am 22.05.2018).
Franziskowski, P., Luetkens, C. & Sabo, P. (Hrsg.) (2013). *Dokumente der Gesundheitsförderung II. Internationale und nationale Dokumente und Grundlagentexte zur Entwicklung der Gesundheitsförderung von 1992 bis 2013*. Duisburg: Fachverlag Peter Sabo-Nachf. Jörg Tomann.
Frick, J., Grabka, M., Groh-Samberg, O., Hertel, F. & Tucci, I. (2009). *Alterssicherung von Personen mit Migrationshintergrund*. Berlin: Deutsches Institut für Wirtschaftsforschung.
Friedrichs, J. (1990). *Die Grundlagen der empirischen Sozialforschung* (14. Aufl.). Opladen: Westdeutscher Verlag.
Generali Deutschland AG (Hrsg.) (2017). *Generali Altersstudie 2017. Wie ältere Menschen in Deutschland denken und leben*. Heidelberg: VS Verlag.
Generali Zukunftsfonds und Institut für Demoskopie Allensbach (Hrsg.) (2012). *Generali Altersstudie 2013. Wie ältere Menschen leben, denken und sich engagieren*. Frankfurt a. M.: Fischer.
Gensicke, T., Picot, S. & Geiss, S. (2006). *Freiwilliges Engagement in Deutschland 1999–2004. Ergebnisse der repräsentativen Trenderhebung zu Ehrenamt, Freiwilligenarbeit und bürgerschaftlichem Engagement*. Berlin: BMFSFJ.
Gesundheitsberichterstattung des Bundes (2015). *Gesundheit in Deutschland*. Robert Koch Institut (http://edoc.rki.de/documents/rki_fv/refNzCggQ8fNw/PDF/29PIbXnI56 Jfc.pdf, Zugriff am 20.02.2018).
Giarusso, R., Stalling, M. & Bengtson, V. L. (1995). The »Intergenerational Stake Hypothesis« Revisited: Parent-Child Differences in the Perception of Relationship 20 Years later. In V. L. Bengtson, K. W. Schaie & L. M. Burton (Hrsg.), *Adult Intergenerational Relations: Effect of Social Change* (S. 227–263). New York: Springer.
Glatzer, G. & Hübinger, W. (1990). Lebenslagen und Armut. In D. Döring, W. Hanesch & E. U. Huster (Hrsg.), *Armut im Wohlstand* (S. 31–55). Frankfurt a. M.: Suhrkamp.
Göckenjahn, G. (2010). Altersbilder in der Geschichte. In K. Aner & F. Karl (Hrsg.), *Handbuch sozialer Arbeit und Alter* (S. 403–413). Wiesbaden: VS Verlag.
Gräßel, E. (1998). Häusliche Pflege dementiell und nicht dementiell Erkrankter. Teil II Gesundheit und Belastungen der Pflegenden. *Zeitschrift für Gerontologie und Geriatrie, 31*, 57–62.
Hartung, A. (2014). *SOEP. Das sozioökonomische Panel. SOEP Papers on Multidisciplinary Panel Data Research. 668. Wohnsituation von Migrantenhaushalten: Eine Analyse mit Blick auf den Effekt der Mietpreisbenachteiligung*. Berlin (https://www.diw.de/

documents/publikationen/73/diw_01.c.467186.de/diw_sp0668.pdf, Zugriff am 18.11. 2017).
Haug, S. (2001). Bleiben oder Zurückkehren? Zur Messung, Erklärung und Prognose der Rückkehr von Immigranten in Deutschland. *Zeitschrift für Bevölkerungswissenschaft*, 26, 231–270.
Havighurst, R. (1972). *Developmentalt Task and Education*. New York: McKay.
Havighurst, R. J., Neugarten, B. L. & Tobin, S. S. (1964). Disengagement and the Patterns of Aging. *The Gerontologist*, 4, 162–172.
Hecht, M. (2005): Wir Heimat-Vertriebenen. *Psychologie heute*, 12, 22–27.
Heckmann, F. (1997). *Integration und Integrationspolitik in Deutschland. Beitrag zum Internationalen Forum »Migration und Mittelmeer« Friedrich-Ebert-Stiftung*, Rom, 3.–4. November 1997 efms Paper Nr. 11 (http://www.efms.uni-bamberg.de/pdf/efms_p11.pdf, Zugriff am 26.05.2018).
Heinze, R. (2017). Wohnen und Wohnumfeld – der Lebensmittelpunkt im Alter. In Generali Deutschland AG. (Hrsg.), *Generali Altersstudie 2017. Wie ältere Menschen in Deutschland denken und leben* (S. 213–229). Berlin: VS Verlag.
Hof, C. (2009). *Lebenslanges Lernen: Eine Einführung*. Stuttgart: Kohlhammer.
Hoff, A. (2006). Intergenerationale Familienbeziehungen im Wandel. In C. Tesch-Römer, H. Engstler & S. Wurm, (Hrsg.), *Altwerden in Deutschland. Sozialer Wandel und individuelle Entwicklungen in der zweiten Lebenshälfte* (S. 231–288). Wiesbaden: VS Verlag.
Hoffmann, E. & Romeu Gordo, L. (2016). Lebenssituation älterer Menschen mit Migrationshintergrund. In Statistisches Bundesamt (Destatis) & Wissenschaftszentrum Berlin für Sozialforschung (WZB) (Hrsg.), *Ein Sozialbericht für die Bundesrepublik Deutschland. Datenreport 2016* (S. 64–73). Bonn: bpb (https://www.dza.de/fileadmin/dza/pdf/Datenreport2016_Kap2.3.pdf, Zugriff am 28.10.2017).
Höpflinger, F., Hummel, C. & Hugentobler, V. (2006). *Enkelkinder und ihre Großeltern – intergenerationelle Beziehungen im Wandel*. Zürich: Seismo.
Horn, J. L. & Cattel, R. B. (1966). Age Differences in Primary Mental Ability Facts. *Journal of Gerontology*, 21, 210–220.
Hurrelmann, K. (2006). *Gesundheitssoziologie. Eine Einführung in sozialwissenschaftliche Theorien von Krankheitsprävention und Gesundheitsförderung* (6. Aufl.). Weinheim: Juventa.
HWWI – Hamburgisches Weltwirtschaftsinstitut (Hrsg.) (2009). *Wie gesund sind Migranten? Focus Migration Kurzdossier Nr. 12*. Hamburg: bpb.
Ignatzi, H. (2010): Institutionelle Veränderungen/Organisationsentwicklung. In: Deutsches Rotes Kreuz, Landesverband Westfalen-Lippe e. V. (Hrsg.), *Interkulturelle Öffnung des Ehrenamtes. Eine Handlungshilfe für DRK-Leitungskräfte in der Wohlfahrtsarbeit* (S. 8–13). Münster.
Karl, F. (1999). Gerontologie und Soziale Gerontologie in Deutschland. In B. Jansen, F. Karl, H. Radebold & R. Schmitz-Scherzer (Hrsg.), *Soziale Gerontologie Ein Handbuch für Lehre und Praxis* (S. 20–46). Weinheim: Beltz.
Karl, F. (Hrsg.) (2003). *Sozial und verhaltenswissenschaftliche Gerontologie. Alter und Altern als gesellschaftliches Problem und individuelles Thema*. Weinheim, München: Juventa.
Karl, F. (Hrsg.) (2012). *Das Altern der »neuen« Alten. Eine Generation im Strukturwandel des Alters. Soziale Gerontologie. Bd. 1*. Berlin: Lit Verlag.
Keller, H. (1998). *Lehrbuch Entwicklungspsychologie*. Bern: Huber.
Kessler, E. M. (2009). Altersbilder in den Medien – Wirklichkeit oder Illusion. In B. Schorb, W. Reißmann & A. Hartung (Hrsg.), *Medien im höheren Lebensalter* (S. 146–156). Köln: VS Verlag.
Klaus, D. & Mahne, K. (2017). Zeit gegen Geld? Der Austausch von Unterstützung zwischen den Generationen. In K. Mahne, J. Wolff, J. Simonson & C. Tesch-Römer (Hrsg.), *Altern im Wandel. Zwei Jahrzehnte deutscher Alterssurvey (DEAS)* (S. 247–256). Wiesbaden: VS Verlag.

Kliegel, M., Zinke, K. & Hering, A. (2012). Plastizität. In H. W. Wahl, C. Tesch-Römer & J. P. Ziegelmann (Hrsg.), *Angewandte Gerontologie: Interventionen für ein gutes Altern im 100 Schlüsselbegriffen* (12., vollst. übearb. Aufl.) (S. 72–87). Stuttgart: Kohlhammer.

Klott, S. (2014). Theorien des Alters und des Alterns. In S. Becker & H. Brandenburg (Hrsg.), *Lehrbuch Gerontologie* (S. 37–70). Bern: Huber.

Knopf, M. (1998). Gedächtnisleistungen und Gedächtnisförderung. In A. Kruse (Hrsg.), *Psychosoziale Gerontologie Bd. 1: Grundlagen* (S. 131–146). Göttingen: Hogrefe.

Kohlfal, C., Arlt, S. & Mnich, E. (2007). »In guten wie in schlechten Zeiten ...« Unterschiede und Gemeinsamkeiten von pflegenden Ehepartnern und anderen pflegenden Angehörigen in der deutschen Teilstudie des Projekts EUROFAMCARE. *Zeitschrift für Gerontopsychologie und -psychiatrie 20*, 211–225.

Kohli, M. & Künemund, H. (Hrsg.) (2000). *Die zweite Lebenshälfte. Gesellschaftliche Lage und Partizipation im Spiegel des Alterssurveys*. Opladen: Leske + Budrich.

Kohli, M., Künemund, H. & Bode, C. (2000). Generationenbeziehungen. In M. Kohli, H. Künemund (Hrsg.), *Die zweite Lebenshälfte. Gesellschaftliche Lage und Partizipation im Spiegel des Alterssurveys* (S. 176–211). Opladen: Leske + Budrich.

Kohls, M. (2008a). *Healthy-Migrant-Effect, Erfassungsfehler und andere Schwierigkeiten bei der Analyse der Mortalität von Migranten. Eine Bestandsaufnahme* (Working Paper 15. Nürnberg: BAMF (https://www.bamf.de/SharedDocs/Anlagen/DE/Publikationen/WorkingPapers/wp15-healthy-migrant-effekt.pdf?__blob=publicationFile, Zugriff am 02.04.2018).

Kohls, M. (2008b): *Leben Migranten wirklich länger? Eine empirische Analyse der Mortalität von Migranten in Deutschland* (Working Paper 16. Nürnberg: BAMF) (https://www.bamf.de/SharedDocs/Anlagen/DE/Publikationen/WorkingPapers/wp16-leben-Migranten-laenger.pdf?__blob=publicationFile, Zugriff am 01.07.2018).

Kohls, M. (2009). Einfluss von Auswahlprozessen auf die Sterblichkeit verschiedener Zuwanderergruppen in Deutschland. In *DRV-Schriften 55/2008* (S. 153–175). Berlin: Deutsche Rentenversicherung.

Kohls, M. (2011). *Morbidität und Mortalität von Migranten in Deutschland. Forschungsbericht 9*. Nürnberg: BAMF (https://www.bamf.de/SharedDocs/Anlagen/DE/Publikationen/Forschungsberichte/fb09-mortalitaet.pdf?__blob=publicationFile, Zugriff am 26.05.2018).

Kohls, M. (2012). *Pflegebedürftigkeit und Nachfrage nach Pflegeleistungen von Migrantinnen und Migranten im demographischen Wandel*. Nürnberg: BAMF (http://drk-ikoe.de/fileadmin/user_upload/Pflegebed%C3%BCrftigkeit-Migranten-BAMF-2012.pdf, Zugriff am 02.04.2018).

Köster, D., Schramek, R. & Dorn, S. (2008). *Qualitätsziele moderner SeniorInnenarbeit und Altersbildung. Das Handbuch*. Dortmund: ALTHENA.

Kremer-Preiß, U. (2012). Aktuelle und zukunftsträchtige Wohnformen für das Alter. In H. W. Wahl, C. Tesch-Römer & J. P. Ziegelmann (Hrsg.), *Angewandte Gerontologie: Interventionen für ein gutes Alter in 100 Schlüsselbegriffen* (12., vollst. übearb. Aufl.) (S. 554–561). Stuttgart: Kohlhammer.

Kruse, A. (1987). Kompetenz bei chronischer Krankheit im Alter. *Zeitschrift für Gerontologie und Geriatrie, 20*, 355–366.

Kruse, A. & Lehr, U. (1996). Reife Leistung. Psychologische Aspekte des Alterns. In A. Niederfranke, G. Naegele & E. Frahm (Hrsg.), *Funkkolleg Altern. Bd. 1* (S. 187–239). Opladen: Westdeutscher Verlag.

Kruse, A. & Lehr, U. (1999). Reife Leistung. Psychologische Aspekte des Alterns. In A. Niederfranke, G. Naegele & E. Frahm (Hrsg.), *Funkkolleg Altern 1. Die vielen Gesichter des Alterns* (S. 187–238). Opladen, Wiesbaden: Westdeutscher Verlag.

Kruse, A. & Martin, M. (Hrsg.) (2004). *Enzyklopädie der Gerontologie*. Bern: Huber.

Kühnert, S. & Niederfranke, A. (1993). Sind gerontologische Theorien nützlich zur Erklärung sozialstruktureller Altersveränderungen. In G. Naegele & H. P. Tews (Hrsg.), *Lebenslagen im Strukturwandel des Alters* (S. 82–99). Opladen: Westdeutscher Verlag.

Künemund, H. & Hollstein, B. (2000). Soziale Beziehungen und Unterstützungsnetzwerke. In M. Kohli & H. Künemund (Hrsg.), *Die zweite Lebenshälfte. Gesellschaftliche Lage und Partizipation im Spiegel des Alterssurveys* (S. 212–267). Opladen: Leske + Budrich.
Kuhlmey, A. (2009). Chronische Krankheit in der Lebensphase Alter. In D. Schaeffer (Hrsg.), *Bewältigung chronischer Krankheit im Lebensverlauf* (S. 357–368). Bern: Huber.
Kulbach, R. (2007). Organisation und Verankerung interkultureller Arbeit in soziale Einrichtungen. In I. Zacharaki, T. Eppenstein & M. Krummacher (Hrsg.), *Interkulturelle Kompetenz vermitteln, vertiefen, umsetzen. Praxishandbuch* (S. 131–146). Schwalbach/Ts.: Debus Pädagogik Verlag.
Kuratorium Deutsche Altershilfe (Hrsg.) (2011). *Quartiersentwicklung. Ziele, Verantwortlichkeiten und politische Handlungsbindung.* Köln: Kuratorium Deutsche Altershilfe.
Kurz, D. & Wilz, G. (2011). Belastungen pflegender Angehörige bei Demenz Entstehungsbedingungen und Interventionsmöglichkeiten. *Der Nervenarzt, 82*, 366–342.
Laslett, P. (1995). *Das Dritte Alter. Historische Soziologie des Alterns.* Weinheim, München: Juventa Verlag.
Lawton, M. P. (1982). Competence, Environmental Press and the Adapation of Older People. In M. P. Lawton, P. G. Windley & T. O. Byerts (Hrsg.), *Aging and the Environment* (S. 33–59). New York: Springer.
Lawton, M. P. & Nahemo, L. (1973). Ecologie and the Aging Process. In C. Eisdorfer, M. P. Lawton (Hrsg.), *Psychology of Adult Development and Aging* (S. 601–673). Washington: American Psychological Association.
Lawton, M. P., van Haitsma, K. & Klapper, J. (1996). Observed Affect in Nursing Home Residents with Alzheimer Disease. *Journal of Gerontology, 51*, 3–14.
Lazarus, R. S. (1995). Stress und Stressbewältigung – ein Paradigma. In S. H. Filipp (Hrsg.), *Kritische Lebensereignisse* (3. Aufl.) (S. 198–232). Weinheim: Psychologische Verlags Union.
Lehr, U. (1999). *Psychologie des Alterns* (9., übearb. Aufl.). Wiebelsheim: Quelle und Meyer.
Lehr, U. & Thomae, H. (Hrsg.) (1987). *Formen seelischen Alterns.* Stuttgart: Enke.
Leipold, B. (2012). *Lebenslanges Lernen und Bildung im Alter.* Grundriss Gerontologie. Bd. 9. Stuttgart: Kohlhammer.
Leßmann, O. (2006). Lebenslagen und Verwirklichungschancen (capability) – Verschiedene Wurzeln, ähnliche Konzepte. (Kurzfassung der Dissertation an der Universität Oldenburg im Jahr 2005). DIW Berlin. *Vierteljahrshefte zur Wirtschaftsforschung, 75,* 1, 30–42 (http://ejournals.duncker-humblot.de/doi/pdf/10.3790/vjh.75.1.30, Zugriff am 01.01.2018).
Lindenberger, U., Smith, J., Mayer, K. U. & Baltes, P. B. (Hrsg.) (2010). *Die Berliner Altersstudie* (3., erw. Aufl.). Berlin: Akademie Verlag.
Litwak, E. (1985). *Helping the Elderly: The Complementary Roles of Informal Networks and Formal Systems.* New York: Guilford Press.
Mahne, K. & Huxhold, O. (2017). Nähe auf Distanz. Bleiben die Beziehungen zwischen alten Eltern und ihren erwachsenen Kindern trotz wachsender Wohnentfernung gut? In K. Mahne, J. K. Wolff, J. Simonson & C. Tesch-Römer (Hrsg.), *Altern im Wandel. Zwei Jahrzehnte deutscher Alterssurvey (DEAS)* (S. 215–238). Wiesbaden: VS Verlag.
Mahne, K. & Klaus, D. (2017). Zwischen Enkelglück und (Groß-)elternpflicht – die Bedeutung und Ausgestaltung von Beziehungen zwischen Großeltern und Enkelkindern. In K. Mahne, J. K. Wolff, J. Simonson & C. Tesch-Römer (Hrsg.), *Altern im Wandel. Zwei Jahrzehnte deutscher Alterssurvey (DEAS)* (S. 231–246). Wiesbaden: VS Verlag.
Mahne, K. & Motel-Klingebiel, A. (2010). Familiale Generationenbeziehungen In A. Motel-Klingebiel, S. Wurm & C. Tesch-Römer (Hrsg.), *Altern im Wandel. Befunde des Deutschen Alterssurveys (DEAS)* (S. 188–214). Stuttgart: Kohlhammer.
Mahne, K., Wolff, J. K., Simonson, J. & Tesch-Römer, C. (Hrsg.) (2017). *Altern im Wandel. Zwei Jahrzehnte Deutscher Alterssurvey (DEAS).* Wiesbaden: VS Verlag.

Martin, M. & Kliegel, M. (2005). *Psychologische Grundlagen der Gerontologie*. Stuttgart: Kohlhammer.
Mayer, A. K. (2009). Altersstereotype. In B. Schorb, W. Reißmann & A. Hartung (Hrsg.), *Medien im höheren Lebensalter* (S. 114–129). Köln: VS Verlag.
Mayring, P., (1987). Subjektives Wohlbefinden im Alter. Stand der Forschung und theoretische Weiterentwicklung. *Zeitschrift für Gerontologie und Geriatrie, 20*, 367–376.
MGFFI NRW – Ministerium für Generationen, Familie, Frauen und Integration des Landes Nordrhein-Westfalen (Hrsg.) (2007). *Integration als Chance für Nordrhein-Westfalen und seine Kommunen, Potentiale nutzen – aus Erfahrungen lernen*. Duisburg: WAZ-Druck.
Micheel, F. & Naderi, R. (2009). Subjektive Einschätzung der ökonomischen Lage älterer Türkinnen und Türken im Zusammenhang mit ihrer sozialen Einbindung. *Zeitschrift für Bevölkerungswissenschaft, 34*, 165–198.
Mika, T., Hering, L. & Hochfellner, D. (2010). Welche berufliche Qualifikation und Erfahrung brachten Aussiedler und Spätaussiedler bei der Zuwanderung mit? In Deutsche Rentenversicherung Bund (Hrsg.), *Gesundheit, Migration und Einkommensungleichheit*. Bericht vom siebten Workshop des Forschungsdatenzentrums der Rentenversicherung (FDZ-RV) am 18. und 19. Juni 2010 im Wissenschaftszentrum Berlin für Sozialforschung (WZB) (S. 131–148). DRV-Schriften. Bd. 55. Berlin: H. Heenemann GmbH & Co. KG.
Mika, T. & Tucci, I. (2006). *Alterseinkommen bei Zuwanderern: Gesetzliche Rente und Haushaltseinkommen bei Aussiedlern und Zuwanderern aus der Türkei und dem ehemaligen Jugoslawien im Vergleich zur deutschen Bevölkerung*. Research Notes 18. Berlin: Deutsches Institut für Wirtschaftsforschung.
Ministerium für Gesundheit des Landes Nordrhein-Westfalen (vormalig Ministerium für Generationen, Familie, Frauen und Integration) (Hrsg.) (2008). *Expertise zu Lebensstilen, Interessenlagen und Wohnbedürfnissen älterer Menschen*. Bezug über Wohnberatungsstellen NRW Dortmund.
Mitterauer, M. (1977). Der Mythos von der vorindustriellen Großfamilie. In M. Mitterauer & R. Sieder (Hrsg.), *Vom Patriarchat zur Partnerschaft* (S. 38–65). München: Beck.
Mollenkopf, H., Oswald, F., Wahl, H. W. & Zimber, A. (2004). Räumlich-soziale Umwelten älterer Menschen: Die ökologische Perspektive. In A. Kruse & M. Martin (Hrsg.), *Enzyklopädie der Gerontologie. Alternsprozesse in multidisziplinärer Sicht* (4. Aufl.) (S. 343–361). Bern: Huber.
Motel-Klingebiel, A., Simonson, J. & Gordo, L. R. (2010a). Materielle Sicherung. In A. Motel-Klingebiel, S. Wurm, C. Tesch-Römer (Hrsg.), *Altern im Wandel. Befunde des Deutschen Alterssurveys (DEAS)* (S. 61–89). Stuttgart: Kohlhammer.
Motel-Klingebiel, A., Wurm, S. & Tesch-Römer, C. (Hrsg.) (2010b). *Altern im Wandel: Befunde des Deutschen Alterssurveys (DEAS)*. Stuttgart: Kohlhammer.
Naegele, G. & Reichert, M. (Hrsg.) (1998). *Vereinbarkeit von Berufstätigkeit und Pflege. Nationale und internationale Perspektiven*. Hannover: Vincentz.
Nauck, B. & Kohlmann, A. (1998). Verwandtschaft als soziales Kapital – Netzwerkbeziehungen in türkischen Migrantenfamilien. In M. Wagner & Y. Schütze (Hrsg.), *Verwandtschaft: sozialwissenschaftliche Beiträge zu einem vernachlässigten Thema* (S. 203–236). Stuttgart: Enke.
Neise, M. & Zank, S. (2016). Lebensqualität. In S. U. Müller & C. G Gärtner (Hrsg.), *Lebensqualität im Alter. Perspektiven für Menschen mit geistiger Behinderung und psychischen Erkrankungen* (S. 3–23). Wiesbaden: VS Verlag.
Nestmann, F. (1999). Altern und soziale Beziehung. In K. Lenz, M. Rudolph & U. Sieckendick (Hrsg.,) *Die alternde Gesellschaft* (S. 7–115). München: Juventa.
Nowossadeck, S. & Engstler, H. (2017). Wohnen und Wohnkosten im Alter. In K. Mahne, J. K. Wolff, J. Simonson & C. Tesch-Römer (Hrsg.), *Altern im Wandel. Zwei Jahrzehnte deutscher Alterssurvey (DEAS)* (S. 287–300). Wiesbaden: VS Verlag.
Nowossadeck, S. & Mahne, K. (2017). Bewertung des Wohnumfelds in der zweiten Lebenshälfte. In K. Mahne, J. K. Wolff, J. Simonson & C. Tesch-Römer (Hrsg.), *Altern*

im Wandel. Zwei Jahrzehnte deutscher Alterssurvey (DEAS) (S. 301–314). Wiesbaden: VS Verlag.

Oerter, R. & Montada, L. (Hrsg.) (2008). *Entwicklungspsychologie* (6., völlig übearb. Aufl.). Weinheim: Beltz.

Olbermann, E. (2003). *Soziale Netzwerke, Alter und Migration: Theoretische und empirische Explorationen zur sozialen Unterstützung älterer Migranten* (https://eldorado.tu-dortmund.de/bitstream/2003/2914/1/olbermannunt.pdf, Zugriff am 19.11.2017).

Olbermann, E. & Dietzel-Papakyriakou, M. (1996). *Entwicklung von Konzepten und Handlungsstrategien für die Versorgung älterwerdender und älterer Ausländer*. Bonn: BMAS.

Oswald, F. (1996). *»Hier bin ich zu Hause«. Zur Bedeutung des Wohnens. Eine empirische Studie mit gesunden und gehbehinderten Älteren*. Regensburg: Röderer.

Oswald, F., Wahl, H. W. & Antfang, P. (2014). *Lebensqualität in der stationären Altenpflege mit INSEL. Konzepte, praktische Erfahrungen, Befunde und sozialpolitische Implikationen*. Münster: Lit Verlag.

Oswald, F. & Wahl, H. W. (2016). Alte und neue Umwelten des Alterns – Zur Bedeutung von Wohnen und Technologie für Teilhabe in der späteren Lebensphase. In G. Naegele, E. Olbermann & A. Kuhlmann (Hrsg.), *Teilhabe im Alter gestalten* (S. 113–129). Wiesbaden: Springer.

Oswald, W. D. (2008). Gedächtnis. In W. D. Oswald, G. Gatterer & V. M. Fleischmann, *Gerontopsychologie Grundlagen und klinische Aspekte zur Psychologie des Alterns* (S. 43–58) (2. Aufl.). Wien, New York: Springer.

Oswald, W. D. & Fleischmann, V. M. (1995). *Nürnberger Altersinventar (NAI)*. Göttingen: Hogrefe.

Oswald, W. D., Hagen, B., Rupprecht, R. & Gunzelmann, T. (2003). Erhalt von Lebensqualität im höheren Lebensalter: Langfristige Trainingseffekte der SIMA Längsschnittstudie. In F. Karl (Hrsg.), *Sozial und verhaltenswissenschaftliche Gerontologie Alter und Altern als gesellschaftliches Problem und individuelles Thema* (S. 261–270). Weinheim, München: Juventa.

Oswald, W. D., Rupprecht, R. & Hagen, B. (2012). *Bedingungen der Erhaltung und Förderung von Selbstständigkeit im hohen Lebensalter (SIMA). SIMA Akademie* (http://www.sima-akademie.de/fileadmin/user_upload/sima/pdf/SIMA-50__in_Stichworten_Okt-2012.pdf, Zugriff am 11.02.2018).

Otto, H.-U. (2001). Altenarbeit. In H.-U. Otto & Thiersch, H. (Hrsg.), *Handbuch Sozialarbeit/Sozialpädagogik*. (2., völlig neu bearb. Aufl.) (S. 11–20). Darmstadt, Neuwied: Leuchterhand (https://www.demenzforschung-oswald.de/testverfahren/, Zugriff am 29.11.2018).

Özcan, V. & Seifert, W. (2004). *Zur Lebenslage älterer Migrantinnen und Migranten in Deutschland – Expertise für den 5. Altenbericht der Bundesregierung* im Auftrag des Deutschen Zentrums für Altersfragen. Berlin.

Özcan, V. & Seifert, W. (2006). Lebenslage älterer Migrantinnen und Migranten in Deutschland. In DZA (Hrsg.), *Lebenssituation und Gesundheit älterer Migranten in Deutschland. Expertisen zum 5. Altenbericht der Bundesregierung. Bd. 6* (S. 7–76). Münster: Lit Verlag.

Pälizeus-Hoffmeister, H. (2013). *Zur Bedeutung von Technik im Alltag Älterer. Theorie und Empirie aus soziologischer Perspektive*. Wiesbaden: VS Verlag.

Perrig-Chiello, P. & Höpflinger, F. (2009). *Die Babyboomer. Eine Generation revolutioniert das Alter*. Zürich: Neue Züricher Zeitung.

Philipp-Metzen, H. E. (2011). Die Enkelgeneration in der familialen Pflege bei Demenz. *Zeitschrift für Gerontologie und Geriatrie, 44*, 397–404.

Pichler, B. (2010). Aktuelle Altersbilder: »junge Alte« und »alte Alte«. In K. Aner & F. Karl (Hrsg.), *Handbuch sozialer Arbeit und Alter* (S. 415–425). Wiesbaden: VS Verlag.

Pötzsch, O. (2012). *Geburten in Deutschland Ausgabe 2012*. Wiesbaden: Statistisches Bundesamt (Destatis) (https://www.destatis.de/DE/Publikationen/Thematisch/Bevoelkerung/Bevoelkerungsbewegung/BroschuereGeburtenDeutschland0120007129004.pdf?__blob=publicationFile, Zugriff am 01.07.2018).

Prahl, H.-W. & Schroeter, K. R. (1996). *Soziologie des Alterns. Eine Einführung.* Paderborn u. a.: Schöningh.
Presse- und Informationsamt der Bundesregierung (Hrsg.) (2007). *Der Nationale Integrationsplan. Neue Wege – Neue Chancen.* Berlin (http://www.kmk.org/fileadmin/Datei en/pdf/Bildung/AllgBildung/2007-10-18-nationaler-integrationsplan.pdf, Zugriff am 02.05.2018).
Preßmar, F. (2017). *Silver Surfer – Förderung der Medienkompetenz von Senioren.* Weinheim, Basel: Beltz Juventa.
Pries, L. (2010). *Transnationalisierung. Theorie und Empirie grenzüberschreitender Vergesellschaftung.* Wiesbaden: VS Verlag.
Radebold, H. (2012). Gibt es die »neuen« Alten? Zusammenfassende Einschätzung. In F. Karl (Hrsg.), *Das Altern der »neuen« Alten. Eine Generation im Strukturwandel des Alters. Soziale Gerontologie. Bd. 1* (S. 71–76). Berlin: Lit Verlag.
Razum, O. & Spallek, J. (2012). Erklärungsmodelle zum Zusammenhang zwischen Migration und Gesundheit im Alter. In H. Baykara-Krumme, A. Motel-Klingebiel & P. Schimany (Hrsg.), *Viele Welten des Alterns. Ältere Migranten im alternden Deutschland. Altern(n) und Gesellschaft. Bd. 22* (S. 161–180). Wiesbaden: VS Verlag.
Reichwein, A., Vogel, S., Buchholz, A. & Yildirim, G. (Kommunale Gemeinschaftsstelle für Verwaltungsvereinfachung, KGST) (2004). *Ein Handbuch für Kommunen. Integrationsarbeit – effektiv organisiert.* Im Auftrag des Ministeriums für Gesundheit, Soziales, Frauen und Familie des Landes Nordrhein-Westfalen. Düsseldorf.
Richter, M. & Hurrelmann, K. (Hrsg.) (2006). *Gesundheitliche Ungleichheit. Grundlagen, Probleme, Perspektiven.* Wiesbaden: VS Verlag.
Reischmann, J. (2002). Lernen hoch zehn – wer bietet mehr? Vom »Lernen en passant« zu »kompositionellem Lernen« und »lebensbreiter Bildung«. In R. Bergold, P. Dierkes & J. Knoll (Hrsg.), *Vielfalt neu verbinden – Abschlussbericht zum Projekt »Lernen 2000plus – Initiative für eine neue Lernkultur«* (S. 159–167). Recklinghausen: Bitter.
RKI – Robert-Koch-Institut (2008). Schwerpunktbericht der Gesundheitsberichterstattung des Bundes. Schwerpunktbericht – Migration und Gesundheit (Statistisches Bundesamt). Berlin (http://www.gbe-bund.de/pdf/migration.pdf, Zugriff am 05.11.2017).
Rosenmayr, L. (1994). Sexualität, Partnerschaft und Familie älterer Menschen. In P. B. Baltes, J. Mittelstraß & U. Staudinger (Hrsg.), *Alter und Altern: ein interdisziplinärer Studientext zur Gerontologie* (S. 461–491). Berlin: De Gryuter.
Rosenmayr, L. (2003). Berufliche Arbeit in einer neuen Charta des Lebenslaufs. In L. Rosenmayr & F. Böhmer (Hrsg.), *Hoffnung Alter* (S. 145–172). Wien: WUV Universitätsverlag.
Rosenmayr, L. & Köckeis, E. (1965). *Umwelt und Familie alter Menschen.* Neuwied: Luchterhand.
Rothen, H. J. (2016). Kommunale Alten- und Seniorenpolitik. In: Bertelsmann-Stiftung (Hrsg.), Wegweiser-Kommune.de (https://www.wegweiserkommune.de/documents/101 84/16915/Kommunale+Alten-+und+Seniorenpolitik.pdf/571f4fb6-75ec-4c73-902d-180 e4645e2e7, Zugriff am 01.05.2018).
Rott, C. & Jopp, D. S. (2012). Das Leben der Hochaltrigen. Wohlbefinden trotz körperlicher Einschränkungen. *Bundesgesundheitsblatt Gesundheitsforschung, Gesundheitsschutz, 55,* 474–480.
Rudinger, G. & Rietz, C. (1998). Intelligenz und Selektivität im höheren Alter: Neuere Ergebnisse aus der Bonner Längsschnittstudie. In A. Kruse (Hrsg.), *Psychosoziale Gerontologie. Bd. 1: Grundlagen* (S. 147–174). Göttingen: Hogrefe.
Rüßler, H. & Heite, E. (2017). Kommunen als Orte sozialer Altenarbeit. *Zeitschrift für Gerontologie und Geriatrie, 50,* 446–450.
Sackmann, R. & Weymann, A. (1994). *Die Technisierung des Alltags. Generationen und technische Innovationen.* Frankfurt: Campe.
Sauer, M. & Halm, D. (2010). *Altersvorsorge in der türkeistämmigen Bevölkerung in Deutschland. Studie im Auftrag des Deutschen Instituts für Altersvorsorge (DIA).* Köln: Deutsches Institut für Altersvorsorge.
Saup, W. (1991). *Konstruktives Altern.* Göttingen: Hogrefe.

Saup, W. (1993). *Alter und Umwelt. Eine Einführung in die ökologische Gerontologie.* Stuttgart: Kohlhammer.
Schäfer, B. (2003). *Generationen – Medien – Bildung. Medienpraxiskulturen im Generationenvergleich.* Opladen: Leske + Budrich.
Schäfers, M. (2008). *Lebensqualität aus Nutzersicht. Wie Menschen mit geistiger Behinderung ihre Lebenssituation bewerten.* Wiesbaden: VS Verlag.
Schaie, K. W. (1996). *Intellectual Development in Adulthood – The Seattle Longitudinal Study.* Cambridge: Cambridge University Press.
Schenk, L. (2008). Gesundheit und Krankheit älterer und alter Migranten. In A. Kuhlmey & D. Schaeffer (Hrsg.), *Alter, Gesundheit und Krankheit* (S. 156–174). Bern: Huber.
Schimany, P., Rühl, S. & Kohls, M. (2012). *Ältere Migrantinnen und Migranten. Entwicklungen, Lebenslagen, Perspektiven. Forschungsbericht 18.* Nürnberg: BAMF.
Schmid, S. & Kohls, M. (2011). *Generatives Verhalten und Migration. Eine Bestandsaufnahme des generativen Verhaltens von Migrantinnen in Deutschland. Forschungsbericht 10.* Nürnberg: BAMF.
Schmidt, E. (2004). Altersbilder – Begriff, Befunde und praktische Implikationen. In A. Kruse & M. Martin (Hrsg.), *Enzyklopädie der Gerontologie. Alternsprozesse in multidisziplinärer Sicht* (S. 135–147). Bern: Huber.
Schmitt, M. & Re, S. (2004). Partnerschaft im Alter. In A. Kruse & M. Martin (Hrsg.), *Enzyklopädie der Gerontologie. Alternsprozesse in multidisziplinärer Perspektive* (S. 373–386). Bern: Huber.
Schneekloth, U. & Wahl, H. W. (Hrsg.) (2006). *Selbstständigkeit und Hilfebedarf bei älteren Menschen in Privathaushalten.* Stuttgart: Kohlhammer.
Schneider, J., Parusel, B. (2011). Zirkuläre und temporäre Migration Empirische Erkenntnisse, politische Praxis und zukünftige Optionen in Deutschland. Studie der deutschen nationalen Kontaktstelle für das Europäische Migrationsnetzwerk (EMN) (Working Paper 35. Nürnberg: BAMF (http://www.bamf.de/SharedDocs/Anlagen/DE/Publikationen/EMN/Studien/wp35-emn-zirkulaere-migration.pdf;jsessionid=355CBD7C4085802 3CBBC34032F25CEEF.1_cid368?__blob=publicationFile, Zugriff am 05.05.2018).
Schorb, B., Reißmann, W. & Hartung, A. (Hrsg.) (2009). *Medien im höheren Lebensalter.* Köln: VS Verlag.
Schröder, H. & Gilberg, R. (2005). *Weiterbildung Älterer im demografischen Wandel. Empirische Bestandsaufnahme und Prognose.* Bielefeld: Bertelsmann.
Schuhmacher, J., Klaiber, A. & Brähler, E. (Hrsg.) (2003). *Diagnostische Verfahren zur Lebensqualität und Wohlbefinden.* Göttingen: Hogrefe.
Schulz-Nieswand, F., Köstler, U., Langenhorst, F. & Marks, H. (2012). *Neue Wohnformen im Alter.* Stuttgart: Kohlhammer.
Schuntermann, M. (2013). *Einführung in die ICF. Grundkurs, Übungen, offene Fragen* (4. Aufl.). Landsberg: Ecomed Verlagsgesellschaft.
Seniorenbüro Bochum (http://www.seniorenbuero-bochum.de/, Zugriff am 01.05.2018).
Spallek, J. & Razum, O. (2008). Erklärungsmodelle für die gesundheitliche Situation von Migrantinnen und Migranten. In U. Bauer, U. Bittlingmayer & M. Richter (Hrsg.), *Health Inequalities – Determinanten und Mechanismen gesundheitlicher Ungleichheit* (S. 271–288). Wiesbaden: VS Verlag.
Spuling, S., Wurm, S., Wolff, J. K. & Wünsche, J. (2017). Heißt krank zu sein, sich auch krank zu fühlen? Subjektiver Gesundheitszustand und ihr Zusammenhang mit anderen Gesundheitsdimensionen. In K. Mahne, J. K. Wolff, J. Simonson & C. Tesch-Römer (Hrsg.), *Altern im Wandel. Zwei Jahrzehnte Deutscher Alterssurvey (DEAS)* (S. 157–171). Wiesbaden: Springer.
Stadt Nürnberg. Amt für Senioren und Generationenfragen (2013). *Nürnberger Seniorennetzwerke, Konzeption, Organisation und Handlungsfelder* (https://www.nuernberg.de/imperia/md/seniorenamt/dokumente/fachliche_informationen/rahmenkonzept_seniorennetzwerke_nuernberg.pdf, Zugriff am 01.05.2018).
Statista (2017) Familienstand der Frauen und Männer ab 65 Jahre in Deutschland 2014 Altersgruppen. (https://de.statista.com/themen/172/senioren/ Zugriff am 23.11.2017).

Literaturverzeichnis

Statista (2018). Anzahl der Geburten in Deutschland von 1991 bis 2016 (https://de.statista.com/statistik/daten/studie/235/umfrage/anzahl-der-geburten-seit-1993/, Zugriff am 21.05.2015).

Statistische Ämter des Bundes und der Länder (Hrsg.) (2011). *Demografischer Wandel in Deutschland. H.1. Bevölkerungs- und Haushaltsentwicklung im Bund und in den Ländern*. Wiesbaden (https://www.destatis.de/DE/Publikationen/Thematisch/Bevoelkerung/DemografischerWandel/BevoelkerungsHaushaltsentwicklung5871101119004.pdf?__blob=publicationFile.pdf, Zugriff am 11.08.2017).

Statistisches Bundesamt (Hrsg.) (2011). *Im Blickpunkt. Ältere Menschen in Deutschland und der EU*. Wiesbaden (https://www.destatis.de/DE/Publikationen/Thematisch/Bevoelkerung/Bevoelkerungsstand/BlickpunktAeltereMenschen1021221119004.pdf?__blob=publicationFile.pdf, Zugriff am 14.08.2017).

Statistisches Bundesamt (Hrsg.) (2012). *Frauen und Männer auf dem Arbeitsmarkt. Deutschland und Europa*. Wiesbaden (https://www.destatis.de/DE/Publikationen/Thematisch/Arbeitsmarkt/Erwerbstaetige/BroeschuereFrauenMaennerArbeitsmarkt0010018129004.pdf?__blob=publicationFile.pdf, Zugriff am 17.08.2016).

Statistisches Bundesamt (Destatis) (2015). *Bevölkerung und Erwerbstätigkeit Bevölkerung mit Migrationshintergrund. Ergebnisse des Mikrozensus 2015.* Fachserie 1 Reihe 2.2 (https://www.destatis.de/DE/Publikationen/Thematisch/Bevoelkerung/MigrationIntegration/Migrationshintergrund2010220157004.pdf?__blob=publicationFile.pdf, Zugriff am 01.09.2017).

Statistisches Bundesamt (Destasis) (2015a). *3 Sterbefälle. Durchschnittliche weitere Lebenserwartung nach Altersstufen*. Deutschland (https://www.destatis.de/DE/ZahlenFakten/GesellschaftStaat/Bevoelkerung/Sterbefaelle/Tabellen/Lebenserwartung.pdf?__blob=publicationFile, Zugriff am 17.03.2018).

Statistisches Bundesamt (Hrsg.) (2015b). *Bevölkerung Deutschlands bis 2060. 13. Koordinierte Bevölkerungsvorausberechnung* Wiesbaden (https://www.destatis.de/DE/Publikationen/Thematisch/Bevoelkerung/VorausberechnungBevoelkerung/BevoelkerungDeutschland2060Presse5124204159004.pdf?__blob=publicationFile, Zugriff am 17.03.2018).

Statistisches Bundesamt (2015c). *Pressekonferenz »Die Generation 65 + in Deutschland«* am 29. Juli 2015 in Berlin. Statement von Roderich Egeler (https://www.destatis.de/DE/PresseService/Presse/Pressekonferenzen/2015/generation65/Statement_Egeler_generation65.pdf;jsessionid=3A4F1F91B0ACB1A57E79F85E5262F82E.InternetLive2?__blob=publicationFile, Zugriff am 20.02.2018).

Statistisches Bundesamt (Destatis) (2017). *Bevölkerung und Erwerbstätigkeit. Bevölkerung mit Migrationshintergrund. Ergebnisse des Mikrozensus 2015*. Fachserie 1 Reihe 2.2 (https://www.destatis.de/DE/Publikationen/Thematisch/Bevoelkerung/MigrationIntegration/Migrationshintergrund2010220157004.pdf?__blob=publicationFile, Zugriff am 26.05.2018).

Statistisches Bundesamt (2017a). *Pflegestatistik 2015 Pflege im Rahmen der Pflegeversicherung Deutschlandergebnisse* (https://www.destatis.de/DE/Publikationen/Thematisch/Gesundheit/Pflege/PflegeDeutschlandergebnisse5224001159004.pdf?__blob=publicationFile, Zugriff am 20.02.2018).

Statistisches Bundesamt (2017b). *Durchschnittliches Alter der Mütter bei Geburt des ersten Kindes* (https//www.destatis.de/DE/ZahlenFaktenGesellschaftStaat/BevölkerungGeburt, Zugriff am 30.12.2017).

Statistisches Bundesamt (Destasis) (2018). *Sterbefälle, Lebenserwartung* (https://www.destatis.de/DE/ZahlenFakten/GesellschaftStaat/Bevoelkerung/Sterbefaelle/Sterbefaelle.html, Zugriff am 21.05.2018).

Statistisches Bundesamt (2018a). *Lebenserwartung in Deutschland. Durchschnittliche und fernere Lebenserwartung nach ausgewählten Altersstufen* (www.destatis.de/DE/ZahlenFakten/GesellschaftStaat/Bevölkerung, Zugriff am 05.01.2018).

Staudinger, U. M. (2000). Viele Gründe sprechen dagegen und trotzdem geht es vielen Menschen gut: Das Paradox des subjektiven Wohlbefindens. *Psychologische Rundschau, 51*, 185–197.

Storm, A. (Hrsg.) (2017). *Pflegereport 2017. Gutes Leben mit Demenz: Daten, Erfahrungen, Praxis*. Beiträge zur Gesundheitsökonomie und Versorgungsforschung. Bd. 12. Hamburg, Freiburg.
Tesch-Römer, C. (2010). *Soziale Beziehungen alter Menschen*. Stuttgart: Kohlhammer.
Tesch-Römer, C. (2012). Einsamkeit. In H. W. Wahl, C. Tesch- Römer & J. P. Ziegelmann (Hrsg.), *Angewandte Gerontologie* (2. Aufl.) (S. 435–440). Stuttgart: Kohlhammer.
Tesch-Römer, C., Wiest, M. & Wurm, S. (2010). Subjektives Wohlbefinden. In A. Motel-Klingebiel, S. Wurms & C. Tesch-Römer (Hrsg.), *Altern im Wandel Befunde des Deutschen Alterssurveys (DEAS)* (S. 263–302). Stuttgart: Kohlhammer.
Thomae, H. (1968). *Das Individuum und seine Welt*. Göttingen: Hogrefe.
Thomae, H. (1971). Die Bedeutung einer kognitiven Persönlichkeitstheorie für die Theorie des Alterns. *Zeitschrift für Gerontologie*, 4, 8–18.
Thomae, H. (1983). *Alternsstile und Alternsschicksale. Ein Beitrag zur differenziellen Gerontologie*. Bern: Huber.
Thomae, H. (1987). Lebenszufriedenheit im Alter. Geschichte und Gegenwart eines gerontologischen Grundbegriffs. In A. Kruse, U. Lehr, F. Oswald & C. Rott (Hrsg.), *Gerontologie Wissenschaftliche Erkenntnisse und Folgerungen für die Praxis* (S. 210–223). München: Bayrischer Monatsspiegel.
Tippelt, R., Schmidt, B., Theisen, C. Schnurr, S., Schneider, W. & Sinner, S. (2009). Bildungsverständnis und -motivation Älterer – eine Typologie In R. Tippelt, B. Schmidt, S. Schnurr, S. Sinner & C. Theisen (Hrsg.), Bildung Älterer. Chancen im demografischen Wandel. (S. 173–187) Bielefeld: Bertelsmann (https://www.die-bonn.de/doks/2009-altenbildung-01.pdf, Zugriff am 03.05.2018).
TNS Emnid Medien und Sozialforschung (2011). *Studiensteckbrief Wohnwünsche im Alter. Grafikreport* (http://www.wohnen-im-alter-nrw.de/progs/projekt/wia/content/e1867/e1914/e2140/emnidumfrage.pdf, Zugriff am 20.02.2018).
Tucci, I. (2008). Lebenssituation von Zuwanderern und deren Nachkommen in Deutschland. In Statistisches Bundesamt (Hrsg.), *Datenreport 2008* (S. 200–207). Bonn: bpb.
Veelken, L. (2000). Geragogik: Das sozialgerontologische Konzept. In S. Becker, L. & Veelken, K. Wallraven (Hrsg.), *Handbuch Altenbildung. Theorien und Konzepte für Gegenwart und Zukunft* (S. 87–94). Opladen: Leske + Budrich.
Veelken, L., (Hrsg.) (2003). *Reifen und Altern. Geragogik kann man lernen*. Altern. Bildung. Gesellschaft. Bd. 12. Oberhausen: ATHENA.
Veelken, L., Gregarek, S. & de Vries, B. (Hrsg.) (2005). *Altern, Alter, Leben lernen. Geragogik kann man lehren*. Oberhausen: ATHENA.
Verein für Sozialplanung e. V. (1997). *Sozialraumanalyse und Sozialraumplanung* (http://www.vsop.de/cms/front_content352d.html?client=1&lang=1&idcat=5&idart=28#a2, Zugriff am 26.05.2018).
Walhalla Fachredaktion (2018). *Das gesamte Sozialgesetzbuch I bis XII: Mit Durchführungsverordnungen, Wohngeldgesetz (WoGG) und Sozialgerichtsgesetz (SGG)* (https://portal.dnb.de/opac.htm?method=showFullRecord&currentResultId=sozialgesetzbuch%26any&currentPosition=1, Zugriff am 03.05.2018).
Wagner, M., Schütze, Y. & Lang, F. (2010). Soziale Beziehungen alter Menschen. In K. U. Mayer & P. B. Baltes (Hrsg.), *Die Berliner Altersstudie* (3., erw. Aufl.) (S. 325–344). Berlin: Akademie Verlag.
Wahl, H. W. & Heyl, V. (2015). *Gerontologie – Einführung und Geschichte* (2. Aufl.). Stuttgart: Kohlhammer.
Wahl, H. W., Iwarson, S. & Oswald, F. (2012). Aging Well and the Environment: Towards an Integrative Model and Research Agenda for the Future. *The Gerontologist*, 2, 306–316.
Wahl, H. W., Mollenkopf, H. & Oswald, F. (1999). *Alte Menschen in ihren Umwelten*. Opladen, Wiesbaden: Westdeutscher Verlag.
Walter, U & Remmers, H. (2012). Altersbilder in Medizin und Pflege. In A. Kruse, T. Rentsch & H. Zimmermann (Hrsg.), *Gutes Leben im hohen Alter. Das Altern in sei-*

nen Entwicklungsmöglichkeiten und Entwicklungsgrenzen verstehen (S. 205–230). Stuttgart: Akademische Verlagsgesellschaft.

Weinert, F. E. (1994). Altern in psychologischer Perspektive. In P. B. Baltes, J. Mittelstraß & U. Staudinger (Hrsg.), *Alter und Altern: Ein interdisziplinärer Studientext zur Gerontologie* (S. 180–203). Berlin: De Gruyter.

Weinert, F. E. & Knopf, M. (1990). Gedächtnistraining im hohen Erwachsenenalter. Lassen sich Gedächtnisleistungen verbessern, während sich das Gedächtnis verschlechtert. In R. Schmitz-Scherzer, A. Kruse, A. & E. Olbrich (Hrsg.), *Altern – ein lebenslanger Prozess* (S. 91–102). Darmstadt: Steinkopff.

Wensauer, M. & Grossmann, K. (1998). Bindungstheoretische Grundlagen subjektiver Lebenszufriedenheit und individuelle Zukunftsorientierung im höheren Erwachsenenalter. *Zeitschrift für Gerontologie und Geriatrie, 31*, 362–370.

Wertura, D. & Rothermund, K. (2005). Altersstereotype und Altersbilder. In S. H. Filipp & U. M. Staudinger (Hrsg.), *Entwicklungspsychologie des mittleren und höheren Erwachsenenalters* (S. 625–654). Göttingen: Hogrefe.

Wetzstein, M., Rommel, A. & Lange, C. (2015). Pflegende Angehörige – Deutschlands größter Pflegedienst. In Robert Koch Institut Berlin (Hrsg.), *GBE kompakt, 6,* 3 (www.rki.de/gbe-kompakt. Zugriff am 19.07.2016).

Wolff, J. & Tesch-Römer, C. (2017). Glücklich bis ins hohe Alter? Lebenszufriedenheit und depressive Symptome in der zweiten Lebenshälfte. In K. Mahne, J. K. Wolff, J. Simonson & C. Tesch-Römer (Hrsg.), *Altern im Wandel: Zwei Jahrzehnte Deutscher Alterssurvey (DEAS)* (S. 175–190). Wiesbaden: Springer VS.

Wolff, J. K., Nowossadeck, S. & Spuling, M. (2017). Altern nachfolgende Kohorten gesünder? Selbstberichtete Erkrankungen und funktionale Gesundheit im Kohortenvergleich. In K. Mahne, J. K. Wolff, J. Simonson & C. Tesch-Römer (Hrsg.), *Altern im Wandel. Zwei Jahrzehnte Deutscher Alterssurvey (DEAS)* (S. 125–156). Wiesbaden: Springer.

Wolf-Ostermann, K. (2016). Demenz: Weiterentwicklung der Versorgungsangebote. *Gesundheits- und Sozialpolitik, 32*–38.

Wurm, S., Lampert, T. & Menning, S. (2009). Subjektive Gesundheit. In *Beiträge zur Gesundheitsberichterstattung des Bundes* (S. 79–104). Berlin: Robert Koch Institut.

Zeeb, H., Baune, B. T., Vollmer, W., Cremer, D. & Krämer, A. (2004). Gesundheitliche Lage und Gesundheitsversorgung von erwachsenen Migranten – ein Survey bei der Schuleingangsuntersuchung. *Gesundheitswesen, 66*, 76–84.

Zeman, P. (1997). Häusliche Altenpflegearrangements, Interaktionsprobleme und Kooperationsperspektiven von lebensweltlichen und professionellen Helfersystemen. In U. Braun & R. Schmidt (Hrsg.), *Entwicklung einer lebensweltlichen Pflegekultur* (S. 97–113). Regensburg: Transfer Verlag.

Zeman, P. (1998). Lebenswelt und Präferenzen in der Pflege: Schnittstellenprobleme Vernetzungschancen. In DZA (Hrsg.), *Jahrbuch des DZA1997: Beiträge zur sozialen Gerontologie und Alterssozialpolitik* (S. 77–86). Regensburg: Transfer Verlag.

Zeman, P. (2005). *Ältere Migranten in Deutschland. Befunde zur soziodemographischen, sozioökonomischen und psychosozialen Lage sowie zielgruppenbezogene Fragen der Politik- und Praxisfeldentwicklung.* Expertise im Auftrag des Bundesamtes für Flüchtlinge und Migration. Hrsg. Berlin: DZA.

Zeman, P. & Schmidt, R. (2001). Soziale Altenarbeit – Strukturen und Entwicklungslinien. In DZA (Hrsg.), *Lebenslagen, soziale Ressourcen und gesellschaftliche Integration im Alter. Expertisen zum Dritten Altenbericht der Bundesregierung. Bd. 3* (S. 235–282). Opladen: Leske + Budrich.

Zimperich, P. (2004). Kognitive Leistungsfähigkeit im Alter. In A. Kruse & M. Martin (Hrsg.), *Enzyklopädie der Gerontologie* (S. 289–303). Bern: Huber.

Stichwortverzeichnis

A

Agency 157 f.
Aktivitätsthese 52, 54
Altenarbeit 18, 22 f., 25, 164, 242 f., 245 f., 249, 257 f., 261 f.
Altenarbeit, offene 246–249, 251, 253 f.
Altenhilfe 23 f., 242–246, 257 f., 261
Altenhilfe, ambulante 23, 251–254
Altenhilfe, kultursensible 261 f.
Altenhilfe, stationäre 159, 245 f., 255–257, 260
Altenhilfe, teilstationäre 245 f., 253 f.
Altenpflege 242
Altern, biologisches 41
Altern, historisches 29, 42
Altern, kulturelles 29, 42
Altern, psychisches 29, 42
Altern, soziales 29, 41
Alternstheorien 43 f., 46 f., 54, 62, 91
Altersaufbau 15, 21
Altersbild 63–68, 70–73, 76, 192
Altersbilder, individuelle 64 f., 67, 69, 73 f., 76
Altersbilder, kollektive 64 f., 67 f., 70, 72 f., 76
Altersbildung 177 f., 186 f., 191–198
Altersbiologie 29
Altersmedizin 29
Alterspsychologie 30
Alterssoziologie 30
Ambulante Wohngemeinschaft 21, 166, 253
Andragogik 178, 180
Anforderungs-Kompetenzmodell von Lawton 60–62
Arbeitsmigranten der ersten Generation 23, 220 f., 226, 231, 234–236, 239 f.
Asyl 222 f.
Aufnahmegesellschaft 214, 217–219, 221 f., 225, 238
Aufnahmeland 227 f., 239 f.
Ausländer 232–234, 240 f.

Autonomie 102, 130 f., 158, 178, 198, 246

B

Belonging 157 f.
Bestandsausländer 218 f.
Betreutes Wohnen 21, 159, 162, 165, 253
Beziehungen, außerfamiliäre 144 f., 236
Beziehungen, soziale 119–124, 132, 147 f., 236, 238
Bildung 177 f., 180–185, 187 f., 190 f.
Bildungsabschlüsse 184, 188
Bildungsangebote 184, 187 f., 198
Bildungsbeteiligung 178, 187 f.
Bildungsformen 178, 186
Bildungsorte 178, 186
Bildungsprozess 181–183, 186
Bildungstypen 178, 183 f., 188
Bildungsverständnis 184 f.
Bundesvertriebenengesetz (BVFG) 220
bürgerschaftliches Engagement 178, 183, 185–189, 191, 198

D

Daseinstechniken 57 f.
Daseinsthema 57 f.
Defizitmodell des Alterns 76 f., 79
Demenz 16, 22 f., 105, 204 f.
demografischer Wandel 18, 177
Depression 205
Diasporamigration 221
Differenzierung, ethnische 23, 211
Differenzierung, kulturelle 16, 23, 211
Dimensionen des Alterns 27 f., 40–42
Disengagementtheorie 47 f., 52–54

E

Ehegatten- und Familiennachzug 222
Ehrenamt 188 f., 191
Eingliederungshilfe 22, 220, 244 f., 257

281

Einsamkeit 122–124, 147 f.
Emigration/Immigration 219, 222
Entwicklungskrisen nach Erikson 49 f.
Entwicklungsprozesse 32–40, 49 f.
Erwachsenenbildung 180 f., 186

F

Fachkräftemangel 68
Familie 125, 134–136, 138, 142
Familienstand 123, 134 f., 138 f.
Flüchtling 220, 222 f.
Flüchtlings- und Asylmigration 222
Frauenerwerbsquote 17, 24

G

Gastarbeiter 221, 223
Gedächtnis 81
Gedächtnis, episodisches 84
Gedächtnis, perzeptuelles 84
Gedächtnis, semantisches 84
Gedächtnis, sensorisches 81, 83
Gemeinwesenarbeit 175, 245
gemeinwesenorientierte Seniorenarbeit 22 f., 192–198
Generation 120 f., 125, 129, 134, 137, 142, 171 f.
Geragogik 30, 178–180
Geriatrie 29, 31, 242, 257
Gerontologie (Definition) 27
Gerontologie, ökologische 149–151
geschlechtsspezifische Unterschiede 44, 134, 141, 192, 246
gesetzliche Betreuung 23, 245, 249, 257
Gesundheit 199, 201–204
Gesundheitsbeeinträchtigung 202, 204, 206 f.
Gesundheitserleben, subjektives 202, 206
Gesundheitszustand, subjektiver 203 f., 208
Großelternschaft 142, 144

H

Handlungsspielräume 106, 108–112
Healthy-Migrant-Effect 231
Heimat 225 f.
Heimatvertriebene 220
Herkunftsland 220 f., 228, 230, 238–241
Hochaltrigkeit 16, 22
Hochbetagte 16, 23

I

Identität 224–226
Identität, kollektive 211, 224 f.
Identität, kulturelle 211, 224, 239
Instrumente zur allgemeinen Erfassung von Lebensqualität 92, 101, 103, 105
Integration 211, 214, 217–219, 237
Integration, nachhaltige 218 f.
Integration, nachholende 218 f.
interkulturelle Öffnung 23, 258, 260–262
Isolation, soziale 133, 238

J

jüdische Zuwanderer 214, 221 f.

K

kognitive Leistungsfähigkeit 77–79, 81, 84, 88–90
Kohorte 108, 113, 171
Kontakthäufigkeit 122 f., 135 f., 142–145
Konventionsflüchtlinge 223
Konzept der filialen Reife 127, 129–131
Konzepte der Entwicklungsaufgaben 48, 50, 59
Kriegsfolgebereinigungsgesetz (KfbG) 220
kritisches Lebensereignis 141, 186, 206, 226 f.
Kultursensibilität 211, 258 f.
Kurzzeitgedächtnis 81, 83, 85, 89

L

Langzeitgedächtnis 81, 83 f.
Lebenserwartung 15, 17, 21 f.
Lebensformen im Alter 17, 24, 134
Lebenslage 106–114, 147 f., 226
Lebenslagenansatz 106, 113, 117
Lebenslagendimensionen 109, 114
Lebenslagenkonzept 106 f., 112, 115
Lebenslanges Lernen 177 f., 182
Lebenslauf 48, 88, 180, 230
Lebensqualität 91–95, 101–103, 105, 233
Lebenswelt 21, 183, 186, 192, 247, 259
Lebenszufriedenheit 91–94, 96–101, 233
Leistungsberechtigung 246, 249
Lernen 177 f., 180–182
Lernfelder 178, 186 f.

M

Mehrgenerationenfamilie 124 f., 236
Mehrgenerationenfamilie, multilokale 125, 134, 136
Menschen mit Migrationshintergrund 16, 211–214, 226, 228, 232 f., 235, 242, 258, 262
Migranten 211, 213 f., 219, 221, 223–241, 258 f., 262
Migration 16, 23, 211, 213–215, 217–220, 225–229, 231, 237–240, 258
Migrationserfahrung 227, 233
Migrationsformen 211, 219, 223
Migrationshintergrund 211, 214
Migrationstypen 211, 219 f.
Migrationsziel 239 f.
Mikrozensus 211 f.
milieuspezifische Unterschiede 192, 246
Modell der intergenerationalen Solidarität 127
Modell des sozialen Konvois 131 f.

N

Netzwerk 132 f., 143, 145, 175, 227, 236–238
Netzwerkanalyse 132 f.

P

Partizipation 93, 103, 109, 114 f., 175, 197, 246 f.
Partnerschaft 138, 140 f.
Patchwork-Identität 224
Pendeln 216, 238, 241
Pflege 21–24, 129, 208, 222, 226
Pflegebedürftigkeit 16, 22 f., 199, 201–203, 205 f., 208
Pflegegrad 23, 203, 255
Pflegeheim 21, 160, 164, 167, 256
pflegende Angehörige 119, 208 f.
Pflegenotstand 119
Pflegeversicherung 168, 245, 249, 255
Plastizität 35, 88 f.
Praxisfelder der Sozialen Arbeit 18, 242, 257
Prozessmodell der Person-Umwelt-Interaktion 155 f.
Psychomotorik 86, 89 f.

Q

Quartier 173
Quartiersarbeit 173, 175 f., 245

R

Rahmenmodell zum Person-Umweltaustausch 157
Rotationsverfahren 221
Rückkehrmigration 220, 222, 238
Rückkehrorientierung 239

S

Selbstbild 64, 69, 74, 238
Selbsthilfe 189, 238, 243 f.
Selbstorganisation 190, 197 f., 245–247
Selbstständigkeit 89, 103, 126, 150 f., 233
Seniorenresidenz 21, 166, 256
Seniorenwohnanlage 21, 253
Service-Wohnen 21, 253
Singularisierung 17, 24, 134
SOK-Modell 58 f.
soziodemografische Veränderungen 15, 18, 20, 125, 142
sozioökonomischer Status 97, 229
(Spät-)Aussiedler 23, 212, 214, 220, 222 f., 226, 228, 231, 235–237, 239 f.

T

Tages- und Nachtpflege 254
Technik 169–172
Technikakzeptanz 171 f.
Technikakzeptanzmodell 169 f.
technikunterstützte Assistenzsysteme 168–170
Theorie des Alterns, kognitive 48, 55, 57, 59
Theorien des Alterns, ökologische 48, 60, 151
Therapie 21 f.
These der funktionalen Spezifität 145–147
These der hierarchischen Kompensation 145 f.
Träger 247, 252, 254, 256
Transmigranten 216, 222
Transmigration 211, 214–217, 222

V

Verjüngung 15, 21

W

Wohlbefinden 91–96, 98–101, 103, 151
Wohnbedürfnisse 158, 161, 164

283

Wohnformen 165–167
Wohnraumanpassung 23, 160, 164, 168, 173
Wohnumfeld 162 f.
Wohnwünsche 158, 161, 164

Z

Zielland 230, 238–240
zirkuläre Migration/Pendelmigration 215, 222, 238
Zufriedenheitsparadoxon 94, 98–100